Joseph Jurt

Sprache, Literatur und nationale Identität

Mimesis

———

Romanische Literaturen der Welt

Herausgegeben von
Ottmar Ette

Band 58

Joseph Jurt

Sprache, Literatur und nationale Identität

—

Die Debatten über das Universelle und das
Partikuläre in Frankreich und Deutschland

DE GRUYTER

ISBN 978-3-11-055503-5
e-ISBN 978-3-11-034037-2
ISSN 0178-7489

Library of Congress Cataloging-in-Publication Data
A CIP catalog record for this book has been applied for at the Library of Congress.

Bibliografische Information der Deutschen Nationalbibliothek
Die Deutsche Nationalbibliothek verzeichnet diese Publikation in der Deutschen
Nationalbibliografie; detaillierte bibliografische Daten sind im Internet
über http://dnb.dnb.de abrufbar.

© 2017 Walter de Gruyter GmbH, Berlin/Boston
Dieser Band ist text- und seitenidentisch mit der 2014 erschienenen gebundenen
Ausgabe.
Satz: Meta Systems Publishing- & Printservices GmbH, Wustermark
Druck und Bindung: CPI books GmbH, Leck
♾ Gedruckt auf säurefreiem Papier
Printed in Germany

www.degruyter.com

Vorwort

Nach einem dreijährigen Forschungsaufenthalt in Paris lebte und lehrte ich während dreißig Jahren in Deutschland. Das wichtigste historische Ereignis während dieser drei Jahrzehnte war zweifellos der Fall der Berliner Mauer im Jahr 1989. Es war sicher eine Chance, während dieser Ereignisse von weltgeschichtlicher Bedeutung in Deutschland zu sein. Auf jeden Fall verfolgte ich das Geschehen mit intensivem Interesse – gerade auch als externer Beobachter. Im Frühjahr 1991 lud mich ein Kollege vom Institut universitaire d'études européennes in Genf zu einem Kolloquium zum Thema „Le symbolique et la formation des identités nationales européennes" ein. Ich sollte der Frage „La Nouvelle Allemagne: quels symboles?" nachgehen. Das Thema war für mich neu und ich befragte Studenten, Kollegen und Behörden, ob sie neue Symbole für das vereinte Deutschland sähen. Meine Überlegungen wurden dann in der Zeitschrift *Les Temps Modernes* publiziert. Ich hatte ein neues Thema gefunden: die nationale Identität und deren Symbole – ein Thema, das sich durch die politische Aktualität aufdrängte. Denn zur Zeit der beiden großen Imperien – Sowjetreich und „Westen" – war das Thema Nation eher tabu; im Vordergrund stand vielmehr die Kategorie der sozialen Klasse. Jetzt beanspruchte die Kategorie der Nation wieder eine neue, wenn auch ambivalente Bedeutung – in sehr fragwürdiger Weise auf dem Balkan, aber auch im positiven Sinne einer wiedergewonnenen Souveränität der Nationen Osteuropas.

Die Interpretation des Symbolischen erschien mir als genuine Aufgabe eines Literaturwissenschaftlers. So veröffentlichte ich eine ganze Reihe von Beiträgen zur nationalen Identität in Deutschland und Frankreich, zu den Nationalsymbolen, zur französischen Deutschlandwahrnehmung. Dadurch wurden mir auch die Geschichte und die Identitätssuche meines Gastlandes besser vertraut. Zusammen mit zwei Historikern konnte ich ein Forschungsprojekt „Die Konstruktion nationaler Identitäten in Deutschland, England und Frankreich im 19. und 20. Jahrhundert" konzipieren, das im Rahmen des Freiburger SFB 541 „Identitäten und Alteritäten" realisiert wurde und in dessen Rahmen mehrere Dissertationen entstanden. Die Thematik hat nicht aufgehört, mich weiterhin zu beschäftigen.

Nach vielen Einzelbeiträgen ist nun die Zeit gekommen, die Frage nach der (unterschiedlichen) Rolle von Sprache und Literatur für die Konstitution der nationalen Identität in Frankreich und Deutschland systematischer anzugehen. Zentral ist die Frage nach den jeweiligen Legitimationsstrategien über die Kategorien des Universellen und des Partikulären. Es wäre aber vermessen, mit dem Anspruch aufzutreten, das Thema erschöpfend zu behandeln. Die Darstellung ist geprägt durch Schwerpunkte, die mir wichtig erscheinen. Zweifellos fällt eine gewisse Asymmetrie zwischen dem Raum, der Frankreich gewährt wird, und dem Deutschland gewidmeten Teil auf. Das ist sicher meinem eigentlichen Disziplin, der Romanistik, geschuldet, aber auch der Tatsache, dass sich Frankreich viel früher als Staatsnation konstituierte. Die parallele Beschäftigung mit den historisch bedingten unterschiedlichen Entwicklungen in den beiden Ländern konnte offensichtlich machen, wie sich Frankreich und Deutschland immer wieder aufeinander bezogen. Der Vergleich lässt das spezifische Profil der beiden Nationen und ihres sich wandelnden Selbstverständnisses klarer aufscheinen.

Auf zahlreichen Tagungen, aber auch im persönlichen Gespräch konnte ich mich mit Kollegen in Frankreich und Deutschland, in der Schweiz und in Brasilien über die hier angesprochene Thematik austauschen. Ihnen verdanke ich zahlreiche Anregungen. Mit Ottmar Ette habe ich mich schon vor vielen Jahren – durchaus in einem ludischen Sinn – über Identitäten unterhalten können. Er hat mich ermuntert, dieses Buch zu schreiben. Dafür bin ich ihm sehr dankbar. Mein Dank gilt schließlich auch Frau Frauke Janzen, die spontan bereit war, das Typoskript vorzubereiten.

Basel, Ende Februar 2014   Joseph Jurt

Inhaltsverzeichnis

Zur Thematik

Das Thema der Nation hat seit den 1990er Jahren in Öffentlichkeit und Wissenschaft starke Resonanz gefunden.[1] Wenn sich die Forschung so intensiv mit der Geschichte der Nationen, Nationalstaaten und nationalen Identitäten beschäftigt, dann liegt das wohl auch daran, dass unsere Periode eine Problemlage aufweist, die in mancher Hinsicht an diejenige des ausgehenden 18. Jahrhunderts, also den Beginn des *nation-building* in Europa, erinnert. Damals wurde der Verlust herkömmlicher Orientierungsmuster durch die Modernisierung der Gesellschaft und die politische Infragestellung des Ancien Régime hervorgerufen, heute durch die globalisierte Welt, in der die Nationalstaaten zunehmend ihre Steuerungsfähigkeit verlieren.

Die verdrängte Nation

Nach 1945 stand die Nation kaum im Zentrum des Forschungsinteresses. In Deutschland schien der Nationalstaat durch den Nationalismus für immer kompromittiert zu sein. „Die Geschichte des Nationalstaates in Deutschland ist

---

1 Diese intensive Auseinandersetzung belegt der ausgezeichnete Forschungsbericht von Dieter Langewiesche: Nation, Nationalismus, Nationalstaat. Forschungsstand und Forschungsperspektiven. In: *Neue Politische Literatur* 46 (1995), S. 190–236, sowie ders.: *Nation, Nationalismus, Nationalstaat in Deutschland und Europa*. München: Beck 2000. Beispielhaft seien hier genannt Bernhard Giesen (Hg.): *Nationale und kulturelle Identität*, Frankfurt a. M.: Suhrkamp ³1996; Helmut Berding (Hg.): *Nationales Bewußtsein und kollektive Identität*. Frankfurt a. M.: Suhrkamp ²1996; Hagen Schulze: *Staat und Nation in der europäischen Geschichte*. München: Beck 1995; Etienne François u. a. (Hg.): *Nation und Emotion*. Göttingen: Vandenhoeck und Ruprecht 1995; Monika Flacke (Hg.): *Mythen der Nationen. Ein europäisches Panorama*. Berlin: Deutsches Historisches Museum 1998; Ruth Florack (Hg.): *Nation als Stereotyp. Fremdwahrnehmung und Identität in deutscher und französischer Literatur*. Tübingen: Niemeyer 2000; Regina Schleicher/Almut Wilske (Hg.): *Konzepte der Nation: Eingrenzung, Ausgrenzung, Entgrenzung*. Bonn: Romanistischer Verlag 2002. Für den französischen Bereich Dominique Schnapper: *La France de l'integration. Sociologie de la nation en 1990*. Paris: Gallimard 1991; Eric Nguyen: *Les nationalismes en Europe. Quête d'une identité ou tentation de repli?* Paris: Le Monde 1998; Patrick Cabanel: *La question nationale au XIXᵉ siècle*. Paris: La Découverte 1997; „Retour à la nation?", Sondernummer von *Le débat*, Nr. 63 (Jan./Febr. 1991); „La Nation", Sondernummer von *Philosophie politique*, Nr. 8 (1997); „Anciennes nations, nouveaux réseaux", Sondernummer der *Cahiers de médiologie*, Nr. 3, 1997. Zur Debatte zur „identité nationale" nach 2007: Gérard Noiriel: *A quoi sert ‚l'identité nationale'*. Marseille: Agone 2007; Anne-Marie Thiesse: *Faire les Français. Quelle identité nationale?* Paris: Stock 2010; Dossier ‚Identité(s) nationale(s): le retour des politiques de l'identité'. In: *savoir/agir*. Nr. 2, Dezember 2007. Ich danke Daniel Mollenhauer für Hinweise zur historischen Nationenforschung.

zu Ende", erklärte Karl Jaspers 1960. „Was wir als große Nation [...] leisten
können, ist die Einsicht in die Weltsituation: dass der Nationalstaatsgedanke
heute das Unheil Europas und aller Kontinente ist."[2] Weil die Idee der Nation
diskreditiert schien, versuchte man Deutschland auf der Verfassung zu begründen. Dolf Sternberger hatte so 1982 den Begriff des ‚Verfassungspatriotismus'
vorgeschlagen.[3] Der Politologe hatte anlässlich einer Umfrage festgestellt, dass
mehr als zwei Drittel der unter Dreißigjährigen erklärten, der Begriff des Patriotismus passe nicht mehr zu unserer Zeit. Er erklärte diese Ablehnung aus der
Tatsache, dass der Patriotismus an die Idee der Nation gekoppelt sei. Er plädierte darum für einen neuen Patriotismus, der sich an der Verfassung orientieren sollte, an einer Demokratie, die sich über einen Staat realisiere, der auf
der Grundlage der Verfassung individuelle und kollektive Freiheit garantiere.
Zahlreiche Intellektuelle traten dann im Gefolge von Habermas für eine post-
nationale Identität ein, die nicht mehr so sehr auf der Nation, sondern auf
universellen Prinzipien, wie sie in der Verfassung festgehalten sind, fußen
sollte.

Otto Dann stellte in diesem Zusammenhang fest, dass es ein Spezifikum
westdeutscher Geschichtsschreibung seit den 1960er Jahren gewesen sei, die
ganze Nationalgeschichte seit Herder unter der Rubrik des Nationalismus zu
verrechnen; wenn der Begriff auch als neutral deklariert wurde, so sei doch
eine kritisch-distanzierte Grundeinstellung der Autoren unverkennbar gewesen. Die westdeutsche Intelligenz der Nachkriegsgenerationen habe eine besonders radikale Abwendung von den Traditionen vollzogen. „In ihren Reihen
entwickelte sich das Bewusstsein, bereits in einer post-nationalen Gesellschaft
zu leben; daher ist sie seit 1990 durch die nationale Vereinigung der beiden
deutschen Staaten mehr als andere Bevölkerungsschichten verunsichert."[4] In
den alten Nationalstaaten wie Frankreich und England schien dagegen der Nationalstaat eine Selbstverständlichkeit zu sein, die nicht weiter untersucht
wurde.[5]

---

2 Karl Jaspers: *Freiheit und Wiedervereinigung*. München: Piper 1960, S. 52.
3 Dolf Sternberger: *Verfassungpatriotismus*. Hannover: Landeszentrale für politische Bildung
1982.
4 Otto Dann: *Nation und Nationalismus in Deutschland 1770–1990*. München: Beck ³1996,
S. 29 f.; vgl. hierzu auch Christian Meier: *Die Nation, die keine sein will*. München: Hanser 1991.
5 Vgl. Eric Hobsbawm: „Die Entwicklung von Nationen und Nationalismen in seit langem bestehenden Staaten wie England und Frankreich ist nicht sehr eingehend untersucht worden,
obwohl das Interesse daran in jüngster Zeit steigt" (Eric Hobsbawm: *Nationen und Nationalismus. Mythos und Realität seit 1780*. München: dtv 1992, S. 22). Dominique Schnapper unterstrich ihrerseits, dass sich die Sozialwissenschaften relativ wenig mit dem Phänomen der Nation beschäftigt hätten. Émile Durkheim untersuchte vor allem die Gesellschaft als Normensys-
tem und habe dabei verkannt, dass die soziale Bindung zunächst nationaler Natur sei. Die

Der Zusammenbruch des Sowjetsystems und damit die Implosion des bipolaren Systems zweier Blöcke ließ den Nationalstaat wieder in den Vordergrund treten.[6] Die Ausbildung von Nationalstaaten hatte zu Beginn des 20. Jahrhunderts die multinationalen Reiche Ost- und Ostmitteleuropas gesprengt. Das hatte paradoxe Resultate nach sich gezogen. Es brachte hoffnungsvollen nationalen Aufbruch wie etwa die Auferstehung Polens. Zugleich aber entstanden im mittleren Europa bis in die Gegenwart virulent gebliebene Minderheitenprobleme, weil sich das bunte Siedlungsgebiet denkbar schlecht zur Schaffung homogener Nationalstaaten eignete. Die in langer historischer Tradition entstandenen Staaten Westeuropas hatten es leichter.

Wenn der Nationalstaat nach 1945 in Deutschland und in den etablierten Nationen Westeuropas – aus unterschiedlichen Gründen – kein Thema war, dann auch, weil im Gefolge des Kalten Krieges die Konfliktlinien anders verliefen. Die entscheidende Referenz war die Zugehörigkeit zu einem der beiden Lager, die sich als Kommunismus oder als freie Welt verstanden, als Ost oder West. Der erzwungene Integrationsprozess im Sowjetimperium, aber auch innerhalb der jugoslawischen Föderation, hatte jedoch die nationale Frage nur verdrängt, aber keineswegs obsolet gemacht. Tito hatte es verstanden, die Völker Jugoslawiens über den Einigungsmythos der Partisanen-Brüderschaft zusammenzuhalten. Die Erinnerung an die internen Auseinandersetzungen im Zweiten Weltkrieg wurde verdeckt durch den Mythos des jugoslawischen Volkes, das unter der multiethnischen kommunistischen Führung die deutschen Besatzer und die lokalen Faschisten erfolgreich bekämpft und vertrieben hatte. Die im Weltkrieg offenbar gewordenen Gegensätze der Völker wurden jedoch nie geklärt, und nach dem Tod Titos brachen sich die verdrängten nationalistischen Tendenzen wieder Bahn. Die innerhalb eines autoritären Regimes groß gewordenen Politiker zeigten sich an der Spitze ihrer Republiken zunächst nicht fähig, den Minderheiten entgegenzukommen – die Folgen sind bekannt.

Das Janusgesicht der modernen Nation

Die ethnischen Säuberungen im ehemaligen Jugoslawien machten in radikaler Weise die eine Dimension des modernen Phänomens der Nation – verstanden

---

meisten Soziologen hätten sich sozialen Klassen zugewandt oder den Ethnien oder ökonomischen Phänomenen. Hier nimmt sie allerdings Norbert Elias aus. Erst in der angelsächsischen sozialwissenschaftlichen Forschung (mit Ernest Gellner und Anthony D. Smith) sei die Nation wieder zum Thema geworden (Dominique Schnapper: *La France de l'intégration*. S. 13–29; dies.: *La communauté des citoyens. Sur l'idée moderne de la nation*. Paris: Gallimard 1994, S. 15–20).

6 Vgl. Sondernummer von *Les Temps Modernes*, Nr. 550 (Mai 1992) zum Thema „Symbolique et identité nationale dans l'Europe contemporaine".

als homogene Gemeinschaft – offensichtlich: die mit der Verabsolutierung des Partikulären einhergehende Gewaltbereitschaft. Diese Dimension wird vor allem in der neueren deutschen Forschung stark betont, etwa von Michael Jeismann.[7] Wenn sich im 19. Jahrhundert die Nationen staatlich organisierten, so gingen sie mit wenigen Ausnahmen aus Kriegen hervor. Langwiesche betont:

> Die Revolutionskriege hatten die Idee der Nation in Frankreich und Nordamerika blutig untermauert, und alle weiteren Nationalstaaten, die im 19. Jahrhundert entstanden, waren ebenfalls Kriegsgeburten. Sie begannen in der ersten Jahrhunderthälfte mit Belgien, Griechenland und auch der Schweiz, deren bundesstaatliche Gestalt ebenfalls aus einem Krieg hervorging, und setzten sich in der zweiten Hälfte fort, nachdem die vergeblichen Versuche der Revolutionäre von 1848, neue Nationalstaaten zu schaffen, und die erfolgreiche Gegenwehr der alten Mächte erneut zu Kriegen geführt hatten.[8]

Die Gewaltbereitschaft stellt aber bloß die eine Seite des modernen Konzepts der Nation dar. Der Erfolg der revolutionären Idee ‚Nation‘ im ausgehenden 18. Jahrhundert verdankt sich vor allem dem Partizipationsversprechen. Die moderne Nation war auch ein politisches Projekt. Die Gemeinschaft der Nation wurde weder als Untertanenverhältnis gegenüber einem Monarchen noch durch die Zugehörigkeit zu einer Religion oder zu einem sozialen Stand begründet. Die Bürgernation verstand sich im Unterschied zur Adelsnation als nationaler Souverän. Dieser Übergang ist genau datierbar: 1789. Das entscheidende Faktum der Französischen Revolution war in der Tat der Transfer der Souveränität von der Person des Königs auf die Nation. Die Individuen waren nicht mehr passive Rechtssubjekte (*sujets*), sondern wurden zu politisch partizipierenden Staatsbürgern (*citoyens*). Das, was den Citoyen auszeichnete, war neben der Partizipation an der Souveränität die Gleichheit vor dem Gesetz. Schon in seiner Schrift vom Januar 1789 *Qu'est-ce que le Tiers État?* hatte Abbé Sieyès das hierarchische Prinzip der ständisch gebildeten Gesellschaft abgelehnt, um an deren Stelle das Prinzip der Nation zu setzen: „Wenn man den privilegierten Stand wegnähme, wäre die Nation nicht etwas weniger, sondern

---

7 Michael Jeismann: *Das Vaterland der Feinde. Studien zum nationalen Feindbegriff und Selbstverständnis in Deutschland und Frankreich 1792–1918*. Stuttgart: Klett 1992.
8 Dieter Langewiesche: Nation, nationale Bewegung, Nationalstaat: demokratische Hoffnung und Kriegsgefahr. In: Schweizerisches Landesmuseum (Hg.): *Die Erfindung der Schweiz 1848–1998. Bildentwürfe einer Nation*. Zürich: Chronos 1998, S. 47–57, hier S. 47. Auch Pierre Bourdieu verweist auf die ursprüngliche Gewalt als Fundament der Staatsnation: „Ainsi, le seul fondement possible de la loi est à chercher dans l'histoire qui, précisément, anéantit toute espèce de fondement. Au principe de la loi, il n'y a rien d'autre que l'arbitraire (au double sens), la ‚vérité de l'usurpation‘, la violence sans justification" (Pierre Bourdieu: *Méditations pascaliennes*. Paris: Seuil 1997, S. 114).

etwas mehr", führte er aus, um dann festzustellen: „Wer wagte also zu sagen, dass der Dritte Stand nicht alles in sich besitzt, was nötig ist, um eine vollständige Nation zu bilden?"[9] Das Prinzip der Gleichheit vor der Nation richtete sich gegen die alten Eliten der Ständegesellschaft, vor allem gegen den Adel, und machte vor niemandem Halt. „Die Guillotine der französischen Revolution unterschied nicht mehr zwischen dem Haupt des Klerikers und des Bürgers, des Adligen und sogar des Königs, demjenigen von Männern und Frauen", bemerkt hier mit leicht ironischem Unterton Dieter Langewiesche.[10] Der Nationalstaat verhieß rechtliche und politische Gleichheit aller Bürger, ein absolutes Prinzip, das die Faszination der neuen Idee der Nation erklärt, das allerdings erst sukzessive realisiert wurde.

Von Nation im modernen Sinn als Träger der Souveränität kann so erst seit der Französischen Revolution gesprochen werden. Eric Hobsbawm spricht darum für die früheren Entwicklungen von „Protonationalismus".[11] Otto Dann unterstreicht in diesem Zusammenhang seinerseits die nationaldemokratische Tendenz dieses Übergangs. Die Entstehung einer neuen nationalen Öffentlichkeit, die nicht mehr vom Adel geprägt war, ist nach ihm „dem großen politisch-emanzipatorischen, bald auch revolutionären Aufbruch des Bürgertums zuzuordnen, der in Europa und Nordamerika seit 1770 zu beobachten ist, dem ‚Zeitalter der demokratischen Revolution', in dem sich das Bürgertum politisch zur modernen Nation emanzipierte".[12]

Die vorgestellte Gemeinschaft

Um die neue politische Gemeinschaft für die Zukunft zu legitimieren, konstruierte man eine weit in die Vergangenheit zurückreichende Kontinuität der Nation. Der Konstruktcharakter der modernen Nationen, die entgegen dem eigenen objektivistischen Selbstverständnis erst an der Schwelle des 19. Jahrhunderts (und vielfach auch noch später) entstanden sind, wurde vor allem von der englischen Forschung unterstrichen. Eric Hobsbawm prägte 1984 die sprechende Formel der „invention of tradition". Traditionen erwiesen sich als moderne Projektion konstruierter Bilder in eine ferne Vergangenheit, mit dem Ziel, sich

---

9 Emmanuel Joseph Sieyès: *Was ist der Dritte Stand ?* Hg. von Oliver W. Lembcke und Florian Weber. Berlin: Akademie Verlag 2010, S. 113 f.
10 Dieter Langewiesche: Nation, nationale Bewegung, Nationalstaat: demokratische Hoffnung und Kriegsgefahr, S. 47.
11 Eric Hobsbawm: *Nationen und Nationalismus. Mythos und Realität seit 1780*, S. 59.
12 Otto Dann: *Nation und Nationalismus in Deutschland 1770–1990*, S. 55.

die Legitimität einer alten Abstammung zu geben. Konstruktion bedeutet nicht bewusste Täuschung, selbst wenn man auf Anachronismen zurückgriff oder negative Aspekte verdrängte, um die Autobiographie der eigenen Nation zu konstruieren.[13]

Benedict Anderson hat seinerseits die Nationen 1983 als „imagined communities" bezeichnet.[14] Die Nation ist in seinen Augen eine „vorgestellte politische Gemeinschaft – vorgestellt als begrenzt und souverän".[15] Die Gemeinschaft selbst kleinster Nationen ist *vorgestellt*, weil sich die Mitglieder nie alle kennen noch sich begegnen können, die Vorstellung ihrer Gemeinschaft aber im Kopf jedes einzelnen existiert. Die Begriffe ‚wir Franzosen' oder ‚wir Pariser' bezeichnen eine vorgestellte Gemeinschaft, die das Prinzip ihrer Kohäsion durch territoriale und kulturell lokalisierbare Achsen definieren. Die ‚Wir-Gruppe' muss sich so in Opposition zu einem ‚Fremden', einem ‚Anderen' definieren. Ohne das zentrale Differenzierungskonzept des ‚Fremden' würde sich die Gemeinschaft in ihre internen Differenzierungen auflösen. Das Prinzip der Alterität ist so für die Kohärenz der ‚vorgestellten Gemeinschaft' offensichtlich unabdingbar.[16]

---

13 Hobsbawm verweist hier auf eine Studie mit dem Titel „5000 Jahre Pakistan", obwohl der Name Pakistan im politischen Kontext erstmals 1932/33 erschien. – Zu den modernen Verdrängungen zählt auch die Verneinung des Genozid-Versuches der Türkei gegenüber den Armeniern im Jahre 1915, zu den Anachronismen die serbische Re-Interpretation der Schlacht vom Amselfeld gegen die Türken im Jahre 1398, die instrumentalisiert wurde, um den Anspruch auf das Kosovo zu legitimieren. In grundsätzlicherer Weise hatte schon Renan das Vergessen im Erinnern als eines der Wesensmerkmale der Nation gesehen: „L'essence d'une nation est que tous les individus aient beaucoup de choses en commun, et aussi que tous aient oublié bien des choses. Aucun citoyen français ne sait s'il est burgonde, alain, taïfale, visigoth; tout citoyen français doit avoir oublié la Saint-Barthélemy et les massacres du Midi au XIIIe siècle" (Ernest Renan: *Qu'est-ce qu'une nation? et autres essais politiques*. Paris: Pocket 1992, S. 42). Das Vergessen bezieht sich so bei Renan auf Konflikte, die einzelne Gruppen innerhalb der Nation entzweit haben.
14 Benedict Anderson: *Die Erfindung der Nation. Zur Karriere eines folgenreichen Konzepts*. Frankfurt a. M./New York: Campus 1996.
15 Ebda., S. 15.
16 Vgl. Lutz Hoffmann: Die Konstitution des Volkes durch seine Feinde. In: *Jahrbuch für Antisemitismusforschung* 2 (1993), S. 13–37. Zur Rolle von nationalen Feindbildern und Stereotypen bei der Herausbildung nationaler Identitäten existiert eine umfangreiche Literatur. Hingewiesen sei hier neben Ruth Florack (Hg.), *Nation als Stereotyp, Fremdwahrnehmung und Identität in deutscher und französischer Literatur* auf Christoph Jahr/Uwe Mai u. a. (Hg.): *Feindbilder in der deutschen Geschichte*. Berlin: Metropol Verlag 1994; Anne Katrin Flohr: *Feindbilder in der internationalen Politik: ihre Entstehung und ihre Funktion*. Münster/Hamburg: Lit-Verlag 1991; Valeria Heuberger/Arnold Suppan u. a. (Hg.): *Das Bild vom Anderen: Identitäten, Mentalitäten, Mythen und Stereotypen in multiethnischen europäischen Regionen*. Frankfurt a. M. u. a.: Lang 1998; Jean-Noël Jeanneney (Hg.): *Une idée fausse est un fait vrai. Les stéréotypes nationaux*

Die Nationen sind aber nicht nur Erfindungen, wie noch Ernest Gellner in den sechziger Jahren meinte: „Nationalism is not the awakening of nation to self-consciousness: it invents nations where they do not exist."[17] Die Definition von Gellner suggeriert, die Erfindung der Nation sei die Herstellung von etwas ‚Falschem'. Benedict Anderson wandte ein, Gellner lege dadurch nahe, es gebe ‚wahre' Gemeinschaften, die sich von Nationen vorteilhaft absetzten; alle Gemeinschaften, die größer sind als die dörflichen mit ihren Face-to-face-Kontakten, sind jedoch vorgestellte Gemeinschaften. Gemeinschaften sollten darum nicht durch ihre Authentizität voneinander unterschieden werden, sondern durch die Art und Weise, in der sie vorgestellt werden.[18] Letztlich ist jede soziale Einheit, die sich über Institutionen reproduziert, eine vorgestellte Gemeinschaft, weil sie auf der Projektion der individuellen Existenz auf das Geflecht der kollektiven Geschichte beruht.[19]

Nationale Identität

Wenn der Begriff Nation schon im Mittelalter gebräuchlich war, so ist das Konzept der nationalen Identität noch relativ jung; man begegnet dem Begriff erst in den 1980er Jahren.[20] Wenn Identität zunächst ein Begriff ist, der sich auf ein Individuum bezieht, so weitet sich dieser in Richtung seiner sozialen Dimension aus.[21] Diese Weiterentwicklung des Identitätsbegriffes verdanken wir E. H. Erikson, einem 1902 in Deutschland geborenem Sozialpsychologen dänisch-jüdischer Herkunft, der in Wien mit der Psychoanalyse Freuds in Kontakt kam, bevor er von den Nationalsozialisten ins Exil in die USA vertrieben wurde.

---

en Europe. Paris: Odile Jacob 2000; über die ältere Literatur informiert Johannes Hoffmann: *Stereotypen, Vorurteile, Völkerbilder in Ost und West – in Wissenschaft und Unterricht: eine Bibliographie.* Wiesbaden: Harrassowitz 1986.

17 Ernest Gellner: *Thought and Change.* London 1964, S. 168.

18 Benedict Anderson: *Die Erfindung der Nation. Zur Karriere eines folgenreichen Konzepts,* S. 16.

19 Eine sehr differenzierte Auseinandersetzung mit den konstruktivistischen Nationalismustheorien von Hobsbawm, Gellner und Anderson findet sich in Caspar Hirschi: *Wettkampf der Nationen. Konstruktionen einer deutschen Ehrgemeinschaft an der Wende vom Mittelalter zur Neuzeit.* Göttingen: Wallstein 2005, S. 23–44.

20 Siehe auch Joseph Jurt: L'identité nationale: une fiction, une construction ou une réalité sociale? In: *Regards sociologiques,* Nr. 16, 1998, S. 37–50; ders.: Identität. In: Robert Picht/ Vincent Hoffmann-Martinet u. a. (Hg.): *Fremde Freunde. Deutsche und Franzosen vor dem 21. Jahrhundert,* München/Zürich: Piper 1997, S. 78–84; ders.: Literatur und Identitätsfindung in Lateinamerika: J. E. Rodó: „Ariel". In: *RZLG,* VII, 1/2, 1982, S. 68–95.

21 Anne-Marie Thiesse: *Faire les Français. Quelle identité nationale?,* S. 28.

Dort kam er in Kontakt mit der kulturalistischen Anthropologie, etwa einer Margaret Mead, die über die Beziehungen zwischen den kulturellen Modellen einer Gesellschaft und der Persönlichkeitsbildung forschte. Erikson geht in seinem Werk *Identity and Life* von der These aus, dass dem Ich dann Identität zugeschrieben werden kann, wenn es diesem gelingt, ein stabiles Gleichgewichts-Verhältnis zwischen der Struktur individuell gemachter Erfahrungen und Prägungen (persönliche Identität) und den ihm durch Rollenerwartungen abverlangten Verhaltensmustern (soziale Identität) herzustellen.[22] Identität wird so verstanden als eine Form der Kontinuität, die Personen in einem gewissen Lebensalter – meist nach der Ablösung von den frühen Identifikationen, die als ‚Identitätskrise' erfahren wird – erwerben können. Dieser personale Identitätsbegriff, der sich vom traditionellen Identitätsbegriff der Philosophie, die Identität als Gleichheit von zwei oder mehreren Wesenheiten fasst[23], wurde zunächst von Erikson und später auch von der Soziologie in analoger Bedeutung auch auf Gruppen angewendet. Unter Gruppenidentität versteht man nach der Bestimmung von David J. de Levita „die Wesensmerkmale einer Gruppe, die konstant bleiben, obwohl die Gruppenmitglieder variieren. Eine Nation, eine politische Partei, ein Debattierklub bleiben sich gleich, selbst wenn alle Mitglieder durch andere ersetzt werden."[24] Die Identität der Gruppe, die die individuelle Lebensgeschichte übergreift, ist so auch Vorbedingung für die Identität des Einzelnen.[25]

Eine interaktionistische Soziologie versuchte in den USA den Prozessen nachzugehen, durch die sich ein Selbstbewusstsein über die soziale Interaktion ausbildet. Der bekannteste Vertreter war Erving Goffman, der über die Situation der ‚Stigmatisierten' die Identitätsproblematik zu erfassen suchte, so in seinem 1963 veröffentlichten Werk *Stigma: Notes on the Management of Spoiled*

---

22 Erik H. Erikson: Identity and Life Cycle. In: *Psychological Issues*, I, 1, 1959, deutsch als *Identität und Lebenszyklus*. Frankfurt a. M.: Suhrkamp 2011.

23 Siehe zu dieser Unterscheidung Dieter Henrich: „Identität" – Begriffe, Probleme, Grenzen. In: Odo Marquard/Karlheinz Stierle (Hg.): *Identität*. München: Fink 1979, S. 133–186.

24 David J. de Levita: *Der Begriff der Identität*. Frankfurt a. M.: Suhrkamp 1971, S. 68.

25 Zum Verhältnis von Ich- und Wir-Identität siehe auch Christian Meier: Die politische Identität der Griechen. In: Odo Marquard/Karlheinz Stierle (Hg.): *Identität*. München: Fink 1979, S. 385–389. Verweisen kann man auch auf das interdisziplinäre Seminar von Claude Lévi-Strauss zu dieser Thematik: Claude Levi-Strauss: *L'identité, séminaire interdisciplinaire*. Paris: P.U.F. 1977. Hier wurde ebenfalls die Bedeutung der Identitätsproblematik sowohl für Individuen als auch für ethnische Gruppen debattiert; zum letzteren Aspekt sind folgende Beiträge relevant: Françoise Héritier: L'identité Samo (S. 51–71); H.-H. Stahl: Soi-même et les autres (S. 287–304); Michel Izard: A propos de l'identité ethnique (S. 305–311).

Identity.[26] Als ‚Stigmatisierte‘ werden Menschen bezeichnet, die wegen physischen, psychischen oder sexuellen Abweichungen oder wegen ihrer Hautfarbe nicht der herrschenden Norm entsprechen und darum Opfer von sozialer Exklusion oder Gewalt werden. In der Interaktion mit ‚Normalen‘ empfiehlt es sich, ‚Normalität‘ zu fingieren. Goffman ist überzeugt, dass die an krassen Ausnahmesituationen gemachten Beobachtungen auf ‚normale‘ Individuen übertragbar sind. Alle fingierten gleichzeitig eine soziale Identität (‚phantom-normalcy‘) und eine personale Identität (‚phantom-uniqueness‘). ‚Totale Institutionen‘ (Gefängnisse, Kasernen, psychiatrische Kliniken) versuchten, die Ich-Identität maximal auf eine soziale Identität zu trimmen. Die sog. ‚Normalen‘ versuchten die Stigmatisierten in essentialistischer Weise über ihr ‚Stigma‘ zu bestimmen.[27]

Die Diskriminierten würden aber oft das zugeschriebene negative Stigma in ein positives Kennzeichnen umwerten und daraus ein Emblem machen. Was Quelle der Exklusion war, werde als eigene Identität definiert, als Grund des Stolzes und Basis für soziale Ansprüche. (‚Ja, wir sind Neger, wir sind Schwule; das ist unsere Identität und darauf sind wir stolz.‘). Seit den 1960er Jahren rekurrierten soziale Protestgruppen immer mehr auf den Begriff der Identität. Anne-Marie Thiesse verweist auf die kulturelle Bewegung des ‚Black is beautiful‘ und die politische Bewegung der Black Panthers seit 1966. In ähnlicher Weise argumentierte in den Jahren 1960–1979 die feministische Bewegung in den USA, die rasch auch in Europa Fuß fasste. Der Identitätsbegriff wurde dann in den 1970er Jahren von den regionalistischen Bewegungen in Frankreich aufgenommen, die sich auf ihre bretonische oder okzitanische Identität bezogen.[28] Im Laufe der 1980er Jahre wurde der Begriff der Identität nicht mehr allein in Bezug diskriminierte Minderheiten verwendet, sondern auch für die Mehrheit, d. h. die Nation. Davon zeugt das posthum 1986 veröffentlichte Werk von Fernand Braudel *L'identité de la France.*[29] Der Begriff einer nationalen Identität setze sich nunmehr durch.

Pierre Bourdieu hatte schon 1980 eine ganze Nummer seiner Zeitschrift *Actes de la recherche en sciences sociales* dem Thema ‚L'identité‘ gewidmet. Dabei ging es um eine kritische Auseinandersetzung vor allem mit dem Kon-

---

26 Erving Goffman: *Stigma: Über Techniken der Bewältigung beschädigter Identität.* Frankfurt a. M.: Suhrkamp 2012.

27 In Deutschland ging Habermas von Goffman und Erikson aus und operierte ebenfalls mit den Konzepten einer ‚persönlichen‘ und einer ‚sozialen‘ Identität. Siehe dazu Jürgen Habermas: Moralentwicklung und Ich-Identität; sowie ders.: Können komplexe Gesellschaften eine vernünftige Identität ausbilden?. In: ders.: *Zur Rekonstruktion des historischen Materialismus.* Frankfurt a. M.: Suhrkamp [1976] 2001, S. 63–91, 92–126.

28 Anne-Marie Thiesse: *Faire les Français. Quelle identité nationale*, S. 29 f.

29 Fernand Braudel: *L'identité de la France.* Paris: Arthaud-Flammarion 1986.

zept der regionalen Identität. Betont wurde hier insbesondere der Konstruktcharakter des Identitätsbegriffs, der auf einer Universalisierung von Stereotypen beruhe.[30] Pierre Bourdieu zeigt über den ‚effet Montesquieu' auf, wie man
versucht, über eine Klimatheorie sozialen Phantasmen oder Vorurteils-Kons-
truktionen den Schein von Wissenschaftlichkeit zu geben.[31] In Bezug auf die
regionalistische Identität geht er der Frage nach, inwiefern sie durch Intellektuelle und Schriftsteller mit-konstruiert wird, die sich hier im kleineren Rahmen Anerkennung und damit symbolisches Kapital erhoffen, für Interventionen und Werke, die auf nationaler Ebene eher stigmatisierend wirken.[32] Das
Identitätskonzept wird so als essentialistisch und ahistorisch kritisiert. Dieselbe Kritik findet sich dann auch in den schon erwähnten konstruktivistischen
Thesen von Gellner (1983), Anderson (1983) und Hobsbawm (1983) sowie bei
Rogers Brubaker.[33]

Martina Avanza und Gilles Laferté kritisierten eine radikale konstruktivisti-
sche Kritik des Identitätskonzepts. Diese gehe nur von der Produktionsseite
aus und vernachlässige den Rezeptionsaspekt. So konstruiert die Identitätsdis-
kurse auch sein mögen, entscheidend sei, dass sie von bestimmten Gruppen
als Selbstdarstellung akzeptiert und verinnerlicht worden seien und zu einer
Basis von Forderungen wurden.[34] Wichtig sei es Identitäten nicht als ahistori-
sche Größen zu betrachten, sondern als einen Prozess, bei dem Institutionen
wie etwa die Schule und die Schulbücher eine wichtige Rolle spielten.[35]

Sowohl Pierre Bourdieu wie Anne-Marie Thiesse betonen, dass die Staats-
nationen auf universellen Prinzipien wie der Rationalität, der Rechtstaatlich-

---

30 Siehe etwa Catherine Bertho: L'invention de la Bretagne. Genèse sociale d'un stéréotype.
In: *Actes de la recherche en sciences sociales*, Nr. 35, November 1980, S. 45–62.

31 Pierre Bourdieu: Le Nord et le Midi: Contribution à une analyse de l'effet Montesquieu. In:
Actes de la recherche en sciences sociales, Nr. 35, November 1980, S. 21–25.

32 Pierre Bourdieu: L'identité et la représentation. Eléments pour une réflexion critique sur
l'idée de région. In: *Actes de la recherche en sciences sociales*, Nr. 35, November 1980, S. 63–
72.

33 Rogers Brubaker: Au-delà de l',identité'. In: *Actes de la recherche en sciences sociales*,
Nr. 139, 2001, S. 66–85.

34 Martina Avanza/Gilles Laferté: Dépasser la ‚construction des identités'? Identification, image sociale, appartenance. In: *Genèses*, Nr. 61, Dezember 2005, S. 137–140. Zu einer ähnlichen
kritischen Bestandsaufnahme in Deutschland siehe Lutz Niethammer: Konjunkturen und Konkurrenzen kollektiver Identität. Ideologie, Infrastruktur und Gedächtnis in der Zeitgeschichte.
In: Matthias Werner (Hg.): *Identität und Geschichte*. Weimar: Böhlau 1997, S. 175–203.

35 Zur Rolle der Schule und der Schulbücher für die Ausbildung eines Nationalbewusstseins
siehe auch Pierre Bourdieu: *Sur l'Etat. Cours au Collège de France (1989–1992)*. Paris: Raisons
d'agir/Seuil 2012, S. 549 f.; Anne-Marie Thiesse: La nation, une construction politique et culturelle. In: *savoir/agir*, Nr. 2, Dezember 2007, S. 11–20, hier S. 18.

keit, den Menschenrechten beruhen.[36] Aber der Geltungsbereich ist räumlich begrenzt. Dieser begrenzte Raum der Nation wird über kulturelle partikuläre Kriterien bestimmt und legitimiert: „La dimension politique de la nation est universelle, elle prend cependant corps dans un espace géographique identifiable. Ce qui suppose le recours à des critères culturels particularisants. C'est donc en fait le culturel qui sert à délimiter la communauté politique."[37] Anne-Marie Thiesse lehnt darum die Differenzierung in ‚Kulturnation' und ‚Staatsnation', wie sie nach dem deutschen Historiker Meinecke immer aufgegriffen wurde, ab.[38] Die Nationen sind nach ihr immer gleichzeitig politische Körperschaften und kulturelle Gemeinschaften. Die Gewichtung der politischen und der kulturellen Dimension und damit die Betonung der kulturellen Partikularität oder der universalistischen Dimension sind je unterschiedlich. Niklas Luhmann spricht so von der Nation als einem „entfalteten Paradox": „nach außen partikularistisch und nach innen universalistisch konzipiert".[39] Der Ermittlung dieser je spezifischen Gewichtung soll die folgende Untersuchung gewidmet sein. Nationale Identitäten, so Anne-Marie Thiesse, machen nur Sinn innerhalb eines Gesamtes von nationalen Identitäten. Die moderne Organisation des Gemeinwesens als Nationalstaat ist im 18. Jahrhundert in Europa entstanden, verbreitete sich in Europa sowie in Nord- und Südamerika und schließlich weltweit.[40] Der Nationalstaat ist zu einer universellen Organisationsform geworden und die internationalste politische Organisation nennt sich die ‚Vereinten Nationen'; dadurch wird die Existenz von Organisationsformen unterhalb und oberhalb der nationalen Ebene keineswegs in Abrede gestellt.

Nach Tobias Werron kann man nach der weltweiten Verbreitung des Nationalstaates von drei Kernelementen dieses Modells sprechen. Das Modell verknüpfe zunächst den Anspruch einer nationalen Gemeinschaft auf politische Souveränität (politisches Element), dann die Behauptung kultureller oder historisch gegründeter Partikularität (kulturelles Element) und schließlich die Vorstellung, die ganze Welt bestehe aus Nationen mit eigenen politischen Ansprüchen und kulturellen Merkmalen (internationales/universalistisches Element).[41]

36 Pierre Bourdieu: *Sur l'Etat. Cours au Collège de France (1989–1992)*, S. 253, 462.

37 Anne-Marie Thiesse: La nation, une construction politique et culturelle, S. 14.

38 Friedrich Meinecke: *Weltbürgertum und Nationalstaat*. München: Oldenbourg 1962, S. 11–21.

39 Niklas Luhmann: *Die Gesellschaft der Gesellschaft*. Frankfurt a. M.: Suhrkamp 1998, S. 1050.

40 Anne-Marie Thiesse: La nation, une construction politique et culturelle, S. 13.

41 Tobias Werron: Ist der ‚Nationalstaat' ein Produkt oder ein Opfer ‚der Globalisierung'?. In: *Recherche – Zeitung für Wissenschaft* (online seit 22. 5. 2011) http://recherche-online.net/tobias-werron-nationalstaat.html.

Vorgestelltes und erfahrenes Nationalbewusstsein in der frühen Neuzeit

Selbstverständlich sind die Nationen in Europa nicht erst mit der Französischen Revolution entstanden. Wenn es den Begriff der Nation schon im Mittelalter gab, so stellte dieser immer eine Substruktur eines größeren Ganzen – Kaiserreich, Christenheit – dar oder bezeichnete Gruppen innerhalb einer Institution (Universität oder Kardinalskollegium).[1] Der Begriff der *natio* diente der Binnendifferenzierung von Institutionen im mittelalterlichen Europa, wie den Universitäten, den Konzilen, aber auch den Fondachi der Kaufleute oder den Quartieren der Ritterorden.[2] Der Begriff der *natio* war im frühen und hohen Mittelalter noch kein Kollektivbegriff, sondern „Teil einer geburtständischen Formel, die angibt, was eine Person *natione*, von Geburt und Herkunft, ist"[3]. Es handelte sich dabei, wie Herfried Münkler betont, um eine Fremdzuschreibung, die die übergreifende Institution vollzog. Das Erfordernis dieser ‚nationalen' Zuordnung ergab sich aus der im Hochmittelalter wachsenden räumlichen Mobilität, „des Heraustretens von Menschen aus der Gemeinschaft, in die sie hineingeboren wurden": „Kaufleute, Pilger, Studierende und Kleriker sind davon besonders betroffen."[4] Der Begriff der *natio* als Fremdbestimmung war keineswegs eindeutig. Wenn er von Betroffenen angenommen und vereindeutigt wurde, konnte er in Konkurrenz zu der übergeordneten Institution treten.

Der Terminus ‚Heiliges Römisches Reich Deutscher Nation' wurde ebenfalls aus der Sicht der übergeordneten Instanz formuliert und meinte den deutschen *Teil* des Reiches. Der Terminus ‚Heiliges Römisches Reich' war am Ende des 12. Jahrhunderts in der staufischen Kanzlei entstanden, um eine eigene Sakralität des Reiches gegenüber den Suprematieansprüchen des Papsttums zu behaupten, was sich allerdings nicht durchsetzen ließ.[5]

---

1 Zur Begriffsgeschichte vgl. Fritz Gschnitzer/Reinhart Koselleck u. a.: Volk, Nation, Nationalismus, Masse. In: *Geschichtliche Grundbegriffe*, Bd. 7. Stuttgart: Klett 1992, S. 141–431.
2 Herfried Münkler/Hans Grünberger: Nationale Identität im Diskurs der Deutschen Humanisten. In: Helmut Berding (Hg.): *Nationales Bewusstsein und kollektive Identität. Studien zur Entwicklung des kollektiven Bewusstseins in der Neuzeit*. Bd. 2. Frankfurt a. M.: Suhrkamp 1996, S. 211–248, hier S. 215.
3 Dieter Mertens: Nation als Teilhabeverheißung: Reformation und Bauernkrieg. In: Dieter Langewiesche/Georg Schmidt (Hg.): *Föderative Nation. Deutschlandkonzepte von der Reformation bis zum Ersten Weltkrieg*. München: Oldenbourg 2000, S. 115–134, hier S. 123.
4 Herfried Münkler/Hans Grünberger: Nationale Identität im Diskurs der Deutschen Humanisten, S. 217.
5 Herfried Münkler: Nationale Identität und antirömischer Affekt bei den Deutschen. In: *zur debatte*, Nr. 7, 2011, S. 13.

Die Nation war im Mittelalter keineswegs eine exklusive politische Struktur. Auch die Literatur war keineswegs national orientiert. Die hierarchische Konzeption des ‚ordo', welche die mittelalterliche Artus-Literatur illustrierte, war nach Erich Köhler „ihrem innersten Wesen nach universalistisch, da sie gemäß ihrem ins Jenseits projizierten und von dort metaphysisch sanktioniert zurückbezogenen Prinzip der Ständeordnung nur horizontale Trennungslinien unter der Menschheit kennt, die keine vertikale, d.h. nationale Begrenzung zerschneidet."[6] Die Kommunikationssprache der Intellektuellen – Latein – war ebenfalls transnational.

Die Antizipation der Nation in der Literatur: Italien

Die Nationen der frühen Neuzeit, so unterstreicht Karl Garber, gingen nicht ausschließlich aus politischen Strukturen hervor. Sprache und Literatur waren oft nicht bloß Zeugen, sondern Katalysatoren des Prozesses der Nationenbildung.[7] Herfried Münkler und Hans Grünberger unterscheiden so im Gefolge von B. Anderson zwischen erfahrenen und vorgestellten Gemeinschaften. Vom ersteren kann dann gesprochen werden, wenn die Nationenerfahrung als Staatserfahrung gemacht wird. Bei der vorgestellten Gemeinschaft geht „die Nation als *Idee* der Nation als *Realität* systematisch wie zeitlich voraus."[8]

Dies war in Italien der Fall. In seinem Werk *De convivio* optierte Dante für die Volkssprache (*lingua vulgata*) und nicht für das Latein, weil er ein nationales und so auch ein sozial differenziertes Publikum und nicht nur die kleine – internationale – Gruppe der Gelehrten ansprechen wollte.[9] Man muss sich aber die Radikalität dieser Option vergegenwärtigen. Marc Fumaroli unterstreicht das abgrundtiefe symbolische Gefälle zwischen dem Latein und den Volkssprachen. Das Latein war gleichzeitig die Sprache des *sacerdotium* und des *studium*, die Sprache der Kirche und der Wissenschaft. Das Latein als Sprache der Heiligen Schrift, der Theologie, der Liturgie und der Freien Künste war noch lebendiger Ausdruck der römischen Einheit. Die Emanzipation vom Latein verdankte sich nach Fumaroli dem Aufblühen der Städte und ihrer Kultur in Italien.[10] Wenn Dante in *De vulgari eloquentia* über die Form dieser Nationalspra-

---

6 Erich Köhler: *Ideal und Wirklichkeit in der höfischen Epik.* Tübingen: Niemeyer 1970, S. 36.

7 Klaus Garber (Hg.): *Nation und Literatur im Europa der Frühen Neuzeit.* Tübingen: Niemeyer 1989, S. XIII.

8 Herfried Münkler/Hans Grünberger: Nationale Identität im Diskurs der Deutschen Humanisten, S. 211–248, hier S. 220.

9 Klaus Garber (Hg.): *Nation und Literatur im Europa der Frühen Neuzeit,* S. 15 f.

10 Marc Fumaroli: *Trois institutions littéraires.* Paris: Gallimard 1994, S. 218 f.

che nachdenkt, dann konzipiert er diese nicht bloß als eine Addition von Dialekten, sondern als eine ideale Sprache – vorgeformt in der Sprache der Dichter –, die einer politischen Zentralgewalt angemessen wäre. In der idealen Sprache werde so symbolisch schon das vorweggenommen, was politisch noch nicht verwirklicht war: die politische Einheit Italiens:

> Das gesuchte Universale ist in Politik, Sprache und Literatur in Wahrheit ein nationales Individuale, das als ein in die Zukunft weisendes geschichtliches Prinzip alle Qualitäten des normativen Allgemeinen attrahiert [...]. In diesem Sinne steht Dante [...] in Theorie und Praxis am Beginn der europäischen National-Literatur-Bewegung Europas und damit am Eingang der Moderne.[11]

Die literarischen Werke des Florentiner Dreigestirns – Dante, Boccaccio, Petrarca – die in der Volkssprache geschrieben waren, hatten dann als Ausdruck des Nationalbewusstseins im Medium der volkssprachlichen Literatur auch in Frankreich und Spanien eine exemplarische Funktion. Italien war aber in viele Fürstentümer aufgespalten und keines verfügte über ein Machtpotential, das notwendig gewesen wäre, um die von Dante vorgeschlagene Volkssprache landesweit durchzusetzen. Das Latein blieb so noch die dominante Sprache, wegen der fehlenden politischen Zentralgewalt und dem starken Einfluss der Kirche.[12]

Die politische Einigung Italiens blieb aber zunächst noch eine Utopie, die die Schriftsteller zu antizipieren trachteten. In Italien und in Deutschland trat, so Herfried Münkler, in der frühen Neuzeit der Nationalgedanke nachhaltiger und postulatorischer hervor als in den schon nationalstaatlich verfassten Ländern, verschwand aber nach dem eruptiven Auftreten zu Beginn des 16. Jahrhunderts allmählich wieder, geriet schließlich weitgehend in Vergessenheit und wurde erst durch die Französische Revolution wieder nachhaltig in Erinnerung gerufen.[13]

Deutschland und der antirömische Affekt

Die mittelalterliche Geschichtsschreibung der Deutschen war vor allem eine Geschichtsschreibung einzelner Kaiser oder einzelner Stämme gewesen und

---

11 Klaus Garber (Hg.): *Nation und Literatur im Europa der Frühen Neuzeit*, S. 18 f.
12 Siehe Marc Fumaroli: „[Pétrarque] est divisé, comme le sera Boccace, son disciple, comme le sera Bembo, son lointain héritier au XVIe siècle, entre les lettres latines, que le Sacerdoce romain fait régner avec autorité sur l'Italie et sur l'Europe chrétienne, et les lettres italiennes privées d'un support politique central et incontesté" (Marc Fumaroli: *Trois institutions littéraires*, S. 238).
13 Herfried Münkler: Nation als politische Idee im frühneuzeitlichen Europa. In: Klaus Garber (Hg.): *Nation und Literatur im Europa der Frühen Neuzeit*, S. 56–86, hier S. 86.

nicht eine Geschichte des Volkes wie sie die Franzosen mit den *Historiae Francorum* von Gregor von Tours oder die Engländer mit der *Historia ecclesiastica gentis Anglorum* des Mönchs Beda besaßen.[14] Für die Ausbildung eines Nationalbewusstseins bei den Deutschen war die Entdeckung der *Germania* des Tacitus in der Klosterbibliothek Fulda durch den italienischen Humanisten Poggio Bracciolini entscheidend. Sowohl deutsche wie italienische Humanisten beriefen sich nun auf den Text von Tacitus wie auf seine *Annalen* und glaubten vor allem über das Barbarenmotiv positive oder negative Argumente für ein aktuelles Selbst- oder Fremdbild zu finden. Die deutschen Humanisten, so Herfried Münkler, setzten sich gegen die Barbarenvorwürfe wie die Zahlungsbescheide zur Wehr, indem sie die ethischen Vorzüge zivilisatorischer Rückständigkeit herausstrichen. Indem Zivilisiertheit mit Sittenverfall, moralischer Verkommenheit, Dekadenz und Korruption gleichgesetzt wurde, verwandelten sich Rückständigkeit und Barbarei in Vorzüge, und die Zivilisiertheit wurde zum Defizit. Das war ein ebenso naheliegender wie effektiver Schachzug, mit dem gerade auch unter Rekurs auf Tacitus die europäischen Über- und Unterordnungsverhältnisse umgekehrt werden konnten. Aber dieser Schachzug hatte seinen Preis, und der bestand in der Ausbildung eines antizivilisatorischen Affekts auch und gerade bei den deutschen Intellektuellen.[15]

Dieser antirömische Affekt – Rom als Inbegriff sittlicher Verkommenheit – wurde von den Reformatoren, namentlich von Luther wieder aufgegriffen und politisch zugespitzt. Wenn die elsässischen Humanisten Jakob Wimpfeling und Beatus Rhenanus ein Nationalbewusstsein vom Konstrukt einer deutschen Geschichte von den Germanen an zu begründen versuchten, dann ging der kräftige Schub des Nationaldiskurses im 16. Jahrhundert einher mit der Konturierung von Feindbildern. Dabei avancierte Rom zum eigentlichen Feind. An Stelle Frankreichs und der Türken trat bei Hutten ab 1518 der Papst als Gegner, und die „deutsche Freiheit" wurde zum Gegenstand der Teilhabeverheißung.[16] In der Debatte über die Vorzüge der Barbarei wurde von den deutschen Humanisten neben der Sittlichkeit auch die Freiheit von deutschen Humanisten als ein Markenzeichen Deutschlands reklamiert. Dieter Mertens sieht in diesem Zusammenhang vor allem in der Forderung der Reformatoren (Partizipation bei der Pfarrerwahl) und der Bewegung des Bauernkrieges (Partizipation am Gerichtswesen) schon Elemente, die den Nationalstaat charakterisieren: die Teil-

---

14 Ebda., S. 71.
15 Herfried Münkler: Nationale Identität und antirömischer Affekt bei den Deutschen, S. 14 f.
16 Dieter Mertens: Nation als Teilhabeverheißung: Reformation und Bauernkrieg, S. 126.

habeverheißung, die allerdings die Nation eher als ein Forum denn als das Ziel der Reformen sieht.[17]

Was die theoretische Reflexion über die Bedeutung literarischer Werke in der Volkssprache und die Einlösung dieses Anspruchs betrifft, kam Italien zweifellos der Primat zu,[18] aber es fehlte die Instanz eines geeinten National-staates ähnlich wie auch in Deutschland, wo das Modell der sprachlichen Eini-gung – Luthers Bibelübersetzung – nicht dieselbe Wirkung zeitigte, da katholi-sche Dichter sich nach wie vor des Lateins bedienten. Erasmus schrieb auf Latein und äußerte sich geringschätzig über die Landessprachen. Hutten je-doch hatte sich durchgerungen, statt in der Gelehrtensprache Latein in der allen Volksschichten verständlichen Volkssprache zu schreiben. Die meisten deutschen Humanisten sind aber, so Herfried Münkler, darin Hutten nicht ge-folgt, sondern haben am Latein festgehalten. So erfolgte die grammatische und stilistische Ausgestaltung der deutschen Sprache zu einer Schriftsprache weni-ger im Umkreis der Humanisten als in dem der Reformatoren. Das war für die Entwicklung des deutschen Nationalbewusstseins insofern bedeutsam, als da-durch die Literarisierung der Volkssprache mehr mit den Zwecken der Refor-mation als mit denen nationalen Selbstbewusstseins verbunden wurde. Deutsch wurde nicht „zum Kristallisationspunkt eines gemeinsamen National-gefühls, weil es zu einem Signum in den Fronten des konfessionellen Konflikts geworden ist."[19]

---

17 Ebda., S. 134. Ein äußerst differenzierte Darstellung der Nationenkonstruktion in Deutsch-land durch die Humanisten findet sich in Caspar Hirschi: *Wettkampf der Nationen. Konstruktio-nen einer deutschen Ehrgemeinschaft an der Wende vom Mittelalter zur Neuzeit.*
18 Pascale Casanova: *La République mondiale des lettres.* Paris: Seuil 1999, S. 83–85.
19 Herfried Münkler: Nation als politische Idee, S. 77 f.

Frankreich: der Primat der politischen Strukturen, Sprache und Literatur als deren Attribut

Im Unterschied zu Italien und zu Deutschland gelang indes Frankreich, aber auch England und Spanien am Ende des Mittelalters der Übergang zum Nationalstaat. Um die Mitte des 15. Jahrhunderts begann sich ein eigentliches nationales Bewusstsein zunächst in Frankreich und England in Folge des Hundertjährigen Krieges auszubilden, der sich von einem feudalen in einen nationalen Krieg gewandelt hatte.[1] Das patriotische Empfinden musste sich in England und in Frankreich nicht an zu schaffende nationale Mythen wie bei Hutten halten noch sich an Appellen wie bei Machiavelli orientieren, sondern konnte sich auf die Darstellung der politischen Institutionen berufen.[2]

Ein politisches Nationalbewusstsein

Das nationale Bewusstsein äußerte sich so in Frankreich in der Überzeugung des herausragenden Charakters der politischen Institutionen, etwa der monarchischen Verfassung, deren Permanenz nach Claude de Seyssel in *La Grant Monarchie de France* (1519) durch die Bindung an gewisse Verfassungsgrundsätze („lois fondamentales") garantiert war.[3] Später wandelte sich der institutionenzentrierte Patriotismus in Frankreich zu einem königszentrierten. Aber nicht alle politischen Autoren haben diesen Schritt vollzogen. Etienne Pasquier definierte in seinen *Recherches de la France* (1572) die Identität Frankreichs über seine aus dem alten Gallien stammenden Institutionen und Gepflogenheiten.

Die Kultur wurde dann zu einem eminenten Attribut der selbstbewussten, politisch gesicherten Nation, gerade weil sie nicht als Substitut für fehlende politische Strukturen fungieren musste. Pascale Casanova betonte in diesem Zusammenhang, dass das Prestige einer Literatur zunächst mit dem Prestige einer Sprache verknüpft ist, der man eine mehr oder weniger große Eignung für die Literatur zuschreibt. Die Debatte über den Stellenwert einer Literatur ist so zunächst immer eine *questione della lingua*.[4] Es ging beim Übergang zur frühen Neuzeit darum, sich vom Latein zu lösen, das nicht die Sprache einer

---

1 Herfried Münkler, *Nation als politische Idee*, S. 80.
2 Ebda., S. 82.
3 Ebda., S. 82. Siehe dazu die Neuausgabe Claude de Seyssel: *La Monarchie de France*. Hg. und kommentiert von Renzo Ragghianti. Paris: Société des Textes Français Modernes 2012.
4 Pascale Casanova: *La République mondiale des lettres*, S. 69 f.

Nation, sondern die einer transnationalen Institution, der Kirche[5], und des nationenübergreifenden Kreises der Gelehrten war. Die Emanzipationsbewegung gegenüber dem Latein ging von Italien aus. Wir haben schon auf die großen Werke des Florentiner Dreigestirns hingewiesen, die bewusst in der Volkssprache Italienisch geschrieben waren, in einer idealen Sprache, die die politische Einigung des Landes auf der sprachlichen Ebene vorwegnehmen sollte. In Italien bildete sich aber kein geeinter Nationalstaat aus.[6] Und so entstand in Italien, wie Pascale Casanova unterstreicht, auch kein eigentlicher literarischer Raum. Das war aber die Chance Frankreichs.[7]

Wenn sich in Italien die Emanzipation der Volkssprache auch dem Aufblühen der Städte verdankte, so wurde dieser Prozess in Frankreich durch die Ausbildung einer absolutistischen Monarchie ausgelöst. Das Französische war die Sprache des Monarchen, dessen Primat sich gegenüber den Vasallen und ihrem Provinz-Idiom durchsetzte. Die Sprache des Königs war mit der Vorstellung der Souveränität der Krone und derjenigen von Urbanität verbunden, die sie dem Prestige der Hauptstadt Paris verdankte.[8]

Die sprachliche Vereinheitlichung setzte hier sich in Frankreich aufgrund von Entscheidungen politischer Instanzen und nicht auf der Basis des Ansehens literarischer Werke – wie in Italien – durch, vor allem durch die berühmte Ordonnanz von Villers-Cotterêts (1539), die vorschrieb, dass alle Rechtsangelegenheiten nur noch in französischer Sprache und nicht anders verhandelt werden durften.[9] Die Sprache wurde so zu einem wichtigen Attribut des nationalen Bewusstseins. Die Ordonnanz von Villers-Cotterêts von 1539 stellte zweifellos eine wichtige sprachpolitische Maßnahme dar, weil sie zumindest im Bereich der Verwaltungsakte im Gerichtswesen das Französische auch gegenüber den

---

5 Hier gilt es allerdings darauf hinzuweisen, dass in der Kirche der Kult und die Verwaltung durch das Lateinische bestimmt war; die Verkündigung fand aber seit dem Konzil von Tours (813) in der Volkssprache statt. Dadurch trug die Kirche auch zur Aufwertung der Volkssprache bei (siehe dazu Paul Thibaud: Sur la polyglossie européenne. In: Françoise Barret-Ducrocq (Hg.): *Traduire l'Europe*. Paris: Payot 1992, S. 24 f.).

6 Siehe dazu auch Marc Fumaroli: *Trois institutions littéraires*, S. 237 f.: „La Toscane, à la différence de l'Île-de-France, n'est pas le siège d'une monarchie reconnue et respectée dans toute l'Italie. Faute de rois, elle eut des poètes [...]. Il manque à Dante un monarque et une cour laïcs qui fassent passer dans l'usage oral, dans une sociabilité exemplaire et contagieuse, dans une *politeïa*, la langue qu'il a inventée [...]."

7 Pascale Casanova: *La République mondiale des lettres*, S. 74 f.

8 Marc Fumaroli: *Trois institutions littéraires*, S. 219 f.

9 Das Rechtswesen hat sich in Frankreich, wie Harald Weinrich betont, früher und nachdrücklicher zur Volkssprache bekannt als in andern Ländern Europas. Diesem Faktum sei auch das Klarheitsethos der Franzosen beim Sprachgebrauch geschuldet. (Harald Weinrich: *Wege der Sprachkultur*. Stuttgart: Deutsche Verlagsanstalt 1985, S. 149)

regionalen sprachlichen Varianten durchsetzte. Nach Christian Schmitt ging dieser Erlass auf eine Sprachpolitik zurück, die bis in die Anfänge des französischen Nationalstaates zurückreicht, als man um die Mitte des 15. Jahrhunderts versuchte, das Gallien Caesars (als französischsprachigen) Staat wiederherzustellen.[10] Die nationale Einheit des *domaine royal* sollte durch eine Offizialisierung der Volkssprache in den königlichen Verwaltungsakten erreicht werden. Die Ablehnung des Lateins als Gerichtssprache führte zum Primat der französischen Sprache im öffentlichen Bereich und zur Nachordnung der übrigen Sprachen und Dialekte. Schon 1490 hatte Charles VIII. angeordnet, Prozesse und Untersuchungen seien im Languedoc bloß mehr in der Volkssprache zu führen, eine Verfügung, die 1539 auf die ganze Provence ausgedehnt wurde. Die Ordonnanz von Villers-Cotterêts war so nicht eine Neuorientierung der Sprachpolitik, sondern „der konsequente Abschluss der Maßnahmen des 15. Jahrhunderts".[11] Christian Schmitt unterstreicht die ganz bewusste Sprachpolitik des französischen Herrscherhauses unter François I. und er zitiert in diesem Zusammenhang ein Schreiben des schon erwähnten Claude de Seyssel, der 1559 das Prinzip *cuius regio, eius lingua* formulierte und als Konsequenz die Französisierung der eroberten italienischen Gebiete forderte. Diese Ausführungen belegen für Frankreich das von Gyula Décsy formulierte Prinzip „Sprache durch Staat".[12] Mit andern Worten: die nationalstaatlichen politischen Instanzen sind primär und die kulturelle Ausgestaltung, hier die sprachliche Homogenisierung, ist die Konsequenz. Hinsichtlich der Sprachenfrage verdeutlichte de Seyssel, Berater von François I., seine Position durch den Hinweis auf die Situation des Griechischen im Römischen Reich: „Nur ein militärisch starkes Reich mit einer einzigen Sprache, die vervollkommnet sein sollte, hat historisch eine Überlebenschance, wie dies Griechenland vor Augen führt, das trotz der besonders reichen Sprache und Literatur unterliegen musste."[13]

Gleichzeitig wurde dem Hof im literarischen und sprachlichen Bereich eine Ordnungsfunktion zugeschrieben; so war es kein Zufall, wenn François I. die kulturpolitische Initiative ergriff und das *Collège des lecteurs Royaux* beauftragte, die Werke der Antike ins Französische zu übertragen. Die Institution, die auch zunächst *Collège des trois langues* hieß, war so ein Gegenmodell zur Sor-

---

10 Christian Schmitt: *Nation* und *Sprache*: das Französische. In: Andreas Gardt (Hg.): *Nation und Sprache. Die Diskussion ihres Verhältnisses in Geschichte und Gegenwart.* Berlin/New York: de Gruyter 2000, S. 673–745, hier S. 682. Wir orientieren uns im Folgenden an dieser Studie.
11 Ebda., S. 683.
12 Ebda., S. 685.
13 Ebda., S. 686.

bonne, die strikt am Lateinischen festhielt. Die königliche Protektion begünstigte auch die Emanzipation des Französischen.[14]

Der Nationalstaat und die Durchsetzung der Volkssprache

Der linguistische Patriotismus sollte in sehr prominenten Werken seinen Ausdruck finden, in der *Deffence et Illustration de la langue françoise* (1545) von Joachim Du Bellay bis zu Henri Estiennes *De la précellence du langage français* (1597). Pascale Casanova betont zu Recht die Bedeutung des Manifests von Joachim Du Bellay; denn dieses Manifest initiierte die Infragestellung der Monopol-Situation des Lateins und schlug gleichzeitig vor, die eigenen sprachlichen und die literarischen Ressourcen durch Entlehnungen zu bereichern.[15]

Das Verfahren war an sich nicht neu; schon Sperone Speroni war in seinem *Dialogo delle lingue* (1530–1543), der für seine Volkssprache, das Italienische, plädierte, ähnlich vorgegangen. Du Bellay übernahm oft denselben Wortlaut, ersetzte bloß „italienische Sprache" durch „französische Sprache". Dadurch dass das Französische als Volkssprache zum Italienischen in Konkurrenz trat, bildete sich hier schon ein erster europäischer Literaturraum aus.[16] Im Kontext der Feldzüge von Karl VIII. waren die Franzosen in Kontakt mit der italienischen Renaissance gekommen. Den von den Italienern behaupteten Anspruch der Überlegenheit ihrer Kultur und ihrer Sprache wollten sie nicht auf sich sitzen lassen. So hatte Jean Lemaire de Belges schon 1511 in seiner *Concorde des deux langages* die Gleichwertigkeit des Italienischen und Französischen betont. Er feierte den jungen, lebendigen, lebensfrohen Charakter der beiden Volkssprachen und legte, im Unterschied zu Petrarca oder Bembo, überhaupt

---

14 Rudolf Windisch: Externe Geschichte des Französischen. In: Ingo Kolboom/Thomas Kotschi u. a. (Hg.): *Handbuch Französisch. Sprache – Literatur – Kultur – Gesellschaft*. Berlin: Erich Schmidt Verlag ²2008, S. 32–46, hier S. 36.

15 Der Titelbegriff der ‚Défense' war bei Du Bellay nicht eine juristische, sondern eine militärische Metapher: Das zeigt nach Harald Weinrich „insbesondere das letzte Kapitel, ein *Finale furioso* in Form einer hochpathetischen Kriegsallegorie, in der Du Bellay die jungen Dichter Frankreichs aufruft, nunmehr aus der Verteidigungsstellung hervorzubrechen und zum Angriff auf die Kulturschätze Griechenlands und Roms anzutreten" (Harald Weinrich: *Wege der Sprachkultur*, S. 104).

16 Pascale Casanova: *La République mondiale des lettres*, S. 82. Marc Fumaroli spricht in diesem Kontext von einem „championnat européen, dont les Anciens sont les entraîneurs et les arbitres, et dont les Français se doivent de remporter toutes les épreuves [...] ce zèle lui donnera [à la langue française] la victoire sur ses rivales romanes, l'italien et l'espagnol. La candidature de l'anglais est encore loin d'être envisagée" (Marc Fumaroli: *Trois institutions littéraires*, S. 244 f.).

kein Minderwertigkeitsgefühl gegenüber dem Latein an den Tag.[17] Der Gleich-
wertigkeitsanspruch wurde durch den Hinweis auf die Francus-Legende über
eine griechisch-französische Filiation untermauert, deren Position sich auch
im Nationalepos der *Franciade* von Ronsard wiederfand.[18] Henri Estienne sollte
nach Du Bellay in dem schon genannten Werk die Überlegenheit des Französischen zu beweisen versuchen.[19] Du Bellay entwarf nicht nur ein Sprach-, sondern auch ein Literaturprogramm, er konzipierte in seinem Werk ein literarisches System, dessen Raum derjenige der ganzen Nation sein sollte, um so die
Partikularismen der feudalen Zeit zu überwinden.[20]

Die Idee der politischen Hegemonie war für Du Bellay eng verbunden mit
dem ersehnten Wirken eines großen epischen Dichters oder eines berühmten
Redners. Er hoffte, dass Frankreichs Monarchie sich auszeichnen und das
Französische die Höhe erreiche, die es der Nation erlauben würde, mit den
Griechen und Römern gleichzuziehen und wie diese Dichter und Redner vom
Schlage von Homer, Demosthenes, Virgil und Cicero hervorzubringen.[21] Wenn
das Epos von der Pléiade-Gruppe als Ausdruck des Nationalgefühls an die Spitze der Gattungshierarchie gestellt wurde, so plädierte man gleichzeitig für Anleihen bei nicht-französischen Formen und Inhalten, dann auch darum, weil
man die alten einheimischen Formen der Feudalzeit zu überwinden suchte.
Diese Konzeption enthielt nach Reinhard Krüger schon eine transnationale Dimension[22] und damit wohl auch einen Universalismusanspruch.

Nach Pascale Casanova kann man so von einer organischen Beziehung
zwischen der Entstehung der Nationalstaaten und der Durchsetzung der Volkssprache ausgehen. Dort wo die Kultur als Substitut für eine fehlende politische
Einheit fungieren musste wie in Deutschland oder Italien, kam der Literatur
eine primäre identitäre Funktion zu, und diese konnte sich darum nicht im
selben Rhythmus in Richtung Autonomie entwickeln.

Die Abkehr vom Lateinischen stieß nicht bei allen Kreisen auf Beifall. Die
Sorbonne hielt am Latein als Sprache der Forschung und Lehre fest. Bibelüber-

---

17 Marc Fumaroli: *Trois institutions littéraires*, S. 228 f.

18 Christian Schmitt: *Nation* und *Sprache*: das Französische, S. 690.

19 Helmut Berschin/Josef Felixberger u. a.: *Französische Sprachgeschichte*. München: Max
Hueber 1978, S. 193.

20 Siehe dazu Reinhard Krüger: Der Kampf der literarischen Moderne in Frankreich (1548–
1554). Gattungssystem und historisch-soziale Signifikanz der sprach-künstlerischen Formen im
Programm der Pléiade. In: Klaus Garber (Hg.): *Nation und Literatur im Europa der Frühen Neuzeit*, S. 344–381.

21 Dazu Siegbert Himmelsbach: *L'épopée ou la ,case vide'. La réflexion poétologique sur l'épopée nationale en France*. Tübingen: Niemeyer 1988, S. 30–35.

22 Reinhard Krüger: Der Kampf der literarischen Moderne in Frankreich (1548–1554). Gattungssystem und historisch-soziale Signifikanz der sprach-künstlerischen Formen im Programm der Pléiade, S. 380.

setzungen und theologische Schriften in der Volkssprache konnten in Frankreich nicht publiziert werden. Die theologische Fakultät der Sorbonne trat entschieden dem Vorschlag von Erasmus von Rotterdam, die Bibel in die Volkssprache zu übersetzen, entgegen. Wenn Lefèvre d'Etaples 1523 das Neue Testament und 1528 die ganze Bibel ins Französische übersetzte, so wurden diese Übertragungen von der Sorbonne sofort verboten. Wenn die Verkündigung in der Messe seit dem Konzil von Tours in der Volkssprache stattfand, so blieb die Liturgie (bis zum II. Vaticanum) lateinisch. Aber auch der Unterricht in der Schule fand in lateinischer Sprache statt. Der Erwerb von Lateinkenntnissen war das eigentliche Ziel des Unterrichts. Lesen und Schreiben wurde an lateinischen Wörtern erlernt. Erst die Schulen von Port-Royal stellten die Suprematie des Lateinischen und des Griechischen, die seit der Renaissance behauptet wurde, infrage und unterrichteten seit der Mitte des 17. Jahrhunderts auf Französisch und führten das Französische auch als Lehrstoff ein.[23]

Im 16. Jahrhundert wurde so die Sprachenfrage zu einem beherrschenden Thema. Die Standardisierung der Nationalsprache konnte allerdings von staatlichen Instanzen nicht geleistet werden. Hier wirkten zivilgesellschaftliche Gruppen unterstützend. Beim Ausbau des Französischen und seiner Normierung spielten im 16. Jahrhundert die zahlreichen Grammatiken sowie die ersten Wörterbücher eine nicht unwichtige Rolle.

Die Dichtergruppe der Pléiade entwickelte ein eigentliches Sprachprogramm, das bestrebt war, das Französische durch Wortbildung und Reinigung von Archaismen und Regionalismen auszubauen und vom Latein zu emanzipieren.[24] Die literarischen Werke trugen so auch zum Prestige und zur Verbreitung des Französischen bei; dabei entstanden diese Werke nicht nur in Paris; die Dichtergruppe der Pléiade war vor allem in der Touraine beheimatet, einem der Stammgebiete des Französischen. Montaigne, der gelehrte Magistrat, stammte aus dem Bordelais; sein Fall ist besonders bezeichnend. Sein deutscher Erzieher konnte nicht Französisch und sozialisierte ihn nur auf Lateinisch; selbst die Dienstboten mussten sich mit ihm auf Lateinisch unterhalten.[25] So dachte er zuerst auch daran, seine *Essais* auf Lateinisch zu verfassen, entschied sich dann aber für das Französische. Hugo Friedrich spricht in diesem Zusammenhang von einem „sprachgeschichtlichen Ereignis": „Innerhalb des im engeren Sinne philosophischen Schrifttums der romanischen Völker [...] ist Montaigne der erste, der ein bedeutendes und originelles Gedankengut

---

23 Helmut Berschin/Josef Felixberger u. a., *Französische Sprachgeschichte*, S. 197.
24 Rudolf Windisch: Externe Geschichte des Französischen, S. 34 f.
25 Walther von Wartburg: *Evolution et structure de la langue française*. Bern: Francke [8]1967, S. 147.

ausschließlich in einer Vulgärsprache zum Ausdruck bringt [...] Den enormen humanistischen Bildungsvorrat, den er verarbeitet, setzt er in muttersprachlichen Ausdruck um."[26] Er gesteht zwar dem Latein zu, eine dauerhafte und autoritäre Sprache zu sein. Wenn er für das Französische optiert, dann auch darum, weil sein fließendes Denken sich am besten in einer lebenden, das heißt veränderlichen Sprache zum Ausdruck kommen kann. „Die historische Gestalt einer romanischen Sprache des ausgehenden 16. Jahrhunderts ist bei ihm vollkommen durchsichtiges Medium eines individuellen Denkens geworden." Seine *Essais* haften gleichzeitig „ebenso wie Dichtung am Ausdrucksgut ihrer Zeit und Nation".[27]

Marc Fumaroli spricht von den *Essais* als einer Art Staatsstreich, der den Weg zum Französischen als einer klassischen Sprache geöffnet habe. Das Französische sei schon eine „place royale" gewesen, auf der die unterschiedlichen professionellen und lokalen Idiome des Königreiches zusammengekommen und ihre Einheit gefunden hätten. Die Sprache des Königreiches, die durch die tobenden Religionskriege gefährdet war, wurde durch die *Essais* aus dieser Konfliktzone herausgenommen und für ein persönliches, vom Hof unabhängiges Projekt fruchtbar gemacht, das des französischen Edelmannes.

> Pour la première fois depuis Rabelais et Marot, le français est parlé et écrit à la première personne *comme si* l'auteur lui-même était une autorité royale en miniature, libre de traduction, imitation et glose; libre de sujétion. Et ce *je*, assuré de sa propre assise sans prétendre cependant à autre chose que d'être Montaigne, bon Français et sujet du roi de France, est le plus généreux et sociable interlocuteur qui soit.[28]

Die Volkssprache erweist sich, wie das Beispiel der *Essais* zeigt, für den Austausch der Ideen und des improvisierenden Gesprächs im Hinblick ein gemeinsames Ziel als vorteilhaft: das gute Zusammenleben. Montaigne erbrachte so den Beweis, dass sich die Volkssprache nicht nur für die Lyrik, sondern ganz besonders auch für die epische und narrative Prosa eignet. Den *Essais* eignet nach Fumaroli für die Franzosen derselbe Begründungscharakter wie die *Divina Commedia* für Italien. Sie begründen eine einmalige Gesprächskultur, die aus dem Französischen in den Augen der Europäer ein unvergleichliches Instrument machen und um die sich die Literatur in Frankreich kristallisieren wird. Das Französisch der *Essais* ist unabhängig von der Sprache des Amtsadels und der königlichen Kanzlei, aber die Monarchie war eine Bedingung der Möglichkeit für diesen freien Umgang mit der Sprache.[29]

---

26 Hugo Friedrich: *Montaigne*. Tübingen/Basel: Francke ³1993, S. 28 f.
27 Ebda., S. 29.
28 Marc Fumaroli: *Trois institutions littéraires*, S. 255 f.
29 Ebda., S. 256 f.

Der bedeutendste Renaissance-Schriftsteller Frankreichs war zweifellos Rabelais, der aus der Touraine stammte. Er war ein eigentliches Universalgenie, verfügte über umfangreiche Kenntnisse im Bereich der Theologie, der Medizin, des Rechts und der Politik. Er beriet Jean du Bellay und unterstütze aktiv die Unabhängigkeitspolitik der französischen Krone gegenüber dem Papst. Er war aber auch mit allen Bereichen des Lebens vertraut.[30] Dieses extrem breite Wissen und die enorme Erfahrung fanden ihren Ausdruck in seinen beiden Hauptwerken *Gargantua* und *Pantagruel*, die sich durch ihre Überfülle an Wortneubildungen auszeichnen. Die französische Prosa beginnt mit Rabelais, so von Wartburg, mit einem Werk, in der sich Form und Inhalt völlig entsprechen; beide entspringen derselben, manchmal auch brutalen und grobschlächtigen Vitalität, aber auch dem gleichen universellen Horizont. Beide atmen den Geist der Freiheit, der Unabhängigkeit und der überbordenden Lebensfreude. Eine Prosa, die mit einem solchen Meisterwerk beginnt, so derselbe Interpret, kann auf eine große Zukunft hoffen.[31] Als gleichzeitig gelehrtes und volksnahes Werk war es für die individuelle Lektüre gedacht, setzte so auch ein breites Publikum voraus und trug in der Tat zur Ausweitung dieses Publikums bei.[32]

Schließlich spielten auch die Übersetzungen antiker Werke eine nicht zu unterschätzende Rolle bei der der Verbreitung der französischen Sprache. Hier sind vor allem die Übersetzungen des griechischen Philosophen und Historikers Plutarch durch Jacques Amyot *Les Vies des hommes illustres* (1559) zu erwähnen, die durch ihre sprachliche Qualität zum Vorbild wurden und das Französische auch für Historiker verfügbar machten. Er verbannte aus seinem Text Archaismen und Latinismen, die am Hofe sehr beliebt waren, und schrieb so, als ob das Werk unmittelbar auf Französisch verfasst worden wäre. Sein Verdienst für die Festschreibung des Französischen ist groß. Zusammen mit Rabelais und Calvin verlieh er der Sprache Klarheit, Logik und Ausdruckskraft. Sein Einfluss auf das Französische war tief und man nannte ihn den Ronsard der französischen Prosa.[33]

Das Französische setzte sich auch in Wissenschaftsbereichen durch, die mehr praxisorientiert waren, so etwa auf dem Gebiet der Medizin, beim ‚Handwerk' der Chirurgen. In Montpellier gab es schon um 1500 Vorlesungen für Chirurgen auf Französisch. Ambroise Paré, der auf eine lange Praxis als ‚Feld-

---

30 Siehe Walther von Wartburg: „Jamais la nation française n'a produit d'individu qui ait embrassé plus complètement la nature tout entière, toutes les sciences de son temps, toutes les manifestations de la vie" (Walther von Wartburg: *Evolution et structure de la langue française*, S. 159).

31 Ebda., S. 163.

32 Marcel Cohen: *Histoire d'une langue: Le Français*. Paris: Editions sociales ³1967, S. 160 f.

33 Antal Lökkös: Jacques Amyot (1513–1593) *Les Vies des hommes illustres*. In: *En français dans le texte. Dix siècles de lumières par le texte*. Paris: Bibliothèque Nationale 1990, S. 83.

scherer' zurückblicken konnte, publizierte ab 1545 chirurgische Schriften auf Französisch und vier Jahre später ein Chirurgielehrbuch für Medizinstudenten, die des Lateinischen nicht kundig waren, was dann in sein Hauptwerk *Cinq livres de chirurgie* (1572) mündete.[34] Ambroise Paré konnte aber nur gegen den hartnäckigen Widerstand seiner Fakultät seine Bücher auf Französisch verfassen. Die meisten Bücher zur Medizin waren im 16. und 17. Jahrhundert noch auf Latein geschrieben.

Das Französische als Sprache des sich ausbildenden Nationalstaates war im religiösen Bereich auch die Sprache der Verkündigung, des Gebetes und der Volksfrömmigkeit. Die Bibellektüre und die theologischen Debatten waren dem Latein vorbehalten. Der Calvinismus fand sich nicht mit dieser sprachlichen Arbeitsteilung ab, optierte generell für das Französische und öffnete den Laien den Zugang zu den theologischen Debatten und zu einer reformierten Frömmigkeit, die auf der Lektüre der Bibel in der Volkssprache beruhte.[35] Pierre Robert Olivier, genannt Olivétan, hatte 1535 eine Gesamtübersetzung des Alten und des Neuen Testamentes aus dem hebräischen und griechischen Urtext vorgelegt. Er belegte dadurch auch, dass alles auf Französisch zum Ausdruck gebracht werden könne. Die Bibel von Olivétan war bis zur Mitte des 18. Jahrhunderts die geltende Übersetzung für die protestantische Kirche. Olivétans Cousin Guillaume Farel schuf seinerseits für die Protestanten eine französischsprachige Liturgie, bei der auch die von Clément Marot übertragenen Psalmen gesungen wurden.

Eine zentrale Rolle für die protestantische Doktrin spielte Calvins *Institutio Christianae Religionis* (1536), die der Reformator selber ins Französische übersetzte, weil er einen breiten Publikumskreis ansprechen und die Christen, die zwischen der alten und der neuen Lehre zögerten, überzeugen wollte. Die französische Version, die im Übrigen mit einer Widmung an den französischen König François I. unter dem Titel *Institution de la religion chrestienne* 1541 Basel erschien, prägte durch ihre strenge Logik und die starke Ausdrucksweise die französische Prosa nachhaltig und stieß auf sehr große Resonanz.[36] Dadurch dass innerhalb des Calvinismus die theologischen Debatten auf Französisch geführt wurden und diese auch den Laien offenstanden, wurde nach Marc Fumaroli auch der Weg für die späteren philosophischen Debatten rund um Descartes geöffnet.[37]

---

34 Marie-José Imbault-Huart: Ambroise Paré (1510–1590) *Cinq livres de chirurgie* 1572. In: *En français dans le texte. Dix siècles de lumières par le texte*, S. 90.
35 Marc Fumaroli: *Trois institutions littéraires*, S. 224 f.
36 Walther von Wartburg: *Evolution et structure de la langue française*, S. 163–166; Marcel Cohen: *Histoire d'une langue: Le Français*, S. 160.
37 Marc Fumaroli: *Trois institutions littéraires*, S. 225.

Sprache, Literatur und das monarchische System im Frankreich des 17. Jahrhunderts

Im 17. Jahrhundert festigt sich das monarchische System in Frankreich sowohl nach aussen (in der Auseinandersetzung mit Spanien) als auch nach nach innen. Die absolutistische Königsmacht kann sich gegen die Ansprüche der Adelsgruppen und des Bürgertums durchsetzen. In dieser Periode der Stabilisierung spielen die Arbeit an der Sprache und das literarische Schaffen eine zentrale Rolle.

Die Arbeit an der Sprache: Malherbe, Vaugelas

Es ist vor allem Malherbe, der zu Beginn des 17. Jahrhunderts, so Fumaroli, dazu beitragen will, sowohl die Majestät des Thrones als auch die der Sprache des Königtums gegenseitig zu erhöhen. Wenn Montaigne vor allem zum Prestige des Französischen im privaten Bereich beitrug, dann Malherbe sowie Charles Pascal mehr im politischen Bereich. „[Les deux] sont plus sensibles [...] à ce qui, dans la langue, répond à sa vocation *royale*, à son caractère de *lien politique* du royaume, héritier de l'*imperium* romain, et donc à son *élocution* cicéronienne. Il s'agit pour eux, sans trahir le ‚naturel' de la langue, de la porter au rang de ‚latin des modernes'."[1] Malherbe war 1605 an den Hof Henri IV. gekommen und er artikulierte seine Sprachvorstellungen in seinen *Commentaires sur Desportes*, einem Dichterkonkurrenten und Schüler von Ronsard. Pascale Casanova spricht von ihm als dem zweiten großen Revolutionär der französischen Sprache nach Du Bellay. Malherbe führe in einem gewissen Sinne das Vorhaben von Du Bellay weiter. Auch er suche eine ‚Bereicherung' des Französischen allerdings mit andern Mitteln. Er gehe darin einen neuen Weg, indem er es ermögliche, sich von einer servilen Imitation des Lateinischen zu lösen. Die frühen Entlehnungen seien eine Bereicherung gewesen, aber jetzt müsse man einen eigenen Weg finden.[2] Malherbe betonte die Notwendigkeit eines differenzierten mündlichen Gebrauchs der Sprache. Eine möglichst natürliche mündliche Prosa sollte dazu beitragen, die Normen des ‚guten Sprechens' zu finden, die im Gegensatz zu den abstrakten Formen eine bloß geschriebenen und damit ‚toten' Sprache, dem Latein, ständen.

Malherbe definierte sein Literaturverständnis gegen eine mondäne Poesie der Leute am Hof, gegen die neo-lateinische gelehrte Poesie, aber auch gegen

---

1 Marc Fumaroli: *Trois institutions littéraires*, S. 260.
2 Pascale Casanova: *La République mondiale des lettres*, S. 90

die Epigonen der Pléiade, die zahlreiche Dialektismen, eine gekünstelte Syntax und esoterische Konzepte in die Dichtung einbrachten. Er versuchte, den ‚bon usage' über die Besonderheit der gesprochenen Sprache zu bestimmen, ohne das lateinische Erbe zu verleugnen. Er trachtete danach, die technischen Neuerungen, die die Pléiade-Gruppe eingeführt hatte, mit den Postulaten der Klarheit und der Präzision zu vereinen, die er aus der Prosa von Cicero ableitete. Sehr bekannt ist sein Kampf gegen die Archaismen, die unnötigen Neo-Logismen und die Dialektismen, in der Absicht zu einer Sprache beizutragen, die von allen verstanden wird.[3] Malherbe erreichte so, dass seine Vorstellung der Sprache sich in allen Schichten der herrschenden Klasse verbreitete. Malherbe „permet à la langue et à la poésie françaises de poursuivre le processus d'accumulation de ressources littéraires entamé par la Pléiade, mais qui menaçait de se scléroser (comme ce fut le cas en Italie) par le recours trop ‚fidèle' à l'imitation des modèles antiques."[4] Diesem Prozess kam nicht nur eine sprachliche oder literarische, sondern letztlich auch ein politische Bedeutung zu: „Le poète a vu dans cette prose ornée et orale le meilleur lien social qui puisse attacher les sujets du royaume les uns aux autres et à leur roi."[5]

Die Arbeit an der Sprache wurde dann weitergeführt durch Vaugelas in seinen berühmten *Remarques sur la langue française, utiles à ceux qui veulent bien parler et bien écrire* (1647). Auch er orientierte die Schriftsprache am Gebrauch des Mündlichen. Er weigerte sich, eine *lebende* Sprache durch starre Normen zu fixieren, die nach ihm keinen anderen ‚Meister und Souverän' anerkennt als den tatsächlichen Sprachgebrauch und die Analogie. Es gibt für ihn kein der Sprache inhärentes Prinzip, eine Sprach-Vernunft, aus der sich Regeln des Sprachgebrauchs ableiten ließen („L'usage fait beaucoup de choses par raison, beaucoup sans raison et beaucoup contre raison"[6]). Vaugelas orientierte sich so nicht am normativen Prinzip des römischen Rechts, sondern am Prinzip des (ungeschriebenen) Gewohnheitsrechts (‚loi de coutume'). Harald Wein-

---

3 Siehe dazu R. Anthony Lodge: *French: From Dialect to Standard*. London/New York: Routledge 1993, S. 174; Marcel Cohen: *Histoire d'une langue: Le Français*, S. 186.

4 Pascale Casanova: *La République mondiale des lettres*, S. 91.

5 Marc Fumaroli: *Trois institutions littéraires*, S. 267; siehe dazu auch in etwas allgemeinerer Form Walther von Wartburg: „Malherbe, sans être un génie, a été l'homme dont la France avait besoin à ce moment-là. La nation désirait que quelqu'un lui donnât une norme pour sa langue; elle était toute préparée à recevoir une loi en fait de grammairien. Plus que la personne de Malherbe c'était le génie du peuple français qui se donnait à lui-même des nouvelles règles" (Walther von Wartburg: *Evolution et structure de la langue française*, S. 171).

6 Claude Favre de Vaugelas: *Remarques sur la langue française*. Hg. Jeanne Streicher. Genève: Slatkine Reprints 1970, S. VI, 3, zitiert nach R. Anthony Lodge: *French: From Dialect to Standard*, S. 175.

rich hob zu Recht die vielen juristischen Metaphern hervor, die man in den *Remarques* auf Schritt und Tritt finde, was nicht verwundere, da der Vater von Vaugelas ein angesehener Jurist und Verfasser zahlreicher juristischer Abhandlungen gewesen sei. Der Sohn vertrat aber nicht wie der Vater das Ratio-, sondern das *Usus*-Prinzip. Mit dem Begriff des *usus* lehnt sich Vaugelas metaphorisch an ein vom Römischen Recht völlig verschiedenes Rechtsdenken an, in dem der *usus* als einzige Rechtsquelle im Mittelpunkt des Rechtswesens steht.[7] Er versteht sich darum nicht als Richter, sondern als Zeuge des überkommenen Sprachgebrauchs (in Analogie zum überkommenen Gewohnheitsrecht). Es geht aber Vaugelas nicht um den Sprachgebrauch generell, sondern um den guten Sprachgebrauch (‚le bon usage‘). Dieser gute Sprachgebrauch wird bestimmten sozialen Schichten innerhalb der Gesellschaftshierarchie zugeschrieben; nicht ein sprachinternes Kriterium ist hier relevant, sondern wie Lodge schreibt, ein externes soziales Kriterium:[8] „Le bon usage [...] c'est la façon de parler de la plus saine partie de la cour, conformément à la façon d'écrire de la plus saine partie des Auteurs du temps. Quand je dis la Cour, j'y comprends les femmes comme les hommes, et plusieurs personnes de la ville où le Prince réside, qui par la communication qu'elles ont avec les gens de la Cour participent à sa politesse."[9] Die Kompetenz-Hierarchie beim guten Sprachgebrauch entspricht so der herrschenden sozialen Hierarchie. An unterster Stelle fungiert das Volk, dem Vaugelas im Unterschied zu Malherbe keine sprachliche Autorität zuschreibt, ebenso wenig den Provinzen, wobei sich hier eine gewisse Abstufung erkennen lässt; das Ajou und die Region „le long de la rivière de Loire" werden höher eingestuft als die Regionen südlich der Loire.[10] Etwas höher stehen dann die Bereiche der Justiz und der Stadt (Paris), insofern sie in Verbindung zum Hof stehen. Die entscheidende Autorität ist indes der königliche Hof. Das Bild des Hofes hat sich seit dem vorigen Jahrhundert gewandelt, wie Harald Weinrich unterstreicht: „Der Hof ist nicht mehr italienisiert und ist jedem sprachlichen Avantgardismus abhold, und er hat zudem im gesellschaftlichen Leben der Nation eine unvergleichliche Autorität gewonnen. Und so ist es vielleicht nicht verwunderlich, dass Vaugelas alle sprachliche Autorität dem Hof überlässt [...]."[11] Neben dem Hof erkennt Vaugelas die guten Schriftsteller als zweite Instanz des guten Sprachgebrauchs an. Wegen des Primats, das der gesprochenen Sprache zuerkannt wird, erscheint indes der Hof als höhere Ins-

---

7 Harald Weinrich: *Wege der Sprachkultur*. Stuttgart: Deutsche Verlagsanstalt 1985, S. 106 f.
8 R. Anthony Lodge: *French: From Dialect to Standard*, S. 175.
9 Claude Favre de Vaugelas: *Remarques sur la langue française*, S. VI, 3, zitiert nach R. Anthony Lodge: *French: From Dialect to Standard*, S. 176.
10 Ebda., S. 175.
11 Harald Weinrich: *Wege der Sprachkultur*, S. 116.

tanz. Die Präsenz von zwei Zeugen entspricht laut Harald Weinrich wiederum einem Prinzip des französischen Gewohnheitsrechts.[12] Da aber weder der Hof noch die Schriftsteller eine homogene Gruppe darstellen, gesteht Vaugelas bloß einer Elite (der „plus saine partie") die letztendliche Autorität zu. Wenn man nach dem Zeugnis der beiden Instanzen zu keinem eindeutigen Resultat kommt, so sollen Sprachgelehrte über das Prinzip der Analogie die Lücke schließen.[13] Nach Anthony Lodge entspricht der von Vaugelas entworfene gute Sprachgebrauch letztlich in seiner konkreten Form dem Ideal des ‚honnête homme', der keine niedrigen Wörter (‚mots bas'), die aus dem Volk stammen, gebrauchen soll, aber auch kein technisches Vokabular (‚mots techniques'), da er ja keinen Beruf ausübt, keine Archaismen, da er in der Gegenwart lebt, keine Provinzialismen, da er sich in Paris befindet, keine anstößigen Wörter (‚mots sales'), die die Frauen in der Gesellschaft stören könnten.[14] Mit diesen sehr präzisen Ausführungen über den guten Sprachgebrauch hat nun das Französische einen Reifegrad erreicht, der eine klassische Sprache auszeichnet. Das Französische tritt jetzt mit dem Anspruch auf, das Latein der Moderne zu sein:

> Le temps est venu d'une offensive apologétique de la langue royale, qui déclare maintenant sa prétention à remplacer le latin, après avoir prouvé qu'elle était, parmi les langues européennes, le seul ‚latin vivant', parlé par tout un peuple (étant admis, comme le précise Vaugelas, que le peuple ne signifie pas plèbe, mais une communauté représentée fidèlement par sa noblesse).[15]

Die Arbeit an der Sprache und insbesondere am guten Sprachgebrauch trägt zum Ruhm des Königreichs bei, wie die Beispiele Griechenlands und Roms zeigten: „l'honneur de la Langue françoise est une dépendance de l'honneur du Sceptre françois", bemerkt Jean Godard.[16]

Indem man sich am mündlichen Gebrauch der Sprache orientiert, ermöglicht man auch Innovationen, selbst im Bereich der literarischen Gattungen und der literarischen Sprache. Wegen dieser Ausrichtung am mündlichen Sprachgebrauch hätten auch die literarischen Formen, die oft den Modellen der Antike strikt folgend erstarrten, sich in Frankreich viel freier und schneller entwickelt als in anderen Ländern, etwa in Italien, wo man in archaischen schriftlichen Zeugnissen Modelle für den mündlichen Sprachgebrauch suchte.[17]

---

12 Ebda., S. 117.
13 Ebda., S. 123.
14 R. Anthony Lodge: *French: From Dialect to Standard*, S. 177.
15 Marc Fumaroli: *Trois institutions littéraires*, S. 274.
16 Zitiert ebda., S. 275.
17 Pascale Casanova: *La République mondiale des lettres*, S. 93.

Die Académie française als normative Sprach-Institution

Als Gelenkstelle, die die offizielle Sprache des Hofes mit derjenigen der ‚großen Welt' der Zirkel rund um den Louvre verband, fungierte die 1635 offizialisierte Académie française.[18] Vaugelas zählte zu den eigentlichen Gründervätern der Institution; er gehörte schon seit März 1634 zur Académie. Er schrieb seine *Remarques* als einer der Sprachkenner des Kollegiums und hatte die sprachlichen Diskussionen innerhalb der Académie für sein Buch benutzt. Die Institution hatte als Kollegium den Sprachgebrauch in strittigen Fällen bezeugt, wenn der Konsens des Hofes und der besten Schriftsteller ihn nicht schon vorher bestimmt hatten. Vaugelas verstand sich dabei bloß als ‚Berichterstatter'.[19] Harald Weinrich betont auch hier wieder, wie sehr dieses Verfahren dem Gewohnheitsrecht entsprach. In diesem Gremium galt indes nach Vaugelas nicht das elitäre Wahlprinzip (*senior pars*), sondern das Majoritätsprinzip, wohl aus der Überlegung, dass die vierzig ‚académiciens' schon eine Elite darstellten, aus der nicht noch einmal ein ‚besserer Teil' herausgehoben werden sollte.[20]

Die Académie française war aus einem privaten Zirkel hervorgegangen, der sich seit 1629 um Chapelain, Giry, Godeau und Conrart gebildet hatte. Mit den ‚lettres patentes' von 1635, die Ludwig XIII. unterschrieb, war sie zu einer Institution des öffentlichen Rechts geworden, zu einer Institution des Staates, die sich entscheidend von einer privaten Institution unterschied. Wenn die Académie sich selber die Devise „A l'immortalité" gab, so war damit nach Marc Fumaroli nicht nur der unvergängliche literarische Ruhm gemeint, sondern die Transzendenz einer Institution jenseits jeder Vergänglichkeit der Individuen, eine Transzendenz, die von den Juristen im Mittelalter in Analogie zum Modell des *corpus mysticum* der Kirche konzipiert worden war.[21] Die nationalstaatliche Funktion der Institution kam auch im Titel *Académie française* zum Ausdruck, den Richelieu bewusst gegen andere Vorschläge wie „Académie des beaux esprits" durchsetzte.[22]

---

18 Marc Fumaroli: *Trois institutions littéraires*, S. 271.

19 Harald Weinrich: *Wege der Sprachkultur*, S. 124 f.

20 Ebda., S. 126.

21 Gemäß Ernst Kantorowicz: *King's Two Bodies. A study in medieval political theology* (Princeton, 1957), zitiert von Marc Fumaroli: *Trois institutions littéraires*, S. 29. Durch die förmliche Konstitution der Académie als „corps" oder als „compagnie" wird sie, so betont auch Hartmut Stenzel, zu einer autonomen Vereinigung, deren Rang den großen Körperschaften des Königsreichs vergleichbar ist (Hartmut Stenzel: *Die französische ‚Klassik'. Literarische Modernisierung und absolutistischer Staat*. Darmstadt: Wissenschaftliche Buchgesellschaft 1995, S. 88).

22 Hartmut Stenzel: *Die französische ‚Klassik'. Literarische Modernisierung und absolutistischer Staat*, S. 98 f.

War dadurch die Institution völlig von der absolutistischen Zentralmacht instrumentalisiert worden? Die ‚lettres patentes' von 1635 betonten die Vorteile einer genormten Sprache für das französische Königreich und das Interesse des Staates an einer Sprachorganisation, die unter der Aufsicht und Schutz des Königs arbeitet. Die Institution zeigte sich „recht unterwürfig", wenn sie ihrem Statut entsprechend bestimmt, dass politische und moralische Fragen gemäß der Vorgaben der Krone behandelt werden („les matières politiques ou morales ne seront traitées dans l'Académie que conformément à l'autorité du Prince, à l'état du gouvernement et aux lois du royaume"[23]). Auch Christian Jouhaud vertritt die Ansicht, dass sich mit der Offizialisierung der Akademie etwas Wesentliches geändert habe. Es herrschte nun nicht mehr die spontane Übereinstimmung, nicht mehr die Meinungsfreiheit über literarische *und* politische Fragen zu diskutieren. Die Akademie war nun auch gezwungen, Minister (wie Séguier und Servien) aufzunehmen sowie Schriftsteller und Polemisten, die Richelieu nahestanden.[24] Jouhaud verkennt nicht, dass die Schriftsteller dank der Académie eine neue Anerkennung fanden, die auch eine wachsende Autonomie bedeutete, die mit einer größeren Abhängigkeit gegenüber der Staatsmacht einhergeht.[25] Alain Viala betont seinerseits mehr die Autonomisierung, die mit der Gründung der Académie einsetzte. Das, was diese Institution in seinen Augen auszeichnete, war die einsetzende Professionalisierung: das Modell des Gelehrtenkreises, das noch dem enzyklopädischen Humanismus verpflichtet war, sei jetzt abgelöst worden durch die – regelmäßige – Versammlung von Spezialisten, die ausschließlich über sprachliche und literaturästhetische Probleme diskutierten und auch normativ tätig wurden. Die Spezialisierung werde auch belegt durch die Gründung von Institutionen, die nicht-literarischen Sektoren galten wie die Académie de la peinture (1648) oder die Académie des sciences (1666). Dem Sieg der professionellen Literaten („littérateurs") über die Gelehrten humanistischen Zuschnitts („lettrés") ging nach Viala eine intensive Auseinandersetzung über ästhetische und sprachliche Normen und damit über die dominanten kulturellen Modelle voraus.[26] Im Bereich der Akademie ist das literarische Feld zur Zeit der Klassik, so das Fazit Alain Vialas, der Ort einer permanenten Spannung zwischen der Dynamik der

---

23 Christian Schmitt: *Nation* und *Sprache*: das Französische, S. 696.
24 Christian Jouhaud: Histoire et histoire littéraire: naissance de l'écrivain. In: *Annales ESC*, Juli–August 1988, S. 862.
25 Christian Jouhaud: *Les pouvoirs de la littérature. Histoire d'un paradoxe.* Paris: Gallimard 2000, S. 10.
26 Alain Viala: *Naissance de l'écrivain. Sociologie de la littérature à l'âge classique.* Paris: Les Editions de Minuit 1985, S. 15–28.

Autonomie und der Aufrechterhaltung einer geforderten Abhängigkeit.[27] Auch für Hartmut Stenzel enthält in dialektischer Wendung „die Unterordnung unter das politische Projekt zugleich die Affirmation der Eigenständigkeit des Beitrags der Akademie".[28]

Marc Fumaroli unterstreicht seinerseits, dass Richelieu die Autonomie der Institution, der er einen offiziellen Status verliehen hatte, so weit, wie es ihm möglich war, respektierte. So erschien er bewusst nie bei den Sitzungen der Académie.[29] Warum aber statte der Kardinal die Schriftsteller mit einer Würde und der Unabhängigkeit einer eigenen Institution aus, ohne die der Einfluss der Aufklärerschriftsteller des 18. Jahrhunderts oder die Ausstrahlung der Dichter der Romantik nicht denkbar gewesen wäre, fragt sich Fumaroli. Auf der einen Seite gab es kein anderes Instrument als das der von Jean Bodin konzipierten Korporation. Andererseits musste Richelieu darauf bedacht sein, nicht das Misstrauen der Schriftsteller zu wecken. Es waren dies Schriftsteller, die in der Volkssprache schrieben, deren Prestige und deren Einfluss noch nicht gesichert waren. Indem er ihnen eine Institution öffentlichen Rechts zusprach, konnte er in einem gewissen Sinne auch mit ihrer Dankbarkeit rechnen: „La soif d'honorabilité des lettrés en langue vulgaire, regardés de haut par les magistrats humanistes et les clerc latinistes, et souvent suspendus aux caprices d'un grand seigneur, était trop vive alors pour que l'esprit de corps, à peine naissant, ne jouât pas en faveur de son fondateur et de l'Etat royal."[30]

Der Académie wurde vor allem eine normative Funktion im Rahmen der Sprache zugeschrieben, so im Abschnitt 24 des Statuts der Institution: „La

---

27 Ebda., S. 50.
28 Hartmut Stenzel: *Die französische ‚Klassik'. Literarische Modernisierung und absolutistischer Staat*, S. 100.
29 Nach Pierre Bourdieu ist die Gewährung einer (relativen) Autonomie eine strukturelle Notwendigkeit. Die politische Macht muss sich legitimieren, um ihre Macht ausüben zu können; sie kann sich aber nicht selbst legitimieren, sonst wäre sie Partei und Richterin zugleich. Sie muss darum auf externe Instanzen rekurrieren, auf Schriftsteller, Künstler, politische Denker, Juristen. Ihr Urteil hat kein Gewicht, wenn es ein Produkt des Zwanges ist. Die politische Macht ist darum gezwungen, den Instanzen eine gewisse Autonomie zu gewähren, die die Aufgabe haben, die Macht zu legitimieren: „Der Fürst kann von seinen Dichtern, Malern oder Juristen einen wirklich effizienten symbolischen Dienst nur dann erlangen, wenn er ihnen die (relative) Autonomie einräumt, die die Bedingung eines unabhängigen Urteils darstellt, aber auch die Möglichkeit kritischer Infragestellung zulässt" (Pierre Bourdieu: *Meditationen. Zur Kritik der scholastischen Vernunft*. Frankfurt a. M.: Suhrkamp 2001, S. 133). Siehe dazu auch Joseph Jurt: Autonomie der Literatur und sozialgeschichtliche Perspektive. In: Boike Rehbein/Gernot Saalmann u. a. (Hg.): *Pierre Bourdieus Theorie des Sozialen. Probleme und Perspektiven*. Konstanz: UVK 2003, S. 97–115.
30 Marc Fumaroli: *Trois institutions littéraires*, S. 31.

principale fonction de l'Académie sera de travailler avec tout le soin et toute la diligence possible à donner des règles certaines à notre langue et à la rendre pure, éloquente et capable de traiter les arts et les sciences".[31]

Im Rahmen der Académie wurde auch erstmals die Idee eines „génie de la langue" vertreten, die These, dass jede Sprache ein „génie particulier" aufweise, in dem die Identität einer Nation zum Ausdruck komme. Hans Helmut Christmann verweist in diesem Zusammenhang auf einen Vortrag des Gräzisten und Orientalisten Amable de Bourzeys, den dieser am 12. Februar 1635 unter dem Titel „Sur le dessein de l'Académie et sur le différent génie des langues" in der Académie vortrug. Für den Autor ist das „génie" einer Sprache schwer zu bestimmen und zu erkennen; man müsse die eminenten Werke in einer Sprache, aber auch deren Bedingungen der Möglichkeit untersuchen. Die Ursachen des „génie de la langue" seien vielfältig; es hänge ab von den „divers Tempéraments des régions et des peuples", von „la forme du gouvernement, la manière converser et les mœurs" und schließlich vom „Esprit des particuliers".[32]

In diesem Zusammenhang wurde der Académie der konkrete Auftrag erteilt, eine Grammatik, einen Dictionnaire und eine Rhetorik zu entwerfen. Wenn der Dictionnaire erst 1694, die „völlig unbrauchbare"[33] Grammatik erst 1932 und die Rhetorik überhaupt nie erschienen, so erfüllten nach Fumaroli die *Remarques* von Vaugelas gleichzeitig diese drei Funktionen.

Die Leidenschaft für die Sprache außerhalb der Académie

Die Promotion des Französischen fand aber auch außerhalb der Akademie statt. Pascale Casanova erwähnt hier das Faktum, dass sich Descartes 1637 entschloss, seinen *Discours de la méthode* auf Französisch und nicht auf Lateinisch (wie das bei den Philosophen üblich war) zu veröffentlichen. In diesem Zusammenhang entstand nun auch eine Betrachtungsweise, die die These vertrat, die Sprache beruhe auf dem sprachinternen Prinzip der Vernunft, was sich

---

31 Zitiert nach Christian Schmitt: *Nation* und *Sprache*: das Französische, S. 696.
32 Nach Hans Helmut Christmann: Bemerkungen zum Génie de la langue. In: Alberto Barrera-Vidal (Hg.): *Lebendige Romania*. FS für Hans-Wilhelm Klein. Göppingen: Kümmerle 1976, S. 65–79, hier S. 69. Der Autor unterstreicht dann, dass der Begriff ‚génie de la langue' im 17. Jahrhundert zu einem Modewort wurde. Der Sprache wurden so Eigenschaften wie einem Lebewesen zugeschrieben, so etwa eine spezifische ‚Begabung'. 1668 erschien eine Schrift von Louis Du-Truc *Le génie de la langue française*, 1685 folgte *Le Génie de la Langue Française* von François d'Aisy.
33 Christian Schmitt, *Nation* und *Sprache*, S. 696.

dann vor allem in der Grammatik von Port-Royal, der *Grammaire générale et raisonnée* (1660) von Arnauld und Lancelot manifestierte.[34] In diesem Zusammenhang wurde nun auch behauptet, der französische Satz folge einem *ordo naturalis* und sei dadurch sogar dem Latein überlegen. Diese These vertritt Louis Le Laboureur in seiner Abhandlung *Des avantages de la langue française sur la langue latine* (1667)[35]. Der der französischen Sprache gewidmete Abschnitt von Abbé Bouhours *Entretiens d'Ariste et d'Eugène* (1671) verfolgt eine ähnliche Tendenz. Der Jesuitenpater und Vaugelas-Anhänger zieht eine positive Bilanz der Verbreitung des Französischen in Asien und Amerika dank der frankophonen Jesuiten-Missionare auf diesen Kontinenten. Das Lob der Sprache verbindet sich bei ihm mit dem Lob des Königs als der Verkörperung der Perfektion dieser Sprache: „Mais sçavez-vous bien que nôtre grand Monarque tient le premier rang parmi ces heureux génies [les ‚honnestes gens' de la cour qui ‚parlent comme des maistres'], et qu'il n'y a personne dans le Royaume qui sçache le François comme il le sçait?"[36]

In der Folge findet sich in mehreren Académie-Texten das doppelte Lob der Sprache und der Sprachkompetenz des Monarchen. Für den Jesuitenpater wird das Französische gleichzeitig vom König für seine majestätische Dimension als auch von den Frauen für das emotionale Register verkörpert. In dieser doppelten Dimension liege die Überlegenheit des Französischen: „Le français sait être en même temps sérieux et enjoué, chaste sans pruderie et avec agrément. Il est non seulement supérieur aux autres langues modernes, mais même au latin, dans la perfection que cette langues avait atteinte au temps des premiers empereurs."[37] Auch Bouhours verwendet den Begriff des „génie de la langue". Diese spezifische Charakterisierung der Sprache wird anthropomorph konzipiert: „Comme les talents des peintres sont divers, les génies des langues le sont aussi."[38] Sprachen werden so personifiziert; ihrem „Genie" werden Eigenschaften wie menschlichen Personen zugeschrieben. Die spanische Sprache ist nach diesem Autor „une orgueilleuse qui le porte haut; qui se pique de grandeur; qui aime le faste, et l'excès en toutes choses."[39] Von der italienischen Sprache heißt es, sie sei „une coquette toujours parée et toujours fardée,

---

34 Pascale Casanova: *La République mondiale des lettres*, S. 95.

35 Siehe dazu Marc Fumaroli: *Trois institutions littéraires*, S. 278–284, hier S. 283: „Cette douceur, cette fraîcheur du français sont aussi transparence de la raison, dont elles épousent spontanément l'état naissant, l'élan d'aurore. Et ici Le Laboureur rejoint le cartésianisme [...] dont il tient de quoi exalter la clarté française [...]."

36 Zitiert ebda., S. 292; siehe dazu auch Harald Weinrich: *Wege der Sprachkultur*, S. 117.

37 Ebda., S. 298.

38 Zitiert bei Hans Helmut Christmann: Bemerkungen zum Génie de la langue, S. 71.

39 Zitiert ebda., S. 72.

qui ne cherche qu'à plaire"[40]. Die französische Sprache hingegen ist „une prude; mais une prude agréable, qui toute sage et toute modeste qu'elle est, n'a rien de rude ni de farouche".[41] Die Sprachen werden so impliziter Weise als Frauenfiguren personifiziert, das Französische wird als Tochter der lateinischen Mutter bezeichnet, mit der sie ihr „Genie" und ihren Geschmack teile. Der Autor postuliert dann eine Homologie zwischen dem Charakter einer Sprache und dem (supponierten) Charakter eines Volkes: „Car le langage suit d'ordinaire la disposition des esprits; et chaque nation a toujours parlé selon son génie."[42] Die Veränderung der Sprache folge dabei der Entwicklung des ‚Volkscharakters'.

Wenn Bouhours den besonderen Charakter des Französischen gegenüber den anderen modernen Sprachen unterstreicht, so wird ein anderer Vertreter der Académie, François Charpentier, in seiner *Défense de la langue françoise pour l'inscription de l'Arc de triomphe* (1676) für das Französische (und gegen das Lateinische) plädieren als einer Herrschaftssprache, die nun auf den öffentlichen Monumenten die glorreichen Taten des Monarchen zum Ausdruck bringen könne. Auch in seinen Augen ist die Sprache der Spiegel eines Volkes. Das Französische entspreche dem Monarchen, der als zweiter Augustus den Staat befestigt, den Wohlstand befördert und alle Künste beflügelt habe. Das Französische sei noch universeller als das Lateinische, weil es auch außerhalb Frankreichs von einer höfischen Elite gesprochen werde.[43]

Pascale Casanova stellt so im damaligen Frankreich einen eigentlichen „culte de la langue" fest.[44] Harald Weinrich konstatiert in analoger Weise für die Pariser Gesellschaft, dass sie sich seit dem 17. Jahrhundert „für die Sprache passioniert und diese Passion der ganzen Nation vererbt hat, so dass die Zeitschrift *L'Année littéraire* im Jahre 1755 sagen konnte: ‚La grammaire règne depuis quelques temps.' Die Grammatik herrscht in Frankreich auch in der Literatur, und das Wörterbuch liegt häufiger auf dem Schreibtisch des Autors als anderswo. Die großen Autoren gelten daher mit Recht als die Sprachmeister."[45]

---

40 Zitiert ebda.
41 Zitiert ebda.
42 Zitiert ebda., S. 73.
43 Marc Fumaroli: *Trois institutions littéraires*, S. 278–284, S. 289–291. Jürgen Trabant stellt in seiner Bilanz fest, dass Frankreich nach 1648 zur dominierenden Macht auf dem Kontinent geworden ist: „Ludwig XIV. entfaltet sein politisches und kulturelles System exklusiv auf dem Französischen, das Lateinische ist (außer bei Inskriptionen und Münzen) völlig eliminiert" (Jürgen Trabant: Die politische und kulturelle Bedeutung des Französischen. In: Ingo Kolboom/Thomas Kotschi u. a. (Hg.): *Handbuch Französisch. Sprache – Literatur – Kultur – Gesellschaft*, S. 136).
44 Pascale Casanova: *La République mondiale des lettres*, S. 93.
45 Harald Weinrich: *Wege der Sprachkultur*, S. 149. Zur Bedeutung der Sprache und der Sprachpflege für die Ausbildung der nationalen Identität siehe auch Marcel Mauss: La nation.

Die Literatur der ‚Klassik‘, ihre Orientierung an der Antike und ihr Universalitätsanspruch

Die Perfektionierung des Französischen bedeutete, wie Pascale Casanova betont, auch eine Ästhetisierung und eine sukzessive Literarisierung der Sprache. Die Sprache war nicht nur als Kommunikationsvehikel im Königreich wichtig, sondern auch als Instrument der Literatur, die in ihrem Gelingen gleichzeitig auch zu einem Emblem der Staatsnation werden sollte und konnte.[46]

So gehörte nicht nur die Arbeit an der Sprache zu den Aufgaben der Académie, sondern ihre Aktivität galt auch dem Bereich der Literatur. So sollten die académiciens ja auch eine Poetik erstellen. Die Institution bedeutete, wie Hartmut Stenzel zu Recht unterstreicht, einen wichtigen Entwicklungsschritt für die gesellschaftliche Geltung der Literatur und das Selbstbewusstsein der Literaten, deren soziale Existenz bisher mit wenigen Ausnahmen von der persönlichen Gunst eines Mäzens abhing.[47] Die Académie française, die sich vor allem aus Schriftstellern rekrutierte, wurde als literarische Akademie wahrgenommen. Im 17. Jahrhundert hatte sich in Frankreich ein ganzes Netzwerk von Akademien ausgebildet. Auch die Malerei, die Musik, die Architektur, die Naturwissenschaften verfügten ab den sechziger und siebziger Jahren des 17. Jahrhunderts über eigene Akademien. Von den 71 damals gegründeten Akademien waren 56 literarische Akademien, neun naturwissenschaftliche und vier waren der Malerei gewidmet. Was das kulturelle Feld Frankreichs nunmehr auszeichnete, war die absolute Dominanz, die die Literatur seit dieser Periode erreichte und die auch Musik und Malerei hinter sich ließ. Die Literatur wurde in Frankreich zum „repräsentativen Ausdruck der Nation“: „Im Kultur- und Nationalbewusstsein Frankreichs spielt die Literatur eine Rolle von so ausschlaggebender Bedeutung, wie dies bei anderen Nationen auch nicht annähernd der Fall ist. In Frankreich, und nur in Frankreich, wird die Literatur von der Nation als ihr repräsentativer Ausdruck empfunden“.[48]

Bezeichnend war hier die frühe Intervention der Akademie im literarischen Bereich mit den *Sentiments de l'Académie française sur la Tragi-Comédie du ‚Cid‘* (1637). Stenzel sieht in dieser Polemik einen Schnittpunkt, in dem literari-

---

In: ders.: *Œuvres. 2: Représentations collectives et diversité des civilisations*. Paris: Les Editions de Minuit 1969, S. 573–625, insbesondere S. 594 f.
46 Pascale Casanova: *La République mondiale des lettres*, S. 93.
47 Hartmut Stenzel: *Die französische ‚Klassik‘. Literarische Modernisierung und absolutistischer Staat*, S. 97.
48 Ernst Robert Curtius: *Die französische Kultur*. Bern/München: Francke ²1975, S. 74 f.

sche Modernität und absolutistische Literaturpolitik aufeinandertreffen.[49] Das Interesse Richelieus an der Bühne lag an der Möglichkeit der öffentlichen Wirksamkeit des Theaters, dessen materiellen Voraussetzungen sich seit 1630 konsolidiert hatten. Im Umkreis des Kardinals wurde die Bühne gegen religiöse Vorurteile rehabilitiert und durch ein Edikt vom April 1641 wurde die gesellschaftliche Ächtung der Schauspieler untersagt.[50] Dabei wurde in diesem Kreis die Wirkung des Theaters von der Einhaltung der Normen der neo-aristotelischen Regelpoetik postuliert. Corneilles *Cid* hatte indes beim Publikum einen immensen Erfolg erzielt, obwohl das Stück nur teilweise den Regeln entsprach. Darin wird sichtbar, dass das Publikum zu einer Legitimationsinstanz geworden war, der das sich abzeichnende literarische Feld einen Teil seiner (relativen) Autonomie verdankte. Alain Viala betont, dass neben den traditionellen Adressaten (Hof und Gebildete) eine breite Gruppe von Lesern und Theaterbesuchern entstanden war, die durch die Schriftsteller geformt wurde mittels der Kanäle der nun entstandenen Presse, der Salons und der Schule.[51] Der Konflikt zwischen dem negativen, regelpoetisch begründeten Urteil über Corneilles Stück und der rational nicht erklärbaren wirkungsästhetischen Qualität ließ sich nach Stenzel innerhalb des literarischen Feldes nicht lösen. Georges de Scudéry, der in seinen „Observations sur le *Cid*" Corneilles Stück auf der Grundlage der Regelpoetik kritisierte, sah die Autorität der Akademie durch die Legitimitätsinstanz des Publikums infrage gestellt. Er appellierte in nationalistischer Diktion[52] an die Institution und postulierte auf institutioneller Ebene einen hierarchisch legitimierten Ort der Beurteilung der Literatur. Er rückte damit die Auseinandersetzung in eine Perspektive, die Richelieu interessieren musste.[53] Richelieu intervenierte dann auch tatsächlich und die Institution reagierte mit den schon genannten *Sentiments de l'Académie française sur la Tragi-Comédie du ‚Cid'*, die im Wesentlichen von Chapelain formuliert wurden und die auf einen Ausgleich zwischen Corneille und de Scudéry bedacht waren. Die

---

49 Hartmut Stenzel: *Die französische ‚Klassik'. Literarische Modernisierung und absolutistischer Staat*, S. 206.

50 Fumaroli sieht eine Analogie zwischen dieser Aufwertung der Schauspieler und der Aufwertung der in der Volkssprache schreibenden Schriftsteller durch die Gründung der Académie (Marc Fumaroli: *Trois institutions littéraires*, S. 30 f.).

51 Alain Viala: *Naissance de l'écrivain. Sociologie de la littérature à l'âge classique*, S. 123–151.

52 „O mes Juges, un arrêt digne de vous, et qui fasse savoir à toute l'Europe, que le Cid n'est point le chef-d'œuvre du plus grand homme de France [...]. Vous le devez et pour votre gloire, et pour celle de notre Nation en général [...]" (zitiert bei Hartmut Stenzel: *Die französische ‚Klassik'. Literarische Modernisierung und absolutistischer Staat*, S. 216; Schreibweise modernisiert durch Joseph Jurt).

53 Ebda., S. 216.

Schrift kann so weder als Triumph der Regeln noch als Domestizierung des literarischen Feldes durch Richelieu verstanden werden.[54] Das Gewicht der heteronomen Einflüsse ist aber dadurch nicht aufgehoben. Nach Hartmut Stenzel kann vermutet werden, „dass erst in dieser dominierten Autonomie und jenseits einer kruden Propagandafunktion eine stabile Integration der literarischen Modernität in das gesellschaftliche Projekt des Absolutismus möglich wird. In diesen institutionellen Konfigurationen liegt eine entscheidende Voraussetzung für die Bestimmung des literarischen Funktionszusammenhangs, der vor allem in seiner Ausprägung unter Ludwig XIV. als ‚Klassik' konsekriert worden ist."[55]

Das Zeitalter von Ludwig XIV. beginnt mit seiner Erklärung vom 10. März 1661, dass er keine neuen Minister berufen, sondern die Regierungsverantwortung selbst übernehmen werde. Es handelte sich hier aber um eine Inszenierung, die die Kontinuität, etwa der Partizipation der Eliten, nicht infrage stellte. Die Ankündigung der Alleinherrschaft führte jedoch zu einem Mentalitätswandel, der den Rückzug der Eliten aus dem Feld der unmittelbar politischen Entscheidungen beförderte. Der extremen, aber perspektivenlosen Politisierung der Fronde folgte eine Entpolitisierung des öffentlichen Raumes.[56] In diesem Kontext wird etwa in der Académie die eigenständige Bedeutung der Literatur gegenüber Geschichte und Politik im Hinblick auf das Zeitalter des Augustus hervorgehoben. „Ihre Aufwertung verbindet sich jedoch mit dem Bewusstsein einer Reduktion, in dem die Affirmation des Eigenwerts der Literatur zugleich als Kompensation der Ausgrenzung, des Rückzugs aus dem politischen Raum erscheint."[57]

Wenn Corneille nach der ganzen Debatte über seinen *Cid* sein folgendes Stück *Horace* (1640) Richelieu widmete, so appellierte er gleichzeitig an eine höhere Legitimationsinstanz. Molière wird seinerseits mehrere seiner Stücke dem König widmen. Gleichzeitig erkennt er die Reaktion des Publikums als höhere Instanz an als die Befolgung der Regelpoetik, dies vor allem in seinem ‚Manifest' der *Critique de l'Ecole des Femmes* (1663). Wenn er das Publikum als Instanz für ein Werk anführt, das er dem Monarchen widmet, dann „ist ihm jedoch in der beiden Instanzen zugeschriebenen Funktion der Kompensation (wo nicht der Aufhebung) eines negativen regelpoetischen Urteils durchaus vergleichbar."[58]

---

54 Ebda., S. 220.
55 Ebda., S. 221.
56 Ebda., S. 265.
57 Ebda., S. 114.
58 Ebda., S. 279.

Zur Zeit der Alleinherrschaft des Sonnenkönigs hätte sich das Epos als eine diesem Regime adäquate Gattung angeboten mit der Zielvorgabe, „in idealisierender Darstellung großer Helden und Begebenheiten die geschichtliche Bewegung als Resultat göttlicher Vorsehung zu entwerfen".[59] Jean Desmarets de Saint Sorlin hatte das noch 1657 mit seinem Epos *Clovis ou la France Chrestienne*, dessen Titel eine „religiös-nationalistische Inspiration"[60] zu erkennen gibt, versucht. Gegen diese Konzeption setzten sich wichtige Repräsentanten des literarischen Feldes im Namen des Prinzips der „vraisemblance" zur Wehr. Sie orientierten sich vor allem am Vorbildcharakter der Antike. Chapelain scheint diese Einwände zu berücksichtigen, wenn er in seinem Epos *La Pucelle ou la France delivrée* sich auf die inneren Qualitäten der Protagonistin konzentriert und nicht mehr die heroisch-militärische Dimension in den Vordergrund stellt.

Die wichtigen Vertreter des literarischen Feldes zur Zeit Ludwigs XIV. greifen nicht Themen der Nationalgeschichte auf, sondern solche aus der (griechischen oder römischen) Antike. Sie orientieren sich am Prinzip der „Imitation des Anciens". In den Werken der Antike finde man die ideale Natur, die es zu repräsentieren gilt. Im Unterschied zum Konzept geht es aber nicht um eine sklavische Nachahmung, sondern um ein Aufgreifen des Wesentlichen, der grundlegenden Idee. Das Prinzip der „Imitation des Anciens" beruht letztlich auf der Überzeugung der Universalität der Vernunft. „Le bon sens et la raison [sont] les mêmes dans tous les siècles", schreibt bezeichnenderweise Racine im Vorwort zu seiner *Iphigénie*. Indem die Literatur vor allem Themen der Antike aufgreift, behauptet sie auch einen Universalitätsanspruch. Sie verteidigt dabei gleichzeitig ihre relative Autonomie. Wenn Boileau am Vorbildcharakter der Antike festhält, dann auch um eine unmittelbare politische Funktionalisierung der Literatur zu vermeiden; seine Kriterien sind letztlich ästhetizistisch. „Ihre Verwendung verrät eben jene ästhetische Sublimation der Geschichte, die im literarischen Feld der Epoche trotz eines Sonnenkönigs eine gegenwartsorientierte literarische Repräsentation von Geschichte zunehmend ausgrenzen wird."[61]

Diese Literatur wird dann erst später als „Klassik" kanonisiert, ein Begriff, der die Spannungen innerhalb des sich konstituierenden literarischen Feldes verdeckt. Zu den ‚Klassikern' sind – infolge der Schulkanonisierung in der folgenden Epoche – gerade jene Autoren geworden, die in ihrer Zeit, wie Alain Viala schreibt, eine „stratégie de l'audace" verfolgten. Sie orientierten sich

---

59 Ebda., S. 282.
60 Ebda., S. 283.
61 Ebda., S. 290.

nicht an den Vorgaben der Institutionen, sondern wandten sich zunächst an das erweiterte Publikum, gingen bis an die Grenzen der Gattungen und versuchten dann den erworbenen Ruhm durch die Institutionen bestätigen zu lassen. Wenn Corneille, Molière und Racine das „plaire" zur obersten Richtschnur erklärten, dann war das auch ein Symptom einer Erfolgsstrategie.[62]

Wenn Boileau in seinem *Art poétique* der Tradition der Antike eine legitimatorische Funktion zuschrieb, so war er alles andere als regelorientiert. Auch er betonte die Bedeutung der dichterischen Individualität, die in der Instanz des Publikumsgeschmacks ein Regulativ fand. Der *Art poétique* entwirft, so Hartmut Stenzel „eine Eigenständigkeit des Schreibens, die zwar natürlich die gesellschaftlichen Dominanzverhältnisse nicht infrage stellt, sich ihnen vielmehr unterordnet, aber doch ihren Zugriff auf die Literatur in Grenzen hält."[63] Der Bezug auf die Antike vermochte diesen Freiraum zu legitimieren und die literarischen Diskurse von einer unmittelbaren ideologischen Funktion zu entlasten.

So ist es kein Zufall, dass gerade die Literatur der Neuerer später als ‚klassisch' kanonisiert wurde. Hätten sie bloß eine regelkonforme Literatur geschaffen, wäre diese fad und pedantisch geworden. Jacques Scherer sieht die Originalität des ‚klassischen' Theaters darin, dass es die Fülle des Lebens, das das Publikum verlangte und erwartete, inszenierte und gleichzeitig auf die Beobachtung der Regeln bedacht war:

> Ce qui fait l'originalité et la grandeur du théâtre classique, c'est qu'il rassemble, d'une part un public populaire, ardent, exigeant, amoureux de toutes les formes de la vie, et d'autre part des auteurs les plus épris de rigueur qui aient jamais été: passionnés pour les règles et les techniques dont ils faisaient l'enivrante découverte [...].[64]

Jacques Scherer überschätzt wohl in seiner Syntheseformel die Bedeutung der Regelpoetik. Die genannten Neuerer suchten in der Tat bis an die Grenzen zu gehen. Sie suchten sich einen gewissen Freiraum zu erobern, formal gegen die rigorosen Vertreter der Regelpoetik, inhaltlich gegen die Vertreter eines moralischen Rigorismus, etwa der Compagnie de Saint-Sacrement. Im letzteren Punkt waren ihre Interessen parallel zu denen des Königs, was sich etwa in dessen Verteidigung von Molières *Tartuffe* ablesen lässt. Die Autoren der Zeit Ludwigs XIV. schufen keine Propagandaliteratur, die letztlich für das Regime kontraproduktiv gewesen wäre. Sie waren aber auch keine kritische Instanz, sondern illustrierten das soziale Ideal des *Honnête Homme*, das sie aber auch problema-

---

62 Alain Viala: *Naissance de l'écrivain. Sociologie de la littérature à l'âge classique*, S. 217–238.

63 Hartmut Stenzel: *Die französische ‚Klassik'. Literarische Modernisierung und absolutistischer Staat*, S. 233.

64 Jacques Scherer: *La dramaturgie classique en France*. Paris: Nizet 1959, S. 433.

tisierten, wie Molière in seinem *Misanthrope*. In der höfischen Gesellschaft unter Ludwig XIV. war ja nicht mehr so sehr die Heroisierung von Kriegshelden gefragt, sondern das Rollenspiel am Hofe trat jetzt ins Zentrum des Interesses. Molière konnte die Komödie auf die höhere Ebene der ,Honnêteté'-Problematik holen, indem er sich, wie Volker Kapp hervorhebt, auf den Boden einer Gesellschaft stellte, „deren hochelaborierter Verhaltenskode das Fehlverhalten mit Spott sanktionierte". Mit dem Wandel von der Intrigen- zur Charakterkomödie eröffnet sich der Gattung die Chance, das Lachen als Mittel zur Läuterung des Selbstverständnisses der höfischen Welt einzusetzen. In seiner *Critique de l'Ecole des Femmes* unterstrich Molière, dass die Komödie im Hinblick auf das neue höfische und stadtbürgerliche Publikum eine differenzierte Komik bieten und Porträts von Figuren entwerfen müsse, in denen man zeitgenössische Probleme wiedererkennen könne, was viel schwieriger sei als in der Tragödie, wo man sich auf die Muster der Vergangenheit stützen könne.[65]

Die Literatur der französischen Klassik, die schon im Zeitalter von Richelieu und Louis XIV. einen entscheidenden Höhepunkt des volkssprachlichen Schaffens erreicht hatte, stellt bis heute die entscheidende kulturelle Referenz in Frankreich dar. Die wichtigen Werke dieser Zeit sind im kulturellen Gedächtnis der Franzosen präsent, bilden einen bedeutenden Teil eines lebendigen Erbes. Der Kanon der heute in Frankreich präsenten Werke reicht bis zur Klassik oder höchstens bis zu Ronsard zurück; dieser Kanon begründet seine Legitimation, wie Michael Werner betont hat, durch einen privilegierten Bezug zur Antike. Der Literatur kommt so eher eine normative und universelle Dimension zu und weniger die Funktion der Begründung einer historischen Kontinuität, die eher der Geschichtsschreibung zugeschrieben wird. Das *Rolandslied* hat darum im kollektiven Bewusstsein Frankreichs nicht die Rolle gespielt, die in Deutschland dem *Nibelungenlied* zugewiesen wurde, wo eine nationale Identität über die Kontinuität der Literaturgeschichte von der höfischen Epoche bis heute konstruiert werden musste.[66]

Die Negation des Vorbildcharakters der Antike und der Universalitätsanspruch der Kultur des Zeitalters von Louis XIV.

Wenn das Französische als das neue Latein präsentiert wird und wenn sich die Literatur formal und inhaltlich am Vorbild der Antike orientiert, dann ist damit

---

65 Volker Kapp: Die Idealisierung der höfischen Welt im klassischen Drama. In: Peter Brockmaier/Hermann H. Wetzel (Hg.): *Französische Literatur in Einzeldarstellungen*. Bd. 1: *Von Rabelais bis Diderot*. Stuttgart: Metzler 1981, S. 115–175, hier S. 159.
66 Michael Werner: La place relative du champ littéraire dans les cultures nationales. Quelques remarques à propos de l'exemple franco-allemand. In: Michel Espagne/Michael Werner

auch ein Universalitätsanspruch verbunden. Sprache und Literatur werden nicht nur als partikuläre Elemente der französischen Geschichte empfunden. Die enge Anbindung an eine unübertreffliche Antike wird jedoch mit der berühmten *Querelle des Anciens et des Modernes* gegen Ende des Jahrhunderts gekappt, um eine Universalitätsanspruch der Kultur des Zeitalters von Ludwig XIV. per se zu deklarieren. Damit wurde erstmals die Historizität der kulturellen Produktion behauptet. Ausgangspunkt dieser bedeutenden Auseinandersetzung war bekannter Weise das Gedicht „Le Siècle de Louis le Grand", das Charles Perrault am 27. Januar 1687 in der Académie française, der er seit 1665 angehörte, vortrug, um der Genesung des Königs nach einer Operation zu gedenken. Die Negation des Vorbildcharakters der Antike wird hier doppelt abgesichert. Sie findet im institutionellen Rahmen der Académie statt und wird gleichzeitig mit dem Herrscherlob verbunden. Die Antike sei wohl ehrwürdig, aber man müsse sie nicht verabsolutieren. Man könne das Zeitalter von Ludwig XIV. ohne ungerecht zu sein mit dem von Augustus vergleichen.[67] Perrault knüpfte dabei an einem gängigen Vergleich des Königs mit Augustus, dem Friedensmonarch und Förderers der Künste, an.[68] Er vergleicht systematisch kulturelle Produktionen der Gegenwart mit denen der Antike und zwar im Bereich der Poesie, der Rhetorik, der Malerei und Bildhauerei, der Musik und der Gartenbaukunst. Er geht bei seinen Vergleichen immer in ähnlicher Weise vor. Er beschreibt zunächst des Prestige der Werke der Antike, kommt dann auf deren Mängel zu sprechen, um dann die Überlegenheit der künstlerischen Produkte im Zeitalter Ludwig XIV. zu rühmen. Der König erscheint dann als die Quelle, als der Inspirator der Kunst, die „seiner Hand" entspringt und sich „unter seinen Augen" entwickelt; er stellt gleichzeitig die oberste Stufe in der Themenhierarchie der Kunst dar. Es gibt für ihn also einen Fortschritt in der

---

(Hg.): *Philologiques III*. Paris: Editions de la Maison des Sciences de l'Homme 1994, S. 15–30, hier S. 18 f.

67 „Et l'on peut comparer sans craindre d'être injuste, / le siècle de Louis au beau siècle d'Auguste" (Charles Perrault: *Parallèle des Anciens et des Modernes en ce qui regarde les Arts et les Sciences*. Hg. von Hans-Robert Jauss. München: Eidos 1964, S. 165).

68 Siehe dazu Peter Burke: *Ludwig XIV. Die Inszenierung des Sonnenkönigs*. Frankfurt a. M.: Fischer Taschenbuch Verlag 1995, S. 254–257. Racine hatte 1666 sein Stück *Alexandre le Grand* Ludwig XIV. gewidmet und dabei erklärt, die Geschichte sei voll von jungen Erobern, dass aber sich ein junger Monarch im Alter Alexanders wie ein Augustus benehme [„qui à l'âge d'Alexandre ait fait paraître la conduite d'Auguste"] sei ungewöhnlich. Alexander der Große stellte so als Eroberer ein weiteres Selbstbild des Monarchen dar, mit dem er sich identifiziert sehen wollte. Darum beauftragte er Le Brun, Szenen aus dem Leben Alexander des Großen darzustellen. Racines Tragödie war so das literarische Pendant zu Le Bruns Bilderzyklus (ebda., S. 46, 58).

künstlerischen Entwicklung, der aber nicht als ein mechanisches Prinzip gesehen wird. Es gibt Motoren, die diesen Fortschritt beschleunigen können; gemeint ist hier vor allem die Initiative eines Monarchen, vor allem desjenigen, dem sein Gedicht gilt („LOUIS des grands Rois le plus parfait modèle"[69]). Das Gedicht endet gemäß der epideiktischen rhetorischen Tradition, so wie es begonnen hat, mit dem Herrscherlob. Er preist ihn aber nicht so sehr als Mäzen, der die Kunst fördert, sondern erwähnt sein Kriegshandwerk („le métier de Mars"[70]), die territoriale Expansion und die Niederschlagung der „Häresie". Das entspricht dem doppelten Bild, das der Monarch von sich entworfen haben wollte, das gleichzeitig an Augustus und an Alexander den Großen erinnern sollte. Aber in seinen letzten Versen spricht Perrault gleichzeitig den Wunsch nach friedlicheren Zeiten aus, die den Wohlstand befördern würden.[71] Das doppelte Königslob findet sich auch in den letzten Verse von Boileaus *Art poétique* (1674) wieder, der zunächst die großen Autoren des Zeitalters (Corneille, Racine, Benserade und Segrais) erwähnt und dann im gleichen Zug die militärischen Erfolge des Königs. Diese sind einerseits Themen der Literatur; andererseits wird eine Homologie zwischen dem Dichter und dem Feldherren entworfen. Beiden ist der Lorbeer des Ruhmes verheißen.[72] Durch diese Homologie wird der Status des Dichters sehr stark valorisiert.

Perrault hatte jedoch, indem er die absolute normative Geltung der Antike infrage stellte, auch das Autoritätsprinzip in einem gewissen Sinn untergraben. Aber die Infragestellung der Antike ging bei ihm einher mit einem uneingeschränkten Herrscherlob, oder andersrum gesagt: die Valorisierung des Zeitalters von Ludwig XIV. erlaubte die Kritik an einer als absolute Norm verstandenen Antike. La Fontaine, La Bruyère und vor allem Boileau widersetzten sich indes diesem Angriff auf die Antike; sie konstituierten sich als die Partei der *anciens*. Die *anciens* waren nun gerade nicht, wie man vermuten könnte, die Parteigänger der absolutistischen Monarchie. Boileau stammte aus dem parlamentarischen Bürgertum, das in Kontakt zum mittleren und niederen Klerus stand.[73] Diese Schicht, die Boileau ansprach, war, so Hans Kortum, „seit dem 16. Jahrhundert außerhalb der Schulen und Universitäten eine der stärksten

---

69 Charles Perrault: *Parallèle des Anciens et des Modernes en ce qui regarde les Arts et les Sciences*, S. 170.

70 Ebda., S. 165.

71 Siehe ebda. S. 171: „Un Roi qui dégagé des travaux de la guerre / Ne va plus occuper tous ses soins généreux / Qu'à nous régir en paix et qu'à nous rendre heureux".

72 „Aux plus savants Auteurs, comme aux plus grands Guerriers / Apollon ne promet qu'un nom et des lauriers" (Nicolas Boileau: *Art poétique*, Verse 177 f., zitiert ebda., S. 128).

73 Siehe René Pomeau: *L'Age classique III: 1680–1720*. Paris: Arthaud 1971, S. 78.

Stützen des Humanismus. Trotz ihrer unlösbaren *ökonomischen* Bindung an die Monarchie hatte sie sich mit dem Erstarken der absolutistischen Staatsmacht *ideologisch* immer mehr von ihr entfernt und im augustinischen Rigorismus und der antiken Literatur eine moralische Garantie ihrer Widerstandshaltung gefunden."[74] Die *modernes*, die sich um Perrault, Fontenelle, den *Mercure galant* und die Pariser Salons scharten, stützen sich auf die modernistischen Tendenzen der französischen Monarchie, die die Macht des Staates mit den Mitteln der Technik und der Wissenschaft im Sinne eines ,aufgeklärten Despotismus' *avant la lettre* zu entwickeln suchten.[75] Die wissenschaftlichen Erfindungen haben zweifellos die Überlegungen von Perrault sehr stark geprägt. In seinem „Poème sur le Siècle de Louis le Grand" erwähnt er so die neuen Erkenntnisse, die dank mikro- und makroskopischen Instrumenten nun möglich wurden.

In den vier Bänden des *Parallèle des Anciens et des Modernes*, die zwischen 1688 und 1697 erscheinen werden, wird Perrault die Intuitionen seines Gedichtes systematisieren. Ein ganzer Dialog ist den wissenschaftlich-technischen Fortschritten gewidmet: „Parallèle des Anciens et des Modernes, où il est traité de l'Astronomie, de la Géographie, de la Navigation, de la Guerre, de la Philosophie, de la Musique, de la Médecine."[76] In seinen Augen waren die Fortschritte in diesem Bereich gegenüber der Antike evident. Diese Fortschritte gehören zum Bereich des Quantitativen („les arts dont les secrets se peuvent calculer et mesurer"[77]). Die Fortschritte im Bereich der Künste unterliegen qualitativen Werturteilen, die weniger evident sind. Perrault stellt die These auf, dass die Fortschritte der psychologischen Erkenntnis sich durchaus mit denen der Wissenschaft vergleichen lassen und dass diese zumindest materiell auch in die Literatur und die bildende Kunst einfließen. Er gesteht gewissen Autoren der Antike durchaus ein Genie zu. Das Kunstwerk verdankt sich aber nach ihm nicht nur dem individuellen Genie, sondern auch der Kenntnis der Technik, der Regeln und in diesem letzteren Bereich lasse sich ebenfalls ein Fortschritt feststellen. Homer hätte, mit demselben Genie ausgestattet im 17. Jahrhundert ein qualitativ höher stehendes Werk schaffen können, weil er sich nun auf eine besser entwickelte literarische Technik hätte stützen können. Es gibt so für Perrault zweifellos eine Akkumulation des literarischen Kapitals: mit der These

---

74 Hans Kortum: *Charles Perrault und Nicolas Boileau. Der Antike-Streit im Zeitalter der klassischen französischen Literatur.* Berlin: Rütten & Loenig 1966, S. 45.

75 Siehe ebda., S. 45 sowie René Pomeau: *L'Age classique III: 1680–1720*, S. 78.

76 Charles Perrault: *Parallèle des Anciens et des Modernes en ce qui regarde les Arts et les Sciences*, S. 373–453.

77 Ebda., S. 98.

der Überlegenheit der Kultur des Zeitalters von Ludwig XIV. gegenüber der Antike wird gleichzeitig auch die These der Überlegenheit der modernen Sprache – des Französischen – gegenüber den Sprachen der Antike, dem Latein und dem Griechischen affirmiert.[78]

---

78 Pascale Casanova: *La République mondiale des lettres*, S. 99.

Die Dominanz der französischen Sprache und des französischen Lebensstils im 18. Jahrhundert

Nachdem die französische Kultur und die französische Sprache sich im Zeitalter Ludwig XIV. nicht nur innerhalb des Königreiches als unbestrittene Größe durchgesetzt, sondern vor allem im Bereich der Literatur einen eigentlichen Höhepunkt erreicht hatten, kannten die Sprache und die Kultur Frankreichs im 18. Jahrhundert eine europaweite Verbreitung und Resonanz insbesondere im Bereich des höfischen Lebensstils, der Diplomatie und des Geisteslebens.

Der französische Lebensstil und damit auch die französische Sprache galten an zahlreichen Höfen Europas als höchster Ausdruck der Zivilisation. Als nachahmenswertes Modell schlug der preußische König Friedrich II. die klassische französische Literatur vor, Ausdruck eines verfeinerten aristokratischen Geistes. Nach einem englischen Beobachter wurde in Deutschland die deutsche Sprache als ein vulgärer Provinzdialekt betrachtet, während das Französische als die einzige Sprache erschien, die Leuten eines gewissen Ranges angemessen sei: „La langue qu'on parle le moins à la cour, c'est l'allemand", schrieb Voltaire 1750 aus Berlin. „Je n'ai pas encore entendu prononcer un mot. Notre langue et nos belles-lettres ont fait plus de conquêtes que Charlemagne."[1] Das Französische war nicht nur die Sprache der Elite an deutschen Höfen, sondern auch in den Niederlanden, in Russland und auch bei gewissen Aufklärern in Spanien, den *Afrancescados*.[2] Die Kunst der der Konversation, die ein Distinktionsmerkmal der französischen Aristokratie war, wurde nicht mehr als soziales, sondern als nationales Charakteristikum wahrgenommen und den Franzosen generell zugeschrieben und über die Konversationsbücher importiert.[3]

---

1 Voltaire: *Œuvres complètes*, XXXVII, S. 160 f., zitiert bei Helmut Berschin/Josef Felixberger u. a.: *Französische Sprachgeschichte*, S. 223. Die höfischen Kreise der über 300 Territorialfürstentümer Deutschlands waren weitgehend zweisprachig. Die französische Sprache wie die französische Mode oder der französische Baustil waren Distinktionsmerkmal einer aristokratischen Schicht. Die Französismen der sog. Alamodesprache sollten den Sprecher als Angehörigen der Elite auszeichnen. All das betraf aber nur eine numerisch minimale Oberschicht. Das Deutsche als solches war durch diese Importe nie und nimmer gefährdet. Siehe dazu Johannes Kramer: Französisch bei Hofe und auf den Höfen. Zur sozialen Schichtung der Französismen in der deutschen Sprache des 18. Jahrhunderts. In: Günter Berger/Franziska Sick (Hg.): *Französisch-deutscher Kulturtransfer im ,Ancien Régime'*. Tübingen: Stauffenburg Verlag 2002, S. 209–218.

2 Siehe dazu Jean-Marie Goulemot: Quand toute l'Europe parlait français. In: *L'Histoire*, Nr. 248, Nov. 2000, S. 46–49.

3 Siehe dazu Martina Drescher/Robert Dion: Konversationsbücher als Instanzen des Kulturtransfers. In: Günter Berger/Franziska Sick (Hg.): *Französisch-deutscher Kulturtransfer im ,Ancien Régime'*, S. 187–207.

Das Französische als Sprache des transnationalen Ideenaustausches

Das Französische wurde aber auch zur eigentlichen Sprache des transnationalen Ideenaustausches. Die deutschen Aufklärer Grimm und Holbach schrieben auf Französisch, ebenfalls die Italiener Galiani und Casanova, aber auch Katharina die Große und Friedrich II. Wie wichtig das Französische für den europäischen Ideentransfer geworden war, lässt sich auch an der Tatsache ablesen, dass John Lockes *Essay Concerning Human Understanding* (1690) erst in der französischen Übersetzung durch Pierre Coste (1700) zu dem bedeutenden Text geworden ist, der das philosophische Denken in Europa so nachhaltig beeinflusste. Denn die Gebildeten Europas verfügten kaum über Kenntnisse des Englischen. Der deutsche Philosoph Leibniz, der eigentlich lateinisch schrieb und dachte, benutze das Französische, wenn er nicht nur die lateinisch-sprachigen Gelehrten, sondern auch die weitere Welt der Gebildeten ansprechen wollte. Vor allem um seine Theorien gegenüber denjenigen von Locke und Bayle zu verteidigen, verfasste er seine *Théodicée* und seine *Nouveaux essais sur l'entendement humain* auf Französisch.[4]

Diese europaweite Verbreitung der französischen Kultur und der französischen Sprache war nicht das Resultat einer politischen Expansion Frankreichs; es war nicht eine politische Instanz, die das Französische als Sprache der aristokratischen Gesellschaft und des Wissensaustausches durchsetzte; man könne nicht von einer Kulturpolitik einer bestimmten Nation sprechen, sondern eher von einer „symbolischen Dominanz"[5]. Ein Abbé Desfontaines stellt so mit einem gewissen Bedauern fest, dass das Französische und die französische Lebensart durch die so intensive Verbreitung nicht mehr das exklusive Attribut der französischen Monarchie waren:

> Quelle est la source de cet attrait pour la langue, joint à l'aversion pour la nation? C'est le bon goût de ceux qui le parlent et qui l'écrivent naturellement: c'est l'excellence de leurs compositions, c'est le tour, ce sont les choses. La supériorité des Français en délicatesse et en raffinement de luxe et de volupté a fait encore voyager notre langue. Ils adoptent nos termes avec nos modes, et nos parures dont ils sont extrêmement curieux [...] Chez plusieurs peuples voisins, la table n'aurait ni la délicatesse, ni la propreté, si elle n'était servie comme en France; et le convive passerait pour un esprit grossier, si en parlant de bonne chère, il n'employait pas notre langue.[6]

---

4 Jürgen Trabant: Die politische und kulturelle Bedeutung des Französischen, S. 136.
5 Pascale Casanova: *La République mondiale des lettres*, S. 101.
6 Pierre Desfontaines: *L'Esprit de l'Abbé Desfontaines ou Réflexions sur différents genres de science et de littérature, avec des jugements sur quelques ouvrages tant anciens que modernes.* London: Clement 1757, I, S. 306, zitiert bei Marc Fumaroli: *Trois institutions littéraires*, S. 305 f.

Der Kosmopolitismus der Eliten

Die französischen Aufklärer de-nationalisierten in diesem Kontext ihre Sprache, ihre Philosophie und ihren Lebensstil über den Begriff des Kosmopolitismus; sie versuchten, eine nationale Konzeption des intellektuellen und literarischen Lebens zu überwinden; der Universalismus der Vernunft transzendiert nach den Aufklärern die nationalen Grenzen. „Das Herz ist Bürger eines jeden Landes", lässt Montesquieu Ibben in den *Lettres persanes* sagen[7]. Als Kosmopolit hatte sich Voltaire in seinem *Dictionnaire philosophique* über die Enge des Patriotismus beklagt: es sei traurig, dass man, um ein guter Patriot zu sein, Feind der übrigen Menschen werden müsse. Die Größe des eigenen Landes hervorzuheben, bedeute gleichzeitig den Nachbarn Übles zu wünschen.[8]

Wenn man vom Universalismus der Aufklärung gesprochen hat, bleibt doch wahr, dass die kosmopolitische Haltung die Sache einer kleinen Bevölkerungsgruppe war: die der Intellektuellen aus dem gebildeten Hochadel und dem Groß- und Mittel-Bürgertum[9]. In dem 1751 von Fougeret de Monbron veröffentlichten Werk *Le cosmopolite, ou le citoyen du monde* spürt man, dass der Begriff des Kosmopolitismus nicht immer so idealistisch konnotiert war, wie wir uns das heute vorstellen. De Monbron ging von der skeptischen Feststellung aus, der Egoismus herrsche überall und es lohne sich deshalb kaum, sich an *ein* Land zu binden.[10] Der Kosmopolitismus war, wie gesagt, die Sache der Aufklärer des 18. Jahrhunderts, jener Gruppe, die ihr Denken, ihre Ideen, ihre Ideologie mittels des Mediums des Schriftlichen verbreitete. Die Leute des Volkes äußerten sich kaum schriftlich, verfügten nicht über einen weiten Kommunikationsradius und zeichneten sich so durch ihre Bindung an die engere Heimat aus, die sich als Patriotismus artikulierte. Rousseau sollte ihr Sprecher werden, wenn er die Bindung an ein – republikanisches – Vaterland zu einem Schlüsselwert erhob und gleichzeitig den Kosmopolitismus als intellektuelle

---

7 Montesquieu: *Lettres persanes*. Paris: Garnier 1964, S. 115.

8 Voltaire: *Dictionnaire philosophique*. Paris: Garnier 1967, S. 336 f.: „Il est triste que, souvent, pour être bon patriote, on soit l'ennemi du reste des hommes [...] telle est donc la condition humaine, que souhaiter la grandeur de sa patrie c'est souhaiter du mal à ses voisins. Celui qui voudrait que sa patrie ne fut jamais ni plus grande, ni plus riche, ni plus pauvre, celui là serait le ciroyen de l'univers."

9 Jean-René Suratteau: Cosmopolitisme et patriotisme au Siècle des Lumières. In: *Annales historiques de la Révolution française*, LV, 1983, S. 364–389.

10 De Monbron hat in kritischer Absicht seinem *Cosmopolite* das Cicero-Wort *Patria est ubicumque est bene* vorangestellt, „exécrable proverbe" nach Rousseau, der es umzukehren gedenkt: *Ubi patria, ibi bene* (Jean-Jacques Rousseau: *Œuvres complètes*. Bd. III. Paris: Gallimard 1985, S. 963).

Mode abtat, so etwa im *Contrat social*. Die sogenannten Kosmopoliten würden sich rühmen, jedermann zu lieben, um letztlich niemanden zu lieben[11].

Der Kosmopolitismus der Aufklärer war nur in einem gewissen Sinne universell; es handelte sich nicht unbedingt um einen Austausch von Ideen und Werken zwischen gleichberechtigten Partnern als um die Suprematie des französischen Kulturmodells, was nur darum funktionieren konnte, weil man die Werte der französischen Zivilisation als universell deklarierte.[12] Die französische Suprematie setzte sich durch, weil nicht-französische Eliten das Modell internalisierten und es als Instrument der Distinktion gegenüber den Unterschichten benutzten. So sprachen die Patrizier in Bern, die sich den Ideen der kosmopolitischen Aufklärung verpflichtet fühlten, in ihren Familien und mit Leuten ihres Standes nur Französisch; Berndeutsch redeten sie mit den Bediensteten, und Hochdeutsch verwendeten sie allein im Schriftverkehr mit Lieferanten.[13]

Die Tatsache, dass das Französische zur Verkehrssprache der europäischen Eliten geworden war, führte auch dazu, dass das Französische im 18. Jahrhundert zur Sprache der Diplomatie, der internationalen Verträge wurde. Verträge

---

11 Ebda., S. 287: „Par où l'on voit ce qu'il faut penser de ces prétendus Cosmopolites, qui justifiant leur amour pour la patrie par leur amour du genre humain, se vantent d'aimer tout le monde, pour avoir le droit de n'aimer personne." In seiner Schrift „Sur le gouvernement de Pologne" wird Rousseau den Kosmopolitismus als eine Ideologie denunzieren: „Il n'y a plus aujourd'hui de Français, d'Allemands, d'Espagnols, d'Anglais même, quoi qu'on dise; il n'y a que des Européens. Tous ont les mêmes goûts, les mêmes passions, les mêmes mœurs, parce qu'aucun n'a reçu de forme nationale par une institution particulière. Tous dans les mêmes circonstances feront les mêmes choses; tous se diront désintéressés et seront fripons; tous parleront du bien public et ne penseront qu'à eux-mêmes [...]. Que leur importe à quel maître ils obéissent, de quel Etat ils suivent les lois? Pourvu qu'ils trouvent de l'argent à voler et des femmes à corrompre, ils sont partout dans leur pays" (Ebda., S. 960).

12 Die Kehrseite der ‚Universalisierung' des französischen Modells bestand darin, dass man sich in Frankreich wenig offen für externe Richtungen war: „La culture française des XVIIIe et XIXe siècle passe généralement pour avoir été peu ouverte sur le monde extérieur. Historiquement, cet égocentrisme est fondé sur une position dominante à l'intérieur de l'Europe. Forte de son rayonnement auprès des élites européennes, la culture nationale se suffisait pour ainsi dire à elle-même. La Révolution a repris en la politisant cette attitude qui, il faut le souligner, est largement antérieure à l'éveil des nationalismes et se confond pour une large part avec l'universalisme des Lumières" (Michel Espagne/Michael Werner: La construction d'une référence culturelle allemande en France. Genèse et histoire. In: *Annales ESC*, 4, 1987, S. 969–992, hier S. 971).

13 Jean-René Suratteau: Cosmopolitisme et patriotisme au Siècle des Lumières, S. 375; zur angesprochenen Problematik generell Joseph Jurt: Sprache – universelles Kommunikationsinstrument oder Ausdruck des jeweiligen Kulturraumes?. In: *Französisch heute*, 42. Jg. 1, 2011, S. 35–41.

zwischen Frankreich und Spanien wurden meistens in den Sprachen der beiden Vertragspartner abgefasst, Verträge mit den Niederlanden zumeist auf Französisch.[14] Anlässlich der Verhandlungen im Kontext des Westfälischen Friedens entstand eine ganze Sprachendebatte zwischen Frankreich und den Vertretern des Reiches. Die letzteren hielten zunächst am Latein als der alleinigen Verhandlungs- und Vertragssprache fest; nach der Auffassung Frankreichs war jeder Vertragspartner frei in der Wahl seiner Sprache. Das Französische als Vertragssprache mit dem Reich setzte sich endgültig mit dem Frieden von Rastatt (1714) durch. Das Französische wurde in der Folge zur wichtigsten Sprache internationaler Konferenzen, auch bei Verträgen, an denen Frankreich nicht beteiligt war, etwa dem Vertrag von Breslau zwischen Preußen und Österreich (1742). Dieses Monopol des Französischen als alleinige Vertragssprache endete nach dem I. Weltkrieg mit dem Vertrag von Versailles, der gleichzeitig in Englisch und Französisch abgefasst wurde.[15]

---

14 Dazu und zum Folgenden Helmut Berschin/Josef Felixberger u. a.: *Französische Sprachgeschichte*, S. 224 f.; siehe auch Marc Fumaroli: *Trois institutions littéraires*, S. 304 f.

15 Nach Marc Fumaroli trug die Tatsache, dass das Französische zur europäischen diplomatischen Verhandlungssprache geworden war zum Prestige Frankreichs bei, nützte aber nicht unbedingt seinen Interessen. Denn Frankreich war nun gezwungen eine moderierende Politik zu vertreten: „La conversation à la française et en français, indispensable attribut de toute éducation européenne, était en effet devenue le médiateur de l'équilibre européen, l'instrument du dosage et compromis indispensable pour faire tenir ensemble et adapter les uns aux autres tant d'intérêts dynastiques et d'intrigues divergentes" (ebda., S. 304 f.).

Die Königlich-Preußische Akademie der Wissenschaften: Medium des Kulturtransfers oder Abklatsch Frankreichs?

Als Phänomen der Universalisierung des Französischen, aber auch als Manifestation eines ersten Widerstandes dagegen verdient die Königlich-Preußische Akademie der Wissenschaften in Berlin eine gesonderte Betrachtung. Um ein Äquivalent zur *Académie française*, aber auch zur 1660 gegründeten englischen Akademie der Wissenschaften *(Royal Society)* zu schaffen, hatte der brandenburgische Kurfürst Friedrich III. 1700 in Berlin die *Kurfürstlich-Brandenburgische Societät der Wissenschaften* gegründet.

Kosmopolitische und nationalkulturelle Ausrichtung

Zu ihrem ersten Präsidenten wurde Leibniz ernannt, der bei der Planung und Entwicklung der Akademie maßgeblich beteiligt war. Leibniz erstrebte einen fruchtbaren Austausch mit den Gelehrten anderer europäischer Akademien an, befürwortete aber gleichzeitig die Förderung einer (deutschsprachigen) Nationalkultur.[1] In dieser doppelten – kosmopolitischen und nationalkulturellen – Ausrichtung war schon eine Spannung angelegt und auch eine (implizite) Infragestellung des französischen Monopols. Es ist aber zu betonen, dass die tatsächliche Realisierung zunächst weit hinter diesem Plan zurückblieb.

Nach der Krönung des Kurfürsten zum König Friedrich I. in Preußen wurde die Institution zur *Königlich Preußischen Societät der Wissenschaften*. Wenn es in Frankreich mehrere Akademien für die verschiedenen Bereiche wie Wissenschaft, Malerei und Architektur sowie der Musik gab, so vereinte die Berliner Akademie vier ,Klassen' unter einem Dach: Physik und Medizin, Mathematik, Philologie und deutsche Geschichte.[2] Ähnlich wie die französische Akademie sollte auch die Berliner Societät die Reinheit, die Vielfalt und die Eleganz der Sprache des Landes aufrechterhalten und vervollkommnen, um so für das Deutsche eine neue Epoche des Ruhmes einzuläuten. 1711 wünschte der König, dass die Societät ein Wörterbuch des Deutschen erstelle, was aber nicht realisiert wurde. Immerhin zeichnen sich hier schon die Konturen eines mit dem dominanten französischen Modell rivalisierenden Projektes ab, das aber mit

---

1 Katrin Kohl: Die Berliner Akademie als Medium des Kulturtransfers im Kontext der europäischen Aufklärung. Online: http://www.perspectivia.net/content/publikationen/friedrich 300-colloquien/friedrich-kulturtransfer/kohl_akademie/ (Stand: 30. 4. 2013), S. 3.
2 Freeman G. Henry: Avant-propos. In: ders. (Hg.): *Le Grand Concours*. Amsterdam/New York: Rodopi 2005, S. 7 f.

dem Tod des Königs im Februar 1713 ein abruptes Ende erfuhr. Dem Nachfolger auf dem preußischen Königsthron, Friedrich Wilhelm I., war die Societät kein Anliegen. Ihm lag die Förderung der Volksschule, vor allem aber der Aufbau eines Stehenden Heeres viel mehr am Herzen.[3] Im Unterschied zur englischen *Royal Society* und zu den französischen Akademien konnte die Preußische Akademie auf keine staatlichen Zuschüsse zählen. Sie musste ihren Etat über das bewilligte Monopol über bestimmte Veröffentlichungen – insbesondere Kalender, dann auch Landkarten und Edikte – selbst bestreiten.[4]

Friedrich II. im Austausch mit den französischen Intellektuellen

Mit der Thronbesteigung Friedrichs II. im Jahre 1740 setzte eine eigentliche Erneuerung der Preußischen Akademie ein. Mit ihm verschob sich die zunächst anvisierte Balance zwischen kosmopolitischer und nationalkultureller Ausrichtung in Richtung eines massiven französischen Kulturimports. Das lag auch an der Erziehung, die der 1712 geborene künftige Monarch genoss. Gemäß den Vorgaben seines Großvaters wurde er „à la française" erzogen.[5] Zwei Hugenotten aus Frankreich – Mme de Rocoulle und Jacques Egide Duhan de Jadun – waren seine Erzieher. Sein gestrenger Vater verbot ihm aber das Erlernen des Lateins; seine eigene Muttersprache, das Deutsche, beherrschte er wegen der französischen Ausrichtung seiner Ausbildung nur unvollkommen. Er war indes bestens vertraut mit den zentralen intellektuellen Werken Frankreichs und verstand sich selber auch als „philosophe" im französisch-aufklärerischen Sinne. Als er sich 1736 in Rheinsberg niederließ, umgab er sich mit einer ganzen Reihe von sehr gebildeten und kunstsinnigen Leuten; er trat in Briefwechsel mit berühmten französischen Intellektuellen wie Rollin, Maupertuis, Fontenelle und Voltaire. Schon 1736 hatte er einen ersten Brief an Voltaire gerichtet und bat diesen um die Übersendung seiner Werke. Die Initiative ging also vom damals vierundzwanzig Jahre alten Kronprinzen aus, der sich an den achtzehn Jahre älteren Voltaire wendete. Voltaire antwortete und blieb dann all die Jahre in

---

3 Siehe dazu Gonthier-Louis Fink: „Adepte d'un calvinisme rigoureux, d'un utilitarisme et d'un rationalisme sec, le roi-sergeant avait chassé les muses de sa cour [...]. Frédéric [II.] regimbait contre ce régime austère, dans lequel il voyait la marque d'un esprit resté barbare" (Gonthier-Louis Fink: Francophilie et Francophobie chez Frédéric II de Prusse. In: ders. [Hg.]: *Cosmopolitisme, Patriotisme et Xénophobie en Europe au Siècle des Lumières.* Strasbourg: Université des Sciences Humaines 1986, S. 118).
4 Katrin Kohl: Die Berliner Akademie als Medium des Kulturtransfers im Kontext der europäischen Aufklärung, S. 2.
5 Wir folgen hier Freeman G. Henry: Avant-propos, S. 8–10.

Verbindung mit dem Monarchen. Bemerkenswert erscheint die Bereitschaft Friedrichs, der vier Jahre später preußischer König wurde, sich auf die Spielregeln des Gesprächs mittels des Briefwechsels einzulassen, das entgegen der hierarchischen Verhältnisse eine symmetrische Interaktion darstellte.[6] Er trat aber auch in Briefkontakt mit der Schwester Friedrichs, Wilhelmine von Bayreuth.[7] Friedrich versuchte durch seinen Austausch mit Voltaire, „der nicht nur als *der* französische Intellektuelle in Europa galt, sondern auch im Rufe des begehrtesten Korrespondenten stand, seinen Ruf als fortschrittlichster Monarch Europas zu befestigen [...] Für Voltaire hingegen bedeutete der Briefwechsel mit Friedrich die Anerkennung seines literarischen und politischen Handelns durch eine hohe politische Autorität, was ihm im zeitgenössischen Frankreich versagt geblieben war."[8] Voltaire hoffte in Friedrich überdies das Ideal des absoluten Herrschers zu finden, der sein politisches Wirken an den Prinzipien der philosophischen Vernunft ausrichtete. Voltaire nahm 1750 nach dem Tod seiner Partnerin, der Marquise du Châtelet, die Einladung ins Schloss Sanssouci in Potsdam an, blieb dort bis im März 1753, als er nach einem Streit mit dem Präsidenten der Preußischen Akademie, Maupertuis, den Hof Friedrichs verließ.

Im Austausch mit Voltaire war sich Friedrich wohl auch der Bedeutung der Akademie bewusst geworden. So berichtete ihm Voltaire in einem Brief vom April 1740 von einem Traum, in dem ihm eine von Friedrich gegründete „Akademie nach der Art der Académie des Sciences und der Royal Society in London" vorschwebte.[9] Gleich nach der Thronbesteigung versuchte Friedrich II. den Status der Preußischen Akademie zu verbessern und er schrieb schon im Juni 1740, leicht übertreibend, an Voltaire, er habe „unsere neue Akademie" etabliert.[10]

Wolff oder Maupertuis?

Friedrich sucht der neuen Akademie zunächst Glanz durch die Ernennung eines prominenten Präsidenten zu verleihen. Er dachte an zwei bekannte Gelehr-

---

6 Brunhilde Wehinger: Geist und Macht. Zum Briefwechsel zwischen d'Alembert und Friedrich II. von Preußen. In: Günter Berger/Franziska Sick (Hg.): *Französisch-deutscher Kulturtransfer im ,Ancien Régime',* S. 241–261, hier S. 248 f.
7 Siehe Claudia Ortner-Buchberger: ,Quel plaisir je trouve à m'entretenir avec vous'. Zur Korrespondenz der Markgräfin Wilhelmine mit Voltaire und Friedrich dem Großen. In: Günter Berger/Franziska Sick (Hg.): *Französisch-deutscher Kulturtransfer im ,Ancien Régime',* S. 219–239.
8 Ebda., S. 226.
9 Zitiert nach Katrin Kohl: Die Berliner Akademie als Medium des Kulturtransfers im Kontext der europäischen Aufklärung, S. 7.
10 Ebda.

te, die schon auswärtige Mitglieder der Societät gewesen waren: der Philosoph Christian Wolff, der die Tradition von Leibniz weiterführte und der französische Mathematiker Pierre-Louis Moreau de Maupertuis, der Newton in Frankreich eingeführt und durch seine These der Abplattung der Erde (nach einer Reise nach Lappland) europaweiten Ruhm erlangt hatte. Wolff, der 1727 auf Geheiß von Friedrich-Wilhelm I. die Universität Halle, aber auch das Land, hatte verlassen müssen, sagte jedoch ab. Er stand der Universität und ihrem Medium, dem Lateinischen und dem Deutschen näher – Französisch beherrschte er nur passiv – und ließ sich darum 1740 lieber an die Universität Halle zurückberufen. Die Universitäten, namentlich Halle, sahen sich gegenüber der Akademie als die eigentlichen Zentren des intellektuellen Fortschritts.[11] Hier wurde eine Trennlinie sichtbar zwischen den Universitäten (für Preußen waren das Frankfurt an der Oder, Königsberg und Halle), die sich traditionell an der lateinischen Sprache orientierten (selbst wenn das Deutsche als Kommunikationssprache an Bedeutung gewann) und der neuen Akademie, die sich nun immer mehr der französischen Wissenschaftskultur und dem Französischen als Wissenschaftssprache verpflichtet fühlte.[12] Es war nun

---

11 Freeman G. Henry: Avant-propos, S. 11.

12 Katrin Kohl: Die Berliner Akademie als Medium des Kulturtransfers im Kontext der europäischen Aufklärung, S. 5–9. Johann Friedrich von Westenholz hatte schon 1713 an der Universität Jena eine *Dissertation Académique sur l'Usage de la Langue française en Allemagne proposée à l'examen des Savants dans l'Université de Jene* vorgelegt, in der er für das Französische als Wissenschaftssprache eintrat. Einerseits verwies er auf Urteile von Autoren, die behaupteten, die Sprache der Deutschen sei für die Wissenschaften nicht geeignet. Die Franzosen hätten dank des Wirkens der Académie française ihre Sprache immer mehr verfeinert; überdies hätten sie zahllose Werke der antiken Autoren übersetzt, sodass diese nun alle in ihrer Sprache greifbar seien („Un Français peut devenir Savant et se perfectionner dans toutes les Sciences sans le secours du Grec u du Latin" [S. 17]). Zudem sei man in Frankreich sehr aktiv im Bereich der Künste und der Wissenschaften. Wichtige Werke im Bereich der Mathematik, der Physik, der Medizin, der Theologie und selbst der Jurisprudenz erschienen in Frankreich. Überdies sei man in Frankreich den Fremden gegenüber sehr offen („ils ont un accueil extraordinaire aux étrangers, surtout aux Allemands qui parlent leur langue" [S. 17]). Der Autor erwähnt dann auch das Französische als Sprache der Verträge und glaubt, dass es sich auch aus ästhetisch-internen Gründen als Nachfolgesprache des Lateinischen durchsetzen werde: „Et en considérant de quelle manière la langue française s'introduit insensiblemen, peut-être sera-t-il permis d'augurer avec plusieurs Savants qu'elle succédera à la Latine [...] la langue des Français [...] s'est introduite encore par sa douceur, par sa beauté, par son utilité, et par sa nécessité" (S. 16) (Johann Friedrich von Westenholz: *Dissertation Académique sur l'Usage de la Langue française en Allemagne proposée à l'examen des Savants dans l'Université de Jene.* Jena 1713). Von Westenholz hatte seine „dissertation académique" unter der Leitung des Franzosen François Roux erstellt, der Sekretär des Herzogs von Sachsen Weimar und Französisch-Lektor an der Universität Jena war. Seine Präsenz in Weimar belegt die Französisierungstendenzen des dortigen Ho-

durchaus bezeichnend, dass Maupertuis zum alleinigen Präsidenten der Akademie ernannt wurde. Als dieser mit etwas Verzug sein Amt antrat, verstärkte Friedrich noch die Prärogativen des Präsidenten.

In dem von Friedrich unterzeichneten Reglement von 1743 wurden alle Objektbereiche der wissenschaftlichen Akademien von Paris und London auch als Objekte der Institution benannt, aber auch die deutsche Geschichte und die Pflege der deutschen Sprache („l'Histoire tant ancienne que nouvelle, spécialement celle de nos Etats et de l'Empire d'Allemagne, aussi bien que la conservation de la Langue Allemande dans toute la pureté qui lui convient"[13]). Die Akademie wurde nun wieder in vier Klassen gegliedert. Da man vor allem die intellektuelle Qualität fördern wollte, war man gewillt, Gelehrte aus welchem Stand und welcher Nation auch immer aufzunehmen unter der Vorgabe, dass sie in Berlin wohnten. Präsident Maupertuis knüpfte an die Gepflogenheiten der Pariser Académie des Sciences an und legte Wert darauf, dass die Arbeiten der Akademie durch Publikationen bekannt wurden, die sich auch durch eine tadellose materielle Präsentation auszeichnen sollten. Jedes Jahr sollte ein Jahrbuch mit den Beiträgen auf Französisch, deutsch und lateinisch veröffentlicht werden.[14]

Im neuen Reglement sah man auch vor, jährlich zu einem bestimmten Thema eine Preisaufgabe auszuschreiben Man lud insbesondere ausländische Gelehrte ein, sich an diesem Wettbewerb zu beteiligen; aber auch Gelehrte des Landes und selbst Mitglieder der Akademie durften daran teilnehmen; was aber dann ab 1746 nicht mehr möglich war. Denn man wollte Kontroversen innerhalb des Mitgliederkreises der Akademie vermeiden. Bei gleicher Qualität sollte dem ausländischen Bewerber Vorzug gegeben werden. Die seit 1744 ausgeschriebenen Preisfragen stießen auf große Resonanz. Das erste Thema galt der Elektrizität; 1747 galt es die Theorie der Monaden zu verteidigen oder zu widerlegen. Preisgekrönt wurde die Arbeit von Johann Heinrich Gottlob Justi; sie wurde aber nur zum Teil veröffentlicht, weil der Preisträger es gewagt hatte, die Thesen eines Akademie-Mitglieds zu kritisieren.[15] Insgesamt sah man die Preisausschreibungen, durch die sich die Akademien über nationale Grenzen

---

fes. Er selber hatte in Jena auch eines der ersten Deutsch-Französischen Wörterbücher veröffentlicht.

13 Jean Henry Samuel Formey: *Histoire de l'Académie royale des sciences et des belles lettres depuis son origine jusqu'à présent.* Berlin: Haude et Spener 1750, S. 66, zitiert bei Freeman G. Henry: Avant-propos, S. 10.

14 Ebda.

15 Ebda., S. 11.

hinweg zu profilieren trachteten, als „bedeutendes Instrument des im Wettstreit sich vollziehenden, gemeinsamen wissenschaftlichen Fortschritts".[16]

Das Französische als Amtssprache der Akademie

Die Akademie trug in der Regierungszeit Friedrichs, so Katrin Kohl, entscheidend dazu bei, im deutschsprachigen Bereich ein kulturelles Zentrum zu schaffen, „das einen unmittelbaren Diskurs jener Fragen ermöglichte, welche die
Geister der Zeit bewegten"[17]. Für den Kontakt zu den andern europäischen Gelehrten sei es besonders förderlich gewesen, dass sich an der Berliner Akademie „eine mehrsprachige Wissenschaftskultur"[18] ausgebildet habe. Während
an den Universitäten das Lateinische als universale Wissenschaftssprache
noch einen hohen Status genoss, entwickelte sich an der Akademie „ein besonders zwischen dem Französischen und dem Deutschen vermittelnder Diskurs"[19]. Das ist wohl eine zu irenische Sichtweise, die die Machtfragen aus-
klammert. Denn das Französische wurde zur Amtssprache der Akademie, weil
es von Maupertuis und vor allem vom König durchgesetzt wurde. Dieser war
von der Superiorität der französischen Kultur überzeugt und glaubte durch die
Berufung französischer Intellektueller zur Hebung des noch rückständigen
deutschen Bereichs beizutragen.[20] Durch die Übernahme des Französischen als
Wissenschaftssprache förderte die von Friedrich beherrschte Akademie die Internationalisierung der Debatten, anerkannte und akzeptierte aber gleichzeitig
die französische kulturelle Hegemonie. Nach der Vereinigung mit der kurz zuvor gegründeten *Nouvelle Société Littéraire* wurde die Akademie 1746 französisch umbenannt in *Académie Royale des Sciences et Belles-Lettres*. Christian
Batholmess berichtet in seiner Geschichte der Preußischen Akademie, dass
Friedrichs Geheiß, das Lateinische als Verkehrssprache der Akademie durch
das Französische zu ersetzen, überraschte. Sowohl Maupertuis, aber auch Jean
Henry Samuel Formey, der in Berlin in einer hugenottischen Familie geborene

---

16 Katrin Kohl: Die Berliner Akademie als Medium des Kulturtransfers im Kontext der europäischen Aufklärung, S. 7.
17 Ebda.
18 Ebda., S. 8.
19 Ebda.
20 Siehe Gonthier-Louis Fink: „Le roi était conscient que les étrangers devaient avoir, „de
l'obligation aux Français d'avoir fait revivre les sciences chez eux" [Brief 6. Juni 1738 an Vol-
taire], et il attendait de l'esprit français, pour lui et son pays, qu'il leur permît de rattraper le
retard culturel, dû en partie au désintérêt de son père, et de se hausser au niveau européen"
(Gonthier-Louis Fink: Francophilie et Francophobie chez Frédéric II de Prusse, S. 120).

Theologe und Philosoph, der Historiograph und ab 1748 ‚Beständiger Sekretär' der Akademie wurde, mussten beide den Entscheid Friedrichs entschuldigen und verteidigen. Formey berichtet von deutsch-französischen Debatten innerhalb der Akademie, im Laufe derer man sich gegenseitig sprachliche Konzision oder Tiefe und Gelehrsamkeit absprach. Maupertuis verteidigte die Option für das Französische gleichzeitig über die These der Universalität dieser Sprache und den Willen des Monarchen:

> Cette netteté de style qui caractérise nos Auteurs dépend sans doute beaucoup du génie de notre langue; et c'est ce qui l'a rendue en quelque manière la Langue universelle de l'Europe. C'est ce qui fait qu'un Monarque dont le goût est le suffrage le plus décisif, la parle et l'écrit avec tant d'élégance, et veut qu'elle soit la Langue de son Académie.[21]

An anderer Stelle betont Maupertuis, dass die Entdeckungen der Wissenschaft ihre Geltung über den nationalen Raum hinaus haben und darum in einer universellen Sprache vermittelt werden müssen: „Or, personne, je crois, ne refusera cet avantage à la nôtre, qui semble aujourd'hui plutôt la langue de l'Europe entière que la langue des Français."[22] Der Präsident der Akademie führt noch weitere Gründe für die Option für das Französische an: es handle sich um eine vollendete Sprache; die Fortschritte im Bereich der Künste und der Wissenschaften hätten ins Französische eine Vielfalt und Flexibilität eingeführt, so dass man sich mit diesem sprachlichen Kommunikationsmittel ohne Probleme zu allen Themen äußern könne. Für Formey, den Berliner Hugenotten, der selber das Deutsche nur unvollkommen beherrschte, spielte das Französische die Rolle des Griechischen zur Zeit Ciceros. So sei es kein Zufall, dass die wichtigsten Werke Englands und Deutschlands ins Französische übersetzt würden, die durch die Übersetzung noch klarere Konturen bekämen und so der République des Lettres zur Verfügung ständen.[23]

Freeman G. Henry schreibt indes, dass der Octroy einer fremden Verkehrssprache in der Berliner Akademie von zahlreichen ‚Germanophilen' nicht gerne gesehen wurde. Es habe sich gerade in Berlin ein sehr frankophiles Milieu ausgebildet, weil hier nach der Aufhebung des Edikts von Nantes 1685 viele Hugenotten Zuflucht in der Stadt gefunden hätten, die das Französische weiter pflegten. So entstand in Berlin eine ganze Reihe von französischsprachigen Zeitungen wie das *Journal de Berlin*, das Formey 1740 gegründet hatte oder dann *Le Mercure de Berlin* (1741), *Le Spectateur en Allemagne* (1741), *La Gazette*

---

21 Jean Henry Samuel Formey: *Histoire de l'Académie royale des sciences et des belles lettres depuis son origine jusqu'à présent*. Zitiert bei Freeman G. Henry: Avant-propos, S. 13.
22 Zitiert ebda.
23 Zitiert ebda., S. 14.

de Berlin (1744).[24] Es gab so in Berlin auch außerhalb des Hofes ein französischsprachiges Milieu. Friedrich II. unterstrich selbst die zivilisatorischen Leistungen, die Migranten aus verschiedenen europäischen Ländern seit dem späten 17. Jahrhundert für Brandenburg erbracht hatten. Neben den Holländern, die sich nach dem Dreißigjährigen Krieg im Land niederließen, erwähnte der Monarch vor allem die Hugenotten, von denen dank des Edikts von Potsdam von 1685 gut zwanzigtausend Personen in Brandenburg Zuflucht fanden. Sie hätten mit ihren Manufakturen zum Wohlstand des Landes beigetragen, aber auch zu dessen Kultivierung. Den Hugenotten verdanke man „une douceur dans le commerce, et des manières plus aisées que n'en ont ordinairement les Allemands"[25]. So vertrauten nach einer langen Phase des Krieges viele Adelsfamilien ihre Kinder hugenottischen Erziehern an. Friedrich wies implizit darauf hin, „dass dank der französischen Erziehung der politischen Elite aus sozusagen unkultivierten ‚Dreißigjährigen Kriegern' vornehm gebildete Menschen wurden"[26].

Trotz der Präsenz illustrer Franzosen in der Akademie war eine Mehrzahl der Mitglieder deutsch. Wichtig waren für Friedrich aber die Zweisprachigen; dazu zählten die hugenottischen Mitglieder wie der schon erwähnte ‚secrétaire perpétuel' Formey oder die Schweizer. So waren meist zwischen acht und neun der 24 Akademiemitglieder schweizerischen Ursprungs, etwa der aus Sankt Petersburg nach Berlin berufene Leonhard Euler, wohl der größte Mathematiker seiner Zeit, sowie sein Landsmann, der aus Liestal stammende Philosoph Johann Bernhard Merian, der sich mit Locke und Leibniz auseinandersetzte (immer auf Französisch) und der Hume ins Französische übertrug. Nach Friedrich war es Aufgabe der Zweisprachigen, sich um Übersetzungen zu kümmern, die auch zur Festigung der deutschen Syntax beitragen sollten.[27]

---

24 Siehe ebda. S. 15. Zu den zahlreichen Presseerzeugnissen französischer Sprache außerhalb Frankreichs siehe auch Joseph Jurt: Presse et littérature en France au XVIIe et XVIIIe siècle. In: *Romanistische Zeitschrift für Literaturgeschichte*, 1/2, 2013, S. 81–106. Von 1720 bis 1741 erschien die Zeitschrift *La Bibliothèque germanique*, die das französischsprachige Publikum mit der neueren deutschen Literatur vertraut machen wollte. (Dazu Jean-Loup Seban: Les Beausobre et la vie intellectuelle de Berlin. In: Ulrich Johannes Schneider (Hg.): *Kultur der Kommunikation. Die europäische Gelehrtenrepublik im Zeitalter von Leibniz und Lessing.* Wiesbaden: Harrassowitz 2005, S. 29–47).

25 Friedrich II. von Preußen: Mémoires pour servir à l'histoire de la maison de Brandebourg [1751], zitiert bei Brunhilde Wehinger: Geist und Macht. Zum Briefwechsel zwischen d'Alembert und Friedrich II. von Preußen, S. 243.

26 Ebda., S. 243.

27 Paul Aizpurua: Une politique de la langue. In: *Frédéric II de Prusse: De la littérature allemande, des défauts qu'on peut lui reprocher, quelles en sont les causes, et par quels moyens on peut les corriger* [1780]. Paris: Gallimard 1994, S. 17.

Die Übersetzungstätigkeit der Akademie belegt nach Katrin Kohl die „überaus enge Verflechtung der deutschsprachigen Kultur mit der französischen":

> Es manifestierten sich in diesem Wechsel- und Zusammenspiel der Sprachen verschiedenste Spannungen, da das Deutsche auf europäischer Ebene und auch – insbesondere aus der Perspektive des Adels – im preußischen Kontext als die sozial minderwertige Sprache galt [...]. [S]elbst unter deutschen Schriftstellern kursierte noch gegen Ende des Jahrhunderts der Topos vom Deutschen als einer im europäischen Vergleich ‚barbarischen' Sprache.[28]

Das Verdienst der Berliner Akademie liegt nach derselben Interpretin darin, dass sie den deutschen Wissenschaftlern und der wissenschaftlich interessierten Öffentlichkeit, „die Teilnahme am europäischen Diskurs ermöglichte"[29]; andererseits habe die Institution, und das ist wohl etwas zu optimistisch gesehen, „die deutsche Sprache zu einem wissenschaftlichen Medium mit heran[ge]bildet".[30]

Wenn Maupertuis schon zu Beginn der 1740er Jahre ernannt, aber erst 1746 sein Amt als Präsident der Akademie antreten konnte, so wurde im gleichen Jahr Voltaire zum auswärtigen Mitglied ernannt, was noch mehr zur Visibilität der Institution beitrug:

> Mit seinem herausragenden Ruf als *philosophe,* der unübertroffenen literarischen Qualität seiner in viele geisteswissenschaftliche Disziplinen hineinreichenden Schriften und seinem kompromisslos satirischen Esprit reichte seine Wirkung weit über den Kreis der Gelehrten hinaus und machte ihn zu einem enorm wichtigen Multiplikator.[31]

Als Voltaire 1750 nach Berlin kam, entfachte sich eine gewisse Rivalität mit dem Präsidenten Maupertuis, der vier Jahre zuvor sich entschieden hatte, nach Berlin zu ziehen und der dank der Vermittlung des Monarchen auch eine preußische Adelstochter geehelicht hatte. Die Kontroverse entstand hinsichtlich einer wissenschaftlichen Urheberfrage. Ausgelöst wurde sie von Johann Samuel König, einem Schweizer Mathematiker, der auswärtiges Mitglied der Akademie war. Er hatte Maupertuis' Werk über Lappland übersetzt und warf ihm vor, das von ihm formulierte „Prinzip der kleinsten Wirkung" stamme *de facto* von Leibniz. Als der Akademiepräsident dies, unterstützt von den führenden Mitgliedern der Akademie, bestritt, weitete sich die Debatte in einer breiteren Öf-

---

28 Katrin Kohl: Die Berliner Akademie als Medium des Kulturtransfers im Kontext der europäischen Aufklärung, S. 8.
29 Ebda.
30 Ebda.
31 Ebda., S. 18.

fentlichkeit aus; Maupertuis wurde von Voltaire in der anonym veröffentlichten *Diatribe du Docteur Akakia* angegriffen. Obwohl Friedrich II. zu Maupertuis hielt, nahm dieser 1753 seinen Abschied. Entstanden war eine Grundsatzdebatte, in der es nicht zuletzt „um akademische Freiheit und die Autorität der Akademie ging"[32].

Die Orientierung an der französischen Aufklärungskultur und die politischen Interessen Preußens

Nach dem Wegzug von Maupertuis suchte Friedrich wiederum einen prominenten französischen Intellektuellen als Präsidenten der Akademie zu gewinnen: d'Alembert. Der König stand mit dem künftigen Mitherausgeber der *Encyclopédie* seit 1746 in Briefkontakt. Im Unterschied zum Briefwechsel mit Voltaire war die Initiative nicht vom König ausgegangen, sondern vom französischen *philosophe*. Dieser hatte 1746 anlässlich des Preisausschreibens der Berliner Akademie die Schrift *Réflexions sur la cause générale des vents* eingereicht und sich auch um die Mitgliedschaft in der Institution beworben.[33] Er widmete auf den Rat von Maupertuis das Preisschreiben dem König, fügte ein Widmungsgedicht an Friedrich II. auf Lateinisch und dann noch in französischer Übersetzung bei. Er reproduzierte so, wie Brunhilde Wehinger schreibt, wenn auch diskret die untertänige Geste eines Gelehrten, der die Aufmerksamkeit des Herrschers gewinnen will. Der sich anbahnende Briefwechsel blieb aber asymmetrisch. Der König beauftragte zunächst den Marquis d'Argens an seiner Stelle d'Alembert zu antworten. Beeindruckt war der König dann aber vom *Discours préliminaire* zur *Encyclopédie* und antwortete nun persönlich dem Autor, gewährte ihm eine Pension von 1.200 livres auf Lebenszeit, ohne konkrete Gegenleistung. Der Briefwechsel drehte sich dann doch um die Frage der Übernahme des Präsidentenamtes der Akademie. D'Alembert lehnte das Angebot sowie eine viel lukrativere Einladung von Katharina der Großen ab. Er hatte mittlerweile als Mitglied der Akademie der Wissenschaften in Paris sowie der Berliner

---

32 Ebda., S. 18; siehe dazu auch Freeman G. Henry: Avant-propos, S. 16. Mit seinem *Appel au public* hatte Johann Samuel König die Forderung nach Denkfreiheit systematisch begründet, indem er sich an der Gerichtshof der Öffentlichkeit angesichts der einseitigen und autoritären Anklage durch die Berliner Akademie wandte. (Dazu auch Ursula Goldenbaum: Das Publikum als Garant der Freiheit der Gelehrtenrepublik gegen Maupertuis und Friedrich II. im Jahre 1752. In: Ulrich Johannes Schneider (Hg.): *Kultur der Kommunikation. Die europäische Gelehrtenrepublik im Zeitalter von Leibniz und Lessing.* Wiesbaden: Harrassowitz 2005, S. 215–228).
33 Wir folgen hier der Darstellung von Brunhilde Wehinger: Geist und Macht. Zum Briefwechsel zwischen d'Alembert und Friedrich II. von Preußen, S. 250–255.

Akademie und seit 1754 als Mitglied der Académie française eine Position in Frankreich erreicht, die er nicht aufgeben wollte. Er könne Diderot bei der immensen Aufgabe der Herausgabe der *Encyclopédie* nicht im Stich lassen, das Klima in Berlin sei zudem seiner prekären Gesundheit nicht zuträglich. Bemerkenswerterweise differenzierte er zwischen *cour* und *nation*, wenn er schrieb, er habe eine Verpflichtung als Wissenschaftler gegenüber der Nation in Frankreich, nicht aber gegenüber dem Hof, von dem er alles zu befürchten habe. Entscheidend war indes die Sorge um seine Unabhängigkeit als Intellektueller („[son] amour extrême de l'indépendance"), die er mit einem Amt im Dienste des preußischen Königs gefährdet sah. D'Alembert „bevorzugte die physische Distanz zum *roi philosophe* und seiner Entourage; und das erweist sich rückblickend als die entscheidende Voraussetzung für eine intellektuelle Nähe, die sich im epistolarischen Dialog entfalten konnte."[34]

Berlin konnte in den Augen d'Alemberts mit Paris oder London nicht mithalten. Immerhin hatte sich die Stadt unter Friedrich stark entwickelt. Die Bewohnerzahl war auf 150.000 angewachsen; Berlin wurde an Größe um die Mitte des 18. Jahrhunderts im deutschsprachigen Raum nur noch von Wien übertroffen. Zum Glanz der Stadt trug das neue Opernhaus bei und natürlich auch der 1752 erstellte Neubau der Akademie ‚Unter den Linden', die mit ihrem sichtbaren Profil mit den Akademien von Paris und London in Verbindung gesetzt wurde. Wenn Berlin trotzdem in vielerlei Hinsicht eine Provinzstadt blieb, so erfuhr die Stadt nicht zuletzt aufgrund der Bedeutung der Akademie „einen erheblichen geistigen Schub, der der preußischen Hauptstadt auf der Bühne der europäischen Aufklärung eine tragende Rolle zuwies".[35] Friedrich vertrat im politischen Bereich zweifellos die Interessen Preußens und zeigte sich gegenüber den französischen Monarchen, Ludwig XV. und Ludwig XVI., durchaus kritisch; er stufte sie als schwach und korrupt ein; er misstraute Frankreich und schloss hinter dem Rücken seiner französischen Verbündeten 1745 einen Separatfrieden mit Österreich. Mit den französischen Aufklärern teilte er die Kritik am aktuellen Herrscherhaus in Frankreich.[36]

---

34 Ebda., S. 254.
35 Katrin Kohl: Die Berliner Akademie als Medium des Kulturtransfers im Kontext der europäischen Aufklärung, S. 26.
36 Siehe dazu Gonthier-Louis Fink: „Voltaire et ceux qui, dans la seconde moitié du XVIIIᵉ siècle, représentaient l'esprit nouveau, les philosophes, avaient fait l'apologie de la liberté prussienne, comme Tacite celle de la Germanie: indirectement, ils avaient voulu par là dénoncer la morgue de leurs aristocrates, la censure et le fanatisme clérical de la France. Par leurs critiques de la France, ils fournissaient des armes au roi de Prusse, mais [...] Frédéric ne s'en servit que quand il s'en prit à la bigoterie" (Gonthier-Louis Fink: „Francophilie et Francophobie chez Frédéric II de Prusse", S. 125).

Friedrich betrachtete, wie Katrin Kohl schreibt, vor allem im politischen und militärischen Bereich seine dynastisch vorgegebene preußische Identität als maßgeblich; gleichzeitig pflegte er, besonders im kulturellen Bereich, „jene Werte und Umgangsformen, die mit der französischen Geisteskultur assoziiert waren"[37]. Wenn das Deutsche in der Akademie nur geduldet, das Französische aber Amtssprache war und damit auch die gültige Sprache für die Publikationen, so sei das damit begründbar, dass „das Französische sich als Weltsprache weit besser zur Verbreitung von Erkenntnissen und zu einem möglichst weitreichenden Austausch eignete als das Deutsche – ähnlich dem Englischen im heutigen Wissenschaftsdiskurs"[38]. Dieselbe Autorin stellt dann aber in den späteren Jahren von Friedrichs Amtszeit eine über pragmatische Erwägungen hinausgehende Ausgrenzung des Deutschen fest, als dann deutsche Wissenschaftler kaum mehr Aufnahme in die Akademie fanden.[39]

Die Akademie und die sprachlichen Themen

Die Mitglieder der Akademie kamen aber immer wieder auf sprachliche Themen zurück. So vertrat François-Vincent Toussaint, ein Mitarbeiter der *Encyclopédie*, der sich 1754 in Berlin niedergelassen hatte und Mitglied der Akademie wurde, 1765 in seinem ersten Beitrag die These einer Analogie zwischen der Sprache eines Landes und seinem sogenannten ‚Volkscharakter' („Des indications qu'on peut tirer du langage d'une nation par rappport à sa culture et à ses mœurs"). Paul-Jérémie Bitaubé, ein in Königsberg geborener Hugenotte, der zunächst Pastor war und sich durch seine Homer-Übersetzung auszeichnete, legte 1769 einen Essay zur frühen Perfektion des Italienischen vor („Pourquoi la langue italienne a eu [...] en particulier sur la langue Française la prérogative d'arriver, presque, dès sa naissance, à la perfection"[40]). Die Preisfrage für das Jahr 1770 galt einer sprachphilosophischen Frage: „En supposant les hommes abandonnés à leurs facultés naturelles, sont-ils en état d'inventer le langage? Et par quels moyens parviendront-ils d'eux-mêmes à cette invention?" Der junge Herder beantwortete die Frage mit seiner *Abhandlung über den Ursprung der Sprache*. Für Herder geben auch die Tiere ihre Empfindungen akustisch zum Ausdruck; das hat aber noch nichts mit menschlicher Sprache

---

37 Katrin Kohl: Die Berliner Akademie als Medium des Kulturtransfers im Kontext der europäischen Aufklärung, S. 28.
38 Ebda.
39 Ebda.
40 Dazu Freeman G. Henry: Avant-propos, S. 17.

zu tun. Der naturgesetzlich fundierte Ausdruck des Tieres steht noch nicht auf der Höhe der „menschlichen, willkürlichen Sprache", die auf Vernunft beruht und Vernunft auch ausbildet und mit Absicht eingesetzt wird.

Herder wird sich 1779 an einem weiteren Preisausschreiben der nach seinen Worten „berühmtesten Akademie Deutschlands" beteiligen. Bei dieser offenbar von Friedrich angeregten Preisfrage ging es um die wechselseitige Beeinflussung von Politik, genauer der Regierung, und der Wissenschaft („Quelle a été l'influence du Gouvernement sur les Lettres chez les nations où elles ont fleuri? Et quelle a été l'influence des Lettres sur le Gouvernement?"). Herder wurde auch diesmal wieder ausgezeichnet und seine Arbeit wurde 1780 unter dem Titel *Vom Einfluss der Regierung auf die Wissenschaft und der Wissenschaft auf die Regierung* veröffentlicht. Herder kam in seiner Schrift auch auf Ludwig XIV. zu sprechen und lobte ihn für die Gründung der Akademie der Wissenschaften; dieser Initiative seien die meisten Akademien gefolgt, die nicht nur dem eigenen Land, der Welt zu Statten kämen: „Alle großen Akademien laufen jetzt in *Einer* Rennbahn [...]. Ihre Werke sind Denkmäler der Zeit."[41] Wenn Herder schreibt, ohne Regierung gebe es keine Wissenschaft, so war das durchaus im Sinne der von Friedrich verfolgten Politik. Die zweimalige Beteiligung von Herder an einem Preisausschreiben belegt, dass auch deutsche Intellektuelle sich an dem Diskurs der vom französischen Einfluss bestimmten Akademie beteiligten und ihre Schriften auf Deutsch verfassten und auch so angenommen worden waren. Herder war es aber nicht nur um eine theoretische Erörterung gegangen; er verstand seine Schrift „als ein praktisch umzusetzendes Reformprogramm": „Er bemühte sich nicht nur um die Verbreitung im deutschsprachigen Gebiet, sondern suchte auch Joseph II. in Wien und Katharina die Große in Petersburg dafür zu gewinnen."[42]

Friedrich verstand sich zweifellos als Förderer der Wissenschaft; wenn er sich um französische Gelehrte und Denker bemühte, dann auch weil er glaubte, diese ständen an der Spitze des Fortschritts. Auch das erzieherische Reformprogramm für die Elite Preußens sollte sich am französischen Standard orientieren Für seine *Académie des nobles* sah er vor, „dass die intellektuelle Arbeit in französischer Sprache stattfindet; das Einüben in kritisches Denken, in die logische Argumentation, die Improvisation der freien Rede – all das soll auf Französisch stattfinden, betreut und angeregt von französischen Lehrern

---

41 Johann Gottfried Herder: *Vom Einfluss der Regierung auf die Wissenschaft und der Wissenschaft auf die Regierung.* Berlin: Georg Jakob Decker 1780, S. 42 f.
42 Katrin Kohl: Die Berliner Akademie als Medium des Kulturtransfers im Kontext der europäischen Aufklärung, S. 10.

[...]".[43] Orientierte sich Friedrich so stark am Französischen und der französischen Kultur, weil er von deren Überlegenheit überzeugt war oder aber weil das Französische das Instrument der Aufklärung war? In den Augen von Brunhilde Wehinger war das Französische für den Preußen-König mehr als die Sprache der höfischen Kultur oder der Diplomatie;

> sie bot ihm Raum für Denkfreiheit, ein Experimentierfeld, das genutzt werden konnte für die kritische Distanznahme gegenüber seinen Vorgängern auf dem preußischen Thron, insbesondere aber gegenüber den obsolet gewordenen Normen und Institutionen, welche die Denksysteme, die der Kritik unterworfen werden, sozial absicherten.[44]

Die Orientierung an der monarchischen Kultur Ludwig XIV.

Zweifellos war es für den Monarchen ein Anliegen, dass ein jeder lernte, für sich selbst zu denken. Seine wichtige Referenz blieb indes der kulturelle Höhepunkt unter Ludwig XIV. Er bewunderte, dass unter dessen Herrschaft das Französische so etwas wie seine endgültige Gestalt gefunden und dass der König über seine mäzenatische Förderung eine eigentliche Blütezeit ermöglicht hatte.[45] Er schätze vor allem das Theater Racines und die Stücke des ‚klassischen‘ Voltaire. Schon in seiner Jugend war ihm das Jahrhundert Ludwig XIV. als ein Eldorado des Geistes im Vergleich zur harten preußischen Realität erschienen, die sein Vater verkörperte. Durch diese Begeisterung für die Herrschaftszeit Ludwig XIV. und die französische ‚Klassik‘, die in Friedrichs Jugendzeit noch einen Sinn hatte, entfernte er sich, nach Gonthier-Louis Fink, auch von seiner Epoche, denn die Klassik entsprach nicht mehr dem Geist des aktuellen Frankreich und wurde nur noch von Epigonen hochgehalten.[46] Nach dem Siebenjährigen Krieg kühlten sich auch die Beziehungen nicht zu Voltaire, den er als gemäßigt einschätzte, wohl aber zu radikaleren französischen Aufklärern etwas ab. Diese hatten seine Ausführungen im *Anti-Machiavel* zu wörtlich genommen und waren über seine kriegerische Aktivität bei der Eroberung

---

43 Brunhilde Wehinger: Geist und Macht. Zum Briefwechsel zwischen d'Alembert und Friedrich II. von Preußen, S. 258.

44 Ebda., S. 242.

45 Dazu im Folgenden Gonthier-Louis Fink: Francophilie et Francophobie chez Frédéric II de Prusse, S. 116–121.

46 Ebda., S. 121; siehe auch S. 130: „Il oppose ainsi le siècle de Louis XIV, qu'il idéalise, au XVIIIe siècle, qu'il noircit d'autant plus facilement qu'il oublie alors, avec la perspective historique, que les lettres aussi doivent s'adapter à l'esprit de l'époque, et surtout que les deux images antithétiques sont censées être l'expression du même génie national, qu'il noircit également parce qu'il le voit surtout en relation avec la France de son temps."

Schlesiens enttäuscht. Er selber machte sich über den Pazifismus eines Abbé de Saint-Pierre, eines Grimm oder eines Du Marsais lustig. Rousseaus Ideen im *Discours sur l'origine de l'inégalité* erschienen ihm ebenso utopisch wie Du Marsais' *Essai sur les Préjugés*, der die Privilegien der Aristokratie infrage stellte. Er war mit dessen Konzept des Volkes, dem die Möglichkeit zugeschrieben wird, schlechte Könige abzusetzen, gar nicht einverstanden. In den Kritiken am System erkennt Friedrich den Aufstiegswillen einer bürgerlichen Klasse, die die bestehende Gesellschaftsordnung als solche infrage stellt.[47] Diesen bürgerlichen Geist sah der Monarch auch in der neueren Literatur in Frankreich am Werk, die sich vom Geist der ‚Klassik' entfernt habe, und die im ‚drame bourgeois' den Vertretern des Dritten Standes ernsthafte, ja sogar tragische Rollen zuschreibe: „Votre littérature est sur son déclin", schrieb er 1769 an d'Alembert.[48]

Friedrichs Misstrauen gegenüber dem Volk manifestierte sich auch in der (außerordentlichen) Preisfrage von 1780, die sich aus seinem Dialog mit d'Alembert entwickelt hatte, die Frage nach der Legitimität des Volksbetrugs („Est-il utile au Peuple d'être trompé, soit qu'on l'induise dans de nouvelles erreurs, ou qu'on l'entretienne dans celles où il est?"[49]). Diese (sehr politische) Preisfrage wurde der Akademie per Kabinettsorder aufgedrängt; sie stieß auf große Resonanz. Die Mehrheit der eingegangenen Preisschriften beantwortete die Frage indes negativ. Auch d'Alembert vertrat die Position „qu'il faut toujours enseigner la vérité aux hommes, et qu'il n'y a jamais d'avantage réel à les tromper".[50] Friedrich war gegenüber dem Volk indes viel skeptischer eingestellt: „l'homme est un animal incorrigible, plus sensible que raisonnable."[51]

Friedrich war zweifellos offen für aufklärerische Ideen, die er aber *top down* durchsetzen wollte. Gleichzeitig hielt er an der hierarchischen sozialen Ordnung fest. Maupertuis verstand die Akademie als eine ‚République des Lettres', was eine Gleichheit der Mitglieder dieser Gelehrtenrepublik voraussetzte.[52] Das widersprach diametral dem monarchisch-hierarchischen Denken des

---

47 Ebda., S. 127: „En s'opposant aux Encyclopédistes, le roi s'oppose donc à l'émancipation bourgeoise et à l'évolution des institutions politiques que favorisent les philosophes."
48 Zitiert ebda., S. 128.
49 Katrin Kohl: Die Berliner Akademie als Medium des Kulturtransfers im Kontext der europäischen Aufklärung, S. 26.
50 Zitiert nach Brunhilde Wehinger: Geist und Macht. Zum Briefwechsel zwischen d'Alembert und Friedrich II. von Preußen, S. 256.
51 Ebda.
52 Zum Gleichheitspostulat innerhalb der Akademien siehe am Beispiel der Pariser *Académie des sciences* Caspar Hirschi: Gleichheit und Ungleichheit in den Wissenschaften. Über einen Streit in der Pariser Akademie der Wissenschaften vor und während der Revolution. In: *NZZ*, Nr. 97, 27. April 2013, S. 64.

Königs. Dieser beanspruchte die Wahl des Präsidenten der Akademie auf Lebenszeit sowie zunehmend direkt die Wahl neuer Mitglieder. Nach dem Weggang von Maupertuis nahm er de facto die Präsidentenfunktion wahr. Die Präsidentenrolle verglich er mit der eines Generals. Die Parallele zur militärischen Hierarchie verdeutlichte die Einbindung der Akademie in das preußische Machtgefüge.[53]

Die Orientierung am französischen Kulturmodell bedeutete die partielle Aufnahme einzelner aufklärerischer Anliegen, sofern diese aber die hierarchische monarchische Ordnung nicht gefährdeten. Die Option für das Französische schuf in Preußen, so Gonthier-Louis Fink, eine seltsame Dichotomie zwischen dem König, der Akademie und der aristokratischen Elite, die französisch sprachen, und der Nation, die Friedrich bisweilen etwas abschätzig als „tudesque" bezeichnete. Durch diesen exklusiven Kult des französischen Geisteslebens vertiefte sich der Gegensatz zwischen Elite und Volk und Friedrich hatte sich so zweifellos seinem Land gegenüber entfremdet.[54]

Das französische Modell als Herausforderung für eine deutsche Nationalkultur

Aus der Sicht des Paradigmas des Kulturtransfers wird Friedrich implizit dafür gelobt, dass er nicht von einem homogenen Kulturbegriff ausging. Die literarische Korrespondenz verweise auf die „Präsenz des jeweils anderen der eigenen Kultur: gekennzeichnet durch kulturelle Heterogenität stellt es eine Mixtur dar, die als Effekt eines bewusst geförderten Transferprozesses zu betrachten ist und im Horizont einer polyphonen europäischen Geschichte der Literatur eine spezifische Form der ‚interculturalité en acte' darstellt"[55]. In ähnlicher Weise glaubt Katrin Kohl, Friedrichs „provokante Förderung einer fremden Kultur im eigenen Land" habe „einen anhaltenden Diskurs um kulturelle Identität sowie um Modelle des Kulturtransfers" stimuliert: „damit erhielten die unterschiedlichen Positionen eine schärfere Kontur und eine unter dem Begriff der *aemulatio* seit der Antike als förderlich verstandene Wettstreit-Dynamik, die für die Herausbildung einer deutschsprachigen Nationalkultur in dieser Zeit von enor-

---

53 Katrin Kohl: Die Berliner Akademie als Medium des Kulturtransfers im Kontext der europäischen Aufklärung, S. 17 f.
54 Gonthier-Louis Fink: Francophilie et Francophobie chez Frédéric II de Prusse, S. 121.
55 Brunhilde Wehinger: Geist und Macht. Zum Briefwechsel zwischen d'Alembert und Friedrich II. von Preußen, S. 246.

mer Bedeutung gewesen sein durfte."[56] Dass Friedrichs extreme Valorisierung der Fremdkultur von den Vertretern des deutschen Geisteslebens als Herausforderung betrachtet wurde, kann man bloß *post festum* darstellen. Diese asymmetrische Stellungnahme hätte ebenso gut zu einer Lähmung der eigenkulturellen Tendenzen führen können. Brunhilde Wehinger gesteht so zu, dass Friedrichs schriftstellerisches Werk, insbesondere sein Briefwechsel sich paradoxerweise (?) der „Funktion zur nationalen Identitätsstiftung beizutragen" entziehe: „es signalisiert Differenzen und Brüche in der deutschen Kulturgeschichte, die bereits im späteren 18. Jahrhundert, vor allem dann im 19. Jahrhundert, vehementer Abwehrreaktionen hervorriefen"[57]. Es war vor allem Friedrichs Werk über die deutsche Literatur von 1780 (*De la littérature allemande, des défauts qu'on peut lui reprocher, quelles en sont les causes, et par quels moyens on peut les corriger*), das diese Reaktionen hervorrief. Dass der Monarch auf Französisch über die Mängel der Literatur Deutschlands schrieb, konnte man in der Tat als Provokation empfinden.[58] Es braucht dann doch viel guten Willen, wenn man wie Katrin Kohl Friedrich auf der Basis dieser Schrift attestiert, es sei „ihm offenbar noch bis in die Spätzeit daran gelegen [gewesen], Preußen auch mittels einer umfassend entwickelten deutschen Kultur zu Ansehen zu verhelfen".[59] Friedrich sah eine gute deutsche Literatur nur als eine, die sich am französischen Modell orientieren würde. Man vermutet, er habe die Schrift schon früher verfasst als Antwort auf ein von Baron Bielfeld, ein Genosse der Rheinsberger Zeit, 1752 veröffentlichtes Werk über die Fortschritte der Deutschen im Bereich der Kunst, der Wissenschaft und der Literatur (*Progrès des Allemands dans les sciences, les belles-lettres et les arts, particulièrement dans la poésie, l'eloquence et le théâtre*). Dieser Apologie der Deutschen stellte offenbar Friedrich seine kritische Sicht entgegen. Schon der erste Satz von Friedrichs Schrift hat die Form einer Widerrede: „Vous vous étonnez, Monsieur, que je ne joigne pas ma voix à la vôtre, pour applaudir aux progrès que fait, selon vous, journellement la Littérature allemande."[60] Offensichtlich griff Friedrich 1780 seinen frühen Entwurf wieder auf angesichts der Tatsache,

---

56 Katrin Kohl: Die Berliner Akademie als Medium des Kulturtransfers im Kontext der europäischen Aufklärung, S. 31.

57 Brunhilde Wehinger: Geist und Macht. Zum Briefwechsel zwischen d'Alembert und Friedrich II. von Preußen, S. 246.

58 Es erschien im selben Jahr auch eine von W. von Dohm besorgte offizielle Übersetzung der Schrift.

59 Katrin Kohl: Die Berliner Akademie als Medium des Kulturtransfers im Kontext der europäischen Aufklärung, S. 28.

60 Frédéric II de Prusse: *De la littérature allemande, des défauts qu'on peut lui reprocher, quelles en sont les causes, et par quels moyens on peut les corriger* [1780], S. 21.

dass sich nun eine deutsche eigenständige Literatur immer machtvoller ab-
zeichnete. Dass er sich an einem früheren Stand der deutschen Literatur orientierte, geht vielleicht auch aus der Tatsache hervor, dass er die nun bedeutenden Autoren wie Lessing und Klopstock nicht einmal erwähnt.

Friedrich fundiert indes seine Ausführungen in *De la littérature allemande*
auf einem kulturgeschichtlichen Modell der Abfolge von kulturellen Blütezeiten, die gleichzeitig auch politische Blütezeiten sind, oder besser gesagt, die
politische Macht, die von einer charismatischen Herrscherfigur ausgeht, ist die
Vorbedingung der kulturellen Blüte. Dieser Entwicklungsfolge, die eine *translatio artium* in Analogie zur *translatio Imperii*-Idee postuliert, greift ein Konzept
auf, das von Abbé Du Bos[61] und dann vor allem von Voltaire[62] artikuliert worden war. Am Anfang dieser Reihe steht Griechenland („le berceau des beaux
Arts"[63]), das sich vor allem durch die Perfektion seiner Sprache („la langue la
plus harmonieuse qui eût jamais existé"[64]) auszeichnete. Auf Griechenland
folgt Rom, das sich nach der Erringung der politischen Suprematie gegenüber
seinen Nachbarn und gegen Karthago den Künsten und der Wissenschaft widmen konnte. Diese blühten im Kontext eines großen Herrschers, Augustus, auf
(„la langue, le style, et l'éloquence Romaine ne parvinrent à leur perfection
que du temps de Cicéron, d'Hortensius et des beaux Génies qui honorèrent le
siècle d'Auguste"[65]). Als nächste Blütezeit wird die Renaissance identifiziert
(„l'Italie en redevint le berceau"[66]), die sich wiederum dem Wirken von Herr-
scherhäusern verdankt („la maison d'Este, les Médicis et le Pape Léon X contri-
buèrent à leur progrès"[67]). Dann aber ist Frankreich an der Reihe. Franz I.
versucht den Ruhm, die Künste wieder erneuert zu haben, mit Italien zu teilen;
es gelang ihm aber nicht; er hatte sich zu sehr verausgabt und die folgenden
Religionskriege stellten für die Künste kein förderliches Klima dar. Erst unter
Richelieu konnte das Vorhaben aufgegriffen werden. Das Paris von Ludwig
XIV. stand Florenz und Rom in nichts nach („la Cour encouragea les Savants

---

61 [Jean Baptiste] Du Bos: *Réflexions critiques sur la poésie et sur la peinture* [1719]. Genève:
Slatkine Reprints: 1967.
62 Voltaire: *Le Siècle de Louis XIV* [1751]. Zu diesem Modell siehe auch Conrad Wiedemann:
Deutsche Klassik und nationale Identität. Eine Revision der Sonderwegs-Frage. In: Wilhelm
Vosskamp (Hg.): *Klassik im Vergleich. Normativität und Historizität europäischer Klassiken.*
Stuttgart: Metzler 1993, S. 547 f.
63 Frédéric II de Prusse: *De la littérature allemande, des défauts qu'on peut lui reprocher, quelles en sont les causes, et par quels moyens on peut les corriger* [1780], S. 21.
64 Ebda., S. 21 f.
65 Ebda., S. 22.
66 Ebda., S. 28.
67 Ebda.

et les beaux-esprits, tout se piqua d'émulation; et bientôt après sous le règne de Louis XIV Paris ne le céda en rien ni à Florence ni à Rome"[68]). Diese letzte Blütezeit steht für Friedrich auch wieder im Zusammenhang mit einer vollendeten Sprache, deren Vollendung nicht vom Himmel fiel, sondern das Resultat einer langen Entwicklung war und auch durch die Werke großer Autoren angereichert wurde ("la langue nationale ne fut en vogue qu'après qu'elle devint polie, claire, élégante, et qu'une infinité de Livres classiques l'eurent embellie de leurs expressions pittoresques et en même temps fixé sa marche grammaticale"[69]). Friedrich erwähnt dann auch die großen Autoren, die zur Vervollkommnung der Sprache beitrugen (Corneille, Racine, Bossuet, Pascal, Fénelon, Vaugelas) und die Leute mit Talent nachahmten: "Le style et le goût de ces grands hommes se communiqua depuis à toute la Nation."[70] Während der Herrschaftszeit von Ludwig XIV. habe sich das Französische in ganz Europa verbreitet, einerseits wegen der guten Autoren, andererseits aufgrund der antiken Autoren, die man in französischer Übersetzung lesen könne. Das Französische sei so zu einem Passe-partout in Europa geworden. Wenn man Französisch könne, erübrige sich das Erlernen anderer Sprachen. ("Et maintenant cette langue est devenue un passe-partout qui vous introduit dans toutes les maisons et dans toutes les villes. Voyagez de Lisbonne à Pétersbourg, et de Stockholm à Naples en parlant le français, vous vous faites entendre partout. Par ce seul Idiome, vous vous épargnez quantité de langues qu'il vous faudrait savoir, qui surchargeraient votre mémoire de mots [...]"[71]). Dieses große Lob auf Frankreich und seine Kultur unter der Herrschaft Ludwig XIV. ist gleichzeitig eine Kritik an Deutschland, das territorial zersplittert und sprachlich noch nicht seine Einheit und seine Vollendung gefunden habe.

Friedrich hatte noch einmal das Loblied auf die französische Kultur, seine Sprache und Literatur, angestimmt, die als Modell dienen sollte, nachdem sich schon seit dem Jahrzehnt von 1755 bis 1765 ein literarischer Bewusstseinswandel in Deutschland abgezeichnet hatte, den Conrad Wiedemann als "Beginn einer Ablösungs-Dramaturgie vom kulturellen Über-Ich Frankreich"[72] identifiziert. Die Ausführungen von Friedrich blieben darum auch nicht unwidersprochen. Jakob Ludwig warf dem Monarchen in einer Antwort noch im selben Jahr vor, die deutsche Sprache und Literatur nicht genügend zu kennen, um ein

---

68 Ebda., S. 29.
69 Ebda., S. 81.
70 Ebda., S. 43.
71 Ebda., S. 81.
72 Conrad Wiedemann: Deutsche Klassik und nationale Identität. Eine Revision der Sonderwegs"-Frage, S. 554.

ausgewogenes Urteil abgeben zu können. Er würde das Französische zur absoluten Norm erheben und alles verurteilen, was nicht dieser Norm entspreche
(„Le Roi accoutumé au goût et à la manière des auteurs français prend ce goût
et cette manière pour règle unique de Ses jugements et condamne tout ce qui
s'en écartent [*sic*]. Il est à cet égard plus français que bien des Français mêmes."[73]).

---

73 Zitiert bei Jürgen J. Storost: *Langue française – Langue universelle? Die Diskussion über die
Universalität des Französischen an der Berliner Akademie der Wissenschaften. Zum Geltungsan-
spruch des Deutschen und Französischen im 18. Jahrhundert*. Bonn: Romanistischer Verlag 1994,
S. 37; sowie Freeman G. Henry: Avant-propos, S. 22.

Die Debatte der Preußischen Akademie über den Status des Französischen

In diesem Kontext drängte sich eine vertiefte Reflexion über den tatsächlichen Status der französischen Sprache auf. Der Philosoph schweizerischen Ursprungs Johann Bernhard Merian, der alle seine Werke auf Französisch veröffentlicht hatte und 1770 Direktor der „Classe des Belles-Lettres" an der Preußischen Akademie geworden war, hatte schon 1778 eine Debatte zu diesem Thema angeregt. Als er 1782 die Frage wieder aufs Tapet brachte, war die Akademie Feuer und Flamme und man formulierte dazu eine dreigliedrige Preisfrage: „Qu'est-ce qui a fait de la langue Française la langue universelle de l'Europe? / En quoi mérite-t-elle cette prérogative? / Peut-on présumer qu'elle la conserve?"[1]

22 Arbeiten gingen zu dieser Frage ein. Nach einer Überprüfung identifizierte die Akademie zwölf Schreiben, die den formalen Vorgaben entsprachen.[2] Zu den bekannteren Autoren zählte Friedrich Melchior Grimm, der frankophile Aufklärer, der in den Kreisen der Encyclopédistes verkehrte und dessen *Correspondance littéraire, politique et philosophique* über das intellektuelle Leben in Paris an ausländischen Höfen auf große Resonanz stieß; dann ist auch Johann August Eberhard zu nennen, der 1778 zum Professor für Philosophie an der Universität Halle ernannt wurde; seine Abhandlung *Allgemeine Theorie des Denkens und Empfindens* war 1776 von der Akademie ausgezeichnet worden. In seiner Antwort auf die Preisfrage vertrat er die Ansicht, dass das Französische weiterhin die Rolle einer *lingua franca* der internationalen Beziehungen spielen werde, was sich auch der Stabilität der französischen Staatsnation verdanke, die man so in Deutschland (noch) nicht kenne.

Ausgezeichnet wurden 1784 die Abhandlungen des Stuttgarter Professors Johann Christoph Schwab sowie diejenige von Antoine de Rivarol. Nach Jürgen J. Storost sprach sich eine Mehrheit der ‚Classe des Belles-Lettres' der Akademie für die Abhandlung von Schwab aus. Erst auf die Intervention des Prinzen Heinrich, des Bruders des Königs, entschied die Akademie den Preis *ex aequo* Schwab und Rivarol zuzuerkennen. Bei den Antworten glaubten zehn Autoren, das Französische werde weiterhin die Rolle einer Universalsprache spielen, zehn Autoren teilten diese Meinung nicht und acht hielten dafür, dass das Deutsche diese Rolle übernehmen werde. Zuletzt war es bloß mehr das Machtwort Friedrichs, das das Festhalten am Französischen als Amtssprache der Akademie garantierte. Nach seinem Tod wird sich das Deutsche als Wissen-

---

1 Freeman G. Henry: Avant-propos, S. 22.
2 Wir orientieren uns im Folgenden an ebda., S. 22–26.

schaftssprache an der Institution durchsetzen.[3] Die Debatte über die Universalität des Französischen stellte so eine Art Nachhutgefecht dar.

Rivarols Antwort

Heute ist vor allem Rivarols *Dissertation sur l'universalité de la langue française*, die später unter dem einfachen Titel *De l'Universalité de la langue française* veröffentlicht wurde, noch sehr präsent, vor allem weil der Autor einem Mythos beredten Ausdruck verlieh und rhetorisch brillant seine Axiome zu formulieren wusste. Er entwirft gleich zu Beginn ein idyllisches Bild der friedlichen Herrschaft einer Sprache und einer Zivilisation, die so unterschiedliche Völker viel dauerhafter eine als es militärische Macht könnte. Er zählt dann gleich auch die Gründe auf, die diese Dominanz erklären: „la position de la France, sa constitution politique, l'influence de son climat, le génie de ses écrivains, le caractère de ses habitants, et l'opinion qu'elle a su donner d'elle au reste du monde"[4].

Rivarol verbindet die Bedeutung einer Sprache mit der Bedeutung der politischen Strukturen als den Trägern der Sprache. Die Zersplitterung in zahlreiche Dialekte im mittelalterlichen Frankreich wird in Relation zum feudalen Partikularismus gesetzt. Für die Neuzeit weitet er die Perspektiven aus auf die Beziehungen zwischen Europa, Asien, Afrika und Nordamerika, die so eine „immense République"[5] darstellten, die eine gemeinsame Sprache brauche.

Mögliche Universalitätskandidaten: Deutsch, Spanisch, Italienisch

Das Deutsche könne kaum zur gemeinsamen Sprache in Europa werden; denn einerseits gebe es kein einziges literarisches Monument in dieser Sprache, die wegen der Dominanz des Lateinischen vernachlässigt wurde (noch nie etwas von Luthers Bibel-Übersetzung gehört?), andererseits bildete das Römische Reich deutscher Nation keine politische Einheit unter einem starken „Chef". Denn das Volk und der Monarch verliehen einer Sprache Strahlkraft („On ne saurait croire combien une langue emprunte d'éclat du prince et du peuple

---

3 Jürgen J. Storost: *Langue française – Langue universelle? Die Diskussion über die Universalität des Französischen an der Berliner Akademie der Wissenschaften*, S. 432 f., zitiert ebda., S. 5 f.
4 Antoine Rivarol: *Discours sur l'universalité de la langue française*. Paris: Belfond 1966, S. 76.
5 Ebda., S. 78.

qui la parlent"[6]. Neben diesen politischen Gründen fügt Rivarol noch (etwas willkürliche) sprachinterne Gründe hinzu, die gegen das Deutsche sprächen: „La langue allemande [...] est trop riche et trop dure à la fois. [...] son abondance effraya des têtes déjà fatiguées de l'étude du latin et du grec."[7] Gleichzeitig nimmt er das Klischee eines sprachlichen Nord-Südgefälles und mithin das der höheren ästhetischen Qualität der Sprachen des Südens auf, das man schon in Friedrichs Schrift über die Deutsche Literatur gefunden hatte („sa prononciation gutturale [celle de l'allemand] choqua trop l'oreille des peuples du Midi"[8]). In einer Art Zirkelschluss behauptet Rivarol dann, dass die außerordentliche Aufnahme, die ein fremdes Idiom (natürlich das Französische) bei den Fürsten und Akademien Deutschlands gefunden habe, ein selbst konstruiertes Hindernis für das Aufblühen ihrer eigenen Sprache darstelle.

Rivarol führt die Idee des Wettstreits zwischen den Nationen und ihren Sprachen, die man schon beim Pater Bouhours gefunden hatte,[9] weiter, testet dann Spanien als Universalitätskandidaten und bezieht sich wiederum auf die politische Bedeutung des Landes sowie auf die Qualität seiner Sprache. Spanien sei eine bedeutende Macht gewesen, deren Größe nicht auf Dauer angelegt war („Tant de grandeur ne fut qu'un éclair"[10]). So sei vieles nur Stolz, der nicht belegt sei („On s'aperçut donc que la munificence de la langue espagnole et l'orgueil national cachaient une pauvreté réelle."[11]). Selbst wenn Spanien die politische Dominanz hätte wahren können, hätte das Spanische nicht als *lingua franca* getaugt, weil es zu steif und zu schwulstig sei („La majesté de sa prononciation invite à l'enflure, et la simplicité de la pensée se perd dans la longueur des mots et sous la plénitude des désinences."[12])

Rivarol attestiert dann Italien eine große Bedeutung nicht nur für das Handelswesen, sondern auch für die Bereiche der Kunst, der Architektur, der Literatur und der Wissenschaft. Das Lateinische sei aber dort lange dominant gewesen und selbst die großen Autoren Boccaccio, Petrarca und Dante hätten die

---

6 Ebda., S. 78

7 Ebda., S. 79.

8 Ebda. Friedrich spricht von den „sons durs dont la plupart des mots de notre langue abondent. Les voyelles plaisent aux oreilles, trop de Consonnes rapprochées les choquent [...]" (Frédéric II de Prusse: *De la littérature allemande, des défauts qu'on peut lui reprocher, quelles en sont les causes, et par quels moyens on peut les corriger* [1780], S. 47).

9 Marc Fumaroli: *Trois institutions littéraires*, S. 309.

10 Antoine Rivarol: *Discours sur l'universalité de la langue française*, S. 81.

11 Ebda., S. 82.

12 Ebda. Zu den Spanien-Stereotypen der französischen Aufklärer siehe Joseph Jurt: L'image de l'Espagne en France au siècle des Lumières. In: Gonthier-Louis Fink (Hg.): *Cosmopolitisme, Patriotisme et Xénophobie en Europe au Siècle des Lumières*, S. 29–41.

Mehrzahl ihrer Werke auf Lateinisch verfasst, selbst wenn dann vor allem ihre in der Volkssprache geschriebenen Werke überlebten. Das Fatale für Italien sei gewesen, dass die Blütezeit seiner Kultur zu früh kam („cette maturité fut trop précoce"[13]), zu einer Zeit als die Nationen mit sich selber beschäftigt waren und sich das Bedürfnis nach einer Universalsprache noch nicht artikulierte. Nachdem die Kolonialexpeditionen begannen, habe sich Italien nur mehr in einer Ecke befunden. Der gute Geschmack habe sich in Italien verloren, als Frankreichs klassische Kultur sich entfaltete. Rivarol schreibt aber auch dem Italienischen inhärente Defekte zu, die es als Kandidaten für eine Universalsprache ausschließe. Der Unterschied zwischen der Poesie und der Prosa sei immens. Die Poesie sei sehr normiert und die Prosa überhaupt nicht, darum sei sie für die Konversation nicht so geeignet.[14]

Ein ernsthafter Kandidat: das Englische

Zuletzt kommt Rivarol auf die Länder zu sprechen, die in diese „lice des nations"[15] eine ernsthafte Rolle spielen können: England und Frankreich. Bezeichnenderweise spricht er von einem Wettbewerb, einem Kampffeld von ‚Nationen' und nicht von Sprachen. England erscheint als der eigentliche Rivale Frankreichs, mit dem man seit drei Jahrhunderten in Auseinandersetzung stehe. Die beiden Nationen bildeten aufgrund ihrer Stärke eine Art Machtgleichgewicht.

England wird auch wieder durch seine geographische Lage definiert, durch seine Orientierung in Richtung Ozean. Das Handelsnetz weite sich auf alle vier Kontinente aus und die Macht Englands löse auch Reaktionen des Hasses und des Neides aus. Gleichzeitig sei das Land auf die anderen angewiesen. Rivarol postuliert dann auch wieder einen englischen ‚Volkscharakter', der durch die Zugehörigkeit zu den verschlosseneren und weniger fröhlichen Völkern des Nordens bestimmt wird: „L'Anglais, sec et taciturne, joint à l'embarras et à la timidité de l'homme du Nord une impatience, un dégoût de toute chose

---

13 Antoine Rivarol: *Discours sur l'universalité de la langue française*, S. 85.
14 Siehe ebda., S. 87: „La prose, composée de mots dont toutes les lettres se prononcent, et roulant toujours sur des sons pleins, se traîne avec trop de lenteur; son éclat est monotone; l'oreille se lasse de sa douceur, et la langue de sa mollesse [...]. La pensée la plus vigoureuse se détrempe dans la prose italienne. Elle est souvent ridicule et presque insupportable dans une bouche virile, parce qu'elle ôte à l'homme cette teinte d'austérité qui doit en être inséparable."
15 Ebda., S. 90 f.

[...].“[16] England habe weder als Volkscharakter noch durch sein Ansehen eine universelle Anerkennung finden können. Ob seine Sprache indes Universalität beanspruchen könne? Rivarol konstruiert eine kühne Sprachgeschichte des Englischen. Das „Angelsächsische“ sei aus einer Mischung des „ancien jargon du Pays“ und dem Sächsischen entstanden. Seit der Normannen-Eroberung habe das Französische am Hof und bei den Gerichten dominiert. Die nationale Eifersucht habe dann dazu geführt, dass man die Rivalen-Sprache verwarf, die dem „genie anglais“ nicht entsprach, trotz der lexikalischen Übernahmen („on sent bien que les deux langues s'étaient mêlées malgré leur haine“[17]). Rivarol charakterisiert dann das Englische von der Norm des Französischen her und leitet dessen Charakteristika willkürlich von einer postulierten politischen Entwicklung ab:

> Si l'anglais a l'audace des langues à inversions, il en a l'obscurité, et que sa syntaxe est si bizarre que la règle y a quelquefois moins d'applications que d'exceptions. On lui trouve des formes serviles qui étonnent dans la langue d'un peuple libre, et la rendent moins propre à la conversation que la langue française [...].[18]

Was die literarischen Werke in dieser Sprache betrifft, hätten deren Autoren in England kaum Unterstützung durch den Hof gefunden. Shakespeares „genie agreste et populaire déplaisait au prince et aux courtisans“[19]; dasselbe galt für Milton („sa personne était odieuse à la cour“[20]). Rivarol anerkennt dann aber, dass die beiden Autoren später auf große Resonanz stießen; er unterstreicht die eminenten denkerischen Leistungen von John Locke und Newton; trotzdem seien die Werke dieser Autoren nicht universell geworden („des livres de tous les hommes“[21]), und zwar wegen ihrer Form („leur ton, leur goût, leur forme“[22]). Zudem seien die berühmten Autoren erst durch die französische Vermittlung auf breitere Resonanz gestoßen („N'est-ce pas Voltaire qui a présenté Locke et même Newton à l'Europe?“[23]).

Rivarol gesteht durchaus ein, dass England zur bedeutendsten wirtschaftlichen Macht geworden ist. Man könne aber das immense Vertrauen, das das Land im wirtschaftlichen Bereich genieße, nicht auf den kulturellen Bereich

---

16 Ebda., S. 93.
17 Ebda., S. 102.
18 Ebda., S. 109 f.
19 Ebda., S. 104.
20 Ebda.
21 Ebda., S. 110.
22 Ebda.
23 Ebda., S. 111.

übertragen. Das wirtschaftliche Kapital habe sich nicht als in ein kulturelles und insbesondere literarisches transferierbar erwiesen: „Accoutumé au crédit immense qu'il a dans les affaires, l'Anglais semble porter cette puissance fictive dans les lettres, et sa littérature en a contracté un caractère d'exagération opposé au bon goût."[24]

Für das Französische: topographische Gründe

Rivarols *Discours* ist nach Pascale Casanova eine eigentliche Kriegsmaschine gegen England, den gefährlichsten Rivalen Frankreichs in diesem Kampf der Nationen, der am heftigsten den Universalitätsanspruch Frankreichs infrage stellt.[25] Die Prärogative Frankreichs wird zunächst über eine topographische Nord-Süd-„Theorie" begründet. Der Norden und der Süden sind Bereiche des Extremen. Diese Extreme verlieren ihre Härte, wenn sie sich im Bereich der Mitte und des Maßvollen – in Frankreich – treffen. Frankreich vermeide so sowohl die extreme Subtilität des Südens sowie die extreme Schlichtheit des Nordens und zeichne sich durch Freundlichkeit und Anmut aus.[26] Dieser Bereich der Mitte ist so auch der Bereich der Begegnung („Les peuples du Nord viennent y chercher et trouver l'homme du Midi, et les peuples du Midi y cherchent et y trouvent l'homme du Nord."[27]). Diese Position des Ausgleichs werde durch das milde Klima begünstigt und führe so schon per se zu einer gewissen Universalität: „La nature, en lui donnant la douceur d'un climat, ne pouvait lui donner la rudesse d'un autre: elle l'a fait l'homme de toutes les nations [...]."[28]

Wenn Rivarol die Gleichheit der physiologischen Basis der Sprache, der Sprechwerkzeuge, feststellt, so versucht er die unterschiedliche sinnlich-ästhetische Qualität der Sprachen auch über Klimaeinflüsse, die einer Wertskala zugeordnet werden, zu ‚erklären'. Die Sprachen seien „chantantes et voluptueuses dans les beaux climats, âpres et sourdes sous un ciel triste".[29] Dieser Konnex zwischen Klima und der Tonlage der Stimmen fand sich schon in der Antike und wurde im Mittelalter wieder aufgegriffen, etwa von Isidor von Sevilla und Hrabanus Maurus. Im Norden seien die Stimmen tief und rau, in den

---

24 Ebda., S. 110.
25 Pascale Casanova: *La République mondiale des lettres*, S. 106.
26 Antoine Rivarol: *Discours sur l'universalité de la langue française*, S. 94.
27 Ebda., S. 95.
28 Ebda., S. 95 f.
29 Ebda., S. 90.

wärmeren Gegenden dagegen klar. Da das Französische „unter einem milden Himmel gesprochen wird, und bei Bedarf sein Sprachraum als gemäßigte Zone von den heißen Gebieten des Italienischen und des Spanischen abgegrenzt werden kann, ist seine hervorragende Stellung unter klimatologischen Gesichtspunkten gesichert – wie die der Römer bei Vitruv", so fasst Josef Felixberger die spätere Argumentation zusammen.[30] Die Assoziation zwischen der Härte des Klimas des ‚Nordens' und der Härte der in diesen Regionen gesprochenen Sprache fand sich schon in Bouhours *Entretiens d'Artiste et d'Eugène*. Für den Abbé Du Bos wird der „génie des peuples" vor allem durch das Klima determiniert, das „plus puissant que le sang et l'origine" sei.[31]

Kulturpolitische Argumente für den Vorrang des Französischen

Rivarol sucht dann die Prärogative Frankreichs und des Französischen durch politisch-historische Argumente zu erklären. Im Zeitalter Ludwig XIV. habe sich die königliche Autorität durchgesetzt und mit ihr eine stabile Ordnung, auch im Bereich der Sprache: „La langue française fournit à tout [des expressions nouvelles], et l'ordre s'établit dans l'abondance."[32] Der König wird mit Augustus und Alexander verglichen, die er in einem gewissen Sinn überboten habe, weil er die Künstler und Dichter nicht bloß aus politischen Motiven gefördert habe, sondern beseelt von einer profunden Leidenschaft für die Künste.[33] Wenn man mit der Académie eine normgebende Instanz geschaffen habe, dann auch weil man voraussah, dass das Französische sich ausbreiten werde. Die Sprache sei zur Vollendung gekommen in dieser klassischen Periode der Geniehäufigkeit („une foule de génies vigoureux s'emparèrent de la langue française"[34]). Rivarol zählt die großen Autoren der Blütezeit auf: Corneille, Racine, Molière, Pascal, Boileau, La Fontaine, Bossuet, Descartes. Er betont dabei die Ausstrahlung über Frankreich hinaus: „Notre théâtre surtout achevait

---

30 Josef Felixberger: Zum Image des Französischen. Ein Nachtrag zur *Französischen Sprachgeschichte*. In: Gabriele Blaikner-Hohenwart u. a. (Hg.): *Ladinometri*a. Festschrift für Hans Goebl. Universität Salzburg, Fachbereich Romanistik 2008, S. 128 f.

31 Zitiert bei Gonthier-Louis Fink: Francophilie et Francophobie chez Frédéric II de Prusse, S. 118; siehe dazu auch ders.: De Bouhours à Herder. La théorie française du climat et sa réception outre-Rhin. In: *Recherches germaniques*, XV, 1985, S. 3–62, hier S. 3–15.

32 Antoine Rivarol: *Discours sur l'universalité de la langue française*, S. 99.

33 Ebda., S. 106 f.: „[...] Louis XIV marche, dans l'histoire de l'esprit humain, à côté d'Auguste et d'Alexandre. Il fut le véritable Apollon du Parnasse français; les poèmes, les tableaux, les marbres, ne respirèrent que pour lui. Ce qu'un aure eût fait par politique, il le fit par goût."

34 Ebda., S. 104

l'éducation de l'Europe."[35] Er spricht dann von einer eigentlichen Explosion des französischen Lebensstils auf dem ganzen Kontinent: „Depuis cette explosion, la France a continué de donner un théâtre, des habits, du goût, des manières, une langue, un nouvel art de vivre et des jouissances inconnues aux Etats qui l'entourent, sorte d'empire qu'aucun peuple n'a jamais exercé."[36]

Rivarol zieht dann einen Vergleich mit dem Römischen Reich, das aber durch die kulturelle Ausstrahlung Frankreichs überboten werde, weil sich diese nicht mit Gewalt durchsetzte: „Et comparez-lui, je vous prie, celui des Romains, qui semèrent partout leur langue et l'esclavage, s'engraissèrent de sang et détruisirent jusqu'à ce qu'ils fussent détruits!"[37] Diesen Vergleich sprach er gleich zu Beginn des *Discours* schon an:

> Le temps semble être venu de dire le *monde français*, comme autrefois le *monde romain*, et la philosophie, lasse de voir les hommes toujours divisés par les intérêts divers de la politique, se réjouit maintenant de les voir, d'un bout de la terre à l'autre, se former en république sous la domination d'une même langue.[38]

Dieses neue Imperium habe sich nicht durch Waffengewalt durchgesetzt, sondern als symbolische Herrschaft dank des Instruments einer verbindenden und verbindlichen Sprache, die die politischen Partikularismen überwinde.[39] In dieser Wirkung besteht für Rivarol die Universalität des Französischen. Die spezifische Qualität der Sprache liege in ihrer Soziabilität, in ihrer Eignung für die Konversation, die die Menschen verbinde. Rivarol formuliert das dann in einem Satz, der berühmt werden sollte: „Sûre, sociale, raisonnable, ce n'est plus la langue française, c'est la langue humaine."[40] Dieser Satz, den man oft als Beleg für die französische Arroganz gesehen habe, bedeutet nach Pascale Casanova vielmehr, dass das Französische wegen der europaweiten Verbreitung nicht mehr bloß als nationale Sprache im Dienste der Eigeninteressen Frankreichs und der Franzosen wahrgenommen werde, sondern als ein universelles Instrument, das allen gehöre und das nicht mehr bloß durch partikuläre Interessen bestimmt werde.[41] Rivarol kommt ja unmittelbar nach dem berühmten Satz auf das Französische als Sprache der Verträge zu sprechen, das so

---

35 Ebda., S. 105.
36 Ebda., S. 106.
37 Ebda.
38 Ebda., S. 75.
39 Siehe ebda., S. 93: „Quand on règne par l'opinion, a-t-on besoin d'un autre empire?"
40 Ebda., S. 119.
41 Pascale Casanova: *La République mondiale des lettres*, S. 105 f.

nicht mehr Ausdruck einer Vertragspartei ist („et désormais les intérêts des peuples et les volontés des rois reposeront sur une base plus fixe"[42]).

Sprachinterne Gründe: ‚la clarté française'

Rivarol sucht die These der Universalität des Französischen nicht bloß über das Faktum der Verbreitung der Sprache und das des kulturellen Prestiges der Nation zu belegen; er glaubt auch, dass es dafür sprachinterne Gründe gibt, namentlich die Klarheit des Französischen. Diese Klarheit beruht nach ihm in der *construction directe*, d. h. der Satzgliedfolge Subjekt – Verb – Objekt, die für ihn der „natürlichen" Logik aller Menschen entspricht. Diese Folge gehorche dem Vernunftprinzip; folge man der Emotion, stelle man das Element an erster Stelle, das einem am meisten beeindrucke: „L'inversion a prévalu sur la terre, parce que l'homme est plus impérieusement gouverné par les passions que par la raison."[43] Weil das Französische dem logischen Vernunftprinzip treu geblieben sei, zeichne es sich insbesondere durch seine Klarheit aus: „C'est de là que résulte cette admirable clarté, base éternelle de notre langue. *Ce qui n'est pas clair n'est pas français.*"[44]

Josef Felixberger hat aufgezeigt, dass man schon in der Antike die These vertrat, bestimmte Wortstellungen entsprächen der Natur der Dinge. Da die Substanz einen hierarchisch höheren Rang einnehme als die Akzidenzien, müsse das Subjekt als Ausdrucksform der Substanz vor dem Verb als Ausdrucksform der Akzidenzien stehen. Im 16. Jahrhundert suchte man (so etwa der Grammatiker Louis Meigret) die Überlegenheit des Französischen durch seine ‚natürliche' Satzgliedfolge (*ordo naturalis*) gegenüber der nicht-natürlichen (*ordo artificialis*) des Lateins zu belegen. Der cartesianische Rationalismus des 17. Jahrhunderts begünstigte diese Sichtweise. Als schließlich Bouhours in seinen *Entretiens d'Ariste et d'Eugène* diese These vertrat, wurde die Wortstellung „zum Hauptargument für die besondere Klarheit des Französischen, zu einem Gemeinplatz, der fast unumstritten bis ins 20. Jahrhundert galt".[45] Rivarol schrieb sich hier also in eine Traditionslinie ein; er goss bloß einen Gemeinplatz in eine besonders prägnante Formel. Rivarol habe den ominösen Satz nicht unter dem Diktat des Nationalstolzes niedergeschrieben,

━━━━━━━━

42 Antoine Rivarol: *Discours sur l'universalité de la langue française*, S. 119.
43 Ebda., S. 112.
44 Ebda., S. 112 f.
45 Josef Felixberger: Zum Image des Französischen. Ein Nachtrag zur *Französischen Sprachgeschichte*, S. 134.

meint auch Harald Weinrich, „seine Auffassung entsprach vielmehr ziemlich genau den bei den Gebildeten ganz Europas herrschenden Überzeugungen."[46] Rivarol konnte sich bei den Zeitgenossen vor allem auf Voltaire berufen („il devint une puissance en Europe, et fut pour elle le Français par excellence"[47]). In seinem *Dictionnaire philosophique* hatte der Schriftsteller genau dieselben Thesen zur Universalität des Französischen vertreten, die auf dessen Eignung für die Konversation sowie der Klarheit aufgrund der ‚logischen' Satzteilfolge beruhe:

> De toutes les langues de l'Europe, la française doit être la plus générale, parce qu'elle est la plus propre à la conversation: elle a pris ce caractère dans le peuple qui la parle. L'esprit de société est le partage naturel des Français; c'est un mérite et un plaisir dont les autres peuples ont senti le besoin. L'ordre naturel dans lequel on est obligé d'exprimer ses pensées et de construire ses phrases répand dans notre langue une douceur et une facilité qui plaît à tous les peuples.[48]

Harald Weinrich zitiert einen anderen Satz aus demselben Werk Voltaires, der dasselbe zum Ausdruck bringt: „Le génie de notre langue est la clarté et l'ordre."[49]

Fumaroli, der die oben angeführte These Voltaires zitiert hat, spricht von einem „Sprachmythos"[50]. Harald Weinrich unterstreicht, dass die Beziehungen innerhalb des Satzes im Lateinischen ebenso mit Kasusendungen (mit Inversion) markiert werden kann wie im Französischen durch Wortstellung.[51] Auch Diderot und Rousseau stellten die Verabsolutierung des *ordre direct* infrage. Diderot bestritt die scholastische Hierarchie von Substanz und Akzidenzien und hielt dafür, dass man ebenso gut die Inversion als natürliche Wortfolge betrachten könne. Rousseau glaubte, der *ordre direct* eigne sich insbesondere für die Lyrik nicht.[52] Generell wurde eingeworfen, die starre Satzgliedfolge schränke die ästhetischen Möglichkeiten ein. Die rationalistische Sichtweise Rivarols stand auch im Gegensatz zur sensualistischen Position. Für Condillac formierte sich das menschliche Denken nicht aus seiner apriorischen Vernunft,

---

46 Harald Weinrich: *Wege der Sprachkultur*, S. 136.

47 Antoine Rivarol: *Discours sur l'universalité de la langue française*, S. 127.

48 Voltaire: *Dictionnaire philosophique*. Bd. XIX, S. 9 zitiert nach Marc Fumaroli: *Trois institutions littéraires*, S. 214 f.

49 Zitiert bei Harald Weinrich: *Wege der Sprachkultur*, S. 137.

50 Marc Fumaroli: *Trois institutions littéraires*, S. 214.

51 Die Abfolge Subjekt–Verb–Objekt ist das Ergebnis einer wegen des Verlustes der altfranzösischen Zweikasus-Flexion obligat gewordenen Ersatzkonstruktion zur Kennzeichnung des grammatikalischen Subjekts gegenüber dem Objekt, so Rudolf Windisch: Externe Geschichte des Französischen, S. 38.

52 Nach Harald Weinrich: *Wege der Sprachkultur*, S. 146 f.

sondern aus der sinnlichen Erfahrung. Die Sprache ist nach ihm in gleicher Weise emotional und rational. Die Klarheit einer Mitteilung entstehe nicht aus seiner bestimmten Wortstellung, sondern aus der „liaison des idées".[53] Damit wird etwas Zentrales angesprochen: Klarheit ist nicht ein strukturelles, inhärentes Charakteristikum einer Sprache (aufgrund einer bestimmten Wortfolge), sondern ein Konstruktionsprinzip von Texten.

So bezeichnet auch Harald Weinrich, ähnlich wie Fumaroli, die *clarté* des Französischen als Mythos. Dieser Mythos sei aber zu einem Ethos geworden, zu einer Verpflichtung, klare Texte zu schreiben. Nicht *clarté* der französischen Sprache, sondern Klarheit der Franzosen, so Weinrichs prägnante Formulierung.[54] Weinrich stellt indes die These der Universalität der französischen Sprache nicht infrage; diese verdanke sich aber nicht sprachinternen Gründen, sondern „dem politischen, kulturellen und speziell literarischen Rang Frankreichs im 17. und 18. Jahrhundert"[55]. Dieser Rang führte zur Verbreitung des Französischen weit über Frankreich hinaus. Die Universalität war aber vor allem horizontal; sie wurde von der Elite Europas wahrgenommen; ihr eignete aber in Frankreich selber nicht eine vertikale Tiefendimension. Der Abbé Grégoire wird genau zwanzig Jahre nach Rivarols *Discours* in seinem Bericht feststellen, dass mindestens sechs Millionen (von 26 Millionen) Franzosen nicht Französisch sprechen.[56]

Auf die dritte Frage der Preußischen Akademie, ob das Französische seinen Vorrang in der Zukunft werde behaupten können, gab Rivarol keine Antwort. Er sieht aber einen Sieg Frankreichs gegenüber England, die Rivalin, die ihn während des ganzen *Discours* beschäftigt, voraus. Der Aufstand der Kolonien Neu-Englands, der von den Franzosen unterstützt werde, bedeute den Niedergang der englischen Vorherrschaft und der englischen Literatur, nach Fumaroli eher eine Beschwörung als eine vernunftgeleitete Gewissheit:

> On y a vu un peuple libre conduit par l'Angleterre à l'esclavage, et ramené par un jeune monarque à la liberté. L'histoire de l'Amérique se réduit désormais à trois époques: égorgée par l'Espagne, opprimée par l'Angleterre et sauvée par la France.[57]

Prophetisch war er nicht, Rivarol.

---

53 Nach Josef Felixberger: Zum Image des Französischen. Ein Nachtrag zur *Französischen Sprachgeschichte*, S. 135.

54 Harald Weinrich: *Wege der Sprachkultur*, S. 136.

55 Ebda., S. 148.

56 R. Anthony Lodge: *French: From Dialect to Standard*, S. 199.

57 Antoine Rivarol: *Discours sur l'universalité de la langue française*, S. 128 f. Zu dieser Schlussfolgerung siehe auch die Bemerkung von Freeman G. Henry: „Une fois de plus c'est l'image qui l'emporte sur la logique et le sens de la véracité" (Freeman G. Henry: Avant-propos, S. 43).

,Génie' der Sprache und ,Génie' der Nation

Die These der sprachinhärenten Universalität des Französischen, die Rivarol vertrat, ist trotz allem interessant, weil sie repräsentativ für einen Denkmodus ist, der von einem „Genie" der Sprache ausgeht, der in enger Beziehung zum „Genie" der Nation steht. Der Begriff „génie" gehört nach Marc Fumaroli zu einem vor-wissenschaftlichen ,wilden' Denken; er wird als Synonym für „esprit" oder „naturel" verwendet, um das lateinische *ingenium* zu übersetzen.[58] *Ingenium* ist ein zentraler Begriff der antiken Rhetorik (neben dem *judicium* [Urteilsvermögen] und dem *consilium* [Überlegung]); er bezeichnet „die angeborenen und grundsätzlich präartifiziellen Fähigkeiten des Redners, die weder durch Nachahmung (*imitatio*) noch durch Kunstlehre (*ars*) nachträglich angeeignet werden können"[59]. Das *ingenium*, das Talent des Redners, erscheint dabei als die wichtigste Eigenschaft. Die Qualität, die eine Person in ihrer rhetorischen Produktion auszeichnet, wird dann auf eine Nation übertragen, die in einem gewissen Sinn auch als Person verstanden wird. Das ist insbesondere für Frankreich der Fall, wo man die Nation schon sehr früh als eine Person vorstellte. Frankreich wurde als menschliches Wesen – als *Domina Francia* – imaginiert, als sich die Geschichte Frankreichs als eigene Gattung konstituierte So kann man am Anfang der großen Chronik von Primat im Jahre 1224 Folgendes zu Frankreich lesen: „Ainsi ne fut-elle pas sans raison *dame* renommée sur les autres nations."[60]

Als Synonym für ,génie' einer Nation trat auch der Begriff ,caractère' auf. Auch hier handelt es sich um eine Übertragung eines Begriffes, der zunächst für eine Person gilt, auf ein Gemeinwesen, zumeist eine Nation. Gonthier-Louis Fink weist indes darauf hin, dass ,génie' und ,caractère' nicht identisch mit dem Begriff ,esprit', bezogen auf eine Nation, waren.[61] Diese Unterscheidung leitet sich von den Determinanten ab, die man für das Profil einer Nation als wichtig erachtete. So unterschied Montesquieu in *L'Esprit des lois* zwischen

---

58 Marc Fumaroli: *Trois institutions littéraires*, S. 213.

59 Peter L. Oesterreich: *Fundamentalrhetorik. Untersuchungen zu Person und Rede in der Öffentlichkeit*. Hamburg: Meiner Verlag 1990, S. 93.

60 Zitiert bei Jacques Revel: Le fardeau de la mémoire. In: Etienne François (Hg.): *Lieux de mémoire. Erinnerungsorte. D'un modèle français à un projet allemand*. Berlin: Centre Marc Bloch 1996, S. 55–67, hier S. 95; siehe in diesem Zusammenhang auch Joseph Jurt: Le couple franco-allemand. Naissance et histoire d'une métaphore. In: Karl Heinz Götze/Michel Vanoosthuyse (Hg.): *France-Allemagne. Passions croisées*. Aix-en-Provence: Cahiers d'études germaniques, 41, 2001/2, S. 51–62.

61 Gonthier-Louis Fink: Prolégomènes à une histoire des stéréotypes nationaux franco-allemands. Stéréotypie et histoire. In: *Francia*, Band 30/2, 2003, S. 141–157.

physischen Bedingungen („causes physiques") wie dem Klima[62], Boden, geographische Lage, Ernährung und den moralischen Bedingungen („causes morales") wie Religion, Gesetzgebung, Regierungsprinzipien, Geschichte, Sitten und Gebräuche.

Saint-Evremont spricht vom „génie" der Nationen, Beat de Muralt braucht in seinen *Lettres sur les Anglais et les Français* (1725) den Ausdruck des „caractère de la Nation".[63] Für den Abbé Du Bos sind indes „génie" und „esprit" ebenso verschieden wie Leib und Seele. Der Abbé Espiard betont in seinem Essay *L'Esprit des Nations* (1752) die Spezifität des Begriffes „esprit", wohl auch um gegen die These der letztinstanzlichen Determination durch die physischen Bedingungen des Klimas anzuschreiben:

> Le Génie des Nations peut être considéré comme une Cause ou comme un Effet. Dans le premier de ces sens, il n'est autre chose que l'humeur, le naturel, le tempérament. Dans le second, il est pour les esprits ce que la physionomie est pour le corps [...] Le Génie sera donc alors cet esprit qui résulte de la combinaison des coutumes et des opinions avec le tempérament, mais, l'endroit seul, où l'une ou l'autre expression sera employée, démêlera pleinement les équivoques.[64]

Mit dem Begriff „caractère" (wie mit demjenigen des „génies") wird das bezeichnet, was sich gleich bleibt, mit demjenigen des „esprit", das was ein Resultat der „moralischen" Bedingungen ist und sich entwickelt. Dieselbe Unterscheidung findet sich in Voltaires *Essai sur les mœurs et l'esprit des nations* (1756). Hier will der Autor aufzeigen, wie der „Geist" der Nation(en) durch den Zivilisationsprozess fortschreitet: „[Si sous Louis XIII] les esprits [...] demeuraient en général grossiers et sans culture, [sous Louis XIV il s'est fait] dans nos esprits, dans nos mœurs [...] une révolution générale; [pendant tout ce temps le génie français est par contre resté le même]."[65]

---

62 Zur Klima-„Theorie" von Montesquieu und ihren schematischen Zuordnungen siehe Pierre Bourdieu: Le Nord et le Midi. Contribution à une analyse de l'effet Montesquieu. In: *Actes de la recherche en sciences sociales*, Nr. 35, November 1980, S. 21–26. Bourdieu spricht in diesem Zusammenhang von einem „mythe savant", der darum akzeptiert wurde, weil er dem sozialen Unbewussten der Zeitgenossen entsprach und diesen Vorannahmen einen pseudowissenschaftlichen Schein verlieh. Bourdieu spricht von der „adhésion à une ,théorie' qui a pour effet, entre autres choses, de faire disparaître l'histoire en réduisant le déterminisme historique, qui laisse place à l'action historique, au déterminisme physique, qui conduit à accepter ou à justifier l'ordre établi" (ebda., S. 25).

63 Zitiert bei Gonthier-Louis Fink: Prolégomènes à une histoire des stéréotypes nationaux franco-allemands. Stéréotypie et histoire, S. 151.

64 Zitiert ebda., S. 152

65 Zitiert ebda.

Voltaire leitet dann in seinem *Dictionnaire philosophique* das „génie de la langue" unmittelbar vom „génie de la nation" ab: „et le génie de la nation se mêlant au génie de la langue a produit plus de livres agréablement écrits qu'on n'en voit chez aucun autre peuple."[66] Das sprachliche spezifische Phänomen des Französischen (der *ordo naturalis*) wird so vom postulierten ‚Nationalcharararakter' (der sich durch seine Soziabilität auszeichne) abgeleitet. „Génie de la nation" und „génie de la langue" bedingen sich gegenseitig. Für Voltaire ist das eine Evidenz, die nicht weiter bewiesen werden muss: „La correspondance entre le ‚naturel' du caractère national et le ‚naturel' de la langue [...] n'a pas besoin d'être thématisée ou théorisée: elle est impliquée dans le camp étymologique et sémantique que porte avec lui le mot génie."[67]

In seinem *Essai sur l'origine des connaissances humaines* (1746) widmet auch Condillac ein ganzes Kapitel dem „Génie des langues". Auch er greift die These der Abhängigkeit des Charakters der Sprache vom Charakter einer Nation, die man schon bei Bouhours gefunden hatte, wieder auf und stellt sie in den Rahmen seiner sensualistischen Theorie. Er präzisiert diese Korrelation, wenn er schreibt:

> Je demande s'il n'est pas naturel à chaque nation de combiner ses idées selon le génie qui lui est propre, et de joindre à un certain fonds d'idées principales différentes idées accessoires, selon qu'elle est différemment affectée. Or ces combinaisons, autorisées par un long usage, sont proprement ce qui constitue *le génie d'une langue*.[68]

Condillac postuliert aber gleichzeitig eine Reziprozität der Wirkung. Die Sprache in ihrer abgeschlossenen Form wirke wieder auf die Sitten der Nation und trage so zur Konsistenz des Volkscharakters bei („Mais si les mœurs ont influé sur le langage, celui-ci, lorsque les écrivains célèbres en eurent fixé les règles, influa à son tour sur les mœurs, et conserva longtemps à chaque peuple son caractère."[69])

Rivarol schreibt sich so in ein bestehendes Denkmodell ein, wenn auch er von der „union du caractère d'un peuple et du génie de sa langue"[70] spricht

---

66 Voltaire: *Dictionnaire philosophique.* Bd. XIX, S. 9 zitiert nach Marc Fumaroli: *Trois institutions littéraires*, S. 215.

67 Marc Fumaroli: *Trois institutions littéraires*, S. 216.

68 Zitiert bei Hans Helmut Christmann: Bemerkungen zum Génie de la langue, S. 75.

69 Zitiert ebda., S. 75. Christmann unterstreicht, dass auch der Rationalist Nicolas Beauzé in dieser Hinsicht nicht von der These des Sensualisten Condillac abweicht In seinem Artikel „Langue" in der *Encyclopédie* (Bd. IX, 1765, 258) spricht er zuerst von den universellen Charakterika der Sprache, um dann auf die einzelsprachliche Spezifik zu kommen: „Des différences tiennent au génie des peuples qui les parlent, et qui sont elles-mêmes [...] les principaux caractères du génie de ces langues [...]" (zitiert ebda., S. 76).

70 Antoine Rivarol: *Discours sur l'universalité de la langue française*, S. 90.

oder auf seine These zurückkommt, dass „le génie des langues et le caractère des peuples se suivaient d'un même pas"[71]. Christmann meint dann, „unoriginell und klischeehaft", wie Rivarols *Discours* sei, enthalte er „in geschickter Präsentation die Gemeinplätze, die im Zusammenhang mit dem *génie de la langue française* bis heute geläufig sind".[72]

In all diesen Ausführungen wird offensichtlich, dass das „génie de la langue" in eine sehr enge Relation zum „génie de la nation" gebracht wird. Das „génie de la langue" findet dabei seinen vollendeten Ausdruck in den literarischen Werken. In heutiger Diktion würden wir sagen, dass Sprache und Literatur wichtige, ja die wichtigsten Elemente der konstruierten nationalen Identität darstellen.

Die Antwort von Johann Christoph Schwab

Auf die Frage nach der künftigen universellen Sprache in Europa hatte der Konkurrent von Rivarol, Johann Christoph Schwab, in seiner Schrift eine ausführliche Antwort gegeben. Schwab, im Übrigen der Vater des späteren Schriftstellers Gustav Schwab, war 1743 im württembergischen Ilsfeld zur Welt gekommen. Er hatte an der Universität Tübingen Theologie studiert und war dann in der französischen Schweiz und in Savoyen als Hauslehrer tätig.[73] Hier erwarb er sich solide Kenntnisse der französischen Sprache und Literatur. 1778 wurde er zum Professor für Logik und Metaphysik an der Hohen Karlsschule in Stuttgart ernannt. Philosophisch orientierte er sich an Leibniz und Wolff und veröffentlichte auf dieser Basis später mehrere Schriften gegen die Philosophie Kants. Er wurde nicht nur 1784 für seine Schrift über die Universalität der Französischen Sprache von der Preußischen Akademie ausgezeichnet, sondern auch noch 1788 mit einer Schrift über den Einfluss der fremden Literaturen auf die deutsche Literatur und dann wieder 1796 mit der Arbeit *Über die Fortschritte der Metaphysik in Deutschland seit Leibniz' und Wolffs Zeiten*. Die Arbeit über die Universalität der Französischen Sprache stieß in Deutschland auf große Resonanz. Friedrich II. bot ihm eine Stelle als Dozent in Berlin an und wollte ihn auch für die Akademie gewinnen. Schwab zog es vor, an der Hohen Karlsschule zu bleiben, wo er auch zu einem Berater am dortigen Hof wurde. Einer seiner Schüler war im Übrigen Georges Cuvier, der später zum permanenten Sekretär der Pariser Académie des Sciences wurde.

---

71 Ebda., S. 96.
72 Hans Helmut Christmann: Bemerkungen, S. 77.
73 Wir folgen hier Freeman G. Henry: Avant-propos, S. 30 f.

Schwab hatte seine Antwort auf die Preisfrage auf Deutsch eingereicht. Johann Bernhard Merian, der die Frage gestellt hatte, fasste die Schrift auf Französisch zusammen und veröffentlichte seine französische Kurzversion in den *Nouveaux Mémoires* der Akademie unter dem Titel „Sur l'universalité de la langue française. Précis de la dissertation allemande de Mr. Schwab qui a partagé le Prix de 1784"[74]. Schwab selber hatte seine Schrift leicht erweitert 1785 unter dem Titel *Von den Ursachen der Allgemeinheit der Französischen Sprache und der wahrscheinlichen Dauer ihrer Herrschaft* in Tübingen veröffentlicht.[75]

Wenn Rivarol einen brillanten Essay geschrieben hatte, der ohne jede Fußnote und ohne chronologische Präzisierungen auskam, so verstand Schwab seine Schrift als wissenschaftliche Arbeit, die die Aussagen immer auch durch umfangreiche Quellenangaben belegt. Der in der Tübinger Ausgabe noch ergänzte Anmerkungsapparat ist doppelt so umfangreich wie der gesamte Text von Rivarol. Als Schwab den Text seines Konkurrenten einsehen konnte, äußerte er sich darüber relativ kritisch gegenüber Merian in einem Brief; er war leicht pikiert, dass dessen weniger kohärente und parteiische Schrift („une prédilection outrée pour sa nation") *ex aequo* eingestuft wurde.[76]

Interessant ist das Vorwort, das Schwab seiner Schrift voranstellte. Es wird hier offensichtlich, dass es nicht nur um den Vergleich der Sprachen, sondern um den der Nationen ging. Schwab unterstreicht seine Unparteilichkeit, die auch durch die Abstützung auf Quellen belegt werde. Die Anlage einer Preis-

---

74 Johann Bernhard Merian: Sur l'universalité de la langue française. Précis de la dissertation allemande de Mr. Schwab qui a partagé le Prix de 1784. In: *Nouveaux Mémoires de l'Académie Royale des Sciences et Belles Lettres*, 1785, S. 371–399. 1803 erschien dann eine vollständige, erweiterte französische Übersetzung des Textes von Schwab unter dem Titel *Dissertation sur les causes de l'universalité de la langue française et la durée vraisemblable de son empire*. Die Übersetzung besorgte Denis Robelot, der noch selber einige Ergänzungen hinzufügte. In einem Brief an den Übersetzer aus dem Jahr 1796 distanziert sich Schwab ganz entschieden von den Exzessen der Französischen Revolution: „En relisant mon ouvrage [...] je me suis souvent demandé si je n'y ai pas dit trop de bien d'une nation devenue depuis, par les crimes dont elle s'est rendue coupable, et par les horreurs qu'elle a commises, l'opprobre de l'humanité [...] Puisse-t-elle, après avoir expié ses crimes par de grands malheurs, réparer, par des actes de modération et de justice, les cruautés inouïes et les injustices sans nombre qu'elle a commises, et après être descendue (nonobstant ses victoires) à la dernière place parmi les nations civilisées, remonter à la première, occupée et soutenue si glorieusement par ses ancêtres" (S. 63, 65). Diese Übersetzung wurde 2005 mit einem umfangreichen Kommentar von Freeman G. Henry neu herausgegeben (*Le Grand Concours*. Amsterdam/New York: Rodopi 2005).

75 Johann Christoph Schwab: *Von den Ursachen der Allgemeinheit der Französischen Sprache und der wahrscheinlichen Dauer ihrer Herrschaft*. Tübingen: Jacob Friedrich Heerbrand 1785.

76 Der Brief ist abgedruckt in Freeman G. Henry: Avant-propos, S. 45.

schrift bringe es mit sich, „die Vollkommenheiten und Mängel der Nationen auszuheben und gegen einander abzuwägen".[77] Wenn er den französischen Geschmack lobe, dann dürfe man keineswegs daraus den Schluss ziehen, dass er „ihn den Deutschen als Muster und zur Nachahmung darstelle".[78] Denn eine Nation, „die sich vorsetzte, sich ganz nach einer anderen zu bilden, würde eben dadurch gar keinen, oder einen sehr schiefen Charakter bekommen."[79] Bezeichnend ist auch hier wieder der Gedanke eines National-„Charakters", dessen Ausbildung in Analogie zur Entwicklung des Individuums gesehen wird. Schwab vertritt über den Vergleich zwischen den Weinen vom Neckar und dem Rhein und denen der Marne und der Saône eine organizistische Kulturauffassung. Wohl gebe es eine „allgemeine menschliche Natur", aber auch eine „National-Anlage", die sich gemäß den Bedingungen des Klimas und der Regierungsform des Landes in ihrer spezifischen Form entwickle.[80]

Allgemeine Gründe für die Ausbreitung einer Sprache

In seiner eigentlichen Preisschrift geht Schwab genau auf die drei Teilfragen ein, die von der Akademie 1782 gestellt worden waren. In einem ersten Abschnitt des ersten Teils führt er in genereller Weise auf die Gründe an, die die Ausbreitung einer Sprache erklären können („Entwicklung der Hauptursachen, wodurch die Ausbreitung einer Sprache bewirkt werden"). Hier stellt er schon eingangs eine klare These auf: „Die Ausbreitung einer Sprache wird durch die Natur dieser Sprache, durch die Qualitäten der Nation, die sie spricht, und durch das politische Verhältnis dieser Nation gegen die übrigen bestimmt."[81] Er unterscheidet so zwischen innersprachlichen und außersprachlichen (moralischen und politischen) Gründen, wobei als Kollektivsubjekt die Nation fungiert.

Bei den sprachinternen Gründen für die Ausbreitung erwähnt der Autor „die Leichtigkeit einer Sprache vor einer anderen".[82] Damit meint er keineswegs einen geringeren Umfang des Wortschatzes; er kommt vielmehr auf die „natürliche und ordentliche Stellung der Wörter"[83] zu sprechen, die zu Un-

---

77 Johann Christoph Schwab: *Von den Ursachen der Allgemeinheit der Französischen Sprache und der wahrscheinlichen Dauer ihrer Herrschaft*, S. V.
78 Ebda., S. VII.
79 Ebda., S. X.
80 Ebda.
81 Ebda., S. 3.
82 Ebda.
83 Ebda., S. 4.

recht als „Hirngespinst der alten Grammatiker" eingestuft werde. Er fragt, ob es denn dem an das ordentliche Denken gewöhnte Geist nicht „natürlicher" sei, „den Grund vor dem Gegründeten, die Ursache vor der Wirkung, das Subject vor der Modification, die Handlung vor dem Gegenstand und Ziel, worauf sie sich bezieht" zu denken.[84] Wenn eine Sprache dieser „natürlichen" Folge entspreche, sei sie klarer und damit auch leichter zu beherrschen („Durch eine solche Regelmäßigkeit in der Wortfügung muss seine Sprache sich bei den Nationen, die in genaue Verbindungen treten wollen, ungemein empfehlen. Sie hat den Vorzug der *Klarheit*; man kann sie leichter verstehen und leichter lernen."[85]). Der Autor geht davon aus, dass sich Sprachen verändern und vor allem verfeinern. Eine „verfeinerte" Sprache ändere sich weniger als eine, die sich (noch) ausbilde. Eine gebildete Sprache behaupte sich gegen „mehrere rohe Sprachen"[86]. So sei die „Römische Sprache" in der Walachei (im heutigen Rumänien) von keiner der „barbarischen" Sprachen verdrängt worden. Nicht nur eine leichte, sondern auch eine schon relativ ausgebildete Sprache erweise sich bei dieser „Concurrenz" der Kommunikationsformen als Vorteil. Die Kultur der Sprache und die Kultur der Nation erscheinen durch „ein natürliches Band"[87] verknüpft und beide bedingten sich gegenseitig. Als (bekanntes) Beispiel wird das Ansehen der griechischen Philosophie in Rom angeführt, was

---

84 Ebda., S. 4 f.

85 Ebda., S. 7. Auch Harald Weinrich führt Schwabs Argument für die Wortfolge als Indiz der Klarheit als Beleg an, dass es sich dabei um eine „bei den Gebildeten ganz Europas herrschende Überzeugung" handelte. (Harald Weinrich: *Wege der Sprachkultur*, S. 136). Ähnliche Argumente werden heute für das ,International English' als Wissenschaftssprache vorgebracht: „Für das Englische als Wissenschaftssprache sprechen in erster Linie sprach-strukturelle Gründe. Stellvertretend für zahlreiche Untersuchungen sei an die von O. Jespersen aufgestellten Parameter für die Effizienz von Sprachen erinnert, nämlich. 1. Relative Kürze der Formen, daher weniger Anstrengung und Zeit bei ihrer Aussprache; 2. Insgesamt weniger Formen, daher geringere Belastung des Gedächtnisses; 3. Größere morphologische Regelmäßigkeit, 4. Größere syntaktische Regelmäßigkeit; 5. Relativ analytische und abstrakte Wortbildung, daher mehr Kombinationsmöglichkeiten; 6. Rückgang der grammatischen Angleichung, 7. Feste Wortstellung, daher Eindeutigkeit. Ohne an dieser Stelle explizit auf einzelne Parameter eingehen zu können, ist unbestritten, dass das Englische im Vergleich zum Deutschen (oder auch dem Französischen) eine größere Regelhaftigkeit verbunden mit einer größeren Vielfalt des Wortschatzes aufweist" (Inez De Florio-Hansen: International English als Wissenschaftssprache. In: *Forschung & Lehre*, 4, April 2013, S. 292 f., hier S. 292). Zur aktuellen Debatte über die Wissenschaftssprachen in den Geisteswissenschaften siehe auch Joseph Jurt: Vom Aufsatz und Buch zum Journal. Wandel der Publikationskulturen in unterschiedlichen Wissenschaftsdisziplinen. Das Beispiel der Geisteswissenschaften. In: *Bulletin des Franko-Romanisten-Verbandes*, 1/2012, S. 5–21.

86 Ebda., S. 13.

87 Ebda., S. 15.

belege, „wie die höhere Kultur einer Nation die Ausbreitung ihrer Sprache begünstigt"[88].

Neben der internen Qualität der Sprache, dem Ansehen der Kultur einer Nation ist schließlich die „Größe und Macht"[89] der Nation ein weiteres Kriterium für die Ausbreitung ihres Idioms: „Dieses politische Gewicht in dem System der kommunizierenden Nationen ist es eigentlich, was den bereits angeführten Ursachen eine so volle und schnelle Wirkung geben wird."[90] Den ersten beiden Kriterien (die „Bildung der Sprache und die vorzügliche Kultur der Nation"[91]) kommt das größte Gewicht zu. Das erhelle das Beispiel der Griechen in Beziehung zu den Römern, wie der Römer in Beziehung zu den nordischen Völkern.

Seit der Entdeckung der „beiden Indien" und vor allem seit dem Westfälischen Frieden seien die Nationen Europas in immer engeren Austausch getreten, was das „Bedürfnis einer gemeinschaftlichen Sprache"[92] unter den Europäern immer dringender werden ließ. Auf der Basis dieses Kriteriensatzes untersucht dann Schwab die potentiellen Kandidaten einer Universalsprache für Europa: das Italienische, das Spanische und das Französische.

Die Kandidaten für eine Universalsprache in Europa: das Italienische und das Spanische

Das Italienische sei die erste Volkssprache, die sich in Europa ausgebildet habe; das Land zeichnete sich durch eine hohe Kultur, durch angesehene Universitäten und eine rege Handelstätigkeit aus. Rom ist überdies das Zentrum der katholischen Christenheit. Dante musste die Volkssprache „erst aus allen italienischen Mundarten (worunter freilich die toskanische die vorzüglichste war) heraussuchen".[93] Diese Sprache, die sich erst ausbilden musste, verfügte noch nicht über einen festen Charakter, setzte sich nur langsam in den Provinzen durch und wurde durch das Lateinische und das Griechische, dessen sich die Gebildeten immer noch bedienten, konkurrenziert. Erst mit der Herrschaft der Medici ab dem Ende des 16. Jahrhunderts ergoss sich die Geisteskultur von Florenz, „dem Sitz der Wissenschaften, der Künste und der Urbanität"[94] über

---

88 Ebda., S. 20.
89 Ebda., S. 24.
90 Ebda.
91 Ebda., S. 30.
92 Ebda., S. 35.
93 Ebda., S. 39.
94 Ebda., S. 44.

alle Höfe und Provinzen Italiens und das Italienische konnte sich in Europa merklich ausbreiten. Wenn das Italienische nicht zu einer universellen Sprache in Europa wurde, dann lag das nicht so sehr an innersprachlichen, sondern an politischen Gründen, an der fehlenden politischen Einheit und Macht („Welch eine Herrschaft würde diese Sprache in Europa erlangt haben, wenn Italien ein großes und mächtiges, unter einem Haupte vereinigtes Reich gewesen wäre!"[95]). Wenn die Toskana der Träger der italienischen Sprache und einer herausragenden kulturellen Leistung war, so blieb es doch Provinz („Florenz war kein Paris"[96]) und wurde vom größeren und mächtigeren Venedig, „das seine eigene Mundart hatte"[97], überragt. Dass sich die toskanische Variante des Italienischen nicht überall durchgesetzt habe, könne man auch an der Tatsache ablesen, dass sich gewisse Schriftsteller, aber auch das Theater der Mundart der jeweiligen Provinz bedienten.

Das Spanische trat nach der Diktion von Schwab fast gleichzeitig wie das Italienische auf den Schauplatz[98]. In der zweite Hälfte des 16. Jahrhunderts beginnt die kulturelle Blütezeit des Landes, „das goldene Zeitalter der Castilianischen Poesie"[99]. Ähnlich wie Italien zeichnete sich Spanien durch die Bildung der Sprache und die Kultur der Nation aus; aber im Unterschied zur „Nebenbuhlerin"[100] Italien kam Spanien „überwiegende politische Macht"[101] zu. Bei der Ausbreitung einer Sprache spiele indes die „wechselseitige Kommunikation der Nationen"[102] eine zentrale Rolle. Und hier sei Spanien gegenüber Italien wegen seiner peripheren geographischen Lage im Nachteil: „Die Lage dieses Königreichs entfernt es von dem übrigen Europa. Seine Einwohner sind zum Reisen wenig aufgelegt, und eben so wenig werden Fremde von ihnen angezogen."[103]

Das Haupthindernis einer größeren Ausbreitung des Italienischen wie des Spanischen sei indes die Dominanz des Lateinischen in der Kommunikation der oberen und mittleren Klassen in den beiden Ländern gewesen. Das Lateinische habe aber seit dem Anfang des 17. Jahrhunderts immer mehr an seiner Dominanz eingebüßt. In diese Lücke stieß das Französische vor: „In der Mitte dieses Zeitraums geschah es, dass die Französische Sprache alle Vorteile der

---

95 Ebda., S. 45.
96 Ebda.
97 Ebda.
98 Ebda., S. 47.
99 Ebda.
100 Ebda., S. 49.
101 Ebda., S. 48.
102 Ebda., S. 49.
103 Ebda.

Italienischen und Spanischen vereinigte, sie in manchen übertraf, und unter den günstigsten Umständen sich den Europäern darbot."[104]

Gründe für die Universalität des Französischen

Für die Universalität, die das Französische im 17. Jahrhundert erreichte, führt Schwab zuerst politische Gründe an. Italien habe seine „Scheingröße" schon seit der Reformation verloren und der Stern Spaniens sei im Sinken begriffen gewesen. Frankreich übertraf nun an „an Bevölkerung, Reichtum und Macht" die andern Völker und schwang sich zu „einer wahren politischen Größe" auf.[105] Das politische Gewicht des Landes habe sich schon im Westfälischen Frieden manifestiert; aber vor allem seit dem Frieden von Nimwegen (1678/79) stehe Frankreich auf dem Gipfel seiner Macht; das Französische zeigte sich nun „als die Gesellschaftssprache der höheren Klassen auf eine auffallende Art"[106].

Schwab stellt dann die These auf, das Französische habe auch auf diatopischer und diastratischer Ebene innerhalb des Landes eine gewisse Universalität erreicht: „Zwar unterschieden sich die Mundarten merklich von einander, doch nicht so weit, dass sie nicht leicht, wenigstens unter den höheren Klassen, auf eine einzige ausgebildete hätten gebracht werden können."[107] Schwab führt dann auch wieder innersprachliche Gründe für die Ausbreitung des Französischen an: die Festigkeit, die die Sprache erreicht habe und die Klarheit der natürlichen Ordnung. Der Charakter des Französischen bestehe „vorzüglich in der natürlichen Ordnung und in der Regelmäßigkeit der Wortführung"[108], die man selbst in der Lyrik fände – ganz im Unterschied zur Inversionsfreiheit des Italienischen. Schwab greift so den Topos auf, den man nicht nur bei Rivarol, sondern auch bei vielen anderen Autoren seiner Zeit fand. Die Klarheit der Sprache führt auch nach ihm zu einem Ethos der „Klarheit (*netteté*) der Ideen, die ein Charakter der guten französischen Schriftsteller"[109] sei.

Die „durchgängige Festigkeit"[110], die das Französische in einem so kurzen Zeitraum erreicht habe, verdanke sich nicht allein dem Diktat der Académie

---

104 Ebda., S. 52 f.
105 Ebda., S. 54.
106 Ebda.
107 Ebda., S. 55.
108 Ebda., S. 56.
109 Ebda., S. 75.
110 Ebda., S. 60.

française, sondern einem breit abgestützten Sprachbewusstsein. Dass sich die französische Sprache von Pascal bis Voltaire so wenig geändert habe, erstaune bei einer Nation – und hier manifestiert sich wieder der völkerpsychologische Tick –, „die man für die unbeständigste unter allen europäischen hält"[111].

Schwab zählt dann auch äußere Ursachen auf, die Frankreich begünstigten, da ist einmal ein „sehr glückliches Klima" („das weder durch übermäßige Hitze die Geister zerstreut und die Fibern erschlafft, noch durch strenge und anhaltende Kälte sie verdicket und steif macht")[112] und ein Boden, der weder zu ergiebig noch zu karg ist.

Neben diese äußeren Ursachen habe vor allem Frankreichs Kultur zur Verbreitung seiner Sprache beigetragen. Hinsichtlich der politischen Kultur habe man zu einer Balance zwischen König und Adel gefunden, was zur Wahrung gewisser Freiheiten beigetragen habe. Man habe so eine mittlere, maßvolle Position erreicht, „eine Mischung von Freiheit und Einschränkung", „wodurch derjenige Charakter entstand, der ihrer Literatur bei allen Nationen Eingang verschaffte"[113]. Auch Schwab bedient sich hier des bekannten Argumentationsmusters des „Genies" oder des „Charakters" der Nation. Durch die goldene Mediokrität im Sinne von Horaz, eben die gemäßigte Position, von der soeben die Rede war, empfahl sich der französische Geschmack „allen Nationen und allen Klassen"[114]. Diese Position, die alle Extreme vermeide, finde sich auch im französischen Theater, das durch das Prinzip der Schicklichkeit (*bienséance*) bestimmt werde. Eine gewisse Leichtigkeit zeichne nicht nur die schöne Literatur in Frankreich aus, sondern auch die wissenschaftlichen Werke: „Welch eine reine Sprache, welch eine Klarheit der Ideen, welch eine lichte Ordnung!"[115] Die französischen Handbücher verständen es, selbst eine sehr schwierige Materie fassbar zu machen.

Schließlich spielt in seiner Sicht auch die geographische Lage (die gegen Spanien sprach) für Frankreich eine nicht unwichtige Rolle: „Kein Land ist durch seine Lage so sehr zur Kommunikation mit andern Ländern bestimmt als Frankreich."[116] Die geographische Lage wurde neben der vorzüglichen Kultur der französischen Nation und neben dem politischen Gewicht des Landes

---

111 Ebda., S. 61.
112 Ebda., S. 63 Schwab kommt noch an anderer Stelle an diese Klima-‚Argumentation' zurück, die im 18. Jahrhundert zu einem Topos geworden ist. Das Klima habe in Frankreich das Genie der Nation gemäßigt (S. 71 f.). England hingegen verfüge über ein „minder günstiges Klima" und habe darum die Reste der Rohheit später abgelegt als Frankreich (S. 85).
113 Ebda., S. 70.
114 Ebda., S. 74.
115 Ebda., S. 86.
116 Ebda., S. 90.

für die Kommunikation sehr bedeutsam. Dieser Aspekt werde durch die soziale Kompetenz der Franzosen noch unterstützt: „Der Franzose [ist] unter allen Europäern der Kommunikativste im Umgang."[117]

Nachdem Schwab die Gründe aufgeführt hat, die die Ausbreitung des Französischen erklären können, stellt er am Schluss schlicht und einfach das Faktum dieser Ausbreitung fest: Die französische Sprache

> ward endlich die Sprache fast aller deutschen und nordischen Höfe, die gesellschaftliche Sprache des Adels in den großen Städten, die Korrespondenz-Sprache zwischen fremden Nationen, die Sprache der Unterhandlungen, der Manifeste und Friedens-Instrumente, ja sie scheint sogar die Sprache der Gelehrten und Schriftsteller werden zu wollen. Kurz, sie hat sich unter allen Ständen ausgebreitet, und ist bis zu den untersten Klassen herabgestiegen.[118]

Welche Zukunft für das Französische?

Vor allem in Bezug auf die dritte Frage des Preisausschreibens der Akademie („Ist zu vermuten, dass die französische Sprache ihren Vorzug behalten wird?") zeichnete sich Schwabs Antwort gegenüber allen andern eingereichten Schriften aus. Rivarol hatte darauf mit einer flapsigen Bemerkung in einem Satz geantwortet. Schwab hingegen nahm die Frage ernst und entwarf eine Antwort, die mehr als dreißig Seiten umfasst. Er orientiert sich hier wieder systematisch an seinem Kriterienkatalog. Um sich gegen die Universalität der französischen Sprache durchzusetzen, müsste eine Nation in Europa a. „eine leichtere und gebildetere Sprache als die Französische", b. „eine größere Kultur als die französische Nation" ausweisen, c. „in dem politischen System von Europa ein merkliches Übergewicht" bekommen.[119] Zudem müsste diese Nation sich durch eine hinlängliche Kommunikation mit den andern Nationen auszeichnen.

Angesichts dieses Kriterien-Pegels haben Spanien und Italien keine große Chance, Spanien wegen seiner peripheren Lage und Italien als eine Nation, die ihren Höhepunkt hinter sich hat und die auch als geeinte bloß den Status eines „mittelmäßigen Reiches"[120] erreichen könnte. Bleiben drei Kandidaten: das Englische, das Deutsche und das Französische.

---

117 Ebda., S. 92. Schwab führt diesen Gedanken noch weiter aus: „Die Gesprächsamkeit eines Franzosen, verbunden mit einer natürlichen Munterkeit und Gefälligkeit, macht seinen Umgang insonderheit für die Damen und Großen ungemein anziehend."
118 Ebda., S. 95 f.
119 Ebda., S. 103.
120 Ebda., S. 104.

Für das Englische sprechen nach Schwab einige Elemente. Zunächst handle es sich um eine der leichtesten Sprachen in Europa, deren Wortführung fast so regelmäßig sei wie des Französischen; allerdings sei sie noch nicht so stabil wie das Französische. Dann habe die englische Nation einen hohen Grad der Kultur erreicht, im Bereich der Philosophie, der Mathematik, der Naturwissenschaften und selbst in dem der schönen Literatur. Zudem habe sich der englische Staat „durch seine vortreffliche Verfassung und die Energie des englischen Geistes"[121] zu einer großen Macht entwickelt. Englands Reichtum und Macht habe sehr viel zur Ausbreitung seiner Sprache, namentlich nach dem Siebenjährigen Krieg beigetragen. England kommuniziere dank seines ausgebreiteten Handels mit vielen Ländern. Diese Beziehung beschränke sich allerdings nur auf die Küsten und gewisse Handelsplätze. Das größte und bleibende Hindernis ist aber für England wie für Spanien die periphere Lage, aber auch der (weniger kommunikative) „Charakter der Nation", der „ohne Zweifel im Klima gegründet ist"[122]. Diese Ausführungen beziehen sich aber nur auf Europa; im „Nördlichen Amerika kann diese Sprache mit der daselbst wachsenden Volksmenge eine ungeheure Herrschaft erlangen"[123].

Das Deutsche als potentieller Konkurrent des Französischen

Der zweite potentielle Konkurrent des Französischen könnte nach Schwab das Deutsche sein und dies wegen seiner politischen Bedeutung und seiner zentralen Lage: „Deutschland ist ein großes, wohlbevölkertes Reich, unter dessen Fürsten zwei sich durch ihre Macht auszeichnen."[124] Aufgrund seiner geographischen Situation stehe Deutschland mit den meisten europäischen Ländern in Beziehung; das Deutsche werde überdies auch im größten Teil der Schweiz, im Elsass und in einem Teil Lothringens gesprochen; das Niederländische und die nordischen Sprachen zählten „einigermaßen zu ihren Mundarten"[125].

Ab Ende des 17. Jahrhunderts zeichne sich Deutschland dann durch seine wissenschaftliche Kultur aus. Seit dem Zeitraum 1740 bis 1760 blühte auch sei-

---

121 Ebda., S. 106.
122 Ebda., S. 112.
123 Ebda. Siehe dazu den Kommentar von Freeman G. Henry: „En fin de compte, c'est malgré lui et à contrecœur que Schwab se trouve contraint à reconnaître que la croissance de l'Amérique pourra bien altérer la dynamique linguistique internationale ainsi que le statut de la langue française de l'avenir" (Freeman G. Henry: Avant-propos, S. 51).
124 Johann Christoph Schwab: *Von den Ursachen der Allgemeinheit der Französischen Sprache und der wahrscheinlichen Dauer ihrer Herrschaft*, S. 113.
125 Ebda.

ne schöne Literatur auf: „Es ist eine Wonne für einen Deutschen [zu sehen], wie in diesem kurzen Zeitraume das deutsche Genie [...] auf einmal aus seinen Schranken brach, und seine Laufbahn mit Riesenschritten anfing."[126] Klopstocks *Messiade*, Gessners *Idyllen*, Wielands *Musarion*, Lessings *Nathan* übertreffen neben zahlreichen anderen Werken „alles, was die kultiviertesten der heutigen Nationen in diesen Gattungen geleistet haben"[127]. In der spekulativen Philosophie seien die Deutschen allen Nationen voraus. Leibniz sei unstreitig der Philosoph, der sich in der intellektuellen Welt durch seinen schärfsten Blick auszeichne.

Schwab spricht dann auch von der „Biegsamkeit des deutschen Geistes", der es verstehe, die Schätze aller Nationen anzueignen.[128] Die Deutschen erschienen so als „das lernbegierigste Volk"[129]; die deutsche Literatur könnte mit der Zeit „der Mittelpunkt der Literatur von ganz Europa werden, und jede Nation könnte in dem deutschen Geschmack einigermaßen den Geschmack aller übrigen finden".[130] Damit all das zum Tragen kommen könnte, wäre allerdings die politische Einigung notwendig. Deutschland müsste schaffen, wozu es bestimmt sei: „seine zerstreuten Kräfte in zwei oder drei Staatskörpern zu vereinigen"[131]: „In diesem Fall könnte das Principium der Größe und Herrschaft ungemein stark für die Ausbreitung seiner Sprache wirken."[132]

Die zentrale Lage, die aufblühende Kultur und die sich abzeichnende politische Größe machen das Deutsche zu einem guten Universalitätskandidaten. Nach Schwab spricht aber ein gewichtiges Argument dagegen: die deutsche Sprache selber. Neben den Ausspracheschwierigkeiten handle es sich der Anlage nach um eine „sehr schwere Sprache"[133]. Die Allgemeinverständlichkeit sei nicht so sehr ein Ziel als vielmehr die Partikularität, die Originalität.[134] Eine große Schwierigkeit bestehe in der Wortführung, die teils von der „natürlichen

---

126 Ebda., S. 114.
127 Ebda.
128 Ebda., S. 117.
129 Ebda.
130 Ebda., S. 118.
131 Ebda.
132 Ebda., S. 118 f.
133 Ebda., S. 119.
134 Ebda. Nach Schwab hat der „Hang zum Außerordentlichen, diese Originalitäts-Sucht" „unsere ganze schöne Literatur angesteckt". „Man will nicht mehr gefallen; man will überraschen und in Erstaunen setzen" (S. 127). Nach Schwab handelt es sich dabei um einen „Verfall unseres Geschmacks": „jene Affektation von Stärke, jene rätselhafte verschraubte Gedanken, jene gesuchte schiefe Stellung unserer Begriffe; daher endlich jener metaphysisch-orientalische Schwulst!" (S. 130 f.). Die starke Betonung des „Lokalen" und des „Eigentümlichen" der Empfindung lasse die Werke für den „gemeinen" Leser oft unverständlich erscheinen. (S. 134).

Ordnung" abweiche, teils von schwer zu erlernenden Regeln bestimmt werde. Schwer seien auch die langen Perioden mit vielen Einschüben und dem Verbum am Schluss zu verstehen. Die Deklinationen bedeuteten eine weitere Schwierigkeit, die die Sprachkonkurrenten nicht kennten. Hinzu komme noch „das Schwankende" der Sprache, die nicht einmal in der Orthographie festgelegt sei, was als „Folge der politischen Verfassung Deutschlands"[135] eingeschätzt wird.

Das Fazit, das Schwab aus seinen Überlegungen zieht, ist eindeutig:

> Aus all diesem ergibt sich nun von selbst, dass unsere Sprache ohngeachtet ihres Reichtums und ihres Nachdrucks, ohngeachtet der Meisterwerke unserer Literatur, und ohngeachtet der Kultur und Größe, zu der unsere Nation eine gegründete Hoffnung hat noch zu gelangen, doch schwerlich jemals die Herrschende in Europa werden wird. [...] Das allgemeine Werkzeug der Kommunikation unter den Europäern wird und kann sie nicht werden.[136]

In seiner eigentlichen Schlussfolgerung stellt Schwab fest, dass sich die Sprachen immer mehr kultivieren und verfeinern. Man verfüge so heute in Europa über fünf voll ausgebaute Sprachen. Die Sprachen von Nord- und Osteuropa würden in der Zukunft auch diesen Status erreichen. Schwab ruft dazu auf, jede Nation möge ihre Landessprache vervollkommnen. Daneben sei aber eine europäische Kommunikationssprache unabdingbar; das Lateinische könne es nicht mehr sein. Er schließt:

> Ich denke daher, wir sollten auf die Herrschaft der Französischen [Sprache] nicht nur nicht eifersüchtig sein, sondern ihre allgemeine Ausbreitung wünschen, und auf alle Art begünstigen. Die große und durchgängige Verbindung der Europäer macht ihnen ein allgemeines Kommunikations-Organ schlechterdings notwendig [...]. [D]as Französische ist es durch sein Verdienst geworden: es bleibe also die Universalsprache von Europa, und werde es immer mehr.[137]

Die Debatte, die durch die Preisfrage der Preußischen Akademie 1782/84 ausgelöst wurde, ließ wichtige Elemente des nationalen Selbstverständnisses in Deutschland und Frankreich und darüber hinaus wie in einem Brennglas sichtbar werden. Offensichtlich wurden Sprache und Literatur, aber auch die Wissenschaften als zentrale Elemente der nationalen Identität, der Bedeutung einer Nation eingestuft. Die politische und die kulturelle Dimension erscheinen in einem Reziprozitätsverhältnis. Die politische Bedeutung einer Nation trägt

---

135 Ebda., S. 125 f.
136 Ebda., S. 136.
137 Ebda., S. 137 f.

zur Ausbreitung ihrer Sprache und ihrer Kultur bei, strahlt aber auch wieder auf diese zurück. Die Universalität, die immer nur eine relative ist (sie beschränkt sich zumeist auf den europäischen Raum) kann als Qualität der eigenen Sprache und Kultur betrachtet oder sie kann bloß als pragmatische Notwendigkeit in einem sich immer mehr vernetzenden Europa eingestuft werden, was die Betonung des Partikulären nicht ausschließt, sondern geradezu erfordert. Interessant ist auch die europäische Perspektive, die die Teilnehmer an dieser Debatte einschlagen. Es geht hier nie allein um eine nationalkulturelle Sichtweise. Über den Vergleich sind die anderen Nationen immer ko-präsent. Wenn Schwab auch einmal vom „System" der Nationen spricht, so geht er keineswegs von einem stabilen Gleichgewicht aus; sein Modell ist dynamisch; er spricht immer wieder von der „Konkurrenz" der Nationen, vom Wettstreit; er greift so ein Argumentationsmuster, das schon den Nationen-Diskurs der Humanisten bestimmte: das „agonale Prinzip".[138]

Dass die Ausbreitung einer Sprache etwas mit der politischen Bedeutung einer Nation und dem Prestige ihrer Kultur (im weitesten Sinn) zu tun hat, wird auch in heutigen Debatten durchaus vertreten. Die sprach-internen Gründe (so etwa das Argument der ‚natürlichen' Wortfolge) würden heute nicht mehr angeführt, wohl aber das Argument des Schwierigkeitsgrades einer Sprache.[139]

---

138 Siehe dazu Caspar Hirschi: *Wettkampf der Nationen. Konstruktionen einer deutschen Ehrgemeinschaft an der Wende vom Mittelalter zur Neuzeit*, S. 258–301.
139 Siehe etwa Hans-Martin Gauger: Das Spanische – eine leichte Sprache. In: Wolfgang Pöckl (Hg.): *Europäische Mehrsprachigkeit*. Tübingen: Niemeyer 1981, S. 225–245.

Das Aufblühen der schönen Literatur in Deutschland

Johann Christoph Schwab hatte in seiner Schrift *Über die Allgemeinheit der französischen Sprache* lobend das Aufblühen der schönen Literatur in Deutschland erwähnt mit Werken, die mit denen anderer Literaturen durchaus mithalten könnten, ja diese übertreffen würden.

Die Blindheit Friedrich II. für die deutsche Literatur

Dies war nun gar nicht die Meinung von Friedrich II. in seiner zwei Jahre zuvor auf Französisch veröffentlichten Schrift *De la littérature allemande*. Friedrich findet schon die deutsche Sprache „halb-barbarisch" und in zu viele Dialekte aufgegliedert („une langue à demi barbare, qui se divise en autant de dialectes différents que l'Allemagne contient de Provinces"[1]), eine Sprache ohne Charme. Wenn es in Deutschland wohl Philosophen gebe, die den Vergleich mit denjenigen der Antike nicht zu scheuen bräuchten, so sei doch hier die schöne Literatur dürftig. Bloß im bescheidenen Bereich könne man Christian Fürchtegott Gellert anführen, dann etwa die Gedichte von Friedrich von Canitz, die *Idyllen* von Salomon Gessner und für die Beredsamkeit den Hofprediger Johann Jakob Quandt, der anlässlich seiner Krönung gepredigt hatte, sowie die Verse der *Mädcheninsel* von Johann Niklaus Götz und die Komödie *Der Postzug* von Cornelius Hermann von Ayrenhoff.[2]

Als Beleg für geringen Geschmack der Deutschen führt Friedrich die große Resonanz der „entsetzlichen und lächerlichen" Theaterstücke von Shakespeare („les abominables pièces de Schakespear" [sic], „ces farces ridicules et dignes des Sauvages du Canada"[3]) beim Berliner Publikum an[4], die nun überhaupt nicht der keineswegs willkürlichen Regelpoetik entsprächen. Man könne Shakespeare diese „bizarren Abweichungen" verzeihen, weil die englische Kultur damals noch nicht zu ihrer Reife gefunden habe, viel weniger aber die „ab-

---

1 Frédéric II de Prusse: *De la littérature allemande, des défauts qu'on peut lui reprocher, quelles en sont les causes, et par quels moyens on peut les corriger* [1780], S. 23.

2 Diese berühmten Unbekannten (außer Gessner) wiesen vor allem den Vorteil auf, mit Friedrich persönlich bekannt zu sein (Paul Aizpurua: Une politique de la langue. In: Frédéric II de Prusse: *De la littérature allemande, des défauts qu'on peut lui reprocher, quelles en sont les causes, et par quels moyens on peut les corriger* [1780], S. 11).

3 Frédéric II de Prusse: *De la littérature allemande, des défauts qu'on peut lui reprocher, quelles en sont les causes, et par quels moyens on peut les corriger* [1780], S. 55.

4 Zwischen 1768 und 1778 konnte das Berliner Publikum Aufführungen von *Romeo und Julia*, *Othello*, *Macbeth*, *Hamlet* und *König Lear* sehen.

scheuliche Imitation dieser schlechten englischen Stücke"[5], die Goethes *Götz von Berlichingen* darstelle.[6]

In Friedrichs Schrift von 1780 findet man kein Wort über die vielen neuen Schriftsteller Deutschlands, die mittlerweile auf große Resonanz stießen, nichts über Klopstock, Lessing, der schon in fremde Sprachen übersetzt wurde, nichts über Wieland, Herder und Lenz; kein Wort zu Goethes *Werther* (1774), dem ersten Bestseller der deutschen Literatur.

Statt auf diese Erfolge einzugehen, schlägt Friedrich Reformen vor, die zu einer Verbesserung der deutschen Literatur (im französisch-klassischen Sinne) führen könnten. Zunächst müsse man die Sprache vervollkommnen. Ähnlich wie Schwab kritisiert er die langen Perioden in deutschen Texten mit vielen Einschüben und dem Verb erst am Schluss. Er wirft dem Deutschen vor, schwierig, wenig klangvoll[7] und metaphernarm zu sein („J'accuse [la langue allemande] d'être diffuse, difficile à manier, peu sonore, et qui manque de plus de cette abondance de termes métaphoriques si nécessaires pour fournir des tours nouveaux et pour donner des grâces aux langues polies."[8]).

Wie in den andern Ländern könne die Sprache allein durch große Dichter und Redner vervollkommnet werden, nicht jedoch von den Philosophen. Übersetzungen könnten als Modell dienen. Vor allem müsse der harte Klang des Deutschen verbessert werden, der durch die Überfülle von Konsonanten entstehe; er schlägt darum vor, die „unangenehmen" stummen Schlusssilben durch ein a zu ersetzen: statt *sagen, geben, nehmen: sagena, gebena, nehmena*![9]

---

5 Frédéric II de Prusse: *De la littérature allemande, des défauts qu'on peut lui reprocher, quelles en sont les causes, et par quels moyens on peut les corriger* [1780], S. 55. Der König kann die Resonanz, die dieses Stück gefunden hat, nun gar nicht verstehen: „Le Parterre applaudit et demande avec enthousiasme la répétition de ces dégoûtantes platitudes" (S. 56).

6 Das Stück von Goethe (1773) war mit großem Erfolg im April 1774 in Berlin aufgeführt worden. Goethe reagierte auf Friedrichs negative Einschätzung in einem Brief an Frau von Voigt, eine mächtige Person, die Massen von Menschen befehlige, finde offenbar das Werk eines unabhängigen Jungen unerträglich. Ein ausgeglichenes und tolerantes Urteil könne nicht die herausragende Qualität eines Königs sein (Der Brief ist auf Französisch zitiert bei Paul Aizpurua: Une politique de la langue, S. 12). Zum Verhältnis von Goethe zu Friedrich II. generell siehe Katharina Mommsen: *Goethe und der Alte Fritz.* Leipzig: Lehmstadt Verlag 2012.

7 Diese Einschätzung erstaunt Paul Aizpurua: „Combien il est étrange que ce roi musicien, si sensible à la sonorité des langues, n'ait pas ressenti la musicalité de l'allemand, au moment même où le lied était en train de naître. Les premiers lieder de Mozart datent précisément de 1780–1781" (Paul Aizpurua: Une politique de la langue, S. 17).

8 Ebda., S. 41.

9 Madame de Staël macht sich in *De l'Allemagne* über diese vorgeschlagene phonetische ‚Reform' lustig: „Cet allemand masqué en italien produirait le plus comique effet du monde" (Zitiert bei Paul Aizpurua: Une politique de la langue, S. 47).

Friedrich glaubt, dass die Verspätung der deutschen Kultur sich von bestimmten Bedingungen ableiten lässt. Das sei aber weiter nicht schlimm. Diejenigen, die zuletzt kommen, würden manchmal ihre Vorgänger noch überrunden. Er denkt daran, dass sich das ändern wird, wenn sich die Herrschenden auch um die schöne Literatur kümmern: „Des Augustes feront des Virgiles."[10] Dann aber werde auch für Deutschland das klassische Zeitalter anbrechen:

> Wir werden unsere klassischen Schriftsteller haben; jeder wird sie lesen, um sich an ihnen zu erfreuen. Unsere Nachbarn werden die deutsche Sprache lernen, an den Höfen wird man sie mit Vergnügen sprechen; und es kann geschehen, dass unsere Sprache, voll ausgebildet und vollendet, sich zugunsten unserer guten Schriftsteller von einem Ende Europas bis zum anderen ausbreitet. Diese schönen Tage unserer Literatur sind noch nicht gekommen, aber sie nahen heran. Ich sage euch, sie werden erscheinen; ich werde sie nicht sehen, mein Alter gestattet mir dazu keine Hoffnung. Ich bin wie Moses, ich sehe von fern das gelobte Land, aber ich werde es nicht betreten.[11]

Katrin Kohl glaubt aus diesen Zeilen ablesen zu können, dass es Friedrich auch in seiner Spätzeit noch daran gelegen war, „Preußen auch mittels einer umfassend entwickelten deutschen Kultur zu Ansehen zu verhelfen"[12]. Friedrich Schlegel meinte indes 1812, dass Friedrich hier eine wichtige Gelegenheit verpasst habe: „Wie viel hätte ein König vermocht für deutsche Sprache und Geistesbildung zu tun, zu dessen Zeit Klopstock, Winckelmann, Kant, Lessing, und neben diesen Geistern von erster Größe, so manche andere verdienstvolle Männer […] der Wissenschaft und Kunst lebten!"[13] Die Ausführungen entsprachen eigentlich dem Denkmodell Friedrichs, nach dem Mäzenen eine bedeutende Rolle für eine kulturelle Blüte zukommt. Diese Meinung wurde vor allem von Geistesgrößen, denen die Unabhängigkeit wichtig war, nicht geteilt, etwa von Schiller, der in seiner 1800/1801 entstanden Ode „Die deutsche Muse" es als Vorteil schätzte, dass der deutschen Dichtung „kein Augustisch Alter blühte" und „keines Medizäers Güte" zuteil wurde und sie sich von Friedrich „schutzlos, ungeehrt" aus „eig'ner Fülle" entwickeln musste.[14]

Katrin Kohl glaubt, dass Friedrichs provokativer Bezug auf die (französische) Fremdkultur im eignen Land einen anhaltenden Diskurs über die eigene

---

10 Ebda., S. 82.
11 Ebda. (deutsche Übersetzung).
12 Katrin Kohl: Die Berliner Akademie als Medium des Kulturtransfers im Kontext der europäischen Aufklärung, S. 28.
13 Friedrich Schlegel: *Geschichte der alten und neuen Literatur*. Hg. von Hans Eichner. Darmstadt: Wissenschaftliche Buchgesellschaft 1961, S. 368 f., zitiert ebda., S. 29.
14 Friedrich Schiller: *Werke und Briefe* in zwölf Bänden. Hg. von Otto Dann u. a.. Frankfurt a. M.: Deutscher Klassiker Verlag 1988, Bd. 1, S. 201, zitiert ebda., S. 29 f.

kulturelle Identität auslöste: „Damit erhielten die unterschiedlichen Positionen eine schärfere Kontur und eine unter dem Begriff der *aemulatio* seit der Antike als förderlich verstandene Wettstreit-Dynamik, die für die Herausbildung einer deutschsprachigen Nationalkultur in dieser Zeit von enormer Bedeutung gewesen sein dürfte.“[15] Man könnte hier einwenden, dass eine solche stimulierende Wirkung vor allem von einem fairen Vergleich ausgehen könnte, nicht aber von einer solchen Verkennung der neuen Blüte der deutschen Literatur, von der 1783 selbst ein Rivarol voller Anerkennung sprechen wird als der „révolution qui s'opère aujourd'hui dans la littérature des Germains“.[16] Paul Aizpurura spricht von einem eigentlichen „aveuglement“ bei Friedrich, das nicht einmal seine französischen Zeitgenossen teilten.[17]

Die Konstituierung einer deutschen Nationalliteratur

Wenn in der zweiten Hälfte des 18. Jahrhunderts der Prozess der Konstituierung der europäischen Nationalliteraturen weitgehend zum Abschluss kam, dann bedeutete Friedrichs Schrift *De la littérature allemande* von 1780 nach Winfried Woesler, „einen letzten berühmten Versuch, diesen Prozess in Deutschland zumindest aufzuhalten“[18]. In Deutschland hatte dieser Prozess der Konstituierung einer Nationalliteratur schon vor der Mitte des 18. Jahrhunderts eingesetzt. Pate standen dabei gerade französische Denker: 1748 war

---

15 Ebda., S. 31. Siehe dazu die analoge Einschätzung von Tim C. W. Blanning, die Caspar Hirschi referiert: „Mit seinen gesellschaftspolitischen Neuerungen, aber auch mit seinen Schlachtensiegen wurde Friedrich, wie Blanning darlegt, unfreiwillig zum Geburtshelfer einer spezifisch deutschen Literatur und Musik. Begabte Köpfe wurden von seinem Schwung und Selbstbewusstsein angesteckt, empfanden aber seine ästhetische Frankophilie als Affront und bliesen zum literarischen Angriff. Friedrich reagierte statt mit dem Knüppel mit Toleranz und mit der Feder. Darin sieht Blanning seine Modernität. Auf seine Art, so ließe sich weiterspinnen, nahm der König Kants Unterscheidung von privatem und öffentlichem Vernunftgebrauch vorweg: Im Königtum befahl er, in der Gelehrtenrepublik räsonnierte er“ (Caspar Hirschi: Respekt für die Helden der Feder. In: *Frankfurter Allgemeine Zeitung*, Nr. 43, 20. Februar 2006, S. 37. Der Text bezieht sich auf Tim C. Blanning: *Das Alte Europa. 1660–1789. Kultur der Macht und Macht der Kultur*. Darmstadt: Primus Verlag 2005).
16 Antoine Rivarol: Discours *sur l'universalité de la langue française*, S. 80.
17 Paul Aizpurua: Une politique de la langue, S. 12 Der Autor zitiert die *Lettre sur la langue et la littérature allemandes* des französischen Vize-Konsuls Léon Gomperz von 1781, der Friedrich die großen Namen der deutschen Gegenwartsliteratur entgegenhielt.
18 Winfried Woesler: Die Idee der deutschen Nationalliteratur in der zweiten Hälfte des 18. Jahrhunderts. In: Klaus Garber (Hg.): *Nation und Literatur im Europa der Frühen Neuzeit*, S. 716–733, hier S. 716.

Montesquieus *De l'esprit des lois* erschienen und 1751 Voltaires *Le siècle de Louis XIV.* Beide Schriften wurden in Deutschland intensiv diskutiert. Voltaire hatte in Bezug auf sein Werk wie auf den gleichzeitig in Angriff genommen *Essai sur les mœurs* betont, dass er nicht eine Geschichte militärischer Ereignisse, sondern eine der Sitten und Gebräuche, der Kunst und der Kultur zu schreiben gedenke.[19]

Diese neue Art der Geschichtsschreibung war, wie Conrad Wiedemann ausführt, durch zwei frühhistoristische Axiome fundiert, die ihr einen partiellen subversiven politischen Sinn verleihen konnten, das Axiom des Nationalgeistes (*l'esprit des nations*) und das des Zeitgeistes (*l'esprit de temps*).[20] Wir haben schon in den Überlegungen zum Verhältnis vom „Genie" der Sprache und dem „Genie" der Nation gesehen, dass man – und insbesondere auch Voltaire – unter dem „génie de la nation" die permanente Dimension einer Nation meinte und mit dem „esprit de la nation" die sich durch den Zivilisationsprozess wandelnden Elemente. Wenn so die Geschicke eines Landes durch seine Kollektivveranlagung, sein „génie", bestimmt sind, dann wird nach Conrad Wiedemann

> nicht nur die Frage der nationalen Identität und ihre Repräsentanz ganz anders gestellt, nämlich ethnisch-kulturell und nicht ständisch-politisch, sondern auch der Dezisionismus der absolutistischen Macht-Idee relativiert. Denn jede herrscherliche Willkür, die gegen die entelechische Kraft dieses Nationalgeistes verstieße, müsste dann ja notwendig falsch und auf Dauer auch gefährdet sein.[21]

Die Rezeption der in Frankreich entstandenen Nationalgeistidee in Deutschland führte hier zu einer Reflexion über die spezifischen Konstituenten des spezifisch-deutschen „génie de la nation" und damit auch zu einer Ablösung von der Idee einer absoluten Geltung der als universell deklarierten französischen Literatur- und Sprachkonzeption, wie sie ein Friedrich II. ein letztes Mal vertreten hatte. Schon ab Mitte des 18. Jahrhunderts lässt sich eine „entschlossene Suche der deutschen Schriftsteller nach authentischen Themen und Formen" feststellen, „die durch englische Originalitätstheorien weitere Unterstüt-

---

19 So in einem Brief an Jacob Vernet vom Juni 1744: „Il me semble qu'on n'a guère considéré l'histoire que comme des compilations chronologiques; on ne l'a écrite ni en citoyen, ni en philosophe [...] Je me suis attaché à faire, autant que je l'ai pu, l'histoire des mœurs, des sciences, des lois, des usages, des superstitions. Je ne vois presque que des histoires de rois; je veux celle des hommes" (zitiert nach Jacqueline Marchand: Introduction. In: Voltaire: *Essai sur les mœurs et l'esprit des nations.* Paris: Editions sociales 1975, S. 7–61, hier S. 22).
20 Nach Conrad Wiedemann: Deutsche Klassik und nationale Identität. Eine Revision der Sonderwegs-Frage, S. 553.
21 Ebda., S. 553 f.

zung erhielt"[22]. Innerhalb weniger Jahre entstand nun eine ganze Reihe von nationalen Identitätskonzepten und -mythen, von denen Wiedemann die vier wichtigsten nennt: die

> Entdeckung eines „eigenen Fremden" durch Wickelmann, Klopstocks ersatzreligiösen Kult eines idealisierten Germanentums und eines „geglaubten" Vaterlands, Herders Volksgeist-Theorie als Fundament einer interkulturellen Menschheitsgeschichte und schließlich Mösers Analyse der deutschen Verfassungsgeschichte und sein daraus resultierendes „Ja" zu einer deutschen Provinzkultur der vielen kleinen Schauplätze.[23]

Die Spannung zwischen der Idee der Gelehrtenrepublik und der nationalkulturellen Ausrichtung

Die Nationalliteraturidee musste jedoch in Deutschland mit mehr Hindernissen rechnen als anderswo; das lag einerseits am Weiterleben der Idee der Gelehrtenrepublik und andererseits am fehlenden nationalstaatlichen Bewusstsein. Die im Zeichen des Humanismus im 15. Jahrhundert entstandene Idee einer Gelehrtenrepublik (*Res publica litteraria*)[24] verstand sich als eine universelle oder zumindest europäische Gemeinschaft von Gelehrten, Schriftstellern und Mäzenen. Dieses Konzept lebte in Deutschland länger weiter als anderswo.[25] Es war getragen von der Vorstellung, dass der Literatur, der Wissenschaft, der Musik und den bildenden Künsten allgemeine und nicht nationale Vorstellungen zugrunde lägen.[26] So schrieb Thomas Abbt in seiner Schrift *Vom Verdienste* noch 1767: „Der Geist und der Geschmack einer Nation sind nicht unter ihren

---

22 Ebda., S. 554.

23 Ebda., S. 554 f.

24 Siehe dazu Hans Bots/Françoise Waquet (Hg.): *La République des lettres*. Paris: Belin-De Boeck 1997; siehe auch Aline Loicq: Sociologie des Bonnes Lettres. Images de la sodalitas et réalité du patronage interne. In: *Regards sociologiques*, 17–18, 1999, S. 45–58.

25 Siehe dazu den Sammelband von Ulrich Johannes Schneider (Hg.): *Kultur der Kommunikation. Die europäische Gelehrtenrepublik im Zeitalter von Leibniz und Lessing*. Wiesbaden: Harrassowitz 2005.

26 Im Jahre 1647 hatte ein anonymer Autor (deutscher Herkunft?) in einer Zeitschrift in Amsterdam ein Projekt einer europäischen Gelehrtenrepublik veröffentlicht, die von den Nationen unterstützt werden und den Wissenstransfer zwischen den unterschiedlichen Rängen, Berufsständen und wissenschaftlichen Disziplinen, zwischen Provinz und Hauptstädten, zwischen Generationen und Nationen regulieren, beschleunigen und vor Informationsverlusten schützen sollte. (Gisela Schlüter: Die Institutionalisierung der europäischen Gelehrtenrepublik. *Projet pour l'établissement d'un Bureau Général de la République des Lettres* (1747). In: Günter Berger/Franziska Sick (Hg.): *Französisch-deutscher Kulturtransfer im ‚Ancien Régime'*, S. 99–112.

Gelehrten und Leuten von vornehmer Erziehung zu suchen. Diese beiden Geschlechter gehören gleichsam keinem Lande eigen."[27] Winfried Woesler weist darauf hin, dass im 18. Jahrhundert Literatur nicht so sehr unter nationalem Gesichtspunkt wahrgenommen wurde und dass literarische Modelle über ihre Ursprungsbereiche hinaus zirkulierten: etwa das Modell des um 1740 von Richardson lancierten Briefromans oder Sternes Reisebeschreibung als literarische Gattung.[28]

Die Spannung zwischen der universalistischen und nationalkulturellen Ausrichtung der Schriftsteller und Wissenschaftler wurde schon 1748 von Lessing in seinem ersten Stück *Der junge Gelehrte* thematisiert. Als der Protagonist Damis seinem Diener Anton bedeutet, er könnte vielleicht noch spät zu den Wissenschaften finden, dies sei „in unserer Republik" schon mehrfach geschehen, fragt dieser nach dem Namen der Republik, – „Sachsen zum Exempel". Darauf Damis: „Was für ein Idiote! Ich rede von der Republik der Gelehrten. Was geht uns Gelehrten, Sachsen, was Deutschland, was Europa an? Ein Gelehrter wie ich bin, ist für die ganze Welt; er ist Cosmopolit; er ist eine Sonne, die den ganzen Erdball erleuchten muss."[29]

Zweifellos handelt es sich hier um eine Satire des Gelehrten und Anton setzt in seiner Replik die Republik der Gelehrten mit der Republik der Narren in ‚Utopien' gleich, die auch überall sei. Es handelt sich aber keineswegs um eine radikale Kritik der Idee der kosmopolitisch ausgerichteten Gelehrtenrepublik, wie sie etwa Rousseau formulierte. In den Grundaussagen des Damis zitiert Lessing Vorstellungen, so Wilfried Barner, „die durch ihre Perversion und Überspannung eher richtiggestellt und verteidigt als widerlegt werden sollen: Lessings kritisches Spiel mit Voraussetzungen seiner höchsteigenen schriftstellerischen Existenz."[30] Das Vorstellungsmodell der ‚Gelehrtenrepublik' gehört für Lessing „in nicht wenigen Aspekten zu den Voraussetzungen seines Optimismus und auch seines persönlichen Anspruchs, in Deutschland und darüber hinaus im europäischen Zusammenhang zu wirken"[31]. Als Lessing aufwuchs, gab es dank zahlreicher gelehrter Zeitschriften die prinzipielle

---

27 Zitiert bei Winfried Woesler: Die Idee der deutschen Nationalliteratur in der zweiten Hälfte des 18. Jahrhunderts, S. 717.

28 Ebda., S. 718.

29 Zitiert nach Katrin Kohl: Die Berliner Akademie als Medium des Kulturtransfers im Kontext der europäischen Aufklärung, S. 32.

30 Wilfried Barner: Res publica litteraria und das Nationale. Zu Lessings europäischer Orientierung. In: ders./Albert M. Reh (Hg.): *Nation und Gelehrtenrepublik. Lessing im europäischen Zusammenhang.* Detroit: Wayne State University Press; München: edition + kritik 1984, S. 69–90, hier S. 71.

31 Ebda.

Möglichkeit, „sich als Mitglied einer aufgeschlossenen, aufgeklärten, ‚modernisierten' und weltläufigen – vor allem auch Französisch sprechenden – Gelehrtenrepublik zu gerieren und auf dem Laufenden zu halten"[32]. Lessing sind die Werte der Freizügigkeit und des konkurrierenden literarischen Austausches, die zentral für die *res publica litteraria* sind, wichtig. Er bleibt „Kosmopolit", insofern er sich dieser Gemeinschaft zugehörig fühlt. Nach Wilfried Barner ist bei keinem deutschen Autor literaturstrategisch die „Kommunikationsmöglichkeit der übernationalen Gelehrtenrepublik von der Frühzeit an so präsent wie bei Lessing"[33].

Es handle sich indes um ein modernisiertes Konzept der ‚République des lettres' im Sinne der *Nouvelles* von Pierre Bayle (1648). Dieses Modell legitimiere „über die gemeinsamen antik-europäischen Literaturfundamente hinweg, nationale Konkurrenz im übernationalen Kommunikationszusammenhang, sozusagen einen intentionalen Patriotismus der europäischen Gelehrtenrepublik"[34]. Während des Siebenjährigen Krieges stimmt Lessing nicht in die patriotische Aufbruchsstimmung ein; er erklärt, sein Ehrgeiz sei nicht, ein eifriger Patriot zu sein, „was [ihn] vergessen lässt, dass er ein Weltbürger sein sollte"[35].

> Aber sein Ehrgeiz zu wirken, Erfolg zu haben, bleibt entschieden auf die „Nation" auf „Deutschland" und die Deutschen gerichtet. Sein Interesse an den anderen „Nationen" und deren „Naturell" ist – zugespitzt formuliert – wesentlich Funktion seines Interesses an der eigenen „Nation" und deren „Naturell".[36]

Die nationalkulturelle Intention stand so bei Lessing nicht in einem Exklusions-, aber doch in einem Spannungsverhältnis zur Idee der Gelehrtenrepublik.

In einem gewissen Sinne hatte Friedrich II. mit seiner Akademie eine Art Gelehrtenrepublik errichtet, die aber vor allem und immer mehr französische Dichter und Gelehrte förderte. Nach der Kaiserwahl von Joseph II. im Jahre 1765 hofften deutsche Schriftsteller auf jene Unterstützung, die ihnen Friedrich versagt hatte. So wandte sich Klopstock 1768 mit den Plänen einer „deutschen Gelehrtenrepublik" an den Wiener Hof. Sein ‚Wiener Plan' stieß aber auf keine Resonanz. Klopstock reagierte dann darauf mit seiner satirischen Programm-

---

32 Ebda., S. 73.
33 Wilfried Barner: Patriotismus und Kosmopolitismus bei Lessing während des Siebenjährigen Krieges. In: Gonthier-Louis Fink (Hg.): *Cosmopolitisme, Patriotisme et Xénophobie en Europe au Siècle des Lumières*, S. 187–198, hier S. 191.
34 Ebda.
35 Wilfried Barner: Res publica litteraria und das Nationale. Zu Lessings europäischer Orientierung, S. 80.
36 Ebda., S. 79.

schrift *Die deutsche Gelehrtenrepublik* im Jahr 1774, in der er eine skurril alt-fränkische Gelehrtenrepublik postulierte in deutlicher Abwehr gegen die französische Dominanz.[37] Lessing selber hatte sich für diese ‚Nationalisierung' der Idee der *res publica litteraria* nicht begeistern, „ebenso wenig wie er sich für die neue teutonisierende Tendenz in der Dichtung – namentlich bei Klopstock und dessen Anhängern – hat erwärmen können."[38] Lessing hat gerade als Gelehrter, der er im Gegensatz zu Klopstock von früh an war, aus einschlägiger Erfahrung heraus erkannt, dass die Strukturen der Gelehrtenrepublik „*als* einer ‚Republik' in Auflösung begriffen waren", auch wegen „der mangelnden Reformfähigkeit speziell des deutschen Gelehrtentums"[39]. Nach Conrad Wiedemann bröckelte der tröstende Glaube, in einer internationalen Gelehrtenrepublik zu Hause zu sein immer mehr, auch „angesichts der temporären Unattraktivität deutscher Gelehrsamkeit und des ausländischen Spotts über deutschen Pedantismus".[40]

Das fehlende nationalstaatliche Bewusstsein

Ein weiteres Hindernis für die Ausbildung einer Nationalliteratur war, wie Winfried Woesler unterstreicht, das Fehlen eines nationalstaatlichen Bewusstseins. Friedrich II. betrieb nun gewiss keine nationale Politik. Auch beim Bürgertum fand die Idee des Nationalstaates wenig Resonanz, weil seine Interessen zu unterschiedlich waren.[41] Bekannt ist Lessings Diktum nach dem Scheitern des

---

37 Nach Katrin Kohl: Die Berliner Akademie als Medium des Kulturtransfers im Kontext der europäischen Aufklärung, S. 29. Laut Conrad Wiedemann endete Klopstocks Versuch, den Begriff der Gelehrtenrepublik umzudefinieren „in einer bitteren und trotzigen Parodie auf die deutsche Exterritorialität des Geistes" (Conrad Wiedemann: Deutsche Klassik und nationale Identität. Eine Revision der Sonderwegs-Frage, S. 556).

38 Wilfried Barner: Res publica litteraria und das Nationale. Zu Lessings europäischer Orientierung, S. 87

39 Ebd.

40 Conrad Wiedemann: Deutsche Klassik und nationale Identität. Eine Revision der Sonderwegs-Frage, S. 556; auch Friedrich II. erwähnt diesen Pedanterievorwurf: „Notre nation a été accusée de pédanterie parce que nous avons eu une foule de Commentateurs vétilleux et pesants. Pour se laver de ce reproche, on commence à négliger l'étude des Langues savantes, et afin de ne point passer pour pédant, on va devenir superficiel." Mit anderen Worten: man falle von einem Gegenteil ins andere (Frédéric II de Prusse: *De la littérature allemande, des défauts qu'on peut lui reprocher, quelles en sont les causes, et par quels moyens on peut les corriger* [1780], S. 34).

41 Winfried Woesler: Die Idee der deutschen Nationalliteratur in der zweiten Hälfte des 18. Jahrhunderts, S. 716–733, hier S. 718. Siehe dazu auch Conrad Wiedemann: „Weder die deutschen Fürsten noch das deutsche Stadtbürgertum erwiesen sich zu einer echten Liaison

Projekts eines Nationaltheaters in Hamburg im Jahre 1768, als er die Diskrepanz zwischen nationaler Konzeption und dem Zustand der Deutschen hervorhob: „Über den gutherzigen Einfall, den Deutschen ein Nationaltheater zu verschaffen, da wir Deutsche noch keine Nation sind! Ich rede nicht von der politischen Verfassung, sondern bloß von dem sittlichen Charakter. Fast sollte man sagen, dieser sei: keinen eigenen haben zu wollen."[42]

Der deutschsprachige Raum war zweifellos in viele Einzelterritorien zersplittert. Aber ein Zusammengehörigkeitsgefühl manifestierte sich in Ermangelung nationalstaatlicher Strukturen immer mehr auf der Basis der Sprache und der Kultur.[43] Die deutsche Sprache setzte sich zusehends im Bildungssektor, in Lehrbüchern und in der Wissenschaft, aber auch auf dem Buchmarkt durch. Der Anteil der lateinischen Bücher sank zwischen 1740 und 1800 von 28 Prozent auf 4 Prozent. Die Autoren nahmen nun die Leserschaft des gesamten deutschen Sprachraums in den Blick. Das hatte man in den 1730er und -40er Jahren schon bei Gottsched feststellen können.[44] Adressat seiner ausgedehnten Publizistik war die Nation; angesprochen sind bei ihm stets ‚die Deutschen', obwohl in der ersten Hälfte des 18. Jahrhunderts die eindeutige Identifizierung der Nation mit dem ‚ganzen' Deutschland keineswegs selbstverständlich war. Wichtiger als der politische Zusammenhang, den Gottsched zu Recht als geschwächt wahrnahm, war für ihn das Band der Sprache.[45] Nach Daniel Fulda lag Gottscheds Leistung in der „Erschaffung einer deutschen Nation in der Gestalt der deutschen Literaturgesellschaft"[46], die weit über die traditionelle *res publica litteraria* hinausging. In der Tradition des seit dem Humanismus bestehenden Gelehrtennationalismus versuchte er immer wieder, der deutschen Literatur Gleichrangigkeit zu sichern oder gar ihre Überlegenheit nachzuweisen. Dabei sind seine Widersprüche offensichtlich, wenn er sich auf die französische Gattungspoetik bezieht und den französischen Einfluss gleichzei-

---

mit dem Geiste fähig, denn die Sache der Nation, des Gemeinsinns und der Identität, die nunmehr anstand, war in der Regel nicht die ihre [...]" (Conrad Wiedemann: Deutsche Klassik und nationale Identität. Eine Revision der Sonderwegs-Frage, S. 556).

42 Gotthold Ephraim Lessing: *Hamburgische Dramaturgie*, 101.–104. Stck (19. April 1768), zitiert ebda., S. 718; siehe auch Wilfried Barner: Res publica litteraria und das nationale. Zu Lessings europäischer Orientierung, S. 82 f.

43 Wir folgen hier Winfried Woesler: Die Idee der deutschen Nationalliteratur in der zweiten Hälfte des 18. Jahrhunderts.

44 Wir stützen uns hier auf Daniel Fulda: Die Erschaffung der Nation als Literaturgesellschaft. Zu einer meist übergangenen Leistung des Publizisten Gottsched. In: *Denkströme. Journal der Sächsischen Akademie der Wissenschaften*, Nr. 4 (2010), S. 12–29.

45 Ebda., S. 16.

46 Ebda., S. 17

tig bekämpft.[47] Worum es ihm geht, so Daniel Fulda, „ist weit mehr die Selbstbehauptung der Deutschen als die Abwertung der europäischen Nachbarn. Diese Abwertung ist [...] als Effekt der – wie es schien – anders nicht erreichbaren Selbstbehauptung zu verstehen."[48]

Für eine eigenständige deutsche kulturelle Identität: Justus Möser

Wenn Friedrich II. in seiner Schrift noch 1780 die französische Bühne als Modell vorschlug, so verkannte er dabei den gesellschaftlichen Aufstieg des Bürgertums in Deutschland, zu dessen Konsolidierung auch die Literatur beigetragen hatte. Die von Friedrich gepriesene Bühne war in Deutschland nur für einen privilegierten Kreis von Adeligen und Gelehrten zugänglich; das Volk blieb schon aufgrund der Sprachbarrieren ausgeschlossen.[49] Die französische Kultur wurde zunehmend als eine Kultur des Adels wahrgenommen. Der aristokratisch-französischen scheinbar transnationalen ‚Zivilisation', die sie als oberflächlich und entfremdend empfand, setze nun eine mittelständische deutsche Intelligenz ihr Konzept der ‚Kultur' entgegen, das sich nach Kant durch ethische Qualitäten und nicht bloß durch ‚gesellschaftliche Artigkeit' auszeichnen sollte.[50]

Vor allem Justus Möser sollte 1781 als Antwort auf Friedrich II. für eine eigenständige deutsche kulturelle Identität plädieren, namentlich in seiner Schrift *Über die deutsche Sprache und Literatur*, in der er das französische literarische Ideal als ausschließlich aristokratisch kritisierte und Goethe und die englischen Autoren lobte, die Dimension des Volkes in ihren Werken integriert zu haben.[51] Möser zeigte am Beispiel der unterschiedlichen Dramatisierung

---

47 Siehe dazu Roland Krebs: La France jugée par Gottsched, ennemie héréditaire ou modèle culturel? In: Gonthier-Louis Fink (Hg.): *Cosmopolitisme, Patriotisme et Xénophobie en Europe au Siècle des Lumières*, S. 159–173, siehe hier etwa S. 173: „Le modèle français préconisé par Gottsched restait donc actuel tout comme l'ambivalence fondamentale de son attitude vis-à-vis de la France, politiquement dangereuse, moralement suspecte, culturellement envahissante, mais offrant aussi l'exemple d'une culture nationale dont le développement initial devait beaucoup à l'Etat."

48 Daniel Fulda: Die Erschaffung der Nation als Literaturgesellschaft. Zu einer meist übergangenen Leistung des Publizisten Gottsched, S. 1, S. 27.

49 Winfried Woesler: Die Idee der deutschen Nationalliteratur in der zweiten Hälfte des 18. Jahrhunderts, S. 721.

50 Nach Norbert Elias: *Über den Prozess der Zivilisation. 1. Bd.: Wandlungen des Verhaltens in den weltlichen Oberschichten des Abendlandes*. Frankfurt a. M.: Suhrkamp 1985, S. 8 f.

51 Vgl. Jean Moes: Justus Moeser, patriote cosmopolite ou nationaliste xénophobe? In: Gonthier-Louis Fink (Hg.): *Cosmopolitisme, Patriotisme et Xénophobie en Europe au Siècle des Lumières*, S. 213–225.

von Cäsars Tod durch Shakespeare und Voltaire, was in klassizistischen Tragödien französischer Observanz nicht gezeigt werden konnte: „Hier sieht man
beim *Shakespeare* ein aufgebrachtes Volk, bei dem alle Muskeln in Bewegung
sind, dem die Lippen zittern, die Backen schwellen, die Augen funkeln und
die Lungen schäumen; ein bitteres, böses, wildes und wütendes Volk [...]."[52]
Möser verteidigt auch Goethes *Götz*, weil der Autor einen nationalen Stoff behandelt habe, „eine Sammlung von Gemälden aus dem Nationalleben unserer
Vorfahren"; diese „wahren einheimischen Volksstücke" könnten dem Geschmack der Hofleute nicht entsprechen.[53] Der Autor verteidigt auch die Figur
des Hanswurst, weil durch ihn die wahre Volkssprache verkörpert werde.[54]

Noch brisanter ist indes Mösers radikale Infragestellung eines überzeitli-
chen normativen ästhetischen Wertesystems, das Friedrich aus der Tradition
abzuleiten versucht. Dieser These antwortet Möser lapidar: „Alles in der Welt
ist doch nur relativ schön."[55] In den Augen von Möser konnte es keine universellen poetischen Normen geben und er griff dabei auf eine organologische
Kulturauffassung zurück. So wie es für jeden Boden und jedes Klima spezifische Früchte gebe, so existiere auch für jedes Volk das Recht auf eine eigene
Kultur; Mannigfaltigkeit und nicht Uniformität sei das Gesetz der Schöpfung.[56]
Die Mannigfaltigkeit erscheint so auch theologisch begründet und sie erscheint
überdies als „naturgemäß"[57]. Aus der organizistischen Auffassung ergibt sich,
dass die deutsche Kultur ebenso das Recht hat, sich in originärer Weise zu
entfalten wie die französische. Dem Prinzip der Nachahmung wird das der Originalität entgegengesetzt. Die Erkenntnis der Relativität der ästhetischen Normen geht dabei der Infragestellung der politischen Normen voraus. In dem
Maße, so schreibt Winfried Woesler, „in dem sich der Nationalgedanke mithilfe
der Literatur zum ‚ideologischen Konstrukt' des Bürgertums verfestigte, gewann der Gedanke an die Verwirklichung eines Nationalstaates an Kontur"[58].

---

52 Justus Möser: *Ueber die deutsche Sprache und Kultur* [1781], zitiert bei Winfried Woesler:
Die Idee der deutschen Nationalliteratur in der zweiten Hälfte des 18. Jahrhunderts, S. 721.
53 Ebda.
54 Siehe dazu Beatrix Müller-Kampel: *Hanswurst, Bernardon. Kasperl. Spaßtheater im 18. Jahrhundert*. Paderborn: Schöningh 2003.
55 Justus Möser: *Ueber die deutsche Sprache und Kultur* [1781], zitiert bei Winfried Woesler:
Die Idee der deutschen Nationalliteratur in der zweiten Hälfte des 18. Jahrhunderts, S. 722.
56 Vgl. Ebda., S. 725.
57 Die Klimatheorie spielt so bei Möser keine große Rolle; er betont bloß die Bedeutung des
„Bodens", der von den jeweiligen Bewohnern mehr oder weniger Arbeit erfordert. Der „Boden"
ist bloß eine physikalische Bedingung die durch die Arbeit, die *agricultura*, gemeistert werden
kann (nach Gonthier-Louis Fink: De Bouhours à Herder: La théorie française des climats et sa
réception outre-Rhin, S. 3–61, hier S. 46 f.).
58 Winfried Woesler: Die Idee der deutschen Nationalliteratur in der zweiten Hälfte des 18.
Jahrhunderts, S. 722.

Herder: der Eigenwert jeder partikulären Tradition

Die organizistische Kultur- und Nationenauffassung wird vor allem von Herder in systematischer Weise formuliert. Für ihn äußert sich die Individualität eines jeden Volkes in seiner Sprache. Er definiert die Nation als ein ‚Wesen', das sich im unbewussten Wirken einer inneren Kraft manifestiere, im „Volksgeist", der die Nation zu mehr mache als zu einer Summe von Individuen. Für ihn ist die Sprache der unmittelbarste Ausdruck des Charakters einer kulturellen Gemeinschaft:[59] „Ihre Gesänge sind das Archiv des Volkes, der Schatz ihrer *Wissenschaft* und *Religion*, ihrer *Theogonie* und *Kosmogonien* der Taten ihrer Väter und der Begebenheiten ihrer Geschichte, Abdruck ihres Herzens, Bild ihres häuslichen Lebens in Freude und Leid, beim Brautbett und Grabe."[60]

Herder stellt die klassische Hegemonie im Namen der Geschichtsphilosophie infrage. Er verfügt als einer der Ersten über eine geschichtliche Sicht, ein geschichtliches Bewusstsein. Der Wert einer Kultur misst sich nach ihm nicht am Kriterium der Konformität gegenüber einem ‚zeitlosen' Modell, sondern am Prinzip der Originalität und der Authentizität. Herder behauptet keineswegs eine Superiorität der deutschen Kultur, sondern unterstreicht den Eigenwert jeder partikulären Tradition.[61] Mit der Behauptung des Rechts auf Partikularität, das etwa die slawischen Nationen gern aufgriffen, wird Herders Modell

---

59 Johann Gottfried Herder: Über die neuere deutsche Literatur. In: ders.: *Sämtliche Werke*. Bd. 2. Hildesheim: Olms Verlag 1967, S. 8 f.

60 Johann Gottfried Herder: Von Ähnlichkeit der mittlern englischen und deutschen Dichtkunst, nebst Verschiedenem, das daraus folget (1777), zitiert in: ders.: *Sämtliche Werke*, Band 2, S. 725. Siehe dazu auch Hagen Schulze: „Die Welt sah Herder als großen Garten, in dem die Nationen sich wie Pflanzen nach den ihnen eigentümlichen, geheimnisvollen göttlichen Gesetzen entwickelten; keine Nation besaß den Vorrang vor den anderen [...]. Jeder Einzelne war schicksalhaft Mitglied seines Volks, nahm von Geburt an teil an dem Wesen seiner Nation, an die er durch seine Muttersprache zeitlebens gebunden blieb" (Hagen Schulze: *Staat und Nation in der europäischen Geschichte*. München: C.H. Beck 1995, S. 170 f.).

61 Siehe zu Herder auch Maurice Olender: „Kein Volk kann also von sich behaupten, es sei auserwählt. Und selbst wenn ‚die Deutschen die Römische Welt besetzten' [...], darf man sie deswegen nicht ‚für das erwählte Gottes Volk in Europa' halten, noch ihnen einen ‚angebornen Adel' zuerkennen kraft dessen ihnen ‚die Welt gehörte'. Es gibt keinen Grund anzunehmen, dass andere Völker ihnen botmäßig wären, was die Eroberer in die Rolle unedler Barbaren versetzte." Nach Olender verhehlt aber Herders kultureller Pluralismus, der auf seiner christlichen Überzeugung beruht, seine Prioritäten nicht: „Er gelangt so von einer generösen Sicht, in der alle Völker den gleichen Wert haben [...] zu einer Wertskala, auf der die Weißen, Europas Christen, allein den Vorrang haben. Ihre Züge, die von einer milden Geographie und einem gemäßigten Klima herrühren, sind der Ausdruck einer göttlichen Wahl" (Maurice Olender: *Die Sprachen des Paradieses. Religion, Rassentheorie und Textkultur*. Hg. und mit einem Vorwort von Markus Messling. Berlin: Kulturverlag Kadmos 2013, S. 75 f, S. 78).

auch universell, allerdings in Opposition zu einem monistischen Universalismus.[62]

Die Ablösung vom französischen Literatur- und Kulturmodell und seinem Universalitätsanspruch und die Anerkennung der Legitimität einer jeden partikulären Kultur vollzog sich indes stufenweise. Lessing hatte noch vom „Naturell" der einzelnen Völker gesprochen und er sah ähnlich wie später auch Möser eine größere Verwandtschaft zwischen dem deutschen und dem englischen „Naturell" als zum französischen. Lessings Hinwendung zu Shakespeare steht im Zeichen dieser Verwandtschaft.[63]

Der Paradigmenwechsel vollzieht sich so nicht direkt. An die Stelle Corneilles, Racines und Voltaires treten zunächst Shakespeare und Ossian.[64] Man wird hier vor allem Ossian nicht vergessen dürfen, der für die Nationen-‚Erweckung' nicht nur Deutschlands, sondern auch für andere Länder eine wichtige Rolle spielte. Das unterstreicht vor allem Anne-Marie Thiesse in ihrem Buch *La création des identités nationales*. Sie stellt für das ‚Zeitalter der Nationen' einen radikalen Wandel der kulturellen Legitimität auf historischer, geographischer und sozialer Ebene fest.[65] Dem griechisch-römischen Vorbild Südeuropas, das von einer kulturellen Elite getragen wurde, folgte eine Aufwertung der archaischen Kulturen Nordeuropas, die man im Volk beheimatet sah. Bei dieser Neudefinition spielte in Europa ‚Ossian' eine zentrale Rolle. Der schottische Intellektuelle James Macpherson hatte 1760 die angeblich mehr als tausend Jahre alten Lieder eines keltischen Barden, Ossian, veröffentlicht, welche er, Macpherson, ausgegraben und aus dem Gälischen übersetzt hätte. Selten fand ein Werk in Europa einen solchen Widerhall wie diese gefälschte Nachdichtung,

---

62 Anne-Marie Thiesse: *La création des identités nationales. Europe XVIIIe–XXe siècle*, S. 34–43. Siehe dazu auch Ernst Schulin: Weltbürgertum und deutscher Volksgeist. Die romantische Nationalisierung im frühen neunzehnten Jahrhundert. In: Bernd Martin (Hg.): *Deutschland in Europa. Ein historischer Rückblick*. München: dtv 1992, S. 105–125, hier S. 114: „Noch deutlicher ist Herders Drang, sich in die Besonderheiten aller Völker zu versetzen, ihr ursprünglichen poetischen Erzeugnisse in einer Gegenwart zu verlebendigen, die nach seiner Vorstellung immer gleichförmiger wurde. Er liebte alle Völker und glaubte, dass sich nur Staaten, nur Regierungen feindlich gegenüberstehen könnten." Vgl. auch Hans Adler: Nation. Johann Gottfried Herders Umgang mit Konzept und Begriff. In: Gesa von Essen/Horst Turk (Hg.): *Unerledigte Geschichten. Der literarische Umgang mit Nationalität und Internationalität*. Göttingen: Wallstein 2000, S. 39–56; sowie Hans Martin Blitz: *Aus Liebe zum Vaterland. Die deutsche Nation im 18. Jahrhundert*. Hamburg: Hamburger Edition 2000, S. 349–360.

63 Wilfried Barner: Res publica litteraria und das Nationale. Zu Lessings europäischer Orientierung, S. 79.

64 Winfried Woesler: Die Idee der deutschen Nationalliteratur in der zweiten Hälfte des 18. Jahrhunderts, S. 726.

65 Anne-Marie Thiesse: *La création des identités nationales. Europe XVIIIe–XXe siècle*, S. 23.

die das alte keltische literarische Erbe wiederzufinden vorgab. Der Erfolg erklärt sich auch daher, weil man hier eine andere Antike aufgefunden zu haben glaubte als die griechisch-römische, die mit der monarchischen Elite assoziiert wurde: eine orale vom Volk tradierte Dichtung.

Die Verlagerung der kulturellen Legitimität hatte auch politische Folgen. So wurde der Widerstand gegen den herrschenden Klassizismus als Opposition gegen die absolute Monarchie verstanden. Mme de Staël etwa sah das konstitutionelle Regime schon in der in den Ossianischen Gesängen beschworenen, individuellen Unabhängigkeit vorgeformt.[66] Dem von der französischen klassischen Elite formulierten Alleinvertretungsanspruch wird nun die Vielfalt der Kulturen des Nordens entgegengestellt, die der Moderne mehr entsprächen. Wenn britische und Schweizer Dichter zunächst gegen die klassische Einheitskultur angetreten waren, so verdankt die Bewegung ihre theoretische Kohärenz Herder, der die klassische Hegemonie im Namen der Geschichtsphilosophie infrage stellte. Herder sollte im Übrigen – im Unterschied zu Goethe – ein glühender Verehrer Ossians bleiben.[67]

Herder wird über Lessing und Möser hinausgehend, ganz prinzipiell erklären: „Jede menschliche Vollkommenheit" ist „national".[68] Er bleibt nun allerdings nicht bei der Behauptung der Gleichwertigkeit aller Kulturen. Die französische Kultur, die so lange als Norm erschien, wird nun radikal infrage gestellt.

---

66 Zur europaweiten Rezeption von Ossian siehe Astrid Grewe: Ossian und seine europäische Wirkung. In: Klaus Heitmann (Hg.): *Europäische Romantik II*. Wiesbaden: Akademische Verlagsgesellschaft Athenaion 1982, S. 171–188.

67 Anne-Marie Thiesse: *La création des identités nationales. Europe XVIIIᵉ–XXᵉ siècle*, S. 34–53.

68 Johann Gottfried Herder: *Auch eine Philosophie der Geschichte zur Bildung der Menschheit* (1774), zitiert ebda., S. 79. Die Partikularität der Kulturen wird auch wieder als ‚naturgemäß' dargestellt über eine persönliche Version der Klimatheorie: „Wie auch das Klima wirke, jeder Mensch, jedes Tier, jede Pflanze hat ihr eigenes Klima, denn alle äußeren Einwirkungen nimmt Jedes nach seiner Weise auf und verarbeitet sie organisch" (zitiert nach Gonthier-Louis Fink: De Bouhours à Herder: La théorie française des climats et sa réception outre-Rhin, S. 56). Nach Caspar Hirschi bedeutete Herders ‚Volksgeist'-Definition der Nation eine Verengung, weil sie dazu führte, lateinischsprachige Elemente der Kultur Deutschlands, die für die Humanisten noch konstitutiver Teil der Nationendefinition waren, auszugrenzen: „Tatsächlich handelt es sich hier um einen konsequenten Verdrängungsakt, dem eine andere, tiefere Ironie zugrunde liegt. Die romantische Lehre von der Emanation des Volksgeistes aus der Nationalsprache leistet trotz aller organizistischen Metaphorik einem radikalen Formalismus Vorschub. Sein Prinzip lautet: Was in lateinischen Hexametern daherkommt, kann unmöglich den deutschen Geist atmen. Dagegen werden vulgärsprachliche Knittelverse ohne jeden Bezug zu nationalistischen Vorstellungen als nationales Kleinod verehrt. Die literarische Form wird zum nationalen Code" (Caspar Hirschi: *Wettkampf der Nationen. Konstruktion einer deutschen Ehrgemeinschaft an der Wende vom Mittelalter zur Neuzeit*, S. 496).

Herder sprach in seinem Essay über Shakespeare 1773 in Bezug auf das französische Drama von einer „Kopierung fremder Zeiten, Sitten und Handlungen in Halbwahrheit". Im klassizistischen französischen Theater finde man „Lüge und Galimathias"; im Vergleich zum griechischen Drama erscheine es wie eine Puppe: „der Puppe fehlt Geist, Leben, Natur, Wahrheit."[69]

Es handelte sich dabei nach Winfried Woesler nicht so sehr um eine Auflehnung gegen das Fremde, sondern um die Wahrnehmung eines Prozesses der kulturellen Weiterentwicklung in Europa, die auch Franzosen zu kritischen Urteilen gegenüber ihrer klassischen Literatur führte. Möser zeichnete in diesem Kontext das Bild der deutschen Kultur aus dem neuen Selbstverständnis, wie es sich in der Epoche des ‚Sturm und Drang' entfaltete, wenn er schrieb, „dass, wenn wir nicht ewig in dem Ton der Galanterie, welcher zu Zeiten Ludwigs XIV. herrschte, bleiben wollen, wir notwendig einmal zur mannigfaltigen Natur wieder zurückkehren, aus dieser von neuem [...] schöpfen müssen".[70]

Goethe auf der nationalliterarischen Linie

Dem französischen Universalismus wird so ein anderer Universalismus entgegengesetzt, der auf der Wertschätzung der spezifisch nationalen Volksliteratur beruht.[71] Herder behauptete indes, wie gesagt, nicht eine Überlegenheit der deutschen Kultur; darum wurde er schnell zu einem Bezugspunkt für die nationalen Bewegungen in Europa. Gerade auch im slawischen Raum wurde sein Denken sehr positiv aufgenommen, dies umso mehr, da er explizit darauf hinwies, dass die Slawen seit Karl dem Großen von den Germanen unterdrückt worden seien und darum eines Tages ihre Ketten zerschlagen würden, um Freiheit und Würde zu erlangen.[72] Der Begriff ‚National-Literatur' findet sich bezeichnenderweise zum ersten Mal im Deutschen bei Herder, in seinen *Fragmenten* von 1767/68.[73] In diesem Jahrzehnt entstanden eine ganze Reihe von Zeit-

---

69 Zitiert nach Winfried Woesler: Die Idee der deutschen Nationalliteratur in der zweiten Hälfte des 18. Jahrhunderts, S. 729.

70 Zitiert ebda., S. 730.

71 Vgl. Xavier Landrin: La sémantique historique de la *Weltliteratur*: Genèse conceptuelle et usage savants. In: Anna Boschetti (Hg.): *L'Espace culturel transnational*. Paris: Nouveau Monde Editions 2010, S. 73–134, hier S. 107.

72 Nach Anne-Marie Thiesse: *La création des identités nationales. Europe XVIIIᵉ–XXᵉ siècle*, S. 42.

73 Nach Manfred Koch: *Weimaraner Weltbewohner. Zur Genese von Goethes Begriff ‚Weltliteratur'*. Tübingen: Niemeyer 2002, S. 89.

schriften, die sich als ‚deutsche' verstanden, die eine mögliche kulturelle Identität der Deutschen belegen sollten.[74]

Herder selber sah als Grundprinzipien des Lebens die „Erhaltung seines Selbst" und die „Teilnehmung und Mitteilung an andere".[75] Sein Modell der Koppelung von ‚Mitteilung' und ‚Selbsterhaltung' ist so durchaus offen für kulturelle Austauschprozesse, solange die Eigenart der einzelnen ‚Nationen' nicht gefährdet ist. Der ‚Wettkampf' wird von ihm begrüßt: „[E]s entstehen endlich gemeinschaftliche Produktionen mehrerer Völker".[76] Der Austausch führt nach ihm zur Ausbildung eines „größeren und feineren Publikums": „[A]lle Völker Europas greifen [...] in einander und halten unseren *Erdball für das Publikum*, worauf sie zu wirken haben."[77] Aber Herder befürchtet, dass die Moderne Interaktion und Ausbreitung zu sehr fördere und so die Eigenart der Nationalkulturen gefährde, die ‚nebeneinander' und nicht durcheinander existieren sollten. Diese Hypostasierung der Eigenart verdankt sich bei Herder der Tatsache, dass er der Literatur und namentlich der Volkskultur die Aufgabe der Konstruktion einer nationalen Identität überantwortet. Herder hält, so Manfred Koch, an „einem Ideal substantieller Lebensformen fest, in denen der Geist einer Nation, der Geist ihrer Sprache und der Geist ihrer Literatur zu einer bruchlosen Deckung kommen".[78] Herder stellt so Staat und Verfassung hinter Kultur und Sprache zurück.[79]

Zur Zeit, als Herder sein Konzept der Nationalliteratur definierte, bewegte sich Goethe durchaus auf dieser nationalliterarischen Linie, namentlich mit seinem *Götz von Berlichingen*, dessen erste Fassung 1771 geschrieben und die zweite 1774 veröffentlicht wurde. Goethes *Götz von Berlichingen* löste, so Man-

---

74 Ebda.

75 Zitiert ebda., S. 112.

76 Zitiert ebda., S. 115.

77 Zitiert ebda.

78 Manfred Koch: *Weimaraner Weltbewohner. Zur Genese von Goethes Begriff ‚Weltliteratur'*, S. 116.

79 Hagen Schulze: *Staat und Nation in der europäischen Geschichte*, S. 171 Nach Conrad Wiedemann waren die Schriftsteller dieser Generation mitschuldig „am diffusen und wenig glücklichen Verhältnis von Kulturnation und Staatsnation". Wickelmann erwartete alles vom griechischen Sinn für Naturschönheit und nichts von der römischen Staatsgesinnung. Herder dachte von Beginn an nur an eine Bildungsgeschichte der Menschheit und leugnete die Bedeutung einer Verfassungsgeschichte. Klopstock und seine Göttinger Jünger ignorierten mit ihren kulthaften Germanenphantasien die politische Wirklichkeit des Reiches anstatt sie kritisch zu thematisieren: „Dreimal der Versuch also, die Frage der nationalen Identitätsfindung über die Einfühlung in historische Frühzeiten zu lösen, und dreimal die Schwierigkeit einer Rückvermittlung an die politische Aktualität!" (Conrad Wiedemann: Deutsche Klassik und nationale Identität. Eine Revision der Sonderwegs-Frage, S. 557).

fred Koch, Herders Entwurf einer nationalliterarischen Differenzierung in geradezu frappierender Weise ein:

> Was als revolutionär am *Götz* empfunden wurde – die Aufnahme der Umgangssprache (bis hin zum Dialekt und den berühmten Grobianismen), die Sättigung mit Details aus dem lokalen Alltagsleben, der Verzicht auf dramatische Ordnung zugunsten der sprunghaften, der umso „plastischeren" Vergegenwärtigung von Einzelsituationen – lässt sich als unerwartete Realisierung von Herders Wunsch nach einer neuen, „freien Sprache des Lebens" verstehen.[80]

Wenn der Held, der in einer kleinräumigen Lebenswelt verankert ist, wohl auch scheitert, so verkörpert er als Rebell die kulturelle Differenzierungschance Deutschlands im Bekenntnis zum Partikularismus und zum Polyzentrismus im Gegensatz zur höfischen Zivilisation.[81]

Norbert Christian Wolf unterstrich, dass sich Goethe am Anfang seiner Karriere nicht nur in die nationalliterarische Linie von Herder einschrieb, sondern einen ausgesprochen aggressiven Patriotismus an den Tag legte, namentlich in seiner Rede *Zum Schäkespears Tag* im Oktober 1771.[82] Hier nahm er entschieden Stellung für das englische Drama und gegen das französische Theater, das von der höfischen Gesellschaft gepflegt wurde; er orientierte sich an einer Genie-Ästhetik, die sich von der konventionellen Regelpoetik des (französischen) höfischen Geschmacks absetzen sollte.[83] Größe sei nur poetischen Genies wie Sophokles und Shakespeare eigen, nicht aber den (französischen) Nachahmern, die glaubten, diese bloß durch Regelbeobachtung zu erreichen: „Französgen", schreibt der junge Goethe polemisch, „was willst du mit der griechischen Rüstung, sie ist dir zu groß und zu schwer."[84]

---

80 Manfred Koch: *Weimaraner Weltbewohner. Zur Genese von Goethes Begriff ‚Weltliteratur'*, S. 106 f. Nach Conrad Wiedemann knüpfte Goethe an Justus Mösers Identitätskonzept an als einem Ja zur deutschen Provinzialkultur der vielen, kleinen Schauplätze. Das gab für Goethe den Anstoß, „sich an die Exploration deutscher Wirklichkeit und Gesellschaftlichkeit zu wagen und deren bis heute gültig gebliebenen Prototypen zu entwerfen (Götz, Werther, Faust, Wilhelm Meister)" (Conrad Wiedemann: Deutsche Klassik und nationale Identität. Eine Revision der Sonderwegs-Frage, S. 555).

81 Manfred Koch: *Weimaraner Weltbewohner. Zur Genese von Goethes Begriff ‚Weltliteratur'*, S. 107.

82 Norbert Christian Wolf: De la littérature nationale à la littérature mondiale: la trajectoire de Goethe. In: Joseph Jurt (Hg.): *Champ littéraire et nation*. Freiburg: Frankreich-Zentrum 2007, S. 91–100, hier S. 93.

83 Siehe Norbert Christian Wolf: *Streitbare Ästhetik. Goethes kunst- und literaturtheoretische Schriften 1771–1789*. Tübingen: Niemeyer 2001, S. 21–120.

84 Zitiert ebda., S. 102.

Diese nationaltypologische Sichtweise findet sich dann auch im Essay „Von deutscher Baukunst" (1772) wieder. Auch hier polemisierte der junge Goethe scharf gegen die Thesen der französischen Theorie im Bereich der Baukunst, konkret gegen den französischen Architektur-Theoretiker Marc-Antoine Laugier, der in einem deduktiven Verfahren das griechische Säulenmodell als normatives Vorbild präsentiert, währenddessen Goethe in seinem Hymnus auf das Straßburger Münster und die Gotik als deutscher Baukunst postuliert, dass sich der ‚Geist' des Monuments nur dem ‚fühlenden' Beobachter erschließe und nicht dem messenden Theoretiker.

Aber schon in seinem Text „Dritte Wallfahrt nach Erwins Grabe", der 1776 veröffentlicht wurde, sprach Goethe von den „Welschen aller Völker" und entnationalisierte so „den zuvor als französisch konnotierten und verbissen bekämpften akademischen Rationalismus und [erklärt] dessen idealtypische Vertreter generell zum Archetypus des unkreativen Menschen."[85] Nach Ernst Beuter sind „die Welschen[...] jetzt nicht irgendwelche Nachbarn des Rheins. Der nationale Gegensatz ist verschwunden, und Kluft ist nur noch zwischen den Schöpferischen und der Menge der Gaffer uns Urteilslosen, die sich bei allen Völkern in gleicher Weise finden".[86]

Diese Abschwächung der nationaltypologischen Sichtweise erklärt Norbert Christian Wolf aus dem durchschlagenden Erfolg seiner ersten literarischen Werke, des *Götz von Berlichingen* (1772) und des *Werther* (1774), auf nationaler und internationaler Ebene. Der *Werther* wurde schon 1776 ins Französische übersetzt, bis 1797 entstanden in Frankreich fünfzehn Übersetzungen und Neuauflagen.[87] Mit diesem fulminanten Anfangserfolg, den man so in Deutschland noch nicht gekannt hatte, sicherte sich Goethe nun einen festen Platz im deutschen literarischen Feld, und seine Apotheose des Genies bedurfte nicht mehr der radikalen polemischen Stellungnahme gegen die Kultur des Nachbarlandes.

1781 erschienen Schillers *Räuber* und die *Kritik der reinen Vernunft* von Kant, 1787 Schillers *Don Carlos* und Goethes *Iphigenie*. Es folgte nun die ganze Entfaltung der deutschen Literatur und Kunst, die wir kennen. An der Spitze fast aller größerer deutscher Staaten, aber auch in vielen kleineren standen indes noch, wie Norbert Elias feststellt, einzelne Menschen oder Kreise von Menschen, welche französisch sprachen und die Politik in Deutschland be-

---

85 Ebda., S. 204.
86 Ernst Beutler: *Von deutscher Baukunst. Goethes Hymnus auf Erwin von Steinbach, seine Entstehung und Wirkung*. München: 1943, zitiert ebda., S. 204.
87 Birte Carolin Sebastian: *Von Weimar nach Paris. Die Goethe-Rezeption in der Zeitschrift ‚Le Globe'*. Köln/Weimar/Wien: Böhlau 2006, S. 42.

stimmten. Daneben gab es eine mittelständische Gesellschaft, eine deutsch-sprechende Intelligenzschicht, die im Großen und Ganzen auf die politische Entwicklung keinen Einfluss ausüben konnte.[88] Sie bestimmten nun die Konturen der Nation auf der Basis ihrer zahlreichen gelungen Werke, die man als Manifestation einer nun auch in Deutschland blühenden ‚Klassik' einstufen wird, durch die Sprache und die Literatur, nicht aber über politische Strukturen. In Frankreich zeichnete sich nun relativ unvermittelt eine völlig neue Konzeption der Nation ab, die eminent politisch war und die mit der Nation nicht mehr bloß ein von anderen Bewohnern abgegrenzte Bevölkerung bezeichnete, sondern den Souverän allen politischen Handelns.

---

88 Norbert Elias: *Über den Prozess der Zivilisation*, Band 1, S. 14–17.

Die Geburt der modernen Nation aus dem Geist der Revolution[*]

Das entscheidende historische Faktum der Französischen Revolution ist zweifellos der Transfer der Souveränität von der Person des Königs auf die Nation. Die Individuen waren so nicht mehr passive Rechtssubjekte (*sujets*), sondern wurden zu politisch partizipatorischen Staatsbürgern (*citoyens*), die Quelle der Souveränität waren und diese an Volksvertreter delegieren konnten. Kurz: es war der Übergang von der Adelsnation zur Bürgernation; es war die Geburtsstunde der modernen Nation.

Vorgeschichte

Der französische Hoch- und Schwertadel hatte seinen exklusiven Repräsentationsanspruch über eine imaginäre ethnische Filiation legitimiert. Die Adeligen seien Nachkommen der fränkischen Eroberer; das Volk hingegen stamme von Galliern und Römern ab. Auf der Basis dieser ‚Theorie' rechtfertigte der Hochadel sein Herrschaftsprivileg und glaubte gleichzeitig, das Gros der Nation als Nachfahren der galloromanischen Einwohner als rechtlose, passive Untertanen betrachten zu können. Der Schwertadel sei zum Regieren geboren, die anderen zum Gehorchen.[1]

Nicht nur wegen der ständischen Struktur konnte kaum von einer vertikalen und horizontalen nationalen Kohärenz gesprochen werden; es gab auch zahlreiche andere Unterschiede im Rechtstatus der Bürger; zudem sprach und verstand, wie Abbé Grégoire 1790 feststellen musste, ungefähr die Hälfte der Bevölkerung des Landes kein Französisch. So war das Frankreich des Ancien Régime trotz administrativer zentralistischer Bestrebungen „ein vielfältig schillerndes Mosaik, das nur durch die Person des Monarchen zusammengehalten wurde."[2]

Neben dem ständischen Selbstverständnis existierte auch eine kulturpolitisch verstandene Identität, die sich auf die Ausstrahlungskraft des Hofes und

---

[*] In diesem Abschnitt werden Elemente eines Artikels aufgegriffen: Joseph Jurt: Die Geburt der modernen Nation aus dem Geist der Revolution. In: Alain J. Lemaître/Rolf G. Renner (Hg.): *Les révolutions du monde moderne*. Berlin: Berliner Wissenschafts-Verlag 2006, S. 15–30.

[1] Gonthier-Louis Fink: Die Problematik der französischen nationalen Identität in der Zeit des Umbruchs zwischen Ancien Régime und Thermidor (1750–1794). In: ders./Andreas Klinger (Hg.): *Identitäten. Erfahrungen und Fiktionen um 1800*. Bern/Frankfurt a. M.: Peter Lang 2004, S. 3–32; hier S. 8 f.

[2] Ebda., S. 10 f.

der höfisch-aristokratischen Gesellschaft berief – ein Kulturideal, an dem auch Gebildete des Beamtenadels und des oberen Bürgertums vor allem der Pariser Gesellschaft partizipierten. Jedoch ungefähr 90 % der Bevölkerung konnten sich, wie Gonthier-Louis Fink schreibt, in diesem angeblich repräsentativen nationalen Spiegel nicht wiedererkennen.[3]

Unter der Monarchie definiert sich der Franzose in Bezug auf das Königreich und den König. Er muss ‚régnicole‘ sein, das heißt im Königreich geboren sein, dort wohnen und die Souveränität des Königs und damit seinen Status als *sujet* (als Untertan) anerkennen. Der Staat war im Ancien Régime nach Lucien Febvre eine Ansammlung von mehr oder weniger zahlreichen Grundherrschaften. Diese Grundherrschaften waren nicht in erster Linie Territorien, sondern Rechtsgebilde. Dasselbe Territorium war bisweilen mehreren Souveränen verpflichtet.[4] Der Status des Fremden, des *étranger,* hatte im Ancien Régime noch nicht eine exklusive Bedeutung. So unterstreicht Gérard Noiriel, dass vor 1789 eine große Anzahl von Ausländern in Kernbereichen der nationalen Unabhängigkeit tätig war. Zum Generalstab der Armee zählten höhere Offiziere verschiedenster Nationalität. Der Baron Grimm hatte Funktionen im Heiligen Römischen Reich deutscher Nation inne und war gleichzeitig Sekretär im Stab des Duc d'Orléans. Der wichtigste Minister der Regierung Ludwig XVI., Necker, war nicht französischer Staatsbürger. Wenn so viele Ausländer in der Armee engagiert waren – sowohl als Soldaten als auch als Offiziere –, dann auch, weil der König eine Art Unternehmer war, dessen Aufgabe die Verteidigung des Territoriums war und der Militärs rekrutierte, wo er sie fand.

Im Ancien Régime war die ständische Zugehörigkeit wichtiger als die staatliche:

> Was die Rechte und Pflichten des einzelnen wesentlich bestimmte, war nicht in erster Linie, ob man Franzose oder Ausländer war, sondern ob man zu einer *seigneurie* „gehörte", Bewohner einer *pays d'État* war oder Bürger einer *ville franche*; ob man Adeliger oder Geistlicher, Protestant oder Jude war, Mitglied einer Gilde, Universität, einer religiösen Einrichtung oder eines *parlement*.[5]

Der Status des Ausländers spielte bloß in einem Bereich eine Rolle. Der Ausländer (*aubain*) konnte weder erben noch vererben. Sein Besitz fiel theoretisch beim Ableben an die Krone zurück. Als Kriterien der *qualité de français* bei

---

3 Ebda., S. 14.
4 Lucien Febvre: *Das Gewissen des Historikers.* Hg. von Ulrich Raulff. Frankfurt a. M.: Fischer 1990, S. 32.
5 Rogers Brubaker: *Staats-Bürger: Deutschland und Frankreich im historischen Vergleich.* Hamburg: Junius 1994, S. 63.

Erbschaftsfragen genügte neben dem Wohnsitz das Faktum, in Frankreich geboren zu sein oder einen französischen Elternteil zu haben. Die Frage der Staatsbürgerschaft war so nur bei Erbregelungen relevant.

Es entspricht vor allem dem Selbstverständnis der Revolutionäre, 1789 als ganz harten Schnitt darzustellen, als radikalen Bruch. Diese Wende wurde durchaus vorbereitet. Nach Otto Dann ist die Entstehung einer neuen nationalen Öffentlichkeit, die nicht mehr vom Adel geprägt war, „dem großen politisch-emanzipatorischen, bald auch revolutionären Aufbruch des Bürgertums zuzuordnen, der in Europa und Nordamerika seit 1770 zu beobachten ist, dem ‚Zeitalter der demokratischen Revolution', in dem sich das Bürgertum politisch zur modernen Nation emanzipierte."[6]

Der Transformationsprozess vom Untertan zum *citoyen*, von der Adels- zur Bürgernation, wurde durch einen Diskurswechsel, eine Inkubationszeit der 1760er und 1770er Jahre schrittweise vorbereitet. Diese Konzeption wurde vor allem verbreitet durch eine neue Definition des ‚citoyen' im Sinne politischer Partizipation. Bei der Betrachtung des neuen Nationenkonzepts ist es wichtig einen Blick auf die Staatsbürgerschaft zu richten, weil nun die Nation auch politische Partizipation der Bürger impliziert. ‚Citoyen' und ‚bourgeois' waren lange als Synonyme verwendet worden und meinten schlicht den Stadtbürger gemäß den etymologischen Ursprüngen der beiden Begriffe für die Stadt: *civitas, burgus*. Der Begriff ‚ville' von ‚villa' abgeleitet hatte sich erst in Zusammenhang mit dem Karolingerreich ausgebildet, als der Großgrundbesitz – die *villa* – und nicht mehr der Handel, dessen Mittelpunkt die Städte bildeten, zur neuen wirtschaftlichen Grundlage des Staates wurde.[7] ‚Bourgeois' meinte wie ‚citoyen' den Stadtbürger. Gelegentlich stellte man fest, in Frankreich sei ein Aufenthalt von zehn Jahren notwendig, um als ‚bourgeois' anerkannt zu werden.[8] Der Begriff ‚bourgeois' hatte vor allem eine soziale Bedeutung und meinte den vermögenden Stadtbewohner (Handwerksmeister, Verleger, Unternehmer); durch eine ständische Grenze war er vom Adel getrennt, wie das Molière sehr gut im *Bourgeois gentilhomme* (1670) sichtbar machte.

Mit Rousseau ist der Begriff des ‚citoyen' nicht mehr mit dem des ‚bourgeois', des Stadtbewohners, deckungsgleich. Wenn er sich selbst im *Discours sur l'inégalité* als ‚citoyen de Genève' bezeichnet, dann hat dieser Begriff eine politische Konnotation. Dass er den Ersten Diskurs der République de Genève widmet, war nach Heinrich Meier ein Kunstgriff, in dessen Schutz er das poli-

---

6 Otto Dann: *Nation und Nationalismus in Deutschland 1770–1990*, S. 55.
7 Vgl. dazu Henri Pirenne: *Mohammed und Karl der Große*. Frankfurt a. M.: Fischer 1963.
8 Manfred Riedel: Bürger, Staatsbürger, Bürgertum In: Otto Brunner/Werner Conze u. a. (Hg.): *Geschichtliche Grundbegriffe*. Bd. 1, Stuttgart: Klett 1972, S. 692.

tisch brisanteste Prinzip des Buches, die Idee der Souveränität des Volkes, vortragen konnte.[9] „Ich hätte gewünscht, in einem Land geboren zu werden," so schreibt Rousseau in seiner Widmung, „in dem der Souverän und das Volk nur ein und dasselbe Interesse haben könnten, so dass alle Bewegungen der Maschine immer nur auf das gemeinschaftliche Glück hinzielten."[10] Rousseau wird vor allem im *Emile* den ,bourgeois' vom ,citoyen' über moralisch-politische Kriterien abgrenzen. Der ,bourgeois' als Privatperson steht immer im Widerspruch mit sich selbst, schwankt zwischen seinen Neigungen und Pflichten; er ist weder Mensch noch ,citoyen', er vermag weder für sich noch für andere gut zu sein.[11] Die politische Gemeinschaft kann jedoch den Menschen in einen ,citoyen' verwandeln, der seine Identität als untrennbares Glied eines unverwechselbaren politischen Körpers verwirklicht und erfährt, der den anderen ,citoyens' als ein nach strengerem Recht Gleicher gegenübertritt.[12] Im *Contrat social* definiert Rousseau die Citoyens als „membres du corps politique". „A l'égard des associés ils prennent collectivement le nom de *peuple*, et s'appellent en particulier *Citoyens*, comme participant à l'autorité souveraine, et *Sujets* comme soumis aux lois de l'Etat."[13]

Das, was den Citoyen auszeichnet, ist also die Partizipation an der Souveränität und die Gleichheit vor dem Gesetz. Eine ähnliche politische Konzeption des Citoyen-Begriffes findet man bei den Enzyklopädisten, bei Mably, Holbach. Ich verweise hier auf die Studie von Chaussinand-Nogaret, *Le Citoyen des Lumières*.[14] Der Abbé Sieyès, der zum bedeutendsten politischen Denker der Französischen Revolution wurde, war mit diesen Denkansätzen vertraut.[15] Politisch durchgesetzt hat sich das Konzept des Citoyen, der modernen Staatsbürgerschaft, mit der Französischen Revolution. „Die moderne nationale Staatsbürgerschaft war eine Erfindung der Französischen Revolution", erklärt lapidar Rogers Brubaker.[16]

---

9 Heinrich Meier: Vorwort. In: Jean-Jacques Rousseau: *Diskurs über die Ungleichheit. Discours sur l'inégalité.* Hg. von Heinrich Meier. Paderborn: Schöningh 1990, S. IX–LXXV, hier S. LXXV.
10 Jean-Jacques Rousseau: *Diskurs über die Ungleichheit. Discours sur l'inégalité.* Hg. von Heinrich Meier. Paderborn: Schöningh 1990, S. 10.
11 Jean-Jacques Rousseau: *Emile.* In: *Œuvres complètes*, t. IV. Paris: Gallimard 1980, S. 250 (Bibliothèque de la Pléiade, 208).
12 Heinrich Meier: Vorwort, S. IX–LXXV, hier S. LXXIV–LXXV.
13 Jean-Jacques Rousseau: *Du Contrat social.* In: *Œuvres complètes*, t. III. Paris: Gallimard 1985, S. 362 (Bibliothèque de la Pléiade, 169).
14 Guy Chaussinand-Nogaret: *Le Citoyen des Lumières.* Bruxelles: Editions Complexe 1994.
15 Siehe dazu Alois Riklin: *Emmanuel Joseph Sieyès und die Französische Revolution*, S. 19.
16 Rogers Brubaker: *Staats-Bürger: Deutschland und Frankreich im historischen Vergleich*, S. 62.

Die Konstituierung der modernen Nation und des politisch aktiven Staatsbürgers im Kontext der Revolution

Schon in seiner Schrift vom Januar 1789 *Qu'est-ce que le Tiers État?* hatte Abbé Sieyès das hierarchische Prinzip der ständisch gebildeten Gesellschaft abgelehnt, um an deren Stelle das Prinzip der Nation zu setzen: „Wenn man die Privilegienordnung aufhebt, ist die Nation nicht etwas weniger, sondern etwas mehr", um dann festzustellen: „Der Dritte Stand stellt eine vollständige Nation dar."[17]

Bei den im Mai 1789 eröffneten Generalständen drehte es sich zunächst um die Schlüsselfrage, ob man nach Ständen oder nach Köpfen abstimmen sollte. Wichtig war Sieyès' Motion vom 15. Juni, die beglaubigten Abgeordneten verträten mindestens 96 Prozent der Nation und hätten darum das Recht und die Pflicht, den allgemeinen Willen (*la volonté générale*) der Nation zu interpretieren und darzulegen. Das Prinzip der Repräsentation des Willens der als souverän verstandenen Nation sollte an Stelle des ständischen Staates treten. Mirabeau hatte schon im Januar 1789 in den Wahlen zu den Generalständen eine politische Manifestation der Individuen und nicht bloß eine Volksvertretung gesehen: „La collectivité des représentants est la nation. [...] Le premier principe en cette matière est donc que la représentation soit individuelle, elle le sera s'il n'existe aucun individu dans la nation qui ne soit électeur ou élu, puisque tous devront être représentés."[18] Es ging darum, so schreibt Pierre Rosanvallon, die Nation an Stelle eines Mosaiks von persönlicher Abhängigkeit und Gunstbeziehungen zwischen den Individuen und dem Souverän zu setzen. Entscheidend war deshalb nach der Motion von Sieyès vom 17. Juni die Ersetzung des ständisch geprägten Begriffes der Generalstände durch die neue Bezeichnung ‚Assemblée nationale', welche bis Herbst 1791 die neue innere Verfassung Frankreichs gestaltete, an der Sieyès starken Anteil hatte.[19] Zu den teilweise schon anerkannten Rechten der ‚Untertanen' als Menschen, den ‚bürgerlichen Rechten' in der Sphäre des Privat- und Strafrechts, trat der Anspruch auf ‚politische Rechte' im Verfassungsleben, den der Bürger unter Berufung auf das

---

17 „Si l'on ôtait l'ordre privilégié, la nation ne serait pas quelque chose de moins, mais quelque chose de plus" (Emmanuel J. Sieyès: *Qu'est-ce que le Tiers Etat?* Hg. von Roberto Zapperi. Genève: Droz 1970, S. 124).

18 Zitiert bei: Pierre Rosanvallon: *Le sacre du citoyen: histoire du suffrage universel en France.* Paris: Gallimard 1992, S. 57 f.

19 Siehe dazu auch Christophe Le Digol: Du côté gauche et du côté droit à la Constituante. Retour sur les ‚origines' d'un clivage (1798–1791). In: Jacques Le Bohec/Christophe Le Digol (Hg.): *Gauche-droite. Genèse d'un clivage politique.* Paris: P.U.F. 2012, S. 21–38.

Recht des Menschen erhob. Der Erklärung der Menschen- und Bürgerrechte kam so eine eminente legitimatorische Bedeutung zu; sie wurden am 26. August 1789 vor der Verfassung verabschiedet. Sieyès hatte sein Projekt schon am 20. Juli unter dem Titel *Préliminaire de la Constitution* vorgelegt.

Für Condorcet war die wichtigste Aufgabe der Generalstände in der Tat eine Erklärung der Menschenrechte, für die Amerikas Unabhängigkeitserklärung, der erste legislative Text, der die Menschenrechte als positive Rechte anerkannte, das Modell abgeben sollte. Sieyès berief sich ebenfalls auf die Menschenrechte, allerdings in noch polemischerer Perspektive gegenüber der alten Ständeordnung. Wenn die ‚barbarie féodale‘ beanspruchte, die Nation zu sein, während der Dritte Stand für nichts galt, so erklärte er nun den Dritten Stand als die überwiegende Mehrheit des Landes, als die Nation. Die ehemals privilegierten Stände sollten sich mit den ‚droits de simples citoyens‘ zufrieden geben oder sich in die fränkischen Wälder zurückziehen, aus denen ihre Vorfahren angeblich gekommen seien.[20]

Sieyès’ *Préliminaire* betonte den universellen Anspruch der Menschenrechte: „Sie sind in der Natur der Menschen angelegt. *Jede* gesellschaftliche Vereinigung soll und darf keinem anderen Zweck dienen als der Sicherung und Erweiterung der Menschenrechte.“[21] Die Rechtsordnung des Ancien Régime war durch ein Gewirr von Privilegien (regionale Freiheiten, Monopole, Steuerbefreiungen) bestimmt. Die Revolution setzte die Gleichheit der Rechte und der Pflichten vor dem Gesetz durch und ersetzte Privilegien (etymologisch gesehen Privatrechte) durch allgemeines Recht.[22]

Während die Freiheitsrechte für alle gleich sind und gleich sein müssen, akzeptierte Sieyès doch die Ungleichheit der Mittel, die Ungleichheit von Reichtum, Geist und Kraft. Auch Rousseau leugnete eine natürliche oder physische Ungleichheit keineswegs, die Alter, Gesundheit, Geist und Seele betreffe; er wandte sich aber gegen eine moralisch-politische Ungleichheit, die von Menschen geschaffen werde. Er lehnt es vor allem ab, die menschengemachten Unterschiede durch eine natürliche Ungleichheit zu legitimieren. Rousseau erwies sich als „entschiedener Kritiker der allein auf Konventionen beruhenden,

---

20 Gonthier-Louis Fink: Die Problematik der französischen nationalen Identität in der Zeit des Umbruchs zwischen Ancien Régime und Thermidor (1750–1794), S. 33: „Pourquoi ne reverrait-il [le Tiers Etat] pas dans les forêts de Germanie toutes ces familles qui conservent la folle prétention d’être issues de la race des conquérants, et d’avoir succédé à leur droit de conquête.“

21 Alois Riklin: *Emmanuel Joseph Sieyès und die Französische Revolution*, S. 62.

22 Rogers Brubaker: *Staats-Bürger: Deutschland und Frankreich im historischen Vergleich*, S. 67.

von der Gesellschaft eingerichteten, unnatürlichen Ungleichheiten, wenn er die politische oder gesellschaftliche Ungleichheit überall dort eindringlich auf ihre Legitimität hin befragte, wo sie mit der natürlichen Ungleichheit ‚nicht im gleichen Verhältnis einhergeht'."[23]

Sieyès unterschied in seinem *Préliminaire* indes zwischen Menschenrechten und politischen Rechten, zwischen Passiv- und Aktivbürgern. Bürgerliche Gleichheit und politische Mitwirkung sind so zwei unterschiedliche Komponenten der modernen Staatsbürgerschaft.[24] Passivbürger sind – „ungeachtet von Geschlecht, Alter, Vermögen, Einkommen und Staatsangehörigkeit – alle Einwohner eines Landes. Sie haben den gleichen Anspruch auf die Freiheitsrechte und auf Sozialhilfe."[25] Der Status des Passivbürgers steht so auch dem Ausländer zu.

Die politischen Rechte hingegen können nach Sieyès nur von den Aktivbürgern ausgeübt werden. Ausgeschlossen von den politischen Rechten waren so Frauen, Kinder, Ausländer und diejenigen, die keinen Beitrag zur Unterstützung des Gemeinwesens leisteten. Den Ausschluss der Frauen betrachtete er als „mindestens vorläufig". Eigenartigerweise sah er, so unterstreicht Alois Riklin, „in der politischen Diskriminierung der Frauen und der unteren sozialen Schichten keinen Widerspruch zur Gleichheit der Rechte. Diese schien ihm erst durch Privilegien verletzt, d. h. durch die Befreiung von einer gemeinschaftlichen Last oder die ausschließliche Gewährung eines gemeinschaftlichen Gutes."[26] Ein neues Gefühl der sozialen Bindung baute sich auf der Exklusion der Privilegierten, der Aristokratie auf. Bisweilen werden die Privilegierten mit den Ausländern verglichen.[27]

Die Unterscheidung von Aktiv- und Passivbürgern ging zum großen Teil in die Verfassung von 1791 ein. Bedingungen für die Gewährung politischer Teilnahmerechte waren nach der Verfassung (Titel III, Kapitel I, Artikel 2) folgende Kriterien:

Französischer Staatsbürger männlichen Geschlechts, vollendetes 25. Altersjahr, fester Wohnsitz von gesetzlich bestimmter Dauer (ein Jahr), Steuerleistung im Gegenwert von mindestens drei Arbeitstagen, Nichtzugehörigkeit zum Stand der Lohndiener (*domesticité*), Eintrag in die Liste der Nationalgarde am Wohnsitz und Bürgereid.[28]

---

23 Heinrich Meier: Vorwort, S. LVII.
24 Roger Brubaker: *Staats-Bürger: Deutschland und Frankreich im historischen Vergleich*, S. 68.
25 Alois Riklin: *Emmanuel Joseph Sieyès und die Französische Revolution*, S. 65.
26 Ebda., S. 65 f.
27 Siehe Pierre Rosanvallon: *Le sacre du citoyen: histoire du suffrage universel en France*, S. 63.
28 Alois Riklin: *Emmanuel Joseph Sieyès und die Französische Revolution*, S. 97.

Wahlberechtigt waren so etwa 60 Prozent der Männer, d. h. viereinhalb Millionen von 26 Millionen Einwohnern. Durch das Kriterium der Steuerleistung von drei Tagen wurden jedoch bloß etwa 2 bis 3 % der männlichen Bevölkerung ausgeschlossen. Viel entscheidender war das Kriterium der Sesshaftigkeit.

Manfred Riedel glaubt, die in der Verfassung von 1791 eingeführte Trennung von *citoyen actif* und *citoyen passif* belege, dass der zur Macht gekommene Dritte Stand nicht das Recht der Menschheit als solches, sondern seine eigenen Rechtsinteressen vertrat.[29] Die ‚Declaration des droits de l'homme et du citoyen‘ von 1789 hatte jedoch die beiden Rechtssphären weitgehend zur Deckung gebracht: „Tous les citoyens […] sont également admissibles à toutes dignités, places et emplois publics selon leur capacité et sans autre distinction que celle de leurs vertus et de leurs talents" (Art. 6). Der ‚Mensch‘ war allerdings auch dann als ‚Bürger‘ des Staates anerkannt, wenn er nicht die Qualifikation zum Aktivbürger besaß. In der Verfassung von 1793 wurde der Titel ‚citoyen‘ jedem ‚Menschen‘ zugestanden: „Le peuple souverain est l'universalité des citoyens français" (Art. 1,7).

Pierre Rosanvallon hat unterstrichen, dass die moderne Idee des allgemeinen Wahlrechtes von keinem Denker der Aufklärung, auch nicht von Rousseau, verlangt worden war; die Forderung fand sich auch nicht in den *Cahiers de doléances*.[30] Der Bezugspunkt war der Besitzbürger und nicht der des Individuums als Bürger. Für die Physiokraten waren es vor allem jene Glieder der Nation, die durch ihre Produktion zum Reichtum der Gesellschaft beitragen.

Sieyès sah in seiner Zweiteilung zwischen Aktiv- und Passivbürgern jedoch bloß einen funktionellen, arbeitsteiligen Unterschied, der die grundsätzlichen Unterschiede zwischen Freien und Sklaven der antiken Polis transzendieren sollte. Im Gegensatz zu den Sklaven der Antike besäßen im revolutionären Frankreich alle Menschen, auch die Passivbürger dieselben Menschenrechte. Wenn die Eigenschaft eines Citoyen allen erwachsenen Männern zugeschrieben wird, so bedeutet diese Universalisierung einen Bruch mit der Vorstellung des Besitzbürgers. Doch diese Tendenz der Integration stieß auch bei Sieyès noch an Grenzen. So zweifelte er in einer Eingabe vom Herbst 1789 daran, ob man Bettler, Vagabunden und Nicht-Sesshafte als Staatsbürger betrachten könne. Sesshaftigkeit erscheint so als wichtigstes Kriterium des Bürgerstatus. Die Universalisierung der Bürgerrechte und die partielle Einschränkung der politischen Rechte sollten allerdings problematisch bleiben.

Für die *Constituante* war die Staatsbürgerschaft (*citoyenneté*) nicht bloß ein juristisches Problem. Dasselbe galt für die Staatsangehörigkeit (*la nationalité*),

---

29 Manfred Riedel: Bürger, Staatsbürger, Bürgertum, S. 690.
30 Pierre Rosanvallon: *Le sacre du citoyen: histoire du suffrage universel en France*, S. 86.

die erst in der Verfassung von 1791 festgelegt wurde. Wer in Frankreich als Kind eines Franzosen geboren wurde, war automatisch französischer Staatsbürger. Wer als Kind eines Ausländers in Frankreich geboren war, brauchte eine bestimmte Aufenthaltsdauer, um Staatsbürger zu werden. Wer als Kind eines Franzosen im Ausland geboren wurde, musste in Frankreich Wohnsitz haben und den Bürgereid leisten. Wer von ausländischen Eltern im Ausland geboren war, konnte französischer Staatsbürger werden, wenn er fünf Jahre ununterbrochen in Frankreich Wohnsitz hatte, den Bürgereid ablegte, mit einer Französin verheiratet war oder ein Anwesen gekauft oder einen bäuerlichen Betrieb oder ein Geschäft gegründet hatte.[31]

Das *ius soli* ist so wichtiger als das *ius sanguinis* bei der Definition der Staatsangehörigkeit. Das neue Recht führte hier die Tradition des Ancien Régime weiter. Rosanvallon unterscheidet zwischen drei Graden des Bezugs: erstens ein *passiver* Bezug (der Wohnsitz; Sieyès ging hier weiter, denn ein Ausländer konnte nach ihm französischer Staatsbürger werden, sobald er von einer Gemeinde akzeptiert wurde); zweitens ein *politischer* Bezug (der Bürgereid) und drittens ein *aktiver* Bezug (eine ökonomische Tätigkeit oder Familienbande). Der Begriff der Staatsangehörigkeit (*nationalité*) wird so nach Rosanvallon mit dem der Staatsbürgerschaft (*citoyenneté*) deckungsgleich. Die Bedingungen, um die Staatsangehörigkeit zu erlangen, tendierten dazu, die Bedingungen für die Ausübung der politischen Staatsbürgerschaft zu werden. Der Bürgereid ist so nicht nur Bedingung für die Erlangung der Staatsangehörigkeit für im Ausland Geborene, sondern auch Vorbedingung für alle, um das Wahlrecht ausüben zu können: „C'est l'implication civique et sociale des individus, et non leur patrimoine génétique ou historique, qui est déterminant", schreibt Rosanvallon.[32] Von dieser universalistischen Konzeption zeugt die Einbürgerung großer freiheitsliebender Figuren wie Paine oder Cloots oder Schiller im Jahre 1792. Ein Gefühl einer philosophischen Blutsverwandtschaft, so ein Abgeordneter, eint die Philosophen des Auslands und die französischen Revolutionäre in ihrem Kampf gegen den Despotismus. Anacharsis Cloots, ein preußischer Baron holländischen Ursprungs, der 1792 Abgeordneter des Département l'Oise geworden war, verkörperte in der Tat die universalistische Dimension des neuen Gemeinwesens. Auf der Tribüne des Konvents erklärte er, die Geschichte der Französischen Revolution werde durch die Fähigkeit der Franzosen bestimmt, universelle Menschen zu werden, die das Wort Fremder, Auslän-

---

31 Ebda., S. 72.
32 Ebda., S. 74.

der zu einem Barbarismus werden lasse.[33] Er ersetzte so den Gegensatz Franzose/Ausländer durch die Opposition zivilisierte Menschheit/Barbarei.

In ihrer ersten Phase definierte sich die Nation nach innen, indem sie durch das Prinzip der rechtlichen Gleichheit die internen ständischen Grenzen aufhob; sie definierte sich aber noch nicht nach außen gegen andere Nationen; in ihrer Frühphase gab sie sich ostentativ kosmopolitisch und führte darin eine Tradition des Ancien Régime weiter. Das *droit d'aubaine* wurde abgeschafft, weil es im Widerspruch zu den Prinzipien der Brüderlichkeit stand, die alle Menschen vereinen sollte. Die Verfassung von 1791 anerkennt nicht nur die Freiheit des Einzelnen, sondern auch die Freiheit der anderen Nationen: „Die französische Nation verzichtet auf jede Art von Eroberungskrieg und wird ihre Kräfte niemals gegen die Freiheit eines anderen Volkes einsetzen."[34] Die Bürgerrechte, nicht aber die politischen Rechte, galten gleichermaßen für die Ausländer. Sie unterstanden demselben Straf- und Polizeigesetzen wie die französischen Bürger. Ihre Person, ihr Besitz, ihr Gewerbe, ihr Glaube wurde in gleichem Maße durch das Gesetz geschützt.

Wichtig war für Frankreich vor allem, dass es sich um eine *Staats*bürgerschaft handelte. Frankreich war seit seiner Konstitution als Nation zu Beginn der Neuzeit eine Staatsnation. Die Kultur war ein Attribut, nicht jedoch das Fundament der Nation. Als die Nationalversammlung 1789 die Souveränität der Nation ausrief, wurde die Mitgliedschaft in dieser souveränen Nation in der politisch-rechtlichen Form der Staatsbürgerschaft und nicht im Sinne einer ethnischen Zugehörigkeit zu einem Volk vertreten. Die Grenzen der Nation waren diejenigen des Staates, dessen Souveränität sie selbst legitimierte. Die Zugehörigkeit war nur in ihrem politischen Aspekt kodifiziert:

> Die bürgerrechtliche Dimension blieb unkodifiziert. Dies verursachte in der frühen Revolutionszeit keine Probleme, denn die Verfassung von 1791 garantierte Nicht-Staatsangehörigen die gleichen wesentlichen Bürgerrechte wie den Staatsbürgern: die Erb- und Vertragsfreiheit, die Freiheit der Person, des Eigentums und der Religion und die Gleichheit vor dem Gesetz.[35]

---

33 Nach Sophie Wahnich: *L'impossible citoyen. L'étranger dans le discours de la Révolution française*. Paris: Albin Michel 1993, S. 8.

34 Nach Rogers Brubaker: *Staats-Bürger: Deutschland und Frankreich im historischen Vergleich*, S. 73. Siehe auch Anne-Marie-Thiesse: *Faire les Français. Quelle identité nationale?*, S. 46: Die Französischen Revolutionäre verzichten auf das ‚Recht auf Eroberung', das eine Quelle des ‚Ruhm' der Monarchien war. Die moderne Nation hat nur das Recht, das Territorium ihrer Vorfahren gegen feindliche Überfälle zu verteidigen.

35 Rogers Brubaker: Einwanderung und Nationalstaat in Frankreich und Deutschland. In: *Der Staat*, Nr. 28. 1989, S. 1–30, hier S. 18.

Im Ancien Régime gab es eine Vielfalt von Rechtshoheiten und Körperschaften und damit auch eine Vielzahl von Zugehörigkeiten. Die Revolution fegte diese zwischengeschalteten Institutionen, die Privilegien verleihen konnten, weg und stellte das Individuum unmittelbar dem Staat, der die Nation politisch organisierte, gegenüber. Die Revolutionäre folgten hier Rousseau und nicht Montesquieu. In seinen Augen war die Abhängigkeit von Anderen eine Quelle der Unfreiheit. Die intermediären Körperschaften zwischen dem Individuum und dem Staat hinderten den Menschen, frei zu sein und sollten darum abgeschafft werden. Der Bürger, direkter Ausdruck der *volonté générale*, sollte darum – im Gegensatz zu England – unabhängig von allen zwischengeschalteten Körperschaften sein und in enger und direkter Beziehung zum Staat bleiben. „La citoyenneté est comme la nation", schreibt Dominique Schnapper, „un tout indivisible, elle doit être organisée et garantie par un État centralisé, expression de la Volonté générale, producteur de la société."[36] Die Konstitution von 1791 definiert in Titel III, Artikel I klar die Unteilbarkeit der nationalen Souveränität: „La souveraineté est une, indivisible, inaliéable et imprescriptible. Elle appartient à la nation; aucune section du peuple, aucun individu ne peut s'en attribuer l'exercice." In Frankreich ist der Bürger unmittelbarer Angehöriger des Staates; keine Körperschaft kann Teil-Souveränität beanspruchen. Diese neue unmittelbare Staatsbürgerschaft erlaubte dem Staat die direkte Besteuerung, die Heranziehung jeden Bürgers zum Militärdienst sowie direkte Anordnungen an Fremde.

Das was die moderne Nation, die aus der Französischen Revolution entstanden war, charakterisierte, war, dass sie ihre Alterität im französischen Ancien Régime situierte und nicht in anderen Nationen. Am 3. November 1789 hatte Thouret in der Nationalversammlung vom ‚ancien ordre des choses' gesprochen und Mirabeau prägte 1790 den Ausdruck ‚Ancien Régime', der sich 1791 durchzusetzen schien, bevor Tocqueville 1858 ‚L'Ancien Régime et la Révolution' einander gegenüberstellte.[37]

Das Pathos des Neubeginns ging bis zur Schaffung eines neuen Kalenders, der den bisherigen Zeitrhythmus radikal verändern sollte. Robespierre unterstrich, dass man bei den Repräsentationsformen früherer Systeme keine Anleihen machen könne:

> Die Theorie der revolutionären Regierung ist so neu wie die Revolution, die sie hervorgebracht hat. Wir brauchen danach nicht in den Büchern politischer Schriftsteller zu su-

---

36 Dominique Schnapper: *La communauté des citoyens. Sur l'idée moderne de la nation*, S. 91.
37 Gonthier-Louis Fink: Die Problematik der französischen nationalen Identität in der Zeit des Umbruchs zwischen Ancien Régime und Thermidor (1750–1794), S. 17.

chen, die diese Revolution nicht vorausgesehen haben, und auch nicht in den Gesetzbüchern von Tyrannen, denen es genügte, ihre Macht zu missbrauchen und die sich wenig um den Nachweis ihrer Legitimität scherten.[38]

So wurden die Embleme des Ancien Régime in einem ersten vehementen Vernichtungssturm zerstört.[39]

Die Idee des totalen Bruchs mit der Vergangenheit, der Wille, eine völlig neue Ordnung zu begründen, waren in der Tat konstitutiv für das neue Selbstverständnis der französischen Republik. Ihr zentrales Credo war, nach Mona Ozouf, die Idee der alterslosen Revolution; jede Generation könne sich als erste betrachten und die Revolutionäre seien Kinder ohne Mutter, gemäß dem Motto von Montesquieus *Esprit des lois* (*prolem sine matre creatam*), sie seien in der Lage, die soziale und politische Ordnung völlig neu zu konzipieren. Die Franzosen suchten so ihre republikanische Identität im Bruch mit der Zeit, d. h. der Vergangenheit, während die Vereinigten Staaten sich in der räumlichen Trennung vom ‚Mutterland' konstituierten.[40]

Das moderne Nationalbewusstsein, das sich mit der Französischen Revolution ausbildete, übte in der Tat eine dem konfessionellen Wir-Bewusstsein ähnliche identitäre Funktion aus. Die Nation wurde zum Objekt einer Sakralisierung, die die Bereitschaft, für die Nation zu sterben, erklärte. Die neue, nationale Identitätsvorstellung artikulierte die Opposition zur Alterität des Ancien Régime – ähnlich wie zur Zeit der Reformation – mit der symbolischen Waffe des Bildersturms, der allerdings nach einer ersten Welle der Gewalt rationalisiert wurde und sich auf das Emblematische beschränkte. Die Nation, die sich nun als eigenständiges Subjekt verstand, musste sich ihre Symbole selber schaffen. Sie tat dies teils durch die Substitution katholischer Riten durch rationalistische Gegenmodelle, häufig in antiker Einkleidung (Fest des höchsten Wesens) oder durch die Säkularisierung christlicher Kultformen (etwa durch den Märtyrerkult, den man Marat widmete, dessen Statue an die Stelle der Heiligenstatuen trat).[41]

---

38 Zitiert in Lynn Avery Hunt: *Symbole der Macht, Macht der Symbole. Die Französische Revolution und der Entwurf einer politischen Kultur.* Frankfurt a. M.: Fischer 1989, S. 73.

39 Siehe Joseph Jurt: Rappresentazione simbolica dell'identità nazionale nella Francia rivoluzionaria. In: Paolo Prodi/Wolfgang Reinhard (Hg.): *Identità colletive tra Medioevo ed Età Moderna.* Bologna: CLUEB 2002, S. 217–230.

40 Mona Ozouf: L'idée républicaine et l'interprétation du passé national. In: *Le Monde,* 19. Juni 1998, S. 14.

41 Siehe dazu Klaus Herding: *Im Zeichen der Aufklärung. Studien zur Moderne.* Frankfurt a. M.: Fischer 1989, S. 95–126: Davids „Marat" als *dernier appel à l'unité révolutionnaire.* Siehe dazu auch Anne-Marie-Thiesse: „Le culte de la nation [...] a repris des formes antérieures de la célébration religieuse: croyance en la nation, fidélité jurée jusqu'au martyre. La célébration des grands hommes imite le culte des saints, avec sa statuaire, ses reliques, ses lieux de pèlerina-

Im Kontext der neoklassischen Antikenrezeption hatte die weibliche Allegorie der Freiheit mit der der *manumissio* entlehnten Attributen der Mütze (*pileus*) auf einem Stabe (*vindicta*) Eingang in die Formensprache der jungen amerikanischen Republik gefunden und wurde von der Ersten Französischen Republik übernommen. Auch das Symbol der phrygischen Mütze war angloamerikanischen Ursprungs und wurde von der Französischen Revolution über diesen Umweg rezipiert.[42]

Die Sakralisierung der Nation bewirkte unzweifelhaft, dass der Wille einer grundlegenden Neugestaltung der politischen Ordnung im Sinn einer Partizipation aller Bürger gegen die Privilegienordnung des Ancien Régime irreversibel wurde. Die unbedingte Schärfe der internen Abgrenzung erklärt auch den missionarischen Charakter, den die Revolution annahm. Émile Durkheim hat seinerseits sehr klar gesehen, wie die Säkularreligion der Nation den Platz des Christentums einnahm, um die Kohärenz der Gesellschaft zu garantieren:

> Entre la science et la foi il existe des intermédiaires; ce sont les croyances communes de toute sorte, relatives à des objets laïques en apparence, tels que le drapeau, la patrie, telle forme d'organisation politique, tel héros ou tel événement historique etc. [...] Elles sont dans une certaine mesure, indiscernables des croyances proprement religieuses.[43]

Von der Souveränität der Völker zur Staatssouveränität

Das Konzept der Menschenrechte, das per se universell war, weil es sich auf alle Menschen bezog, wurde in der ersten Phase der Französischen Revolution auch auf die Völker übertragen. Die Zeit des Ancien Régime sah man durch zwei Prinzipien bestimmt: durch das Prinzip der ‚civilisation', das zu einer zivilisierten Gesellschaft und zum Frieden führen sollte und das Prinzip der Barbarei, das man von den despotischen Regimen verkörpert sah, die zum Zwist zwischen den Völkern führten. Nach Desmoulins sollte die Revolution intern die ständischen Trennungen und extern die Uneinigkeit der Völker überwinden

---

ge. Les commémorations, les fêtes et les hymnes nationaux s'inspirent de la production culturelle et iconographique d'origine religieuse" (Anne-Marie-Thiesse: *Faire les Français. Quelle identité nationale?*, S. 134).

42 Siehe dazu auch Joseph Jurt: Die Allegorie der Freiheit in der französischen Tradition. In: Klaudia Knabel/Dietmar Rieger u. a. (Hg.): *Nationale Mythen – kollektive Symbole. Funktionen, Konstruktionen und Medien der Erinnerung.* Göttingen: Vandenhoeck & Ruprecht 2005, S. 113–126.

43 Émile Durkheim: De la définition des phénomènes religieux. In: *L'année sociologique*, 2, 1897–1898, S. 1–28, hier S. 20.

zu Gunsten eines einzigen Volkes: des Menschengeschlechtes. Das Prinzip der Gleichheit sollte auch die Beziehungen zwischen den Völkern bestimmen. Die Unveräußerlichkeit der Volkssouveränität erheischte den Respekt der Souveränität anderer Völker, die man im Naturrecht fundiert sah.

Die Beziehung zwischen den Völkern wird als Föderation freier Völker gesehen. Frankreich soll sich so zunächst mit den Völkern verbinden, die auch den Despotismus abgeschüttelt haben, wie die Vereinigten Staaten, England, die Schweiz. Als Beispiel erscheint Korsika, das sich 1790 an das freie Frankreich anschließt, ohne seine Souveränität aufzugeben. Souveränität meint hier nicht so sehr Souveränität des Staates, sondern die Freiheit und Selbstbestimmung des Volkes als Quelle der Macht. In den Reden wird immer wieder betont, Frankreich müsse Beispiel sein. Die amerikanische und die Französische Revolution werden nicht als Machtergreifung interpretiert, sondern als Etappe eines universellen Prozesses, der die Völker dazu führt, ihre Rechte zu erkämpfen. Darum wird der Eroberungskrieg als Mittel der Verbreitung der Revolution zunächst abgelehnt; einzig die Verbreitung der revolutionären Ideen wird propagiert.[44]

Der Wandel des Nationen- und Staatsbürgerverständnisses nach 1792

Die Kriegserklärung von 1792 führte indes zu einer Entzweiung innerhalb der Jakobiner. Robespierre war ein entschiedener Gegner des Krieges, der dem Souveränitätsrecht der Völker widerspreche und intern zu einer Stärkung der Exekutive führe und so die Gefahr des Despotismus in sich berge. Wenn die Befürworter des Krieges von einem Freiheitskrieg mit defensivem Charakter sprachen, so argumentierten sie im Namen des Nationeninteresses und damit einer neuen Konzeption der *staatlich* verstandenen Souveränität. Das Argument der „natürlichen Grenzen" wurde vorgebracht, was nun auch zu einer ‚Territorialisierung' der Nation führte. Im Falle von Belgien und Frankreich stellte sich die republikanische französische Armee als Befreierin dar und praktizierte trotzdem die Politik der Besetzung. Mit dem Vertrag von Den Haag (1794), wurden Territorien annektiert, ohne dass das durch ein Votum der Bevölkerung legitimiert worden wäre, wie es dem Prinzip der gegenseitigen Anerkennung der Souveränität entsprochen hätte.[45]

---

44 Siehe dazu Joseph Jurt: Die universalistisch-jakobinische Tradition der französischen Außenpolitik. In: Bernd Rill (Hg.): *Frankreichs Außenpolitik*. München: Hanns Seidel Stiftung 2009, S. 7–19 (‚Argumente und Materialien zum Zeitgeschehen', 66).
45 Siehe ebda., S. 8 f.

Ab 1792 setzt so eine Wende ein. Das Konzept der Nation wird nun nicht mehr so sehr zum Instrument der Inklusion, sondern der Exklusion. Die Revolution hatte aus einer Ansammlung von Mitgliedern eingeschränkter Gemeinschaften die Körperschaft der Bürger eines Staates gemacht.

> Die Linie der Grenzen (*limites*) wird zu einer Art Graben zwischen deutlich geschiedenen Nationalitäten. Obendrein wird sie zu einer moralischen Grenze (*frontière*), die sich rasch mit allem Hass, aller Rachsucht und allem Schrecken belud, die in Frankreich und im Ausland von der Französischen Revolution hervorgerufen wurde.[46]

Da unter universalistischen Kriterien alle vorpolitischen Eigenschaften wegfallen mussten, blieb als Kriterium der Bürgerschaft einzig das Territorium der Staatsnation übrig: „Das Staatsgebiet wird zum *sanctuaire* der Souveränität; und das *ius soli*, der Geburtsort, zum entscheidenden Kriterium der Mitgliedschaft."[47] Hier manifestiert sich das, was Niklas Luhmann das ‚Paradox der Nation' genannt hat, die nach außen partikulär und nach innen universalistisch ist. Auch Pierre Nora hielt es für bezeichnend, dass in Frankreich der Universalismus im Namen der Nation legitimiert wurde, die doch ein Prinzip der Trennung, der singulären Identifikation, des gemeinschaftlichen Partikularismus darstelle: „[La France est] cette nation qui a eu l'universalime dans son particulier."[48]

Der exklusive Charakter der neuen Ordnung manifestierte sich 1792, als sich Frankreich von inneren und äußeren Feinden belagert fühlte. Im Zeichen der ‚patrie en danger' wurden die kosmopolitischen und pazifistischen Tendenzen der Frühphase der Revolution verdrängt. Der Nationalismus, ein Produkt des Krieges, richtete sich gegen die Ausländer des eigenen Gebietes und gegen die Nationen nach außen – zuerst verstanden als Mission, um die unterdrückten Völker in ihrem Kampf um die Freiheit zu unterstützen, dann aber auch schlicht als imperiale Eroberung.

In einem Klima des Misstrauens wandte man sich gegen interne Feinde, die im Dienste externer Feinde stehen könnten. 1793 schlug Garnier de Saintes folgendes Dekret vor: „Die Fremden, die ein Zeugnis der Gastfreundschaft erhalten haben, sind gehalten am linken Arm ein Trikolore-Band zu tragen auf dem das Wort ‚Gastfreundschaft' und ihre Herkunftsnation geschrieben

---

46 Lucien Febvre: *Das Gewissen des Historikers*, S. 32.
47 Otto Kallscheuer: Fragment und Solidarität. Über Nation und Staatsbürgerschaft. In: *NZZ*, Nr. 147, 28./29. Juni 1997, S. 50.
48 Pierre Nora: Nation. In: François Furet/Mona Ozouf (Hg.): *Dictionnaire critique de la Révolution française*, Bd. IV. Paris: Flammarion 1992, S. 339–358, hier S. 350.

steht."[49] Der Fremde wird so aus der Gemeinschaft ausgeschlossen. Anacharsis Cloots und Thomas Paine verloren ihren Sitz wie Schiller, Klopstock, Washington im Konvent. Beide hatten zu den siebzehn ausländischen Denkern und Staatsmännern gehört, denen am 26. August 1792 der ‚Titel des französischen Staatsbürgers' verliehen wurde mit der Begründung, dass man „diese Männer, die durch ihre Schriften und durch ihren Mut der Sache der Freiheit gedient und die Befreiung der Völker vorbereitet haben, nicht als Ausländer betrachten könne"[50]. Ab Februar 1793 wich der Universalismus der ersten Revolutionsjahre einem virulenten Nationalismus. In jeder Gemeinde wurde ein Komitee eingerichtet, das die Situation und die Loyalität der niedergelassenen Fremden zu untersuchen hatte. Diejenigen, die in Frankreich bleiben durften, mussten sich durch Kennkarten, blaue ‚cartes de sûreté', ausweisen. Robespierre verlangte, dass man Fremde von leitenden Stellen der Armee ausschließe. Fremde, die an die ‚Brüderlichkeit des Menschengeschlechts' geglaubt hatten wie Anacharsis Cloots, wurden guillotiniert oder wie Thomas Paine gefangen genommen. Sophie Wahnich glaubt, dass die Exklusion der Fremden schon vor 1792 präsent war. Die Vorstellung der Nation als ein Körper, der anstelle des Körpers des Königs rücke, situierte den Fremden außerhalb dieses imaginären Körpers. Der Fremde sei aber auch präsent in der Obsession der Figur des Nomaden, der ja in der Tat von der Staatsbürgerschaft ausgeschlossen wurde. Wenn das neue Gemeinwesen durch das Recht konstituiert wird, dann erscheint der Fremde als derjenige, der das Recht nicht respektiert. Die harten Maßnahmen gegen die Ausländer nach 1792 haben nach Brubaker etwas mit der Logik des Nationalstaates zu tun:

> Ein Nationalstaat ist der Staat einer Nation, einer bestimmten, begrenzten, souveränen Nation (und für diese da), zu dem die Ausländer per definitionem nicht gehören. Nach innen rechtmäßig homogen, ist er eben deshalb nach außen schärfer begrenzt als ein intern heterogener Staat wie das vorrevolutionäre Frankreich [...]. Mit der Erfindung des nationalen Bürgers und des rechtlich homogenen nationalen Staatsvolkes erfand die Revolution zugleich den Ausländer.[51]

Bürger und Ausländer sind nunmehr korrelative, sich ausschließende Begriffe, während sie vorher bloß ein Kriterium rechtlicher Differenzierung unter anderem gewesen waren.

---

49 Sophie Wahnich: *L'impossible citoyen. L'étranger dans le discours de la Révolution française*, S. 10 f.
50 Rogers Brubaker: *Staats-Bürger: Deutschland und Frankreich im historischen Vergleich*, S. 75.
51 Ebda., S. 75.

Die Französische Revolution prägte nach Brubaker die moderne nationale Staatsbürgerschaft aus vier Perspektiven: als bürgerliche Revolution schuf sie einen allgemeinen Mitgliedstatus auf der Basis der Gleichheit vor dem Gesetz (*citoyen passif*), als demokratische Revolution konzipierte sie die Staatsbürgerschaft als politische Partizipation (*citoyen actif*), als nationale Revolution verstärkte sie die Abgrenzung gegenüber den andern Nationalstaaten, als staatsrechtliche Revolution verlieh sie der *Staats*bürgerschaft eine neue Unmittelbarkeit.

Die Nation hatte seit dem Ende des 18. Jahrhundert eine wichtige Rolle gespielt als soziale Bindung der Bürger: Sie schuf eine Kohäsion, die es ermöglichte eine neue politische und soziale Organisationsform aufzubauen, die die politische Partizipation der Bürger garantierte.

Die neue Nation und das Konzept einer Nationalsprache

Die neue Nation, verstanden als Nation der ‚citoyens‘, wurde so wesentlich durch ihre politischen Strukturen bestimmt. Zentral war die Beteiligung der Staatsbürger, die den neuen Souverän darstellen, am politischen Geschehen, an der politischen Debatte. Und trotzdem spielte nun die Sprache für die neue Nation eine zentrale Rolle. Die Sprache wurde aber nicht als das Fundament der neuen Nation betrachtet, sondern als Instrument der Politik. Der Linguistin Brigitte Schlieben-Lange fiel die außerordentliche Bedeutung auf, „die der Sprache in der Revolution zugemessen wird: Sprachprobleme sind Gegenstand der Sitzungen der gesetzgebenden Versammlungen; politische Protagonisten der Revolution sind *auch* Sprachtheoretiker [...]“[52]. Wenn sich verschiedene politische Organe von der Assemblée Nationale, über den Konvent bis zu den Comités mit der Sprachproblematik befassten, so deutete das darauf hin, „dass der Sprache eine entscheidende Rolle bei der Bildung der Nation und bei der Konstitution parlamentarischer Öffentlichkeit zuerkannt wurde“[53].

Aus dem republikanischen Prinzip der *égalité*, und das war das grundlegende Prinzip, wurde die Notwendigkeit abgeleitet, die *langue une* für die *nation une et indivisible* zu dekretieren.[54] Hans-Martin Gauger hat die politische Begründung dieser Sprachpolitik klar umrissen, wenn er schreibt: „Die Republik als Staatsform ist angewiesen auf die Gemeinsamkeit der Sprache: die Ge-

---

[52] Brigitte Schlieben-Lange: Die Französische Revolution und die Sprache. In: *Zeitschrift für Literaturwissenschaft und Linguistik*, 11, H. 41, 1981, S. 90–123, hier S. 97.
[53] Ebda., S. 100.
[54] Christian Schmitt: *Nation* und *Sprache*: das Französische, S. 698.

setze, die für alle gelten [...] müssen *von allen* verstanden werden, und auch die Teilnahme am politischen Diskurs, der die Voraussetzung jener Gesetze ist, bedarf einer *allen* gemeinsamen Sprache."[55]

Ausgehend vom Kriterium der *égalité* definierte sich die neue Nation nicht mehr über ständische Grenzen, sondern bloß mehr über die Grenzen des Territorialstaats. Man musste nun aber feststellen, dass die zum Topos gewordene Universalität der französischen Sprache nur für eine kleine politische und kulturelle transnationale Elite gültig war, nicht aber für die verschiedenen sozialen Schichten und Regionen innerhalb Frankreichs. So rief der berühmt gewordene Abbé Grégoire im Juni 1794 betrübt im Konvent aus, die französische Sprache habe die Hochschätzung ganz Europas gewonnen, während in Frankreich selber viele andere Sprachen und Dialekte gesprochen würden. Einerseits, so stellte er fest, „sind wir, was die Sprache angeht, noch immer beim Turm von Babel", andererseits stehen wir, „was die Freiheit betrifft, an der Spitze der Nationen". Zu einer unteilbaren Republik gehört, so Grégoire, der ausschließliche und einheitliche Gebrauch der ‚Sprache der Freiheit'.[56]

Der politisch motivierte Kampf für eine Einheitssprache vollzog sich indes in verschiedenen Etappen. In einer ersten Etappe, ab 1790, arbeitete man mit Übersetzungen, was aber nur als Notbehelf eingestuft wurde[57]; denn die Übersetzung vermöge keineswegs den politischen Gehalt eins zu eins zu übertragen. Ab 1791/1792 verschärfte sich dann die Sprachpolitik, um sich dann während der Zeit der *Terreur* (von Januar bis Juni 1794) noch einmal zu steigern[58].

Aus dieser letzteren Periode stammen auch die wichtigsten Belege der Sprachpolitik. Da ist einmal die Intervention von Bertrand Barère zu nennen, der stark vom wichtigen Grammatiker der Revolutionsepoche, Urbain Domer-

---

55 Hans-Martin Gauger: Die Französische Revolution, die Sprache und Deutschland. In: *NZZ*, 11./12. Mai 1991, S. 67 f. Jürgen Trabant fasst in diesem Zusammenhang die sprachpolitische Argumentation von Barère so zusammen: „Die Demokratie verlangt sowohl Kommunikation zwischen Regierung und den Bürgern (Kontrolle der Regierung) als auch die Kommunikation zwischen den Bürgern („une attention singulière de tous les citoyens les uns sur les autres"), die nur mittels einer gemeinsamen Sprache möglich seien" (Jürgen Trabant: Die Sprache der Freiheit und ihre Feinde. In: *Zeitschrift für Literaturwissenschaft und Linguistik*, 11, H. 41, 1981, S. 74).

56 Hans-Martin Gauger: Die Französische Revolution, die Sprache und Deutschland, S. 67.

57 Diese Politik scheiterte nicht nur „am Betrug der beauftragten Firma, sondern auch an der Inexistenz von Schriftdispositiven in den ja teils nur oralen Sprachgemeinschaften" (Jürgen Trabant: *Der gallische Herkules. Über Sprache und Politik in Frankreich und Deutschland.* Tübingen/Basel: A. Francke 2002, S. 41).

58 Ebda., S. 68; siehe dazu auch Brigitte Schlieben-Lange: Die Französische Revolution und die Sprache, S. 100.

gue[59], beeinflusst war. Barère, so schreibt Jürgen Trabant, „ist der Generalist, der in einem bestimmten Moment der politischen Entwicklung mit einem wichtigen sprachpolitischen Vorschlag eingreift. Barère ist dabei der erste, der vor dem Konvent die Sprachenfrage aufwirft."[60] Barère hatte am 21. Januar 1794 den „Rapport du comité de salut public sur les idiomes" vorgelegt, nach Jürgen Trabant „neben dem Rapport Grégoire [...] wohl der berühmteste sprachpolitische Text der Französischen Revolution"[61]. In Barères Rede findet sich zunächst das Grundprinzip der Sprachpolitik der Revolution: „Citoyens, *la langue d'un peuple* libre doit être la même pour tous."[62] Für Barère ist die *langue nationale* die Alternative zum Ancien Régime:

> La monarchie avait des raisons de ressembler à la tour de Babel; dans la démocratie, laisser les citoyens ignorants de la langue nationale, incapables de contrôler le pouvoir, c'est trahir la patrie, c'est méconnaître les bienfaits de l'imprimerie, chaque imprimeur étant un instituteur de langue et de législation. Le français deviendra la langue universelle, étant la langue des peuples.[63]

Jürgen Trabant betont dabei, dass Barères Bezugsrahmen für seine Überlegungen zur Sprache „einzig und allein die *politische* Organisation der Welt"[64] war. Es geht ihm allein um die Gesetze der Republik. Er charakterisiert das Französische zunächst als Sprache der Menschen- und Bürgerrechte sowie der Freiheit („qui la première a consacré franchement les droits de l'homme et du citoyen celle qui est chargée de transmettre au monde les plus sublimes pensées de la liberté et les plus grandes spéculations de la politique"[65]). Problematisch sind nach ihm jedoch die Territorien, in denen nicht Französisch gesprochen wird, die sich gegen das revolutionäre Gedankengut sperren und noch Inhalte des Ancien Régime transportieren. Das jeweilige sprachliche Ausdrucksmittel wird so mit gewissen Inhalten identifiziert: „Der Föderalismus [für die Revolutionä-

---

59 Zu Urbain Domergue siehe Jürgen Trabant: „Domergue ist der professionelle Linguist oder besser: der ‚grammairien-patriote', der seine wissenschaftliche Expertise den neuen Machthabern zur Verfügung stellt und diese zu ihren sprachlich-politischen Interventionen inspiriert [...]. Domergue, der kein politisches Mandat im Konvent oder im Wohlfahrtsausschuss hatte, wirkt zwar im Hintergrund und auf einer niedrigeren politischen Ebene, hat aber [...] bedeutenden Einfluss auf die höchste, die nationale Ebene" (Jürgen Trabant: *Der gallische Herkules. Über Sprache und Politik in Frankreich und Deutschland*, S. 42 f.).
60 Ebda., S. 43.
61 Ebda.
62 Zitiert nach Jürgen Trabant: Die Sprache der Freiheit und ihre Feinde, S. 71.
63 Zitiert nach Christian Schmitt: *Nation* und *Sprache*: das Französische, S. 699.
64 Jürgen Trabant: Die Sprache der Freiheit und ihre Feinde, S. 72.
65 Zitiert ebda.

re ein negativer Begriff] und der Aberglaube sprechen bretonisch; die Emigration und der Hass auf die Republik sprechen deutsch, die Gegenrevolution spricht italienisch und der Fanatismus redet baskisch." Daraus folgt für ihn die Konsequenz: „Zerbrechen wir also diese Instrumente des Schadens und des Irrtums!"[66] Als konkrete Maßnahme schlägt Barère die Entsendung von *institueurs de langue française* in die genannten Gebiete vor. Sie sollen durch ihr Wirken ermöglichen, dass die Bürger die Stimme des Gesetzes vernehmen und ihr folgen. Der Französischunterricht soll dabei mit dem politischen Unterricht einhergehen. Die Verbreitung des Französischen sei eine Pflicht angesichts der „prééminence de la langue française depuis qu'elle est républicaine"[67]. Nur eine Sprache der Freiheit und Gleichheit könne eine universelle Sprache werden.[68]

Barère setzt sich aber auch ab vom Französischen des Ancien Régime:

> Die Sprache war aristokratisch und höfisch, nur ein besonderer Akzent galt als verbindlich für den „homme comme il faut" [...]. Mit der Revolution sind diese „kindischen Unterschiede" [...] verschwunden, die sprachlichen Klassenschranken sind mit den sozialen gefallen, es gibt keinen besonders ausgezeichneten Akzent mehr. Es gibt nur noch den Akzent der Freiheit und der Gleichheit.[69]

Barère polemisiert gegen die „distinctions nobiliaires" des klassischen Französisch, ist aber tolerant gegenüber regionalen sprachlichen Unterschieden. Für ihn sind die französischen Dialekte nicht ‚exklusiv', denn sie erlauben es, die Nationalsprache zu verstehen. Das Bretonische und das Baskische, die Barère als (nicht verschriftlichte) *idiomes* nennt, und die Sprachen Deutsch und Italienisch werden von ihm den ‚alten' Sprachen zugeordnet, die so als antizivilisatorisch und antiaufklärerisch erscheinen.

Jürgen Trabant sieht hier in der Argumentation von Barère eine Traditionslinie, die bis auf Du Bellay zurückreicht, die Tradition der „Verteidigung" der französischen Sprache. Während Du Bellay das Französische als genauso würdig wie das Lateinische und Griechische verteidigte, behauptet Barère den Vorzug des Französischen als „Sprache der Freiheit" vor allen Sprachen der Welt.[70] Der klassische Mythos des ‚génie de la langue française' wird nicht mehr innersprachlich, sondern über die transportierten Inhalte begründet und

---

66 Zitiert nach Hans-Martin Gauger: Die Französische Revolution, die Sprache und Deutschland, S. 67 f.

67 Zitiert nach Jürgen Trabant: Die Sprache der Freiheit und ihre Feinde, S. 74.

68 Ebda., S. 74 f.

69 Ebda., S. 80.

70 Ebda., S. 85.

er wird dadurch politisiert.[71] Das Französische wird so bei Barère gegen ‚innere' und äußere Feinde verteidigt; die inneren Feinde sind das aristokratische Französisch und die nicht-französischen Regionalsprachen, wobei das Deutsche und das Italienische schlechter wegkommen, wegen der Verbindung mit einem außenpolitischen Feind. Zu den äußeren Feinden zählen die Regionalsprachen, die Staatssprachen außerhalb Frankreichs sind, wiederum das Deutsche und das Italienische. Ideologische Feinde, mit denen das Französische hinsichtlich des Prestiges konkurriert, sind neben den genannten beiden Sprachen auch das Spanische und das Englische.[72] Der Wettstreit der Sprachen, dem wir im 18. Jahrhundert begegnet sind, wird hier wieder aufgenommen, aber aus einer politischen, d. h. vor allem innenpolitischen vertikalen Perspektive.

Gut vier Monate nach Barère legte der Abbé Grégoire, Abgeordneter des Konventes und Bischof von Blois, am 28. Mai 1794 dem *Comité d'instruction publique* einen sprachpolitischen Bericht vor, den er einige Tage später in einer langen Rede vor dem Konvent erläuterte. Der heute viel bekanntere Bericht umriss schon im Titel ein politisches Programm: *Sur la nécessité et les moyens d'anéantir les patois et d'universaliser l'usage de la langue française* [Bericht über die Notwendigkeit und die Mittel, die Dialekte zu vernichten und den Gebrauch der französischen Sprache allgemein zu machen]. Während Barère von den Regionalsprachen als ‚idiomes' oder ‚langues' sprach, gebraucht Grégoire den Begriff ‚patois', der eindeutig abwertend ist. Interessant auch, dass er von der ‚Universalisierung' des Französischen spricht, aber hier auch wieder in einer vertikalen innerfranzösischen Perspektive. Der Abbé Grégoire war als Geistlicher in die Generalstände gewählt worden und schloss sich dort gleich dem Dritten Stand an. Er hatte als Priester den Eid auf die Zivilverfassung geleistet und wurde später ‚verfassungsmäßiger' Bischof von Blois.[73] Seine Haltung war eher gemäßigt. So trat er der radikalen Zerstörung der Symbole des Ancien Régimes entgegen und brandmarkte diese mit dem von ihm geschaffenen Begriff des ‚Vandalismus'.[74] Er trat auch ganz entschieden gegen die Sklaverei auf.[75]

---

71 Jürgen Trabant: *Der gallische Herkules. Über Sprache und Politik in Frankreich und Deutschland*, S. 61.

72 Jürgen Trabant: Die Sprache der Freiheit und ihre Feinde, S. 87.

73 Nach Hans-Martin Gauger: Die Französische Revolution, die Sprache und Deutschland, S. 67.

74 Siehe dazu Martin Warnke: *Bildersturm. Die Zerstörung des Kunstwerks*. Frankfurt a. M.: Syndikat 1977, S. 12; Dario Gamboni: *The Destruction of Art. Iconoclasm and Vandalism since the French Revolution*. London: Reaktion Books 1997, S. 31–39.

75 Abbe Grégoire: *De la traite et de l'esclavage des Noirs* [1815]. Paris: Arléa 2005.

Wenn das politische Ziel Grégoires klar war (die politische und ideologische Homogenisierung Frankreichs), so fußte doch sein Bericht auf einer quasi wissenschaftlichen Umfrage, die er zwischen August 1790 und Januar 1792 durchgeführt hatte. Er bediente sich dabei eines Fragebogens mit 43 Fragen zur Position der Dialekte, der weit verbreitet wurde, unter anderem auch an die Zeitung *Le Patriote français*. Grégoire konsultierte überdies 49 Informanten. Diese stammten vor allem aus Gebieten, in denen die Dominanz des Französischen nicht evident war (Bretagne, Flandern, Ostfrankreich).[76] Grégoire kam zu einem erstaunlichen Fazit:

> On peut assurer sans exagération qu'au moins six millions de Français, surtout dans les campagnes, ignorent la langue nationale; qu'un nombre égal est à peu près incapable de soutenir une conversation suivie; qu'en dernier résultat, le nombre de ceux qui la parlent n'excède pas trois millions, et probablement le nombre de ceux qui l'écrivent correctement est encore moindre.[77]

Wenn man nach R. Anthony Lodge von 26 Millionen Franzosen zu dieser Zeit ausgeht, so beherrschten 46 Prozent der Franzosen das Französische nicht oder nur in eingeschränktem Maße. Diejenigen, die das Französische sowohl mündlich wie schriftlich voll beherrschten machten bloß 11,5 Prozent aus.[78]

Die Maßnahmen, die Grégoire vorschlug, unterschieden sich von denjenigen Barères. Barère war politischer, d. h. pragmatischer. Ihm ging es vor allem um die politische Kommunikation; darum tolerierte er auch die französischen Dialekte, insofern diese eine passive Kompetenz des Standard-Französischen einschlossen. Grégoire ist systematischer; er intendiert eine allgemeine sprachliche Umformung und damit letztlich eine frankophone Einsprachigkeit.[79] Er wendet sich mit großer Entschiedenheit gegen die ‚patois'. Er

> verurteilt sie politisch: Relikte des Feudalismus, Heimstätten des Widerstands gegen die Revolution, Ausdruck von Sklavengesinnung. Er verurteilt sie aber auch sprachlich: sie seien in gedanklicher Hinsicht arm, primitiv und regellos. Schließlich die philosophisch-aufklärerische Verurteilung: Bildungs- und also Wahrheitshindernisse seien sie und Schutzwälle des Aberglaubens.[80]

---

76 R. Anthony Lodge: *French: From Dialect to Standard*, S. 198.
77 Zitiert ebda., S. 199.
78 Ebda. Barère hatte betont, dass andere Völker Französisch lernten und läsen und 600.000 Franzosen könnten das Französische nicht. Grégoire korrigierte diese Zahl in der Diskussion mit Barère: es seien mehr als sechs Millionen, die des Französischen unkundig seien. (Jürgen Trabant: Die Sprache der Freiheit und ihre Feinde, S. 74.)
79 Jürgen Trabant: Die Sprache der Freiheit und ihre Feinde, S. 75.
80 Hans-Martin Gauger: Die Französische Revolution, die Sprache und Deutschland, S. 67.

Grégoire ruft nicht nur zur ‚Ausrottung' der nicht-französischen Regionalsprachen auf wie Barère, dessen Liste er noch ergänzt durch das Flämische, das Katalanische und Kreolisch, sondern will auch die okzitanischen Dialekte ‚zerstören'. Während Barère Wert darauf legt,

> dass zwei der Regionalsprachen [Deutsch und Italienisch] auch Sprachen des feindlichen Auslandes sind, streift Grégoire diese Tatsache mit einem Satz und argumentiert hauptsächlich innenpolitisch. [...] Grégoire polemisiert zwar gegen einen „style mesonger", d. h. gegen preziöse stilistische Übertreibungen, die er den Höflingen zuschreibt [...], er kennt aber nicht mit der Schärfe wie Barère ein sozial „schlechtes", das aristokratische Französisch, welches die Nation sprachlich spaltete, nun aber durch den „accent vigoureux de la liberté et de l'égalité" überwunden worden sei.[81]

Generell trafen die sprachpolitischen Zielvorstellungen der Revolution zusammen, so Brigitte Schlieben-Lange, mit dem ebenfalls neuen Versuch, die Bildungsinstitutionen anderer Trägergruppen, etwa der Kirche, zu entziehen und beim Staat anzusiedeln. Das Ziel wurde allerdings erst achtzig Jahre später erreicht, mit der Einführung der allgemeinen Schulpflicht. Die erste Aufgabe dieser öffentlichen Schule sollte es sein, die jungen Staatsbürger in die Lage zu versetzen, sich der Sprache der Nation zu bedienen.[82] Der Versuch der Vereinheitlichung der Sprache im Nationalgebiet Frankreichs und in allen Lebensbereichen bedeutet nach derselben Autorin „die endgültiger *Defunktionalisierung des Lateinischen* [...]. Ein Prozess der zu Beginn des 9. Jahrhunderts angefangen hatte und in dessen Verlauf ein Bereich nach dem anderen vom Lateinischen an die Volkssprache übergegangen war, ist abgeschlossen."[83] Als zweiter Aspekt der Sprachpolitik der Revolution erwähnt Brigitte Schlieben-Lange den „*Ausbau des Französischen* und, komplementär dazu, schließlich die *Beseitigung der anderen* in der ‚nation une et indivisible' gebräuchlichen *Sprachen*."[84] Die Sprachpolitik der Revolution, nach Hans-Martin Gauger „ohnehin weder

---

81 Jürgen Trabant: Die Sprache der Freiheit und ihre Feinde, S. 86 f. Nach der Intervention Grégoires beschloss der Nationalkonvent, das ‚Comité d'instruction publique' solle eine neue Grammatik und ein neues Wörterbuch vorbereiten. Zudem sollte eine ‚Adresse an die Franzosen' veröffentlicht werden mit der Aufforderung, alle Franzosen mögen nur noch französisch sprechen: „Freie Menschen, gebt die Sprachen der Sklaven auf, und sprecht die der Freiheit!" Das alles hieß nach Hans-Martin Gauger: „Es wurde eigentlich gar nichts Konkretes beschlossen, und im Grunde entsprach eben dies der Absicht Grégoires, der in Wirklichkeit auch in dieser Frage so rabiat nicht war. Er wusste, dass im Augenblick mehr nicht durchsetzbar war. Er war auch hier für die ‚sanfte Stimme der Überredung'" (Hans-Martin Gauger: Die Französische Revolution, die Sprache und Deutschland, S. 68).
82 Brigitte Schlieben-Lange: Die Französische Revolution und die Sprache, S. 117.
83 Ebda., S. 118.
84 Ebda., S. 119.

sehr energisch noch sehr konsequent" hat die französischen *patois* und die nicht-französischen Idiome jedoch nicht eliminiert; sie hat sie aber stark zurückgedrängt, räumlich und in der Bewertung und sie prägt überdies das französische Sprachbewusstsein bis heute.[85] Die Regionalsprachen werden heute in Frankreich toleriert. „La Langue de la République" gemäß der Verfassung ist aber einzig das Französische.[86]

Die Literatur der Französischen Revolution

Der Literatur kam während der Revolutions-Dekade nicht dieselbe Funktion zu wie der Sprache. In diesem Sinne gab es keine offizielle Literaturpolitik. Die Literatur stellte sich in den Dienst politischer Zielsetzungen. Die literarische Kommunikation sollte „die Erfahrung von Freiheit und Gleichheit und die Möglichkeit allgemeiner handlungsorientierender Konsensfindung verbürgen"[87]. Unter den gänzlich neuen politischen Rahmenbedingungen verstand sich die Literatur vor allem als *„littérature civique"*, „Literatur für Staatsbürger", „die gezwungen war, das traditionelle Gattungssystem zu verändern, neue Gewichtungen in der Hierarchie der Genera vorzunehmen, alte Denkschemata und Gattungen abzuschaffen, neue Formen der Darstellung zu erfinden"[88]. Eine erste Gruppe von Texten sollte zur Konstituierung einer politischen Öffentlichkeit dienen. Dabei wurde auf bekannte Muster der Handlungsanweisung zurückgegriffen, deren Inhalte aber in politischem Sinne verändert wurden. Dazu zählten Katechismen, Kalender, Avis, Décrets, Lettres, Tierfabeln, Pamphlete, Journale. Ziel dieser Gattungen war es, den allgemeinen Konsens wieder und wieder herzustellen, „auf dass der gleichsam mit Händen zu greifende akzelerierte, aber stets gefährdete Progress unumkehrbar werde"[89]. Eine wichtige solidaritätsstiftende Funktion kam dem revolutionären Lied zu. Man erinnert sich hier an die bekannten auf die Aktualität bezogenen Stücke wie die *Marseillaise*, *Ça ira*, *La Carmagnole*. Ein neue Kommunikationsform waren die Bürgerfeste, verstanden als Gesamtkunstwerk: „Jeder sollte idealiter im Rahmen der gigan-

---

85 Hans-Martin Gauger: Die Französische Revolution, die Sprache und Deutschland, S. 68.
86 *Article 2 de la Constitution de la Cinquième République*, gemäß der ‚loi constitutionnelle' vom 25. Juni 1992.
87 Hans Ulrich Gumbrecht: Skizze einer Literaturgeschichte der französischen Revolution (Zusammenfassung). In: *Zeitschrift für Literaturwissenschaft und Linguistik*, 11, H. 41, 1981, S. 10.
88 Henning Krauss: Einleitung. In: ders. (Hg.): *Literatur der Französischen Revolution*. Stuttgart: Metzler 1988, S. VII–XXIX, hier S. X.
89 Ebda., S. XX.

tischen Choreographie eine Zeitlang Akteur sein, danach Zuschauer – als Akteur Belehrender, als Zuschauer Belehrter, aber stets durchdrungen von dem Gefühl *tua res agitur*, du bist immer Teil des Ganzen."[90] Aber auch das Theater verlangte nach politisch bedeutsamen Stoffen. Man suchte in der Geschichte nach verwandten Geistern, nach Mitstreitern.

Ein Beispiel für diese Refunktionalisierung war das Stück *Guillaume Tell,* das Antoine-Marin Lemierre im Jahre 1766 verfasst hatte. Das Stück von Lemierre stieß zunächst nur auf einen mäßigen Erfolg. Vor allem die Mitglieder der Schweizer Kolonie in Paris besuchten das Stück. Es wurde vorerst nur sieben Mal aufgeführt; es wurde 1769 wieder aufgegriffen. 1787 kam es in Bordeaux zur Aufführung und 1790 von neuem in der Comédie Française. Zwischen 1790 und 1793 gab es mehrere Gratis-Aufführungen in der Provinz (in Lyon und in Bordeaux), aber auch in Paris. Tell wurde neben Brutus zu einer zentralen Figur des republikanischen Pantheons und Lemierre wurde als einer der ‚Lehrmeister' des Neuen Staates betrachtet. In einem Nachruf auf Lemierre im Jahre 1793 konnte man lesen, dass sein *Guillaume Tell* den „Triumph der Freiheit" darstellte, dass er die Revolution in Frankreich voraussah und zum Wiederaufstehen des Landes beigetragen habe. „Depuis le règne de l'Egalité, Guillaume Tell est devenu un ouvrage national: il semble fait pour retracer aux Français leur courage."[91]

Ein eigentlicher Tell-Kult verbreitete sich im Kontext der Französischen Revolution über die Theater-Säle hinaus. Anlässlich eines Festzuges zu Ehren der Soldaten von Château-Vieux am 15. April 1792 gab es einen Wagen, an dessen Seitenwand Brutus und Tell, der die Freiheit seines Landes vorbereitete, indem er die barbarische Ordnung des Tyrannen, der die Schweiz unterdrückte, umstieß,[92] dargestellt wurden. Die Künstler, die für diese Darstellung verantwortlich waren, waren Jacques-Louis David und François Hubert. Die patriotische Sektion des Mail-Viertels zeichnete als Sektion ‚Guillaume Tell'.

Das Stück von Lemierre wurde im Übrigen ab 1794 unter einem neuen Titel aufgeführt: *Guillaume Tell ou les Sans-Culottes Suisses.* Plätze und Straßen erhielten den Namen Wilhelm Tell und im Revolutions-Kalender widmete man

---

90 Ebda., S. XXV.
91 Jacques Proust: Sans-culotte malgré lui ... contribution à la mythographie de Guillaume Tell. In: John Pappas (Hg.): *Essays on Diderot and the Enlightenment in Honor of Otis Fellows.* Genève: Droz 1974, S. 268–285, hier S. 271. Zur Resonanz der Figur des Wilhelm Tell im Kontext der Französischen Revolution siehe vor allem Ricco Labhardt: *Wilhelm Tell als Patriot und Revolutionär 1700–1800. Wandlungen der Tell-Tradition im Zeitalter des Absolutismus und der französischen Revolution.* Basel: Helbling & Lichtenhahn 1947.
92 Ebda., S. 279.

ihm einen eigenen Tag: den 29. September. Nach dem Fluchtversuch des Königs und dem Krieg mit Österreich gewann das Thema des Tyrannenmordes eine neue Relevanz. Das Directoire unterstützte darum Aufführungen des Stückes von Lemierre; 1791 hatten im übrigen Sedaine und Gretry Wilhelm Tell eine große Oper gewidmet.[93]

Es gab so in der kollektiven Imagination Frankreichs, wie Michel Vovelle hervorhebt, einen Schweizer Mythos, der durch die beiden Figuren Rousseau und Wilhelm Tell geprägt war. Für die aufgeklärte Elite verwies Rousseau, der „Philosoph von Genf", auf eine „Helvétie agreste, sauvage et en même temps refuge dans ses hauteurs alpestres d'une démocratie, et d'une certaine idée de la République appréciée favorablement à contrepoint des républiques décadentes comme Venise."[94] Wilhelm Tell, der mythische Held, dessen Präsenz in der Schweiz sowohl in der Volkstradition wie in den Debatten der Gelehrten sehr lebendig war, wurde in Frankreich vor allem dank des Stückes von Lemierre ab 1766 bekannt, der aus der Figur auf Dauer einen emblematischen Helden des Freiheitskampfes gegen die Tyrannei machte. Michel Vovelle unterstreicht „la singularité de cette captation par la France, du représentant d'une liberté conquise à force ouverte, auquel le moment révolutionnaire va donner un relief nouveau".[95]

Was die Literatur der Revolutionsperiode generell, namentlich in der Periode zwischen 1789 und 1794 kennzeichnete, das war das Faktum, dass die traditionellen Grenzen zwischen Gebildeten- und Volkskultur abgebaut wurden. Die Literatur der Revolution schuf „ein unerhört neues Produktions- und Rezeptionsverhalten": „Erstmals in der französischen (und nicht nur der französischen) Geschichte erfüllte sie – getragen von anerkannten Autoren und dilettierenden Neulingen – die Aufgabe, nicht nur bewusstseinsbildend, sondern zur direkten Aktion motivierend zu wirken."[96]

---

93 Siehe dazu auch Joseph Jurt: Wilhelm Tell vor Schiller. In: *Pandaemonium germanicum* [São Paulo], 9, 2005, S. 23–46.
94 Michel Vovelle: La Suisse et Genève dans la politique et l'opinion publique française à l'époque révolutionnaire. In: Christian Simon (Hg.): *Blicke auf die Helvetik*. Basel: Schwabe 2000, S. 215–236, hier S. 218.
95 Ebda.
96 Henning Krauss: Einleitung, S. XXVIII.

Von der Weimarer Klassik zum Konzept der Weltliteratur

Wenn mit der Französischen Revolution der moderne Nationalstaat entstanden war, der die politische Partizipation der Bürger forderte, was sich auch auf das politische Vertändnis der Sprache und der Literatur auswirkte, so zeichnete sich in Deutschland keineswegs eine parallele Entwicklung ab.

Die ambivalente Reaktion auf die Französische Revolution in Deutschland

Die Vorstellung einer Literatur, die von weiten Kreisen des ganzen Volkes getragen werde, fand zwar in Deutschland durchaus Resonanz. So schrieb etwa Herder zur Kultur und Literatur der Französischen Revolution, diese

> werden bei allen Klassen des Volks in Bewegung gesetzt und an den wichtigsten Gegenständen des menschlichen Wissens jetzt mächtig geübet. Unter großem Elende ist also wenigstens eine allgemeine Schule der Vernunft- und Redekunst der ganzen Nation praktisch eröffnet worden [...]. Die Buchdruckerei feiert nicht, und Männer von entschiedenem Wert in Betreibung der Wissenschaften sind mit anderen jetzt an der Spitze der Geschäfte. In ruhigeren Zeiten werden sie zu ihren Musen wiederkehren, nachdem sie in stürmischen Zeiten den Göttern des Vaterlandes gefahrvolle Opfer gebracht haben [...]. Eine neue Ordnung der Dinge fängt jetzt auch in diesen Künsten an; Wort werde Tat, die Tat gebe Worte.[1]

Wieland schrieb seinerseits 1793, die „Aufmerksamkeit und Teilnehmung" an der Revolution sei „vielleicht in keinem andern Land von Europa so lebhaft, so warm und so allgemein gewesen als in Deutschland."[2]

Nach Gonthier-Louis Fink scheinen die Ereignisse von 1789 zunächst in Deutschland nicht so ein großes Echo ausgelöst zu haben. Ab 1790 schien das Klima sich aber zu wandeln, da immer mehr Emigranten aus Frankreich in den Grenzgebieten eintrafen. Die Kaiserkrönung von Leopold II. 1790 habe eine Wende dargestellt. Mit dem Pressegesetz vom Dezember 1791 wurde als Ziel ausgegeben, dass man alles bekämpfen werde, was die gegenwärtige Verfassung des Reiches oder die öffentliche Ordnung generell infrage stelle.[3] Eine

---

1 Zitiert nach Henning Krauss: Einleitung, S. X.
2 Zitiert nach Hans-Martin Gauger: Die Französische Revolution, die Sprache und Deutschland, S. 68.
3 Gonthier-Louis Fink: La littérature allemande face à la Révolution Française (1789–1800). Littérature et politique, libertés et contraintes. In: Jürgen Voss (Hg.): *Deutschland und die Französische Revolution*. München/Zürich: Artemis 1983, S. 249–300, hier S. 251.

allgemeine Angst vor revolutionärer Ansteckung, die von den Emigranten noch geschürt wurde, ergriff nach den Maßnahmen gegen König und Kirche die deutsche Öffentlichkeit und selbst noch diejenigen, die zunächst mit der Revolution und der Aufklärung sympathisiert hatten.[4] So ließ der im Grunde reformfreudige Kaiser Leopold II. von Österreich, der die konstitutionelle Monarchie befürwortete, sich vom reaktionären Preußenkönig Friedrich Wilhelm II. und Vertretern des emigrierten französischen Adels bewegen, die Deklaration von Pillnitz (27. August 1791) als Solidaritätsbekundung mit dem royalistischen Frankreich zu unterzeichnen. Das was als Versuch gedacht war, die Revolutionäre einzuschüchtern, wurde von diesen als offene Drohung verstanden und führte ungewollt zum ersten großen Koalitionskrieg.[5]

Wegen der Zensur konnten Sympathisanten der Revolution nur schwer ihre Gedanken schriftlich zum Ausdruck bringen. Immerhin hat schon Klopstock als einer der ersten die Bedeutung der Generalstände erfasst und brachte das in einem Gedicht zum Ausdruck.[6] Er hoffte, die Deutschen zu einer ähnlichen Bewegung anzuregen, die aber eine friedliche Revolution sein sollte.[7] Das Interesse für die Verfassungstexte, für die Erklärung der Menschenrechte war in Deutschland nicht so groß, wohl aber dasjenige für die grundlegenden Prinzipien von 1789, mit denen sie zum Teil dank ihrer Literatur schon vertraut waren. So beschwor man gerne das Prinzip der Brüderlichkeit, das Schiller schon 1785 in seiner „Ode an die Freude" besungen hatte. Zentral erschien aber auch das Prinzip der Freiheit, das im Kontext von *Sturm und Drang* hoch im Kurs war. Das Prinzip der Gleichheit, das einen Eckstein der Demokratie darstellte, fand indes bei den Dichtern und Denkern in Deutschland nur wenig Resonanz.[8]

Gonthier-Louis Fink unterstreicht, dass die literarische Thematisierung der Revolution in Deutschland wenig Einfluss auf die konkreten politischen Verhältnisse hatte. Die sozialen Unterschiede hätten sich keineswegs verändert. Die revolutionäre und gegenrevolutionäre Propaganda habe die Fortschritte, die man zwischen 1789 und 1792 feststellen konnte, sogar noch rückgängig gemacht. Vor allem angesichts der *Terreur* habe die reaktionäre Propaganda,

---

4 Margrit Zobel-Finger: Konterrevolutionäre Literatur in Europa. In: Klaus Heitmann (Hg.): *Europäische Romantik II.* Wiesbaden: Akademische Verlagsgesellschaft Athenaion 1982, S. 83–102, hier S. 93.
5 Ebda., S. 93.
6 Friedrich Gottlieb Klopstock: Die Etats Généraux. In: *Neues deutsches Museum* 1789.
7 Nach Gonthier-Louis Fink: La littérature allemande face à la Révolution Française (1789–1800), S. 264.
8 Ebda., S. 266.

die von den Regierungen unterstützt wurde, zumindest bis 1796 ein nicht unerhebliches Echo gefunden. Das habe zu einer Abwertung der Prinzipien der Demokratie, der Gleichheit und selbst dem der Freiheit geführt. Die deutsche Elite wollte letztlich nicht ihr Schicksal in die Hände nehmen und habe sich vor allem dem Reich des Geistes zugewandt:

> Ainsi, au lieu de vouloir prendre son destin en main, l'élite allemande continua à abandonner les affaires politiques aux princes pour se tourner vers le domaine des idées. Non sans raison, c'est à l'éducation morale que s'attelaient les classiques et les élèves de Kant, c'est d'une révolution spirituelle que rêvaient les romantiques de Jéna. La mission qu'avec fierté ils évoquaient pour l'Allemagne et qu'ils opposaient à la mission politique de la France et à son échec, c'était celle des poètes et des penseurs.[9]

Das Revolutionsjahrzehnt war in Deutschland das Jahrzehnt seiner Klassik, der Weimarer Klassik, das man mit der Rückkehr Goethes von seiner ersten Italienreise 1786 ansetzt und das mit der Begegnung Goethes und Schiller im Jahre 1794 seine volle Entfaltung fand. Die Französische Revolution blieb nicht unbeachtet. Zentral aber war die Gegenposition: ein aufklärerisches Ideal könne mit Methoden der Gewalt nie erreicht werden, sondern allein durch eine evolutionäre Fortentwicklung. In Deutschland wurde die extreme Politisierung aller Bereiche, die die Französische Revolution kennzeichnete, keineswegs als Vorbild betrachtet. Das Ideal dieses deutschen Sonderweges war die Idee einer Kulturnation, die einheitlicher staatlicher Strukturen gar nicht bedürfe.

Die Dialektik zwischen ‚Bürger' und ‚Weltbürger'[10]

Die Italienreise, die über anderthalb Jahre dauerte, hatte Goethes Sichtweise der Kultur verändert; er nahm Abschied von einem kulturellen Nationalismus; es ging ihm nun darum, „die Sachen um ihrer selbst willen" zu sehen; Bezugspunkt war die klassische Kunstautonomie. Die zentrale Differenz zwischen seinen Anschauungen der Sturm- und Drang-Zeit und der in Italien entwickelten ‚frühklassischen' Ästhetik bestand, so Norbert Christian Wolf, „in der sukzessiven Abkehr von der ‚subjektivistischen', d. h. hier produktionsästhetischen

---

9 Ebda., S. 300.
10 Wir nehmen im Folgenden Elemente eines früher publizierten Aufsatzes auf: Joseph Jurt: Das Konzept der Weltliteratur – ein erster Entwurf eines internationalen literarischen Feldes?. In: Norbert Bachleitner/Murray G. Hall (Hg.): *„Die Bienen fremder Literaturen". Der literarische Transfer zwischen Großbritannien, Frankreich und dem deutschsprachigen Raum im Zeitalter der Weltliteratur (1770–1850).* Wiesbaden: Harrassowitz 2012, S. 23–44.

Ausrichtung auf den Künstler und deren Substitution durch ein ‚objektivisti-
sches', also werkästhetisches Interesse am künstlerischen Gegenstand.“[11] Diese klassische Periode ist so geprägt durch den ‚doppelten Bruch' mit den „ent-
gegengesetzten ästhetischen Positionen des akademischen Klassizismus und
der ‚titanischen' Genieästhetik.“[12]

Was dann das Programm der Weimarer Klassik generell zu bestimmen
scheint, ist nicht so sehr ein patriotischer, sondern ein kosmopolitischer Impuls, der von einem universalistisch ausgerichteten Menschheitspathos geprägt ist, dessen apolitische Tendenz auch als Antwort auf die nationalistische
Wende der Französischen Revolution gelesen werden kann.[13] Herder hielt unter allen Stolzen den Nationalstolzen für den größten Narren. Während in den
vorhergehenden Klassiken in Frankreich oder Spanien der kulturelle und der
machtpolitische Impetus zusammengingen, kulturelle Werke die Staatlichkeit
stützten und den Monarchen als Mäzen überhöhten, versuchte die Klassik in
Deutschland eine Kulturnation gegen, ja ohne die Staatsnation zu verwirklichen.[14]

Die Weimarer Klassiker strebten, so Wiedemann, die Staatsbürgernation
gar nicht an. Die Kulturnation sei in Deutschland als Machtsubstitut gedacht
worden, als Selbstermächtigung einer Gelehrtenrepublik, die anstatt auf nationale Integration auf Konfrontation setzte, indem sie der Nation für das machtpolitische Versagen des Reichs menschheitsgeschichtliche Bedeutung verspre-
che.[15] Weiter schreibt Wiedemann:

> Die legislativen Instanzen der „Kulturnation" sind entsprechend ihrem Selbstdiktat der
> „Interesselosigkeit" und ihrem Ideal einer „reinen" Menschlichkeit, weitgehend ohne po-
> litischen und gesellschaftlichen Horizont. Anstelle des „law of opinion", des „esprit des
> lois" und der Nationalversammlung sind gewissermaßen das Landschulheim Goethes,
> das literarische Colloquium Schillers und das Priesterseminar Hölderlins getreten.[16]

Wiedemann unterstreicht allerdings, dass der demonstrative Kosmopolitismus
des klassischen Programms implizit einen patriotischen, gelegentlich sogar ei-

---

11 Norbert Christian Wolf: *Streitbare Ästhetik. Goethes kunst- und literaturtheoretische Schriften 1771–1789*, S. 475.
12 Ebda., S. 528.
13 Conrad Wiedemann: Deutsche Klassik und nationale Identität. Eine Revision der Sonderwegs-Frage, S. 542 f.
14 Ebda., S. 554. Wiedemann spricht hier von einer spezifischen Begleiterscheinung zum Prozess der frühneuzeitlichen Nationsbildung: „der Selbstversicherung der modernen europäischen Staatsnation als Kulturnation nach antikem Vorbild" (ebda., S. 541).
15 Ebda., S. 560.
16 Ebda.

nen radikal-patriotischen Subtext impliziert, indem diese „Lösung" – eine Kulturnation ohne staatliche Strukturen – als deutsche Sendung qualifiziert wird.[17]

„Zur *Nation* euch zu bilden, ihr hofft es, Deutsche, vergebens; / Bildet, ihr könnt es, dafür zu Menschen euch aus."[18] So hatten Schiller und Goethe 1796 in einem berühmten Zweizeiler geschrieben. Mit dem Begriff Nation meinten die beiden Dichter eben nicht eine Staatsnation, sondern eine Kultureinheit, so wie sie sich in Frankreich dank der einheitsbildenden Kulturmittelpunkts Paris ausgebildet hatte.[19] Die Idee einer Staatsbürgernation war in Deutschland keineswegs aktuell. Metternich hielt die Vorstellung, es gebe eine deutsche Nation, schlicht und einfach für einen „Mythos", „einen schlechten Roman"[20]. Die deutsche Nationalbewegung konzipierte darum den Nationalstaat als „staatlich geeinte Kultur- und Volksnation", die letztlich unpolitisch und verfassungsindifferent war.

Conrad Wiedemann sieht in der verspäteten nationalkulturellen Formierung in Deutschland, aber auch in der sozialen Isolation der geistigen Elite, die in der Klassik mit der Autonomieerklärung und dem Alleinvertretungsanspruch reagierte, eine Abweichung von der westeuropäischen Entwicklung. Als stärkstes Sonderwegsindiz habe hier das Experiment einer Kulturnationsgründung gegen die Staatsnation, ja als Staatsnationersatz zu gelten. Spezifisch ist wohl auch die von Wilfried Barner festgestellte Diskontinuität in Deutschland, der abrupte Wechsel zwischen erregter patriotischer Identitätssuche (Sturm und Drang), demonstrativem Kosmopolitismus (Klassik) und nationalistischer Überreaktion (Freiheitskriege).[21]

Wiedemann situiert nun aber Goethe gerade nicht im Kontext einer deutschen Sendung als Herold der Allgemeinmenschlichkeit. Goethe habe weder am Verdikt des Staates noch an der Proklamation einer deutschen Kultursendung teilgenommen und nie die nationalstaatliche Konditionierung des Individuums geleugnet. Die großen Werke, die er in den klassischen Jahren zum Abschluss gebracht habe – *Faust* und *Wilhelm Meister* – trügen die Merkmale nationalkultureller Identitätssuche und *Hermann und Dorothea* (1797) sei durch

---

17 Ebda., S. 543.
18 Xenien von Schiller und Goethe, Nr. 96.
19 Nach Andreas Suter: Nationalstaat und die ‚Tradition von Erfindung'. In: *Geschichte und Gesellschaft*, 25, 1999, S. 480–503, hier S. 499.
20 Helmut Berschin: *Deutschland – ein Name im Wandel. Die deutsche Frage im Spiegel der Sprache*. München: Olzog 1979, S. 57 f.
21 Conrad Wiedemann: Deutsche Klassik und nationale Identität. Eine Revision der Sonderwegs-Frage, S. 565.

die Dialektik zwischen ‚Bürger' und ‚Weltbürger' bestimmt. *Hermann und Dorothea* thematisierte ja auch die Französische Revolution, die Begeisterung von 1789. Der Jubel über den Einmarsch der französischen Truppen in den linksrheinischen Gebieten wird als Ausdruck einer begreiflichen, aber bald entlarvten Illusion dargestellt. Die bürgerliche Idylle in Deutschland wird der revolutionären Illusion entgegengestellt.[22]

In dieser ‚klassischen' Periode nimmt nun Goethe auch nicht mehr eine extrem polemische Haltung gegenüber der französischen Literatur ein. *Wilhelm Meister* bewundert die Helden Corneilles; noch größer ist die Bewunderung Goethes selber für Racine; schon 1789 hatte er die Chöre von *Athalie* übersetzt; er übertrug aber auch Tragödien von Voltaire, *Mahomet* und *Tancrède*, und führte sie in Weimar auf, währenddessen er in seiner Rede zum Shakespeare-Tag noch sehr scharf gegen Voltaire und dessen Bedenken gegen den großen englischen Dramatiker polemisiert hatte.[23] Dem regelskeptischen und dem Genie-Gedanken nahen Diderot hatte er sich schon früh verbunden gefühlt: „Diderot war nahe genug mit uns verwandt", so wird er rückblickend in *Dichtung und Wahrheit* schreiben, „wie er denn in alle dem, weshalb ihn die Franzosen tadeln, ein wahrer Deutscher ist."[24] Später wird Goethe Diderots „Versuch über die Malerei" und 1805 nach einer Kopie des Originalmanuskripts auch den *Neveu de Rameau* übersetzen. Wenn er mit der von Diderot verlangten Aufhebung der Grenzen zwischen Natur und Kunst nicht einverstanden war und nun behauptete, Genie und Stimmung vermöge nicht alles, so zeigte er sich hier „französischer als Diderot, und Diderot deutscher als Goethe", um eine Formulierung von Fritz Strich aufzunehmen.[25]

Auch die ‚Weltliteratur'-Idee, die Goethe im hohen Alter propagiert hatte, bedeutet, so Wiedemann, nicht das Aufgehen der Literatur in einem ‚allge-

---

22 Nach Dieter Borchmeyer: Goethe nach der italienischen Reise (1788–1794). Online: http://www.goethezeitportal.de/wissen/dichtung/schnellkurs-goethe/goethe-nach-der-italienischen-reise.html (Stand: 17.01.2013). Goethe hatte nach Borchmeyer, sein „politisches Glaubensbekenntnis" schon in dem Stück *Die Aufgeregten* (1793) zum Ausdruck gebracht. Durch Selbstkritik des Adels und des Bürgertums sei die Revolution nicht mehr notwendig („sobald die Regierungen ihnen durch zeitgemäße Verbesserungen entgegenkommen und sich nicht so lange sträuben, bis das Notwendige von unten her erzwungen wird").

23 Nach Norbert Christian Wolf scheint hier der aggressive Ton des jungen Goethe nicht allein aus einer ästhetischen Opposition zu resultieren; „er erweist sich ebenso als Medium der Revolte gegen die übermächtige kulturelle Hegemonie einer klassizistischen Aufklärungsliteratur, die entweder selbst aus Frankreich stammte oder sich zumindest sichtbar an französischen Mustern orientierte" (Norbert Christian Wolf: *Streitbare Ästhetik. Goethes kunst- und literaturtheoretische Schriften 1771–1789*, S. 80).

24 Zitiert ebda., S. 30.

25 Fritz Strich: *Goethe und die Weltliteratur*. Bern: Francke 1957[2], S. 147.

meinmenschlichen' Kosmos, sondern die Achtung und den Austausch zwischen den Nationalliteraturen.[26] Es könne nicht die Rede davon sein, so Goethe in *Kunst und Altertum* 1812, dass „die Nationen sollen übereindenken, sondern sie sollen nur einander gewahr werden, sich begreifen [...], sich einander wenigstens dulden lernen."[27]

Goethes Konzept der Weltliteratur

Man wird in der Tat nicht vergessen dürfen, dass Goethe erst in einer dritten Phase, in seiner Altersperiode, das Konzept einer ,Weltliteratur' propagierte, in seinem 78. Altersjahr, fünf Jahre vor seinem Tod. Wenn Goethe in seinem Tagebuch am 15. Januar 1827 erstmals den Begriff ,Weltliteratur' braucht und kaum vierzehn Tage später, am 27. Januar 1827 in einem Brief an den Schriftsteller und Übersetzer Adolph Friedrich Streckfuß die Überzeugung zum Ausdruck bringt, „dass eine Weltliteratur sich bilde",[28] dann handelt es sich um eher beiläufige Bemerkungen und keineswegs um ein systematisches Konzept, wie das später die Komparatistik zu suggerieren scheint, für die ,Weltliteratur' zu einem Grundbegriff wurde.[29] Mit diesem Begriff meinte Goethe keineswegs das Gesamt der Literaturen der Welt; man kann auch nur in eingeschränktem Maße von einem Neologismus sprechen; denn schon Wieland hatte in der Zueignungsschrift an Carl August, Herzog von Sachsen, seiner Übersetzung der Briefe von Horaz, bei der Definition der Urbanität von Rom von „dieser feinen Tinktur von Weltkenntniß u. Weltlitteratur" gesprochen.[30] Goethes Konzept der

---

26 Conrad Wiedemann: Deutsche Klassik und nationale Identität. Eine Revision der Sonderwegs-Frage, S. 562.

27 In *Kunst und Altertum* VI, 2, 1828 in einem Artikel über Zeitschriften wie die ,Edinburgh Review': „Diese Zeitschriften, wie sie sich nach und nach ein größeres Publicum gewinnen, werden zu einer gehofften und allgemeinen Weltliteratur auf das Wirksamste beytragen" (Johann Wolfgang von Goethe: *Sämtliche Werke, Briefe und Gespräche*, Hg. von Friedmar Apel u. a. Frankfurt a. M.: Deutscher Klassiker Verlag 1987–1999, künftighin zitiert als *FA* hier Bd. 12, S. 491 [die erste Zahl weist auf die Bandnummer hin]).

28 Die zwanzig Stellen, in denen Goethe auf den Begriff ,Weltliteratur' zu sprechen kommt, sind systematisch zusammengestellt in Fritz Strich: *Goethe und die Weltliteratur*, S. 369–372 und bei Xavier Landrin: La sémantique historique de la *Weltliteratur*, S. 96–99.

29 Zur Verwendung des Begriffs in der Komparatistik siehe Xavier Landrin: La sémantique historique de la *Weltliteratur*, S. 79–95. Das Erstaunliche an der Erfolgsgeschichte dieses von Goethe lancierten Ausdrucks ist, so Anne Bohnenkamp, dass er heute zumeist in einem Sinn verwendet wird, der mit Goethes Vorstellungen des Gemeinten kaum etwas gemeinsam hat. (*FA*, 22, 938).

30 Hans J. Weitz: ,Weltliteratur' zuerst bei Wieland. In: *Arcadia*, 22 (1987), S. 206–208.

Weltliteratur ist keineswegs definitorisch klar abgegrenzt, sondern, wie Curtius in seinem Aufsatz über „Goethe als Kritiker" schrieb, „Einheitspunkt vieler Bezüge, Zentrum divergierender Perspektiven" (FA, 22, 939). So sind auch die Einschätzungen des Konzepts unterschiedlich.

Es gibt so zunächst eine humanistische-idealistische Sichtweise, die von Fritz Strich in seiner „grundlegenden Arbeit"[31] *Goethe und die Weltliteratur* unmittelbar nach dem Zweiten Weltkrieg, 1946, artikuliert wurde. Der Verfasser weist in seinem Vorwort darauf hin, dass er 1932 bei der Goethefeier in Weimar über dieses Thema gesprochen habe. „Ganz kurz darauf brach die Katastrophe über die Welt herein. Alles, was Goethe als Ziel der Weltliteratur verkündigt hatte, stürzte in Trümmer [...]".[32] Aber jetzt mit dem Frieden sei der Augenblick gekommen, „dass Goethe, dieser größte Europäer und Weltbürger, sich in seiner ganzen Vorbildlichkeit erhebe und das von Grund auf neu zu bauende Völkerhaus mit seinem Friedensgeist erfülle, ohne den es ja doch wieder zusammenstürzen müsste."[33] Dem Konzept Goethes wird so nicht einfach eine literaturhistorische, sondern eine ethisch-gesellschaftliche Funktion zugeschrieben. Das tiefste Fundament der Weltliteratur sei „die Erkenntnis der allgemeinen, ewigen Menschlichkeit als des Bandes der Völker"[34]. „Es ist der allgemeinen Menschlichkeit, in der die reine Quelle der Weltliteratur zu finden ist, eine allgemein menschliche Kunst und Wissenschaft [...]".[35] Diese idealistische Sichtweise versteht sich wohl auch aus dem Bemühen nach der Katastrophe des Zweiten Weltkrieges – „es war Goethes Volk, welches das über die Menschheit brachte!"[36], betonte Fritz Strich – mit Goethe einen guten Deutschen zu präsentieren.

Demselben Anliegen gehorchte wohl auch die von Hans-Joachim Weitz nach dem Krieg 1949 im Konstanzer Süd-Verlag herausgegebene Anthologie *Johann Wolfgang von Goethe: Die Deutschen*,[37] die alle generellen Aussagen des Schriftstellers über die Deutschen versammelt und vorführt, wie ein eminenter Deutscher auch kritisch gegenüber seinem Volk eingestellt war. Der Verfasser bezog sich auf einen Ausspruch Goethes voller zorniger Verachtung, der in den Worten gipfelte, „dass sie sich jedem verrückten Schurken gläubig hingeben,

---

31 Anne Bohnenkamp: *FA* 22, 939.
32 Fritz Strich: *Goethe und die Weltliteratur*, S. 1.
33 Ebda., S. 11.
34 Ebda.
35 Ebda., S. 51.
36 Ebda., S. 11.
37 Hans-Joachim Weitz (Hg.): *Johann Wolfgang von Goethe: Die Deutschen*. Konstanz: Süd-Verlag 1949.

der ihr Niedrigstes aufruft, sie in ihren Lastern bestärkt und sie lehrt, Nationalität als Isolierung und Rohheit zu begreifen".[38] Das angebliche Goethe-Wort wurde von einem der Ankläger des Nürnberger Prozesses gleichsam als belastendes Zeugnis eines Sachverständigen zitiert. Es handelte sich aber um eine falsche Zuschreibung, die aus dem Roman *Lotte in Weimar* von Thomas Mann übernommen war. Darum wollte der Autor in seinem Büchlein das versammeln, was Goethe „denn nun wirklich über die Deutschen gesagt hat".[39] Er sieht hier auch eine Entwicklung: es lasse sich erkennen, „wie die Betrachtung vom Ästhetischen allmählich ins nationalpolitisch-Ethische sich erweitert und schließlich sich erweitert ins Kosmopolitische und Soziale";[40] das Verhältnis zu Frankreich sei dabei stets der deutlichste Gradmesser dieser Entwicklung.

Der Verfasser stellt dann fest, und das steht durchaus im Zusammenhang mit unserem Thema, Goethe werfe den Deutschen immer wieder vor, „sie wüssten nicht aufzunehmen, nicht, was ihnen geboten wird, mit Verständnis und gutem Willen zu ergänzen".[41] Alles, was er an den Deutschen anklage und tadle, habe seinen Grund in einer „selbstischen Ausschließlichkeit".[42] „Gemeinschaft der Geister durch Zonen und Zeiten",[43] das sei das Credo Goethes und auch Weitz schreibt dem Dichter nun nach dem Krieg ethische Exemplarität zu im Sinne einer Überwindung der nationalen Ausschließlichkeit:

> Goethe – Weltbewohner und Weimaraner – ist der größte Deutsche und konnte zugleich ein großer Europäer werden. Er ist es geworden in dem Maße, wie er frei war, sich frei gemacht hat von den Eigenschaften, an denen der Deutsche krankt. Auch dies ist, im Hinblick auf unser Leben unter den Völkern ein Anruf.[44]

Welche Interessen?

Dieser sehr idealistischen Einschätzungen des ‚Weltliteratur'-Konzepts, unmittelbar nach dem Krieg, stehen, fast ein Jahrhundert später, kritischere entgegen. So etwa in Pascale Casanovas *République mondiale des lettres*:

> La notion de *Weltliteratur* a été élaborée par Goethe précisément au moment de l'entrée de l'Allemagne dans l'espace littéraire international. Appartenant à une nation qui, nou-

---

38 Ebda., S. 59.
39 Ebda., S. 60.
40 Ebda., S. 64.
41 Ebda., S. 61.
42 Ebda., S. 69.
43 Ebda., S. 71.
44 Ebda.

velle venue dans le jeu, contestait l'hégémonie intellectuelle et littéraire française, Goethe avait un intérêt vital à comprendre la réalité de l'espace où il entrait, en exerçant cette lucidité qu'ont en commun tous les nouveaux venus. [...] Non seulement, comme dominé dans cet univers, il avait aperçu le caractère international de la littérature, c'est-à-dire son déploiement hors des limites nationales.[45]

Wenn es für Strich und Weitz ausschließlich humanistische Gründe sind, die das Konzept der Weltliteratur fundieren, so sind es für Pascale Casanova Interessen, die sich aus einer hellsichtigen Einschätzung der Situation des Literaturmarktes ergeben. Manfred Koch und Norbert Christian Wolf setzten sich kritisch mit den Thesen von Pascale Casanova auseinander. Weltliteratur werde von ihr, so Manfred Koch, als Verdrängungswettbewerb gesehen, den ein nationales Kulturkapital gegen ein anderes führe. Kleine kapitalschwächere Literaturen hätten kaum eine Chance, wenn sie sich nicht in das Schlepptau der dominierenden Welt-Sinn-Konzerne nehmen ließen. Goethe habe, so Pascale Casanova, als „hochempfindlicher Vertreter einer Parvenukultur"[46] Weltliteratur ins Spiel gebracht.[47]

Norbert Christian Wolf unterstreicht, dass Pascale Casanova den Zeitpunkt der Lancierung des Weltliteratur-Konzepts verkennt: 1827. Die deutsche Literatur ist zu diesem Zeitpunkt nicht mehr eine „nouvelle venue dans le jeu"; mit der Genie-Häufung um 1800 hatte die deutsche Literatur ihre Klassik-Periode erreicht; sie war nicht mehr die arme heteronome Verwandte einer (autonomen) französischen Literatur. Norbert Christian Wolf verweist hier auf die Verehrung, die ein Benjamin Constant Kant und Schiller entgegenbrachte – der Begriff des l'art-pour-l'art stammte aus der deutschen ästhetischen Reflexion und wurde von Constant ins Französische eingeführt; man denke an den Kult, den Stendhal Winckelmann widmete; von der Begeisterung von Mme de Staël für die deutsche Kultur ganz zu schweigen.[48]

Auch Goethe gehörte 1827 keineswegs zu den „nouveaux venus" der literarischen Szene. Er war der „führende europäische Schriftsteller seiner Zeit",[49] den nicht nur Napoleon 1808 in Erfurt zu sehen begehrte.[50] David d'Angers

---

45 Pascale Casanova: *La République mondiale des lettres*, S. 64.

46 Manfred Koch: *Weimaraner Weltbewohner. Zur Genese von Goethes Begriff ‚Weltliteratur'*, S. 16.

47 Ebda.

48 Norbert Christian Wolf: De la littérature nationale à la littérature mondiale: la trajectoire de Goethe. In: Joseph Jurt (Hg.): *Champ littéraire et nation*. Freiburg: Frankreich-Zentrum 2007, S. 91–100, hier S. 92 f.

49 Birte Carolin Sebastian: *Von Weimar nach Paris. Die Goethe-Rezeption in der Zeitschrift ‚Le Globe'*, S. 10.

50 Siehe dazu Wolf Lepenies: Goethes Geistesgegenwart. In: *F.A.Z.*, Nr. 79, 5. April 1997, S. B 2: „Selbst inmitten seiner europäischen Kriegs- und Friedensgespräche wurde der Kaiser der

gegenüber erklärte Goethe, er habe es immer so eingerichtet, dass er viel Zeit für die Arbeit habe, aber „mittags empfange ich ausländische Besucher, was für mich, der ich nicht verreisen kann, noch ein Studium ist; ich halte mich über Europa auf dem laufenden" (FA, 38, 682). Wenn er nach 1823 keine größeren Reisen mehr unternahm, so wurde der Empfang von Besuchern nun zum Ersatz. In diesen Jahren wurde es „in Europa und auch schon in den Vereinigten Staaten von Amerika zum Bedürfnis oder nur zur Frage des Renommees, einmal vor den größten Herrn zweier Jahrhunderte (so der Schweizer Theologe Schmied 1831) zu treten" (FA, 37, 637). Ein Zeitgenosse, Jacques Soret, Theologe aus Genf und Erzieher in Weimar seit 1822, stellte fest, wie zahlreich die Bücher waren, die ihm französische Schriftsteller zueigneten. „Diese Geschenke", so Soret, „sind ein höchst bedeutsames Zeichen für die Verehrung, die Frankreichs junge Dichter und Künstler dem Patriarchen der deutschen Literatur darbringen [...]" (FA, 38, 241).

Man wird also bei der Einschätzung des Konzepts der Weltliteratur, das der 77-jährige Goethe lancierte, nicht bloß von der Idee eines völlig uneigennützigen humanistischen Impetus ausgehen können, aber sicher auch nicht von der Vorstellung des Kalküls eines ehrgeizigen Karrieristen. Man wird eher eine mittlere Position vertreten so wie Manfred Koch oder in einem gewissen Sinn auch Xavier Landrin. Goethe verfolgt sicher auch Interessen, aber nicht nur.

Die Bedeutung der Übersetzungen für die deutsche Literatur

Wenn Pascale Casanova bei der Erwähnung der Lancierung des Weltliteratur-Konzepts von der Idee der Initiative eines jungen Dichters bei der Entstehung einer jungen Literatur ausging, dann liegt das auch an der Überblendung der französischen Situation im 16. Jahrhundert und der deutschen um 1800. Pascale Casanova unterstreicht, dass die deutsche Romantik die Strategie von Du Bellay – 300 Jahre später – anwendet, die Übersetzungen griechisch-römischer Werke als literarische Ressourcen zu verwenden, um ein noch fehlendes literarisches Kapital für die sich erst ausbildende nationale Kultur aufzubauen.[51] Deutschland verstand sich in der Tat als Übersetzer-Nation und übersetzte

---

Franzosen von der Gegenwart dieses deutschen Geistes beeindruckt."; siehe dazu auch Gustav Seibt: *Goethe und Napoleon. Eine historische Begegnung.* München: Beck 2009.

51 Pascale Casanova: *La République mondiale des lettres*, S. 322; vgl. auch Joseph Jurt: Traduction et transfert culturel. In: Christine Lombez/Rotraud von Kulessa (Hg.): *De la traduction et des transferts culturels.* Paris: L'Harmattan 2007, S. 108–111.

auch viel. Dieses ‚objektive' Faktum war nicht unwichtig für die Entstehung des Begriffs der ‚Weltliteratur' gerade in Deutschland. Am Anfang der neueren deutschen Literatur steht eine Übersetzung: Luthers ‚Eindeutschung' der Bibel, der selber deren nationale und nicht bloß religiöse Bedeutung unterstrich. Hegel bezeichnete die Übersetzung des Buches ihres Glaubens für die deutschen Christen als „eine der größten Revolutionen", vergleichbar der fundierenden Bedeutung der Werke der Dichtung, die Dante, Boccaccio und Petrarca in ihrer Landessprache abgefasst hatten.[52] Auch Goethe schrieb der Bibel-Übersetzung eine wichtige Funktion der Verkündigung zu:

> So ist jeder Übersetzer ein Prophet in seinem Volke. Luthers Bibelübersetzung hat die größten Wirkungen hervorgebracht [...] und was ist denn das ganze ungeheure Geschäft der Bibelgesellschaft anderes als das Evangelium einem jedem Volke in seine Sprache und Art gebracht zu überführen. (FA, 22, 434)

Manfred Koch hebt hervor, dass in keiner anderen Literatur die Abhängigkeit von Übersetzungen so betont und die Übersetzungspraxis so sehr theoretisch reflektiert wurde wie in Deutschland. Die deutsche Nationalliteratur begründe ihr Selbstbewusstsein im 18. Jahrhundert aus der Tatsache, aus Übersetzungen entstanden und durch Übersetzer zur Reife gebracht worden zu sein.[53] Der Vorteil der deutschen Übersetzer sei, so Schlegel, dass sie „wie in allen Dingen treu und redlich" und darum auch „treue Übersetzer" seien. Die Treue der deutschen Übersetzer zum Fremden wird der französischen Übersetzertradition entgegengesetzt, die das Fremde anverwandle. Das Deutsche, das weder durch den Gebrauch der Gelehrten noch durch artifizielle Stilisierung der höfischen Kommunikation beeinträchtigt wurde, sei viel flexibler. Der Verspätungskomplex wird so ins Positive gewendet. Diese Qualität wird auch von Goethe in einem Text aus dem Jahre 1825 unterstrichen:

> Die deutsche Sprache ist hierzu besonders geeignet; sie schließt sich an die Idiome sämtlich mit Leichtigkeit an, sie entsagt allem Eigensinn und fürchtet nicht dass man ihr Ungewöhnliches, Unzulässiges vorwerfe; sie weiß sich in Worte, Wortbildungen, Wortfügungen, Redewendungen und was alles zur Grammatik und Rhetorik gehören mag, so wohl zu finden, dass, wenn man auch ihren Autoren bey selbsteignen Productionen irgend eine seltsamliche Kühnheit vorwerfen möchte, man ihr doch vorgeben wird, sie dürfe sich bey Uebersetzung dem Original in jedem Sinne nahe halten. (FA, 22, 134)

---

52 Jörg Jochen Berns: Maximilian und Luther. Ihre Rolle im Entstehungsprozess einer deutschen National-Literatur. In: Klaus Garber (Hg.): *Nation und Literatur im Europa der frühen Neuzeit*, S. 640–668, hier S. 659 f.
53 Manfred Koch: *Weimaraner Weltbewohner. Zur Genese von Goethes Begriff ‚Weltliteratur'*, S. 233.

Antoine Berman hat zahlreiche Selbstzeugnisse deutscher Schriftsteller von Herder bis Hölderlin in einer Studie von 1984 unter dem Titel *L'épreuve de l'étranger* systematisch gesammelt;[54] auch Pascale Casanova greift viele dieser Beispiele auf, um die Rivalität zwischen der deutschen und der französischen Übersetzungstradition herauszuarbeiten. Wir verdanken dann Bernd Kortländer eine analoge Studie,[55] die auf einer früheren Arbeit von Norbert Bachleitner beruht.[56] Kortländer hebt in der Tat die immense Übersetzungstätigkeit einer ganzen Generation hervor, man denke an die Übersetzungen antiker Texte durch Voß, Wieland, Schleiermacher, Goethe, an die Übersetzungen der Brüder Schlegel und Tiecks, die englische, spanische und italienische Texte übersetzten: Shakespeare, Cervantes, Calderón, Ariost, Tasso. Wir haben schon von Goethes Übersetzungen von Werken von Voltaire und Diderot gesprochen; er übersetzte aber auch *Das Leben des Benvenuto Cellini* (1803) aus dem Italienischen. In Deutschland, so Antoine Berman, wird das Übersetzen als eine wichtige Aufgabe betrachtet, die große Achtung verdient und die Bestandteil der Nationalliteratur ist.[57]

Wenn Antoine de Rivarol 1784 die Universalität des Französischen durch sprachinterne Kriterien zu legitimieren versuchte, so behaupteten nun die Gebrüder Schlegel eine andere Universalität, die Flexibilität des Deutschen, das fähig sei, dem Fremden gerecht zu werden. Spätestens seit der Shakespeare-Übersetzung von Wieland hatte in Deutschland, so Manfred Koch, „eine Konjunktur literarischer Übersetzung begonnen, die entscheidend zu jener Blütezeit deutschen Geistes um 1800 beitrug, aus der die Nation fortan ihr Selbstbewusstsein bezog. Das Übersetzen war [...] zur epidemischen Leidenschaft der Gebildeten Deutschlands geworden."[58] Manfred Koch berechnet bei einer jähr-

---

54 Antoine Berman: *L'épreuve de l'étranger. Culture et tradition dans l'Allemagne romantique.* Paris: Gallimard 1995 („tel', 252).

55 Bernd Kortländer: Übersetzen – ,würdigstes Geschäft' oder ,widerliches Unwesen'. Zur Geschichte des Übersetzens aus dem Französischen ins Deutsche in der 1. Hälfte des 19. Jahrhunderts. In: Forum Vormärz Forschung (Hg.): *Journalliteratur im Vormärz.* Bielefeld: Aisthesis Verlag 1996 (,Forum Vormärz Forschung' Jahrbuch 1995), S. 179–203; französische Fassung: Traduire. ,La plus noble des activités' ou ,la plus abjecte des pratiques'. Sur l'histoire des traductions du français en allemand dans la première moitié du XIXᵉ siècle. In: Michel Espagne/Michael Werner (Hg.): *Philologiques III.* Paris: Editions de la Maison des Sciences de l'Homme 1994, S. 121–146.

56 Norbert Bachleitner: ,Übersetzungsfabriken'. Das deutsche Übersetzungswesen in der ersten Hälfte des 19. Jahrhunderts. In: *Internationales Archiv für Sozialgeschichte der deutschen Literatur*, 14, 1. Heft (1989), S. 1–49.

57 Antoine Berman: *L'épreuve de l'étranger. Culture et tradition dans l'Allemagne romantique,* S. 122.

58 Manfred Koch: *Weimaraner Weltbewohner. Zur Genese von Goethes Begriff ,Weltliteratur',* S. 235.

lichen Neuerscheinungszahl von 5000 Büchern vor 1800 mindestens 350 neu übersetzte Bücher in jedem Jahr. Schon klagten zeitgenössische Verleger über regelrechte „Übersetzungsfabriken".[59] Zweifellos wurde Goethes Weltliteratur-Begriff auch durch den Übersetzungsenthusiasmus seiner Freunde und Zeitgenossen angeregt.[60]

In den Ausführungen zum Konzept der Weltliteratur zwischen 1827 und 1831 sieht Goethe drei Wege, die sich für die sich ausbildende ‚Weltliteratur' anbieten: zunächst die Übersetzungen, dann die Information über andere Nationalliteraturen durch Studien, aber auch im Medium der Kulturzeitschriften und schließlich durch den persönlichen Kontakt zwischen Schriftstellern und Vermittlern aus den verschiedenen Ländern.

Das Prinzip des Literaturaustausches

Ausgangspunkt der Überlegungen Goethes ist ein moderater Fortschrittsoptimismus, der die Verbindungen über das Lokale hinaus fördert; so leitet er seine erste Erwähnung des Begriffs ‚Weltliteratur' in seiner Zeitschrift *Über Kunst und Altertum* 1827 wie folgt ein: „Überall hört und liest man von dem Vorschreiten des Menschengeschlechts, von den weiteren Aussichten der Welt- und Menschenverhältnisse" (FA, 22, 356). Etwas später werden diese „besseren Aussichten" konkreter benannt: „dass bey der gegenwärtigen höchst bewegten Epoche und durchaus erleichterten Communication eine Weltliteratur baldigst zu hoffen sey [...]" (FA, 22, 427). Er spricht dann aber auch von „Beyfall und Absatz" und von der „Bilance dieses Verkehrs" (FA, 22, 428). Schon früher hatte Goethe in seiner Zeitschrift von einer „Notice sur la vie et les ouvrages de Goethe" von Albert Stapfer berichtet und sprach in diesem Zusammenhang von der verbesserten Kommunikation.

> Zu einer Zeit wo die Eilboten aller Art aus allen Weltgegenden her immerfort sich kreuzen, ist einem jeden Strebsamen höchst nöthig seine Stellung gegen die eigne Nation und gegen die übrigen kennen zu lernen. Deßhalb findet ein denkender Literator alle Ursache jede Kleinkrämerey aufzugeben und sich in der großen Welt des Handelns umzusehen. Der deutsche Schriftsteller darf es mit Behagen, denn der allgemeine literarische Conflict, der jetzt im Denken und Dichten alle Nationen hinreißt, war doch zuerst von uns ange-

---

59 Siehe Norbert Bachleitner: ‚Übersetzungsfabriken'. Das deutsche Übersetzungswesen in der ersten Hälfte des 19. Jahrhunderts.
60 Manfred Koch: *Weimaraner Weltbewohner. Zur Genese von Goethes Begriff ‚Weltliteratur'*, S. 237.

regt, angefacht, durchgekämpft, bis er sich ringsumher über die Gränzen verbreitete. (FA, 22, 280)

Was hier auffällt, das ist die Metaphorik aus dem Bereich des Handelsaustausches („die große Welt des Handelns" vs. „Kleinkrämerey"); aber gleichzeitig findet sich auch der Begriff des Konfliktes, der wohl Rivalität und Wettbewerb meint. Noch deutlicher findet sich diese Metaphorik in dem berühmten Brief an Carlyle vom Juli 1827 hinsichtlich des Übersetzens.

> Zu einer solchen Vermittlung und wechselseitigen Anerkennung tragen die Deutschen seit langer Zeit schon bey. Wer die deutsche Sprache versteht und studirt, befindet sich auf dem Markte wo alle Nationen ihre Waaren anbieten, er spielt den Dolmetscher, indem er sich selbst bereichert. Und so ist jeder Uebersetzer anzusehen, dass er sich als Vermittler dieses allgemein geistigen Handelns bemüht, und den Wechseltausch zu befördern sich zum Geschäft macht. Denn was man von der Unzulänglichkeit des Uebersetzens sagen mag, so ist und bleibt es doch eines der wichtigsten und würdigsten Geschäfte in dem allgemeinen Weltverkehr. (FA, 22, 434)

In einem späteren Text spricht Goethe von Literaturaustausch als „einem mehr oder weniger freyen geistigen Handelsverkehr" (FA, 22, 957); in seinem Faszikel zu Carlyles *Schiller* spricht er von einer Weltliteratur, die „bey der sich immer mehr vermehrenden Schnelligkeit des Verkehrs unausbleiblich" sei (FA, 22, 866).

In den Augen von Hans-Joachim Schrimpf ist der Rekurs auf Begriffe des Verkehrs, des Handels und des Warentausches bei Goethe nicht bloß metaphorischer Natur.[61] Die wirtschaftliche ‚Globalisierung' fordere in Goethes Augen auch die Universalisierung der Literatur. Er sehe den Zusammenhang zwischen Welthandel und Weltliteratur und interpretiere ihn in optimistischem Sinn als einen Faktor der Annäherung der Völker. Ich bin mir aber nicht sicher, ob man bei Goethe von einer solchen Kausalrelation ausgehen kann, die man auch bei Marx/Engels, allerdings aus der kritischen Perspektive der ökonomischen Analyse findet.[62] Ich denke, es geht bei Goethe, der durchaus ein Wirtschaftsli-

---

61 Hans-Joachim Schrimpf: *Goethes Begriff der Weltliteratur.* Stuttgart: Metzler 1968, S. 45–47.
62 Karl Marx/Friedrich Engels: *Manifest der Kommunistischen Partei.* Hg. von Iring Fetscher. Frankfurt a. M.: Fischer 1966, S. 62: „Die Bourgeoisie hat durch ihre Exploitation des Weltmarkts die Produktion und Konsumption aller Länder kosmopolitisch gestaltet. [...] An die Stelle der alten lokalen und nationalen Selbstgenügsamkeit und Abgeschlossenheit tritt ein allseitiger Verkehr, eine allseitige Abhängigkeit der Nationen voneinander. Und wie in der materiellen, so auch in der geistigen Produktion. Die geistigen Erzeugnisse der einzelnen Nationen werden Gemeingut. Die geistige Einseitigkeit und Beschränktheit wird mehr und mehr unmöglich, und aus den vielen nationalen und lokalen Literaturen bildet sich eine Weltliteratur."

beraler[63] war, weniger um eine Kausalitäts- als um eine Analogie-Relation zwischen Waren- und Ideen- oder Literaturaustausch.

Die ökonomische Metaphorik ist nach Manfred Koch vor allem auch eine Absage an die Idee einer deutschen Sendung, die die Frühromantiker um Friedrich Schlegel vertraten. Die Deutschen sind für Goethe

> nicht die Menschheitsvereiniger in einem Geist, sondern die Vermittler zwischen verschiedenen Nationalgeistern, die tüchtigsten Händler im europäischen Ideenkommerz. Deutschland ist aufgrund seiner Übersetzungsleistungen das Land, in dem man sich derzeit am einfachsten auf dem Weltliteraturmarkt bedienen kann. [...] Deutschland wird damit zwar als herausragender Umschlagplatz der Kulturen ausgezeichnet, ist aber mitnichten die Kirche des Weltgeistes.[64]

In diesem Sinne müsse man auch Goethes Äußerung verstehen, den Deutschen sei „eine ehrenvolle Rolle" bei der Bildung der „allgemeinen *Weltliteratur*" (FA, 22, 356) vorbehalten.

In dem Brief an Carlyle formuliert Goethe nicht nur sein Loblied auf den Austausch und die Mittlerrolle der Deutschen als Übersetzer, er definiert auch seine Philosophie der Übersetzung. Die Besonderheiten einer jeden Nationalliteratur müsse man kennen lernen, „um sie ihr zu lassen, um gerade dadurch mit ihr zu verkehren: denn die Eigenheiten einer Nation sind wie ihre Sprache und ihre Münzsorten, sie erleichtern den Verkehr, ja sie machen ihn erst vollkommen möglich" (FA, 22, 434). Das Prinzip des Austausches – symbolischer oder materieller – Güter ist die Verschiedenheit. Man tauscht nicht, was man schon hat. Die reziproke Duldung, ja Achtung werde am sichersten erreicht, „wenn man das Besondere der einzelnen Menschen und Völkerschaften auf sich beruhen lässt bey der Überzeugung jedoch festhält, dass das wahrhaft Verdienstliche sich dadurch auszeichnet, dass es der ganzen Menschheit angehört" (FA, 22, 434). Das Auszutauschende zeichnet sich so durch einen Doppelaspekt aus: durch das Besondere, Partikuläre, das es interessant macht, aber gleichzeitig auch durch etwas Universelles, indem sich das Auszutauschende nicht in seiner Partikularität erschöpft. Diesen Doppelaspekt unterstreicht Goethe auch in seinem Gespräch mit Eckermann von Ende Januar 1827 über die

---

63 „Im Bezug auf die Wirtschaft, auf die soziale Organisation von Arbeit dachte Goethe selber als Liberaler. Trotz aller Bedenken hatte er letztlich für die bürgerliche Leistungsgesellschaft votiert, weil sie das Individuum aus den rechtlichen und ökonomischen Einschränkungen der Ständeordnung freisetzte und die Rahmenbedingung für Arbeit so umgestaltete, dass Produktivität begünstigt und Tüchtigkeit belohnt wird" (Heinz Hamm: *Goethe und die französische Zeitschrift ‚Le Globe'. Eine Lektüre im Zeitalter der Weltliteratur.* Weimar: Böhlau 1998, S. 30 f.).
64 Manfred Koch: *Weimaraner Weltbewohner. Zur Genese von Goethes Begriff ‚Weltliteratur',* S. 239.

chinesische Literatur, die er in seiner Zeitschrift besprochen hatte. Bei aller Wertschätzung „des Ausländischen dürfen wir nicht bei etwas Besonderem haften bleiben und dieses für musterhaft ansehen" (FA, 22, 952). Musterhaft könnten allein die alten Griechen sein. Auch der chinesische Roman belege, „dass die Poesie ein Gemeingut der Menschheit ist und dass sie überall und zu allen Zeiten in Hunderten und aber Hunderten von Menschen hervortritt" (FA, 22, 951 f.). Nach Goethe muss man fremde kulturelle Leistungen – er spricht hier von einem Werk Manzonis – nicht auf der Basis von externen Kriterien beurteilen, sondern vor dem Hintergrund des jeweiligen Selbstverständnisses: man habe „eine jede Nation, aber auch die bedeutenden Arbeiten eines jeden Individuums derselben aus und an ihnen selbst zu beurtheilen" (FA, 22, 259). Es gehe aber nie nur um das Besondere, das Exotische allein, das unter Umständen befremden könne. Im Besonderen müsse das Allgemeine ermittelt werden. Wenn man sich auf das Besondere einlasse, werde man „durch Nationalität und Persönlichkeit hin jenes Allgemeine immer mehr durchleuchten und durchscheinen sehen" (FA, 22, 433). Diese Dialektik zwischen dem Allgemeinen und dem Besonderen betont er noch einmal, wenn er sagt, Poesie sei „weltbürgerlich und umso mehr *interessant* als sie sich *national* zeige" (FA, 22, 964).

Es sei pedantischer Dünkel von Deutschen, wenn sie nicht aus dem engen Kreis der eigenen Umgebung hinausblickten und das Universelle in den fremden Literaturen verkennten. Diese doppelte Perspektive macht für Goethe ‚Weltliteratur' aus: „Ich sehe mich daher gerne bei fremden Nationen um und rate jedem, es auch seinerseits zu tun. Nationalliteratur will jetzt nicht viel sagen, die Epoche der Weltliteratur ist an der Zeit, und jeder muss jetzt dazu wirken, diese Epoche zu beschleunigen" (FA, 22, 952). Übersetzte Werke bringen so nach dieser Konzeption doppelten Gewinn; sie ermöglichen etwas Besonderes kennen zu lernen und in diesem Besonderen gleichzeitig auch etwas Universelles zu sehen.

Goethe betont aber nicht nur den Gewinn, den die Übersetzung für die Kultur bringt, *in* die übersetzt wird, sondern auch den Gewinn, den der neue Blick der Übersetzung für die Kultur bringt, *aus* der übersetzt wird. Diese fremde Perspektive bringt eine Auffrischung der eigenen Texte, die einem zu vertraut sind: „Eine jede Literatur ennüyirt sich zuletzt in sich selbst, wenn sie nicht durch fremde Theilnahme wieder aufgefrischt wird" (FA, 22, 428). An einer anderen Stelle unterstreicht Goethe den Gewinn, den für ihn die englische Übersetzung seines *Faust* brachte: „In England hat [...] Soane meinen Faust bewunderungswürdig verstanden und dessen Eigenthümlichkeiten mit den Eigenthümlichkeiten seiner Sprache und den Forderungen seiner Nation in Harmonie zu bringen gewusst" (FA, 22, 949). Über eine ähnliche Erfahrung berichtet er hinsichtlich der Lektüre einer Passage der englischen Übersetzung von Schillers *Wallenstein*: „Nun aber trat es mir auf einmal in der Sprache Shakespeare's entgegen, die große Analogie zweyer vorzüglicher Dichterseelen ging mir lebhaft auf; es war das erste frischer wieder, dasselbe in einem andern, und so neu, dass es mich wieder mit seiner völligen Kraft ergriff und die innerlichste Rührung hervorbrachte" (FA, 22, 490). In einem Brief an Carlyle vom 1. Januar 1828 fragte er diesen, inwiefern dessen Übersetzung des *Tasso* als englisch gelten könne, auch wieder mit dem impliziten Gedanken, dass die Übersetzung eine Bereicherung bedeute; „denn eben diese Bezüge vom Originale zur Übersetzung sind es ja, welche die Verhältnisse von Nation zu Nation am allerdeutlichsten aussprechen und die man zu Förderung der vor- und obwaltenden Weltliteratur vorzüglich zu kennen und beurtheilen hat" (FA, 22, 935).

Der literaturkritische Blick von außen

Es sind nicht bloß die Übersetzungen, die eine zentrale Rolle für diesen literarischen Austauschverkehr spielen; es sind auch die literaturkritischen Urteile und Interpretationen, die für ihn bedeutsam sind. So scheint Goethe der französischen Literaturkritik auf der Basis der langen literarischen Tradition die Rolle einer wichtigen kritischen Instanz zuzuschreiben: „Wir beobachten genau, was sie auf ihrem hohen nicht längst erreichten Standpuncte günstiges oder ungünstiges über uns und andere Nachbarnationen aussprechen" (FA, 22, 260). So druckt er in seinem Organ immer wieder Rezensionen zu den Übersetzungen seiner Werke ab, so etwa 1826 eine in der Zeitschrift *Le Globe* erschienene Besprechung der „œuvres dramatiques de Goethe". Es sei aufschlussreich zu erfahren, wie sich „seine Bemühungen einer Nachbarnation darstellen, welche von jeher nur im Allgemeinen am deutschen Bestreben Theil genommen, weniges davon gekannt, das wenigste gebilligt hat" (FA, 22, 258). Diesem „eigensinnigen Ablehner" habe deutscherseits die Abneigung gegen die französische Kritik geantwortet, deren Urteil man nicht zur Kenntnis genommen habe. Eine neue Entwicklung zeichne sich ab. Das, was man in Deutschland schätze, werde von immer mehr Kreisen in Frankreich geschätzt. Es sei „im weltbürgerlichen Sinne" erfreulich, dass „ein durch so viel Prüfungs- und Läuterungsepochen durchgegangenes Volk sich nach frischen Quellen umsieht, um sich zu erquicken, zu stärken, herzustellen" (FA, 22, 259) und sich zu einem lebendigen aber noch im Streben und Streiten begriffenen Nachbarvolk hinwende. Man wende sich nicht nur den Deutschen zu, sondern auch den Engländern und Italienern: so seien „Lord Byron, Walter Scott und Cooper bey ihnen gleichfalls einheimisch, und sie wissen die Verdienste Manzoni's nach Gebühr zu würdigen" (FA, 22, 259). Hinsichtlich der „Notice sur la vie et les ouvrages de Goethe par Albert Stapfer" stellt der Autor fest, dass der Biograph mit Wohlwollen das Offenbare sich zuzueignen und das Verborgene zu entziffern gewusst habe (FA, 22, 279); aus der Außenperspektive habe er Vieles gesehen, was den Betrachtern aus der Innenperspektive verborgen blieb. Damit bringt er hier schon eine Erkenntnis zum Ausdruck, die der heutigen Soziologie sehr vertraut ist: die Betriebsblindheit der reinen Innenperspektive: „Ferner ist merkwürdig, wie er [Stapfer] auf diesem Wege zu gewissen Ansichten über seinen Gegenstand gelangte, die denjenigen in Verwunderung setzen, der sie vor allen anderen hätte gewinnen sollen, und dem sie doch entgangen sind, eben weil sie zu nahe lagen" (FA, 22, 279). Die Einbeziehung der Außenperspektive erscheint ihm einen hermeneutischen Erkenntnisgewinn darzustellen. So äußerte er sich im Gespräch mit Eckermann hinsichtlich des ebenfalls in seiner Zeitschrift besprochenen *Lebens Schillers* von Carlyle:

> Es ist aber sehr artig, dass wir jetzt, bei dem engen Verkehr zwischen Franzosen, Engländern und Deutschen in den Fall kommen, uns einander zu korrigieren. Das ist der große Nutzen, der bei einer Weltliteratur herauskommt und der sich immer mehr zeigen wird. Carlyle hat das Leben von Schiller geschrieben und ihn überhaupt so beurteilt, wie ihn nicht leicht ein Deutscher beurteilen wird. (FA, 22, 955)

Andererseits seien die Deutschen über Shakespeare und Byron im Klaren und wüssten „deren Verdienste vielleicht besser zu schätzen als die Engländer selbst" (FA, 22, 955).

Im ersten Heft seiner Zeitschrift im Jahre 1827 druckt Goethe zwei Rezensionen der Bearbeitung seines *Tasso* durch Alexandre Duval ab; zuerst einen Verriss aus dem *Journal du Commerce*, dann eine positive Besprechung aus *Le Globe*, in dem der deutsche Dichter als Vorbild für Duval dargestellt wird, von dem dieser viel hätte lernen können. Die Mitteilungen, die er aus den beiden französischen Zeitblättern abdruckte, hätten, so Goethe, „nicht etwa allein zur Absicht, an [ihn] und [seine] Arbeiten zu erinnern"; er bezwecke „ein Höheres"; er möchte seine Freunde aufmerksam machen, dass er überzeugt sei „es bilde sich eine allgemeine *Weltliteratur* [...]" (FA, 22, 356). Damit meint er auch, man müsse Lob und Tadel von anderen ebenso ertragen wie im eigenen literarischen Feld und nicht völkerpsychologisch reagieren; man brauche die externen Reaktionen auch nicht zu befürchten: „Wir haben im literarischen Sinne sehr viel vor anderen Nationen voraus [...]" (FA, 22, 357).

Es geht Goethe natürlich nicht nur um Literaturaustausch, sondern auch um sich selbst und seine Arbeiten. Gerade jetzt, wo er von den jung-deutschen

Autoren teilweise harsch kritisiert wurde,[65] war das hohe symbolische Kapital, das ihm ausländische Reaktionen einbrachten, nicht unwichtig.[66] Die erwähnten literaturkritischen Urteile aus dem Ausland wurden sehr häufig in seiner Zeitschrift veröffentlicht. Kulturzeitschriften sind für Goethe ein zentrales Medium der transnationalen Literaturformation, ein Medium, das auch ein spezifisches literaturfeldinternes Instrument ist. Seine 1816 gegründete Zeitschrift *Über Kunst und Altertum* verfügte zwar nicht über einen mitreißenden Titel, war aber während sechzehn Jahren ein wichtiges Kommunikationsorgan, das viele Kontakte ermöglichte, aber auch eine normative Funktion auszuüben gedachte: „vor falschen Richtungen" warnen, durch Aufmunterung „Hoffnungsvolles" fördern (FA, 22, 943). Es war *sein* Organ, zwei Drittel der Beiträge stammten von Goethe. Wenn die Auflagenzahlen nicht hoch waren (200 am Anfang, 750 am Schluss), so erreichte er doch eine ihm wohl gesinnte Elite, die mit ihren Reaktionen interaktiv tätig war. Der Radius ging aber über Deutschland hinaus; Reaktionen erreichten ihn auch aus Frankreich, Italien und England. Gerade diese Kontakte waren für sein weltliterarisches Konzept wichtig. So stand er in Kontakt mit der Mailänder Zeitschrift *L'Eco*, an deren Herausgeber er am 31. Mai 1828 folgende Worte richtete:

> Die ersten siebenundvierzig Blätter Ihrer Zeitschrift, die Sie in Mailand beginnen, haben mich auf das angenehmste überrascht; sie wird gewiss durch ihren Gehalt und durch die freundliche Form, die Sie ihr zu geben wissen, zur allgemeinen Weltliteratur, die sich immer lebhafter verbreitet, auf das freundlichste mitwirken und ich darf Sie meines Anteils gar wohl aufrichtig versichern.[67]

In seiner Zeitschrift erwähnt er auch drei Zeitschriften aus Edinburgh und schreibt, diese würden, „wie sie sich nach und nach ein größeres Publicum gewinnen, zu einer gehofften allgemeinen Weltliteratur auf das wirksamste beytragen" (FA, 22, 491). Nicht nur diese Kontakte belegen das Austausch-Programm Goethes; auch der Inhalt der Zeitschrift versucht, diese Intention zu realisieren. Neben Artikeln über bildende Kunst finden sich deutsche literari-

---

65 Siehe dazu Birte Carolin Sebastian: *Von Weimar nach Paris. Die Goethe-Rezeption in der Zeitschrift ‚Le Globe'*, S. 32 f.: „Im stärksten Gegensatz zu dem rein positiven Goethebild, das die Globisten in Frankreich etablierten, steht das ambivalente Goethebild seiner deutschen Zeitgenossen [...] *Le Globe* verteidigte den Weimarer Olympier sogar öffentlich gegen Kritik aus dem eigenen Land."; siehe auch Norbert Christian Wolf: De la littérature nationale à la littérature mondiale: la trajectoire de Goethe, S. 97.
66 Seinem Genfer Gesprächspartner Frédéric Sorel gestand er, er sei neuerdings „darauf verfallen, wissen zu wollen, was man jenseits des Rheins von mir hält" (zitiert ebda., S. 7 f.).
67 Zitiert nach Fritz Strich: *Goethe und die Weltliteratur*, S. 370. Zur Zeitschrift auch der Artikel in *Kunst und Altertum*, VI, 2 (FA, 22, 493 f.).

sche Texte, aber auch Aufsätze über die französische, englische und italienische Literatur, Übersetzungen der Volkspoesie aus Böhmen, Irland, Serbien
usw.

Den intensivsten Kontakt pflegte Goethe indes zur französischen Zeitschrift
Le Globe, „die wichtigste Verbindung zur großen Welt".[68] Das Organ, das drei
Mal wöchentlich erschien, war in der ersten Periode von 1824 bis 1827 eine
spezifische literarische Zeitschrift, artikulierte sich dann auch politisch und
wurde 1830 von den Saint-Simonisten übernommen. Die Zeitschrift, die unter
der Leitung von Paul-François Dubois stand, war dem oppositionellen Libera-
lismus verpflichtet und verstand sich ganz im Sinne von Goethe auch als Forum des literarischen Austausches, aber gemäß dem Titel noch globaler als das
Organ von Goethe, das sich eigentlich auf die europäischen Kulturen beschränkte. Zu den Mitarbeitern zählten Jean-Jacques Ampère, der Sohn des berühmten Physikers, und gelegentlich auch Rémusat und Sainte-Beuve. Victor
Cousin schrieb für die Zeitschrift Berichte über seine zwei Besuche bei Goethe
in Weimar. Die Ausrichtung der Zeitschrift, die etwa in den programmatischen
Äußerungen in einem Artikel vom 24. November 1827 zum Ausdruck kam, entsprach durchaus den Vorstellungen Goethes. So konnte man dort lesen:

> Wir haben die Vorurteile eines engen Patriotismus und eines falschen nationalen Hoch-
> muts angegriffen; wir haben ausländischen Berühmtheiten die Verehrung widerfahren
> lassen, die ihnen zustand; [...] wir haben durch unsere aufrichtige Bewunderung, durch
> unsere neugierige Recherche nach allem, was die Literaturen unserer Nachbarn ehren
> könnte, dazu beigetragen, auch ihre eigenen Vorurteile und ihre Ressentiments gegen
> Frankreich zu beseitigen.[69]

Der Hegelschüler Eduard Gans hatte dem französischen Philosophen Victor
Cousin in Deutschland helfend zur Seite gestanden und wurde von diesem
während seines Paris-Aufenthaltes mit den *Globisten* bekannt gemacht. Anfang
Januar 1826 übergab Gans im Auftrag des Chefredakteurs Dubois zwei Jahres-
bände des *Globe* im Umfang von mehr als tausend Seiten. Im Begleitbrief erklärten sich die jungen Franzosen des *Globe* als Bewunderer des Talents Goethes: „Falls [...] die leidenschaftliche Verehrung des Schönen, die aufrichtige
Wahrheitsliebe und das eifrigste Bestreben, alle nationalen Vorurteile zu überwinden, von Ihnen geschätzte Eigenschaften sind: Dürfen die Redakteure des
Globe dann darauf hoffen, dass Sie ihre Bemühungen ermutigen und befördern

---

68 Heinz Hamm: *Goethe und die französische Zeitschrift ‚Le Globe'. Eine Lektüre im Zeitalter
der Weltliteratur*, S. 16.
69 Zitiert bei Birte Carolin Sebastian: *Von Weimar nach Paris. Die Goethe-Rezeption in der Zeitschrift ‚Le Globe'*, S. 26 f.

werden?"[70] Die jungen Franzosen wurden erhört. Der *Globe* wurde zur Lieb-
lingslektüre von Goethe; jeden Tag las er während einer Stunde die alten
Exemplare und verfolgte gleichzeitig die neuen bis 1830, als ihm die politische
Ausrichtung nicht mehr entsprach. Goethe selbst übersetzte elf Beiträge teilweise oder vollständig aus *Le Globe*, um sie in seiner Zeitschrift *Über Kunst
und Altertum* zu veröffentlichen. Heinz Hamm hat Goethes Handexemplar des
Globe untersucht und konnte für insgesamt 295 Artikel die Lektüre durch Goethe zweifelsfrei nachweisen; 202 Artikel weisen Anstreichungen von Goethe
auf.[71] Der Austausch war aber durchaus reziprok. Birte Carolin Sebastian legte
eine parallele Untersuchung über die Goethe-Rezeption in der Zeitschrift *Le
Globe* vor. Sie fand im parallelen Zeitraum von 1824–1830 133 Texte, die sich
auf Goethe beziehen. Angesichts dieser intensiven Beziehung ist es kein Zufall,
dass Goethe den Begriff Weltliteratur erstmals in Zusammenhang mit der Wie-
dergabe eines Artikels aus *Le Globe* – die schon erwähnte *Tasso*-Besprechung –
1827 gebrauchte. *Le Globe* griff das Wort Goethes in seiner Nummer vom 1.
November 1827 sofort auf, ersetzte aber den Begriff ‚Weltliteratur' durch „littérature occidentale ou européenne". Im *Globe*-Artikel war zu lesen, dass es wohl
früher schon einen „commerce intellectuel" gegeben habe, jedoch nur zwischen Gelehrten mittels der lateinischen Sprache. Das habe sich nun verändert.
Reisen, das Studium der Sprachen, die periodische Literatur schüfen nun „in-
nigere Verhältnisse". „Sogar die Nationen, die sich vorzüglich mit Gewerb und
Handel abgeben, beschäftigten sich am meisten mit diesem Ideenwechsel" (FA,
22, 427), so die Übersetzung der Reaktion des *Globe* in Goethes Zeitschrift.

Die transnationale Kommunikation der Schriftsteller

Neben dem Literaturaustausch durch Übersetzungen und Informationen im
Medium von Kulturzeitschriften und Studien sieht Goethe als dritten Weg im
Hinblick auf die sich ausbildende Weltliteratur die Begegnung mit Schriftstellern. Im Zusammenhang der Versammlung der Gesellschaft der deutschen Na-
turforscher und -ärzte in München schrieb er 1828, wenn er „eine europäische,
ja eine allgemeine Weltliteratur zu verkündigen gewagt" habe, dann sei das
nicht so neu; denn man habe schon früher von den Erzeugnissen anderer
Kenntnis genommen. Gemeint sei aber auch, „dass die lebendigen und stre-
benden Literatoren einander kennenlernen und durch Neigung und Gemein-

---

70 Heinz Hamm: *Goethe und die französische Zeitschrift ‚Le Globe'. Eine Lektüre im Zeitalter
der Weltliteratur*, S. 26.
71 Ebda., S. 15.

sinn sich veranlasst finden gesellschaftlich zu wirken."[72] Wir haben schon gesehen, wie sehr Goethe in diesen Jahren daran gelegen war, ausländische Gäs-
te zu empfangen; zu ihnen zählte auch Jean-Jacques Ampère, der Mitarbeiter
des *Globe*, der für den deutschen Bereich zuständig war. Er hielt sich im Mai
1827 zwei Wochen in Weimar auf und wurde von Goethe mehrmals zum Essen
und zu vertraulichen Gesprächen eingeladen. Goethe schrieb über einen dieser
Besuche: „Am 22. April [...] besuchte uns Herr Ampère der Jüngere, von Paris
kommend, der schönen Literatur beflissen, zu den raschen und umsichtigen
Männern gehörend, welche sich am Kreise des *Globe* Teil nehmen[d] lebhaft
und kräftig genug bewegen" (FA, 37, 541). Im Gespräch mit Eckermann
(3. Mai 1827) spricht Goethe ganz begeistert vom noch blutjungen, aber souveränen weltläufigen *Globe*-Mitarbeiter. Die gesellschaftliche Wirkung solcher
Begegnungen wertete er offenbar als eine Art Korrektiv gegenüber dem ‚Selbs-
tigkeitsdünkel' der Deutschen, wie er schrieb, die sich viel darauf zugutehiel-
ten, nicht gesellig zu sein und Höflichkeit als etwas Höfisch-Äußerliches diskriminierten. Das Weltliteratur-Programm, so Manfred Koch, „zielt auch darauf,
durch Import von französischer Gesprächs- und britischer Benimm-Kultur in
Deutschland die Sensibilität für jene zivilisierten Verhaltensformen zu erwe-
cken, die aus einer bloßen Agglomeration von Einzelnen erst eine gute Gesellschaft machen."[73]

Goethe ist allerdings auch nicht ein naiver Fortschrittsoptimist. Wenn er
einerseits schreibt, jeder müsse jetzt dazu beitragen, die Epoche der Weltliteratur zu beschleunigen,[74] so sieht er auch eine Beschleunigung, die ihm zu
schnell geht, die er „veloziferisch" nennt, in dem auch ‚luziferisch' mitklingt
(abgeleitet von dem ‚vélocifère' genannten Eilpostwagen). Er stellt die Faszination seiner Zeit für das Phänomen der Schnelligkeit fest; „alle möglichen Facili-
täten sind es worauf die gebildete Welt ausgeht; sich zu überbieten, zu überbil-
den und dadurch in der Mittelmäßigkeit zu verharren" (FA, 37, 277). Goethe
begrüßt nicht bloß die sich beschleunigende Vielfalt. Er sieht auch die Gefah-
ren der Überbildung und Überbietung einer immer schnelleren Produktion:
„Alles wird nur darauf angelegt, dem Leser oder Zuschauer von heute Beifall
abzulocken, darunter geht die Eigenart des Schriftstellers zugrunde" (FA, 38,
242). Manfred Koch hat hier die literarischen Tendenzen identifiziert, die im

---

72 Zitiert nach Fritz Strich: *Goethe und die Weltliteratur*, S. 370 f.
73 Manfred Koch: *Weimaraner Weltbewohner. Zur Genese von Goethes Begriff ‚Weltliteratur'*,
S. 250.
74 „Jeder muss jetzt dazu beitragen, diese Epoche zu beschleunigen." Es fragt sich, ob hinter
dem Modalverb ‚muss' Goethes persönliche Intention steht oder ob er eine Forderung des Zeitgeistes ‚zitiert'.

Visier Goethes standen: die jüngste französische Literatur, eine ultraromantische Auflösungsliteratur. Wenn er Balzacs *Peau de chagrin* im Gegensatz zu Victor Hugos *Notre-Dame de Paris* geschätzt hatte, dann weil er in diesem Roman eine „therapeutische Verlangsamung und kontemplative Sistierung des modernen Lebens" habe sehen können.[75]

Wir haben bisher noch zu wenig auf die Frage geantwortet, welche – impliziten – Interessen Goethe mit seinem Weltliteratur-Konzept verfolgt. Xavier Landrin sieht im Welt-Literatur-Konzept vor allem eine Rationalisierung eines bestehenden Netzwerkes, innerhalb dessen Goethe die Position des großen Vermittlers einnehmen und die asymmetrischen Beziehungen zwischen den einzelnen Kulturen legitimieren könne. Goethe valorisiere die Werke von Autoren, mit denen er schon in Beziehung stehe und für die er ‚Dividenden' als Vermittler einziehen könne, so bei Manzoni[76] oder Walter Scott, der seinen *Götz von Berlichingen* übersetzt habe. Landrin spricht hier von einer Zirkularität der Beziehungen.[77]

Mir scheinen aber die Interessen, die Goethe innerhalb des deutschen literarischen Feldes vertritt, noch wichtiger zu sein. Sein Weltliteratur-Konzept richtet sich, wie Manfred Koch aufzeigt, vor allem gegen die romantische Schule der Gebrüder Schlegel, die sich als neue Avantgarde ausgeben und sich immer mehr in Richtung eines neo-katholischen Konservatismus mit nationalistischer Ausrichtung orientieren. Schon in ihrer zweiten Nummer wandte sich Goethes Zeitschrift *Über Kunst und Altertum* in dem Aufsatz „Religiös-patriotische Kunst" gegen diese Tendenz: „Möge [...] alle falsche Frömmeley aus Poesie, Prosa und Leben bald möglichst verschwinden und kräftigen heitern Aussichten Raum geben" (FA, 20, 129).

Friedrich Schlegel habe seit der Jahrhundertwende die Ansicht vertreten, eine revolutionäre Wiedervereinigung der Poesie könne allein das Werk der Deutschen sein, ohne die Franzosen (oder die anderen europäischen Nationen), „nur gegen deren belanglose, heruntergekommene Kultur sei das wahre Europa zu verwirklichen."[78] In diesem Kontext ging es Goethe in seiner Ausei-

---

75 Manfred Koch: *Weimaraner Weltbewohner. Zur Genese von Goethes Begriff ‚Weltliteratur'*, S. 257.

76 Zu den Beziehungen zu Manzoni siehe Hugo Blank: Weimar und Mailand. In: Frank-Rutger Hausmann (Hg.): ‚*Italien in Germanien'. Deutsche Italien-Rezeption von 1750–1850*. Tübingen: Gunter Narr Verlag 1996, S. 405–428; sowie Vito R. Giustiniani: Goethes Übersetzungen aus dem Italienischen. In: Ebda., S. 275–299.

77 Xavier Landrin: La sémantique historique de la Weltliteratur: Genèse conceptuelle et usage savants, S. 116–123.

78 Manfred Koch: *Weimaraner Weltbewohner. Zur Genese von Goethes Begriff ‚Weltliteratur'*, S. 238.

nandersetzung mit Schlegel nicht nur um die Verteidigung der Antike gegen einen um sich greifenden Mystizismus, sondern auch um den Erhalt der kulturellen Vielfalt im Europa des 19. Jahrhunderts:[79]

> Mit der Rede von Weltliteratur und der Präsentation des Phänomens in *Kunst und Altertum* entwirft Deutschlands berühmtester Autor ein Deutungsmodell literarischer Modernisierung, das die Entwicklung der Literatur und das Verhältnis der Literaturen untereinander selbst beeinflussen kann [...]. Goethe thematisiert mit Weltliteratur nicht nur das wechselseitige Korrigieren der Literaturen, er stimuliert und forciert es als Partei, im Hinblick auf eine literarische Entwicklung, die seinen Vorstellungen entspricht.[80]

Manfred Koch betont indes, dass es nicht adäquat wäre, Goethes Interesse an nicht-deutschen Autoren nur als strategisch zu interpretieren, im Hinblick auf ihre Funktion in der innerdeutschen literarischen Auseinandersetzung:

> So liegt Manzoni, um ein Beispiel herauszugreifen, Goethe auch deshalb so am Herzen, weil sich an ihm gegen die neureligiösen deutschen Autoren zeigen lässt, wie ein originär katholischer Dichter im besten Sinn eingängige, klare, schlichte Sprache ohne jeden Mystizismus schreibt. Der ausländische Mitstreiter in Goethes inländischer Kunstfehde ist Manzoni aber nur, weil er eben für den Leser Goethe irgendwann zum Ereignis wurde. Nur als ästhetisches Ereignis kann er auch korrigierend auf den Geschmack der deutschen Autoren und Leser wirken.[81]

Ist nun Goethes Konzept der Weltliteratur ein erster Entwurf der Idee eines internationalen literarischen Feldes? Die Frage ist wohl mit Nein zu beantworten.

1. Goethe hat die Frage, was die Realität betrifft, selber schon negativ beantwortet. Eine Weltliteratur ist nach ihm erst im Begriff sich auszubilden; sie ist zu erhoffen. Sie ist erst in Ansätzen sichtbar.
2. Goethes Konzept ist in der Anwendung weder quantitativ noch qualitativ umfassend. Es berücksichtigt weder alle (damals) bestehenden Literaturen noch alle kanonisierten Werke der Einzelliteraturen, sondern im Grunde genommen bloß die deutsche, französische, englische und italienische Literatur unter Einschluss einzelner Volksdichtungen aus andern europäischen Ländern.
3. Goethes Konzept ist vor allem ein Aufruf. Er unterstreicht den Gewinn, den der Literaturaustausch durch Übersetzungen, Informationen, Kontakte für beide Seiten bringt, unter der Bedingung, dass das Besondere im Allgemei-

---

79 Ebda., S. 242.
80 Ebda., S. 249.
81 Ebda.

nen und das Allgemeine im Besonderen gesehen wird. Goethe valorisiert den Literaturaustausch positiv gegenüber einer isolationistischen Tendenz im eigenen literarischen Feld.

4. Die sich ausbildende Weltliteratur ist für Goethe die Konsequenz eines historischen Beschleunigungsprozesses, der nicht nur positiv gesehen wird, weil er durch ,Überdrehung' zu einem Qualitätsabfall führen kann.[82]

---

[82] Zu einer aktuellen Diskussion des Begriffs der Weltliteratur siehe Jérôme David: *Spectres de Goethe: les métamorphoses de la ,littérature mondiale'*. Paris: Les Prairies ordinaires 2011.

Die Konstitution einer französischen Nationalliteratur

Goethes Konzept einer Weltliteratur kann letztlich nicht allein mit dem Begriff des Universalismus verrechnet werden. Denn es geht ihm immer um den Austausch zwischen den Nationalliteraturen. Mit der Bildung der modernen Nationalstaaten in Europa und Nordamerika ab dem letzten Drittel des 18. Jahrhunderts hatte sich, wie wir schon gesehen haben, ein radikaler Wandel der kulturellen Legitimität abgezeichnet. Wenn sich die Adelsnation durch den Bezug auf eine als universalistisch erklärte griechisch-römische Kultur legitimierte, so beanspruchten die Bürgernationen ihre Souveränität (auch) auf der Basis einer Literatur, die im eigenen Volk verankert war und sie lehnten darum die traditionelle klassische Literatur als kulturellen Ausdruck einer aristokratischen Elite ab.

Eine im Volk verankerte ,Nationalliteratur' wurde, wie Anne-Marie Thiesse aufgezeigt hat, neben der Sprache und der Geschichte zum wichtigsten kulturellen Ausdruck der neuen Nationen. Die ,Nationalliteratur' ist so nicht eine trans-historische Kategorie, sondern ein Phänomen, das zu einem spezifischen historischen Zeitpunkt auftaucht.[1] Anne-Marie Thèse hat diesen Prozess sehr gut beschrieben, wenn sie ausführt:

> La nation moderne n'est pas seulement une forme politique, elle est aussi une forme culturelle. Pas de nation digne de ce nom sans une histoire spécifique et continue, pas de nation non plus sans une littérature, et en général une langue spécifique qui l'illustrent en exprimant son génie propre. Formulée avec vigueur dès le XVIIIe siècle, notamment par le théologien allemand Herder, la relation consubstantielle entre une nation, une langue et une littérature s'impose rapidement comme l'un des réquisits permettant d'évaluer la légitimité et la valeur d'une nation.[2]

Eine national-literarische Bewegung in Frankreich

Die ,national-literarische' Bewegung betraf nun auch Frankreich, weil sie sich gegen den Hegemonie-Anspruch der traditionellen französischen Literatur wandte, die man jetzt als kulturellen Legitimitätsmodus der Adelsnation einstufte.[3] Dank der frühen Institutionalisierung der Literatur hatte Frankreich

---

1 Siehe dazu auch Michael Werner: La place relative du champ littéraire dans les cultures nationales. Quelques remarques à propos de l'exemple franco-allemand, S. 15–30, hier S. 18 f.
2 Anne-Marie Thiesse: Une littérature nationale universelle? Reconfiguration de la littérature française au XIXe siècle. In: Michael Einfalt/Ursula Erzgräber u. a. (Hg.): *Intellektuelle Redlichkeit. Intégrité intellectuelle. Literatur – Sprache – Kultur.* Heidelberg: Winter 2005, S. 399.
3 Siehe dazu die Ausführungen von Herder und Justus Möser im vorherigen Kapitel.

schon früh eine Spitzenposition errungen und es betrachtete sich als Erbin der griechisch-römischen Tradition. Die ‚national-literarische' Bewegung trat gegenüber diesem Suprematie-Anspruch für einen kulturellen Pluralismus und für eine Literatur ein, die im jeweiligen Volk verwurzelt ist, gemäß dem Modell der Ossian zugeschriebenen Epen.

Mit dem Transfer der Souveränität vom Monarchen auf die Nation war Frankreich zur Avant-garde der *politischen* Nationalbewegung geworden. In der Folge gab es auch in Frankreich Versuche, die Bürgernation durch den Bezug auf ein Ursprungsvolk zu legitimieren und eine eigene ‚National-Literatur' zu begründen.[4] Die Bezugnahme auf eine römische Tradition, die man noch zum Beginn der Revolution gefunden hatte, erwies sich bald als obsolet. Die Adeligen hatten sich in Frankreich als Abkömmlinge der fränkischen Eroberer verstanden, während man dem Volk die Abstammung von den besiegten Kelten und Römern zuschrieb. Auf der Basis dieser ‚Theorie' glaubte der hohe Adel, seine Prärogativen legitimieren zu können und er war gleichzeitig überzeugt, er könne das Gros der Nation als Abkömmlinge der gallo-romanischen Bevölkerung als passive und rechtlose Untertanen betrachten. Der Schwertadel sei dazu berufen zu herrschen und die Anderen dazu, zu gehorchen.[5]

Wenn Frankreich mit dem Konzept der Volkssouveränität auf der *politischen* Ebene radikal mit der Vergangenheit gebrochen hatte, die nun als Ancien Régime bezeichnet wurde, so konstruierte man auf der *kulturellen* Ebene eine gewisse Kontinuität. Der imaginären Filiation des Adels, der dessen hierarchische Ordnung legitimieren sollte, stellte der Abbé Sieyès die Idee der Nation entgegen, die aus gleichen Bürgern besteht, eine Konzeption, der nun die hierarchische Ordnung weichen sollte. Wenn die Vertreter des Feudalismus behaupteten, die ganze Nation zu sein und glaubten, den Dritten Stand ignorieren zu können, dann erklärte Sieyès, wie wir schon gesehen haben, diesen zur Nation. Auch er rekurrierte nun auf die alte imaginäre Filiation, kehrte diese aber um. Die alten privilegierten Stände sollten sich mit den schlichten Bürgerrechten zufrieden geben oder sich in die Wälder Germaniens zurückziehen, aus denen sie behaupteten hervorgekommen zu sein.

---

4 Anne-Marie Thiesse: Une littérature nationale universelle? Reconfiguration de la littérature française au XIXe siècle, S. 400.
5 Gonthier-Louis Fink: Die Problematik der nationalen Identität in der Zeit des Umbruchs zwischen Ancien Régime und Thermidor (1750–1794), S. 8 f.; siehe auch Joseph Jurt: L'autobiographie de la nation. La constitution de l'identité narrative des Etats-nations. In: Thomas Keller/ Georges Lüdi (Hg.): *Biographien und Staatlichkeit. Biographies et pratiques de l'état.* Berlin: BWV 2008, S. 11–29.

Anne-Marie-Thiesse hat zu Recht unterstrichen, wie diese Filiation eine zentrale Rolle für das französische Nationalbewusstsein gespielt hat. Auch liberale Historiker wie Augustin Thierry oder Guizot interpretierten die Französische Revolution als Aufstand der unterdrückten Gallier gegen die Eroberer, die Franken.[6] Gerade unter Napoleon wird die Berufung auf die Gallier zu einem Legitimationstitel des Vorranges der Nation, nachdem das griechisch-römische Modell ausgedient hatte. Durch die keltischen Spuren in der Bretagne glaubte man diesen Anspruch ‚belegen‘ zu können. Ossian war einer der Lieblingsdichter Napoleons und unter dem Konsulat ließen sich zahllose Maler von Ossianischen Motiven inspirieren; die Bilder waren sehr oft von Napoleon in Auftrag gegeben worden. Die Ossian-Begeisterung, mit der unter Napoleon eine dem gallischen Nationalismus entsprungene und gegen England gerichtete keltische Bewegung einsetzte, fand 1807 ihren Ausdruck in der Gründung einer ‚keltischen Akademie‘ und schlug sich später nachhaltig im Werk von Chateaubriand nieder.

Das bretonische Epos *Barzaz Breiz* (1839) wurde allerdings nicht zu einem nationalen Monument, denn zwei Jahre zuvor war das Manuskript des Rolandsliedes entdeckt worden, welches zum Epos der französischen Frühgeschichte wurde. Doch das eigentliche Epos artikulierte sich nach Anne-Marie Thiesse in der Konstruktion einer nationalen Geschichte als eines kontinuierlichen Kampfes für die Freiheit und gegen die Unterdrückung. Frankreich wird den Anspruch auf Vorrang nicht so sehr durch weit zurückreichende Traditionen der Vorfahren, sondern auf der Basis seines permanenten politischen Kampfes für die Freiheit begründen. Anne-Marie Thiesse weist in diesem Kontext darauf hin, wie der Erfolgsschriftsteller Eugène Sue zwischen 1849 und 1857 in seinen *Mystères du Peuple* die keltische Epik mit der Nationalgeschichte verwob. Sue nahm die These der jahrhundertealten Auseinandersetzung zwischen dem gallischen Tiers Etat und der fränkischen Aristokratie wieder auf. Die Bretagne erscheint als die Provinz, die den Franken am längsten widerstanden und darum ihre Authentizität bewahrt habe. Die Kelten werden hier als Proto-Republikaner und Proto-Christen dargestellt. Wenn das Second Empire

---

6 Siehe dazu auch Krystof Pomian: ‚Francs et Gaulois‘. In: Pierre Nora (Hg.): *Les lieux de mémoire*. Bd. II. Paris: Gallimard 1997, S. 2245–2300. Bei der Idee der Gallier-Filiation handelt es sich zweifellos um eine Ethnisierung der nationalen Identität: „L'idée d'un antagonisme racial séculaire est reprise par les historiens des premières décennies du XIXe siècle. Les Gaulois deviennent alors les ancêtres emblématiques d'une France bourgeoise et populaire. Une vague celtomane marque la première moitié du XIXe siècle, et, tandis que les études historiques sur la Gaule se multiplient, les Gaulois envahissent les toiles des peintres" (Carole Reynaud-Paligot: *De l'identité nationale. Science, race et politique en Europe et aux Etats-Unis, XIXe–XXe siècle*. Paris: P.U.F. 2011, S. 90 f.).

diese republikanische Lesart der Geschichte der Gallier nicht schätzte, so war es doch nicht weniger gallophil. Napoleon III. ließ 1867 zu Ehren von Vercingétorix in Erinnerung an die Schlacht von Alésia eine Riesenstatue errichten, um so die Vorbildfunktion eines hinter seinem Führer geeinten gallischen Volkes zu vermitteln.[7]

Wenn der Gallier-Bezug eine wichtige ethnische Referenz bei der Konstituierung der neuen nationalen Identität war, die sich allerdings auch in literarischen Zeugnissen manifestierte, so wurden neben Ossian auch Schiller und Walter Scott zu neuen Bezugspunkten für eine ‚nationale' Literatur. Die romantischen Schriftsteller thematisierten nun auch das nationale kulturelle Erbe und bezogen sich kaum mehr auf Stoffe der Antike. Dieser Prozess der ‚Nationalisierung' der Literatur führte zur Anerkennung anderer Nationalliteraturen. Diese Entwicklung war eingeleitet worden durch den Unterricht fremder Sprachen, namentlich des Deutschen und des Englischen, allerdings erst ab den 1830er Jahren. Für diesen Unterricht mussten ausländische Lehrer gewonnen werden: Deutsche, die sich in Frankreich im Exil befanden oder Polen.[8] Dieser Unterricht spielte eine wichtige Rolle. Zum ersten Mal war das Französische nicht mehr die einzige lebendige Sprache, die neben den klassischen Sprachen unterrichtet wurde. Es verlor damit in der Praxis seinen Universalitäts-Status („[Le français] passe au moins virtuellement d'une situation d'universalité prétendue à une particularité de principe."[9]). Die neuen Lehrer kämpften gleichzeitig für die Gleichwertigkeit der deutschen Literatur mit der französischen oder den Literaturen der Antike.

Parallel zum Fremdsprachen-Unterricht in den Gymnasien entwickelte sich auf wissenschaftlicher Ebene die Schaffung von eigenen Lehrstühlen, die der „littérature étrangère" gewidmet waren. Michel Espagne zeichnete diesen Prozess in seinem Buch *Le Paradigme de l'étranger* nach.[10] Das Konzept der ‚littérature étrangère' stellte die universalistische Definition der Literatur in Frankreich infrage und führte zur Schaffung des Begriffs einer ‚französischen' Litera-

---

7 Anne-Marie Thiesse: *La création des identités nationales*. Paris: Seuil 1999, S. 118–129. Zum Weiterleben des Gallier-Mythos über die Figur des Astérix in der V. Republik bis zur ‚Wallfahrt' Mitterands zum alten Bibracte im Jahre 1985 („Ici s'est faite l'union des Chefs gaulois autour de Vercingétorix.") siehe Anne-Marie Thiesse: *Faire les Français. Quelle identité nationale?*, S. 40 f.
8 Siehe dazu Michel Espagne/Françoise Lagier u. a.: *Le maître d'allemand. Les premiers enseignants d'allemand (1830–1850)*. Paris: Editions de la Maison des sciences de l'Homme 1991.
9 Michel Espagne: Identités nationales et rejet de l'autre. In: Alain Corbin u. a. (Hg.): *L'Invention du XIXe siècle. Le XIXe siècle par lui-même (littérature, histoire, société)*. Paris: Klincksieck/Presses de la Sorbonne nouvelle 1999, S. 285–296, hier S. 291.
10 Michel Espagne: *Le Paradigme de l'étranger. Les chaires de littérature étrangère au XIXe siècle*. Paris: Cerf 1993.

tur.[11] Das Paradigma des ,Anderen' oder des ,Fremden' wurde, wie Michel Espagne schreibt, über intellektuelle Konzepte in Frankreich eingeführt, die man der deutschen Tradition entlehnte wie der Philologie, des Historismus und der Theorie des ,Volksgeistes'. Es handelte sich indessen nicht um ein ,interesseloses' Interesse an ,fremden' Kulturen.[12] Michel Espagne kommt in diesem Kontext zum Fazit, dass die neue nationale Identiät, die nun konstruiert wird, sich sehr stark (oft verdrängten) ,fremden' Einflüssen verdankt: „L'identité nationale qui se construit au XIXᵉ siècle et si on veut l'invente, est peut-être davantage que l'universalisme des Lumières le résultat d'une pénétration massive et refoulée de l'étranger."[13]

Der Begriff „littérature étrangère" stellte schon in sich einen Faktor der Differenzierung dar. Diese Lehrstühle, die keineswegs über das Prestige der Lehrstühle für Philosophie verfügten, erreichten aber nur eine Minderheit. Ein breiteres Publikum wurde durch die Zeitschriften erreicht, die nun auch Rubriken für die Literatur anderer Länder einrichteten, allen voran die 1829 gegründete *Revue des deux mondes*. Auch *Le Globe* hatte, wie wir in Bezug auf Goethes Kontakt mit diesem Organ wissen, dieses Anliegen geteilt.

Eine einzige Institution widerstand, wie Anne-Marie Thiesse schreibt, dem neuen Konzept einer ,Nationalliteratur'. Das waren die Gymnasien, die sich im Literaturunterricht bis 1880 ausschließlich klassischen Werken widmeten: „une excellence universelle issue de l'héritage gréco-latin et [...] désignée comme authentiquement française en ce qu'elle était pure de toute influence étrangère contemporaine."[14]

---

11 Dazu Michel Espagne: „La notion de littérature étrangère, par laquelle on entend d'une part les grands auteurs allemands, anglais, italiens, espagnols et russes, d'autre part les méthodes philologiques en honneur dans les pays germaniques pour aborder l'histoire des langues et des traditions textuelles dans lesquelles elles se fixent, marque à bien des égards une rupture. D'abord la littérature française comme littérature nationale est créée par différence. S'il existe un enseignement des littératures étrangères il ne peut plus y avoir un enseignement général de la rhétorique mais la particularité d'une littérature nationale se trouve mise en valeur" (Michel Espagne: Identités nationales et rejet de l'autre, S. 291).

12 Siehe Michel Espagne: *Le Paradigme de l'étranger. Les chaires de littérature étrangère au XIXᵉ siècle*, S. 15 f.: „Les professeurs ayant en charge cette discipline ont au contraire souvent le sentiment de mettre en évidence une diffusion de la France à travers l'Europe, le choix des auteurs étrangers qu'ils prennent en considération reste très limité et commandé par des considérations purement nationales, par des besoins spécifiques de la culture d'accueil [...]. Ce qui s'opère en revanche, c'est une instrumentalisation variée et complexe des cultures voisines, une instrumentalisation peut-être inconsciente, mais dont les différentes figures sont assez marquées pour mériter d'être successivement éclairées."

13 Michel Espagne: Identités nationales et rejet de l'autre, S. 296.

14 Anne-Marie Thiesse: Une littérature nationale universelle? Reconfiguration de la littérature française au XIXᵉ siècle, S. 405.

Wenn die Partikularität der nationalen Kultur und der nationalen Literatur durchaus anerkannt wurde und damit in einem gewissen Sinn auch die Legitimität anderer Kulturen und Literaturen, so hielt sich doch im politischen Bereich in Frankreich ein gewisser Universalitätsanspruch.

Universalismus und Nationalidee

Der Begriff der Nation, der den zentralen Begriff der Französischen Revolution bildete, bezeichnete das gesamte Volk als neue Quelle der Souveränität und postulierte die politische Gleichheit der Staatsbürger, denen dieselben politischen Rechte zukommen. Damit eignet dem Begriff der Nation eine universalistische Dimension. Im Verhältnis zu anderen Nationen erschien aber Frankreich wieder als partikuläre Einheit. Es ist aber hier für Frankreich spezifisch, dass der Nationalgedanke keineswegs die universalistische Dimension verdrängte. „Alle Geltungsansprüche des Universalismus sind auf die Nationalidee übertragen worden", stellt Ernst Robert Curtius in einer schon alten Studie fest.[15] Gerade indem es seine nationale Idee erfülle, glaube Frankreich ein universales Werk zu verwirklichen. Dieser Universalismus-Anspruch beruht auf dem Erbe der Französischen Revolution, die als universelle Revolution und Modell jeder Revolution betrachtet werde.[16]

Ich denke, dass der Bezug auf das Universelle für Frankreich nicht bloße Ideologie war, um einen imperialistischen Machtanspruch zu kaschieren, es war aber auch nicht reiner Idealismus; es war eine paradoxe Mischung beider Dimensionen. Diese missionarische Dimension hatte Condorcet mitten im Revolutionsgeschehen in seiner *Esquisse d'un tableau historique des progrès de l'esprit humain* (1754) als Geschichte des Fortschrittes formuliert. Wenn er die Kolonisatoren und die Missionare verurteilte, so sah er doch eine neue Aufgabe im Sinne der Aufklärung: erziehen, befreien, zivilisieren. Der Begriff der ,civilisation' wird zu einer neuen Religion und Condorcet beansprucht für Frankreich, Wiege der Revolution, das Privileg, Avant-garde der Zivilisation zu

---

15 Ernst Robert Curtius: *Die französische Kultur*, S. 7.
16 Der Bezug auf die Revolution konnte nach Pierre Nora zu einem universalen Erbe werden, weil man aus diesem Ereignis vor allem die liberale Deutung der Menschenrechte herausschälte; ein partikulares nationales Ereignis wurde als Etappe der Emanzipation der Menschheit gedeutet, die in der Republik einen adäquaten Ausdruck gefunden habe (Pierre Nora: De la République à la Nation. In: ders. (Hg.): *Les lieux de Mémoire*. Bd. II: *La République*. Paris: Gallimard 1984, S. 653).

sein.[17] Wenn die Revolution zunächst im Zeichen der Marseillaise und der Formel ‚Liberté-Egalité-Fraternité' stand, so benutzte dann Napoleon als erster Konsul und dann als Kaiser in seinen Armeebefehlen immer wieder den Begriff der ‚civilisation'. Das Wort hat nach Ernst Robert Curtius den unschätzbaren Vorzug, „den geistigen Impuls der Revolutionszeit zu verkörpern, ohne an ihre politischen Ziele zu erinnern."[18] Am Vorabend des Ägyptenfeldzuges richtete sich Napoleon an die Soldaten, um ihnen zu erklären, ihre Eroberung werde ungeahnte Auswirkungen für die *Zivilisation* haben.

Wenn Napoleon auch abgesetzt wird, so stellt sich das Gefüge der europäischen Nationen nach dem Wiener Kongress nicht einfach als eine Restauration der vor-revolutionären Ordnung dar. Die durch die Revolution eingebrachte Idee der Souveränität der Nation konnte nicht ungeschehen gemacht werden. Das Prinzip der Souveränität der Nation stellte nun, wie das Marc Belissa zu Recht betont hat, das Prinzip der dynastischen Legitimität infrage.[19]

Die Rolle Frankreichs für den Emanzipationsprozess der Völker wird nun im 19. Jahrhundert vor allem durch die liberalen Historiker unterstrichen. Im Zentrum ihrer Darstellungen stehen nun nicht mehr Könige und Feldherren, sondern die Völker sowie die Zivilisationsidee, namentlich bei Guizot und seiner *Histoire de la Civilisation en France*. Für Guizot ist Zivilisation Entwicklung der Freiheit und Frankreich kommt der Primat der Zivilisation zu. Ähnlich wird sein jüngerer Zeitgenosse Michelet argumentieren, der seine universalistische Konzeption in seiner *Bible de l'Humanité* (1864) niederlegt. Schon 1831 hatte er für Frankreich „das Pontifikat der neuen Zivilisation" beansprucht.

Wirtschaftlicher Messianismus und die pan-lateinische Idee

Eine analoge messianische Vorstellung wird später vom Saint-Simonismus vertreten; auch diese Bewegung verkündet den Anbruch einer neuen Ära, setzt aber nicht so sehr auf die Politik, sondern auf die Wirtschaft und die Entwicklung neuer Verkehrswege. Auch die Saint-Simonisten „beanspruchen die Führung für Frankreich und verherrlichen das französische Volk als wahrhaft priesterliches Volk."[20] Die universalistische Komponente des Saint-Simonis-

---

17 Siehe dazu Jean Starobinski: *Le remède dans le mal. Critique et légitimation de l'artifice à l'âge des Lumières*. Paris: Gallimard 1989, S. 11–59: „Le mot civilisation".

18 Ernst Robert Curtius: *Die französische Kultur*, S. 13.

19 Marc Belissa: *Fraternité universelle et intérêt national (1713–1795). Les cosmopolitismes du droit des gens*. Paris: Kimé 1998.

20 Ernst Robert Curtius: *Die französische Kultur*, S. 16.

mus artikulierte sich vor allem im Pan-Latinismus und auch in der Latein-Amerika-Idee. Eine zentrale Rolle bei der Konzeption dieser Idee kam dabei dem damals bekannten Wirtschaftswissenschaftler und Politiker Michel Chevalier zu. Michel Chevalier war seit den 1830er Jahren einer der führenden Köpfe des Saint-Simonismus. Von der Regierung wurde er mit einem Auftrag der Erforschung der Verkehrsnetze der Vereinigten Staaten betraut; er bereiste aber auch Mexiko und Kuba und erlangte mit der Veröffentlichung seiner *Lettres sur l'Amérique du Nord* (1836) großes Ansehen. Chevalier blieb dem saint-simonistischen Gedankengut verpflichtet, vor allem mit der Auffassung, dass der wirtschaftliche Aufstieg auch sozialen Fortschritt bedeute und dass Arbeiter und Unternehmer als ‚industrielle Klasse' gemeinsame Interessen gegen die parasitären Aristokraten und Großgrundbesitzer zu vertreten hätten. Als Mittel der Verwirklichung der wirtschaftlichen Expansion spielten dabei für die französischen Saint-Simonisten die Verkehrswege eine wesentliche Rolle. So erstaunt es nicht, dass sie sich sehr stark für den Bau des Suez-Kanals einsetzten, ebenso wir für eine Verbindung von Atlantik und Pazifik in Zentral-Amerika. Chevalier veröffentlichte bezeichnenderweise (in der *Revue des deux mondes* vom 1. Januar 1844) einen umfangreichen Aufsatz „Isthmus von Panama", in dem er ausführte, es läge im allgemeinen Interesse des Welthandels, nicht nur den Suez-Kanal zu bauen, sondern auch den Isthmus von Panama zu durchbrechen – eine Gemeinschaftsaufgabe für die beiden mächtigsten Nationen der Welt, Frankreich und England.

Diese Interessen Chevaliers trafen sich mit denen Louis Napoléon Bonapartes, der 1846 im Auftrag der Regierung von Nicaragua in einer Schrift zum Bau eines inter-ozeanischen Kanals aufrief,[21] wo er schon die Vision eines amerikanischen Konstantinopels entwarf und eine bedeutende, auf dem wirtschaftlichen Aufstieg beruhende politische Entwicklung Zentralamerikas voraussah: ein großes Nationalgefühl werde sich im spanischen Amerika entwickeln, um die Übergriffe des Nordens einzudämmen. So lässt sich hier durchaus eine Konvergenz zwischen den Auffassungen Napoleons III. und denjenigen der Saint-Simonisten feststellen. Es überrascht auch nicht, dass eine ganze Reihe ehemaliger Vertreter der Schule die expansionistische Wirtschaftspolitik des Second Empire unterstützten. Michel Chevalier, dessen Freihandelsideen von Napoleon III. geteilt wurden, vertrat dabei auch eine pan-lateinische Außenpolitik: während England den angelsächsischen, Russland den slawischen Block anführen sollte, sah er für Frankreich die Führungsrolle innerhalb des ‚lateinischen Europa' vor, dessen Einheit für ihn auf dem Latein als Ursprungssprache

---

21 Louis Napoléon Bonaparte: *Canal of Nicaragua or a project to connect the Atlantic and Pacific Oceans by means of a Canal*, London 1846.

sowie dem römischen Katholizismus beruhte. Chevalier begrüßte außerdem auch Napoleons Intervention in Mexiko (1861–1867) als eine Verteidigung der lateinischen Interessen in der Neuen Welt; denn die Instabilität Mexikos wecke bloß die weiteren Expansionsgelüste der USA.[22]

Bei der Begründung der französischen Intervention in Mexiko betonte Chevalier sehr stark die Führungsrolle seines Landes innerhalb der ‚lateinischen Rassen'. Er hob insbesondere die Interesseneinheit der lateinischen Nationen und Frankreichs hervor. Das Land sei seit Ludwig XIV. die Beschützerin dieser Länder. Im Kontext dieser panlateinischen Idee – als ideologischer Rechtfertigung einer intendierten französischen Vormachtstellung, die durch saint-simonistische Ideen unterstützt wurde, entstand der Begriff der ‚Amérique latine'. J. L. Phelan[23] fand die erste Belegstelle für den Ausdruck bezeichnenderweise zu Beginn der französischen Intervention in Mexiko in einer Zeitschrift, die der panlateinischen Idee verpflichtet war: in der *Revue des races latines* (Januar 1861). Dann sprach auch Abbé Emmanuel Domenech 1867 in seinem Buch *Le Mexique tel qu'il est*, wo er die Gefahr einer Erdrückung der lateinischen Welt durch den Yankee-Expansionismus und den Pan-Slawismus beschwor, von der „Amérique latine".

Was nun allerdings erstaunt, ist, dass der Begriff, der so eindeutig mit dem Trachten Frankreichs nach der Vormachtstellung innerhalb der ‚lateinischen' Welt verbunden war, auch nach dem kläglichen Scheitern der Intervention Napoleons in Mexiko (1867) weiterverwendet wurde, und zwar nicht mehr bloß als Fremd-, sondern auch als Selbstbezeichnung in Mittel- und Südamerika. Der Ausdruck fand nicht trotz, sondern wegen des Scheiterns der französischen Intervention neue Verwendung. Denn die Intervention wurde bloß dem 1870 gestürzten Napoleon zugeschrieben, nicht aber dem französischen Volk. Wenn der Begriff ‚Lateinamerika' gerade in Mexiko aufgegriffen wurde, dann auch, weil hier die Bedrohung durch die Expansionspolitik der Vereinigten Staaten als reale Gefahr empfunden wurde. Der Lateinamerika-Begriff setzte sich nun auch deshalb durch, weil die Tendenzen des französischen Geisteslebens auf dem Subkontinent sehr intensiv rezipiert wurden und andererseits der Abgrenzungscharakter gegenüber den USA noch viel stärker in die Bezeichnung einfloss. So war gerade auch in Mexiko der Einfluss der französischen Kultur sehr stark, weil diese nun nicht mehr mit unmittelbaren politischen Ex-

---

22 Michel Chevalier: L'Expédition du Mexique. In: *La Revue des deux mondes*, 1. April 1862.

23 J. L. Phelan: Pan-Latinism. French Intervention in Mexico (1861–1867) and the Genesis of the idea of Latin America. In: Juan Ortega y Medina (Hg.): *Conciencia y autenticidad históricas*, Mexico 1968, S. 279–298; siehe dazu auch Joseph Jurt: Entstehung und Entwicklung der LATEINamerika-Idee. In: *lendemains*, 7, 27, 1982, S. 17–26.

pansionsintentionen in Verbindung gebracht wurde. Die Latinitäts-Idee verlor jetzt ihre ursprüngliche klerikal-konservative Dimension, wurde zu einem Bestandteil der laizistisch-republikanischen Ideologie und bezog sich nicht mehr nur auf Mexiko, sondern auf das gesamte luso-hispanische Amerika. Der Universalismus-Anspruch setzt sich, wie das auch Bourdieu unterstrichen hat, am besten durch, wenn er nicht im politischen Gewand auftritt, wo er als Imperialismus wahrgenommen wird, sondern als Verkörperung einer Kultur, die sich als universell darstellt und auch so rezipiert wird.[24]

---

24 Pierre Bourdieu: Deux impérialismes de l'universel. In: Christine Fauré/Tom Bishop (Hg.): *L'Amérique des Français*, Paris: Editions François Bourin 1992, S. 151.

Deutschland: auf dem langen Weg zur politischen Einheit

Deutschland war weit davon entfernt, solche imperiale Träume zu hegen. Das Land war bestimmt durch die Kleinstaaterei und hatte seine politische Einheit (noch) nicht gefunden. In den Fürstentümern herrschte die alte hierarchische Ordnung. Auf der kulturellen Ebene hatte Deutschland durch seine Klassik, geprägt durch eine Geniehäufung, mit den andern Nationen gleichgezogen. Durch das Genie Goethes konnte nun, so schreibt Daniel Fulda, „das Aufschlie-ßen der Deutschen zu den anderen großen Literaturnationen als beglaubigt gelten"; in der Literaturgeschichtsschreibung trat dadurch „der Gedanke eines Zusammenklangs der Nationalliteraturen zur ‚Weltliteratur' an die Stelle von Rangstreitigkeiten."[1]

Wolf Lepenies sah indes im Revolutionsneid und der aus Ressentiments genährten Revolutionsschelte ein konstantes Motiv der politischen und intel-lektuellen Geschichte Deutschlands. Schon Schiller versuchte mit seiner Prog-nose einer geistigen Revolution der Deutschen in die historische Leerstelle ein-zurücken, die die angeblich gescheiterte Französische Revolution gelassen hat-te. In seinem *Wilhelm Tell* (1804) zeichnet sich so eine differenzierte Kritik der Französischen Revolution ab. Schiller, der durch ein Dekret der Assemblée Na-tionale im Jahre IV der Freiheit (25. August 1792) zum Ehrenbürger Frankreichs erklärt worden war, konnte nicht nicht an die Französische Revolution denken, als er am Beginn des 19. Jahrhunderts sein Stück konzipierte. Er folgte nun keineswegs der Vereinnahmung der mythischen Figur durch die Jakobiner. In einem Widmungsgedicht an Carl Theodor von Dalberg[2] unterscheidet er sehr klar zwischen dem Kampf eines Volkes von Hirten gegen den unwürdigen Zwang einer Fremdherrschaft und der internen Revolte gegen die bestehende Ordnung, die für ihn die Anarchie „roher Kräfte" ist. Es ging ihm darum, zwi-schen einer blutigen Revolution wie der in Frankreich und der friedlichen Re-volution wie der in seinem Tell zu unterscheiden. Wenn Schiller das Handeln Tells von dem der Eidgenossen trennte, dann weil die Frage des Tyrannenmor-des für ihn − ähnlich wie für seine Vorgänger − ein Problem darstellte. Was noch in Erinnerung blieb, das war die Hinrichtung Ludwigs XVI. In einem Brief an Körner hatte Schiller damals seinen Ekel über „diese elenden Schinder-knechte" zum Ausdruck gebracht; er hatte sogar daran gedacht, eine Verteidi-

---

1 Daniel Fulda: Die Erschaffung der Nation als Literaturgesellschaft. Zu einer meist übergan-genen Leistung des Publizisten Gottsched, S. 27.
2 Zitiert bei Hans-Jörg Knobloch: Wilhelm Tell. Historisches Festspiel oder politisches Zeit-stück? In: ders./Helmut Koopmann (Hg.): *Schiller heute*. Tübingen: Stauffenburg Verlag 1996, S. 151–166, hier S. 158.

gungsschrift für den angeklagten König Ludwig XVI. abzufassen. Tell begeht jedoch einen Tyrannenmord. Die Tat Tells gegen Gessler musste als ein Ausnahmefall dargestellt und durch das Naturrecht legitimiert werden.[3] Der Sturm auf die ‚Zwing-Uri' sollte, wie das Schiller selber schrieb, an die Erstürmung der Bastille erinnern; aber die Burg von Uri war noch im Bau; in ihr schmachteten keine Gefangenen. Es handelt sich so um einen symbolischen Akt, der jedes Blutvergießen ausschließen soll. Wenn das Stück von Schiller sich als Beschwörung einer alten Ordnung verstand, so war diese Ordnung doch nicht (mehr) eine hierarchische. Das wird offensichtlich bei der Szene der Agonie von Attinghausen. Die alte feudale Freiheit weicht einer neuen Art von Freiheit, der Freiheit einer republikanischen Gemeinschaft im Zeichen der Gleichheit und der Brüderlichkeit. Diese Vision beginnt sich zu realisieren über die Figur der Bertha von Bruneck, einer Adeligen, die freiwillig auf ihre Privilegien verzichtet und die die Eidgenossen bittet, sie in ihren „Bund" aufzunehmen, indes die Eidgenossen ihr Schutz anbieten. Über diese Figur stellt Schiller eine ‚ideale' Revolution vor und Hans-Jörg Knobloch hat zweifellos Recht, wenn er schreibt, Schiller verurteile nicht die Revolution selbst, sondern ihren exzessiven Verlauf.[4]

Die ‚deutsche Bewegung', die vor allem von Dichtern und Denkern getragen wurde, setzte sich in der Tat zum Ziel, eine *geistige* Revolution zu vollbringen, die im Unterschied zu Frankreich weitertrage als der rein politische Umsturz, eine Vorstellung, die auch von Heine 1834/35 in seinem Werk *Zur Geschichte der Religion und Philosophie in Deutschland* zum Ausdruck gebracht wurde, der die deutsche Vision eines nationalen Umbruchs artikulierte, der allein durch die Kraft der Gedanken und die Macht der Philosophie hervorgebracht werde, dem gegenüber die Französische Revolution bloß als eine harmlose Idylle erscheinen werde.[5]

Für andere stand nicht das Nationale im Vordergrund, etwa für die sog. deutschen Jakobiner oder auch für zahlreiche idealistische Philosophen, sondern das, was sie den Fortschritt der Menschheit nannten; den sahen sie von den Franzosen verkörpert. So war auch Fichte ein entschiedener Anhänger der Französischen Revolution gewesen, auch der Jakobinerherrschaft. Wenn es bei den franzosenfreundlichen deutschen Patrioten viel Enttäuschung gab vor allem angesichts des Vorgehens der Revolutionsarmee und ihrer Annexionen,

---

3 Dieter Borchmeyer: *Altes Recht* und Revolution – Schillers *Wilhelm Tell*. In: Wolfgang Wittkowski (Hg.): *Friedrich Schiller. Kunst, Humanität und Politik in der späten Aufklärung.* Tübingen: Niemeyer 1982, S. 69–113, hier S. 98 f.
4 Hans-Jörg Knobloch: Wilhelm Tell. Historisches Festspiel oder politisches Zeitstück?, S. 163.
5 Wolf Lepenies: Goethes Geistesgegenwart, S. B 2.

so wurde dann Napoleon zunächst bewundert wegen den Reformen in den Rheinbundstaaten, in denen etwa Hegel den Anstoß zur Modernisierung in ganz Deutschland sah.[6]

Das erwachende nationale Selbstbewusstsein in Deutschland

Nach und nach regte sich aber der Widerstand gegen die napoleonische Fremdherrschaft in Deutschland, vor allem nach der Niederlage Preußens gegenüber Frankreich (1806). Die Lasten der französischen Besatzung wurden immer drückender und eine nationale Kampfstimmung gegen die Fremdherrschaft zeichnete sich ab. In Preußen und in Österreich begann man mit Reformmaßnahmen und viele schwenkten um zur Besinnung auf die eigene (preußische, österreichische oder deutsche) Nation. Gerade in Berlin artikulierten sich soziale und staatliche Bildungsreformen:

> Philosophie und Wissenschaft, deutscher Idealismus und Neuhumanismus, das große geistige Kapital der letzten Jahrzehnte, sollte in der neuen Universität Berlin und in den Höheren Schulen eine Heimstätte finden, zur Bildung der Jugend, zu ihrer persönlichen, menschlichen, nicht direkt staatsbezogenen Bildung, denn ein solcher Staat war nicht deutlich vorhanden.[7]

Bezeichnend für diese Wende war Fichte, der nun einen Superioritätsanspruch anmeldete. So entwickelte sich, im Gefolge von Herder, die romantische Auffassung der Nation, die sich etwa in Fichtes *Reden an die deutsche Nation* 1807/08 manifestierte. In einem Augenblick politischer Schwäche, der gleichzeitig ein kultureller Höhepunkt war – darin war Deutschland singulär –, betrachtete man die Kultur als kompensatorische Größe und die Sprache als Fundament der Nation. Für Fichte war nicht mehr die französische, sondern die deutsche Nation die menschheitlich führende. Er behauptete so die These einer deut-

---

6 Ernst Schulin: Weltbürgertum und deutscher Volksgeist. Die romantische Nationalisierung im frühen neunzehnten Jahrhundert, S. 115; siehe dazu auch Elisabeth Fehrenbach: Der Einfluss des *Code Napoléon* auf das Rechtsbewusstsein in den Ländern des rheinischen Rechts. In: Joseph Jurt/Gerd Krumeich u. a. (Hg.): *Wandel von Recht und Rechtsbewusstsein in Frankreich und Deutschland*. Berlin: Berlin Verlag Arno Spitz GmbH 1999, S. 133–142; siehe etwa S. 137: Das sich am *Code Napoléon* orientierende bürgerliche Gesetzbuch von 1804 „war auf eine entfeudalisierte und liberalisierte Eigentumsordnung zugeschnitten [...]; es war den revolutionären Gleichheitspostulaten verpflichtet [...]; es bestätigte die Laizität des Staates und die Säkularisierung des bürgerlichen Lebens (z. B. im Eherecht); es schuf die Rechtseinheit an Stelle der ständischen Rechtszersplitterung."

7 Ebda., S. 116.

schen Superiorität über einen Kult des Ursprungs.[8] Er bezeichnete das deutsche Volk als Urvolk, aus dem sich einzelne Stämme wie die Alemannen oder Franken gelöst hätten, um mit anderen Völkern in Kontakt zu treten. Von diesem Kult des Urvolkes her entwickelte er eine hierarchische Konzeption der Sprachen, als eigentlicher Basis der Nationen. Die Sprache als ‚natürliche‘ Gegebenheit zeichne sich durch ihre Reinheit aus. Die deutsche Ursprache entspreche dem deutschen Urvolk im Unterschied zu den Mischsprachen Französisch oder Englisch.[9] Das war nun eine rein partikularistische Position, die im Gegensatz zu Herder stand, der den Eigenwert einer jeden partikulären Tradition anerkannte; die Position stand im Widerspruch zum (späteren) Konzept der ‚Weltliteratur‘ von Goethe, der dem Austausch das Wort sprach.[10]

Dieser nationale Aufschwung kam auch Ernst Moritz Arndts *Geist der Zeit* zum Ausdruck. Görres' *Teutsche Volksbücher* (1807), Jacob Grimms Ausführungen zum altdeutschen Meistersang (1811) sowie die zusammen mit seinem Bruder herausgegebenen *Kinder- und Hausmärchen* (1812)[11] bezeugten den Willen,

---

8 Zum Kult des Ursprungs siehe auch Hervé Le Bras: *Le Démon des origines. Démographie et Extrême Droite*. La Tour d'Aigues: Editions de l'Aube 1998.
9 Johann Gottlieb Fichte: *Reden an die deutsche Nation*. Hamburg: Meiner 1978, S. 60–65.
10 Siehe dazu auch Joseph Jurt: Sprache – universelles Kommunikationsinstrument oder Ausdruck des jeweiligen Kulturraumes? In: *Französisch heute*, S. 35–41. Goethe sollte 1808 Herausgeber eines Nationalbuches der regional zersplitterten deutschen Volkslieder und anderer deutscher Literatur werden. Daraus wurde nichts. Er wollte lieber eine Sammlung von Weltliteratur in Übersetzungen machen, weil man, wie er in seinem Entwurf sagt „das Buch ja auch für Kinder bestimmt, die man besonders jetzt früh genug auf die Verdienste fremder Nationen aufmerksam zu machen hat" (Johann Wolfgang Goethe: *Die Verfassung eines lyrischen Volksbuchs* [1808], zitiert bei Ernst Schulin: Weltbürgertum und deutscher Volksgeist. Die romantische Nationalisierung im frühen neunzehnten Jahrhundert, S. 117).
11 Ein starker Impuls des Schaffens der Brüder Grimm ging, wie Roman Bucheli ausführt, „von jenen Gefährdungen aus, die mit Napoleons Feldzügen und dem Untergang des heiligen Römischen Reichs deutscher Nation verbunden waren. Vollends die Besetzung Kassels durch französische Truppen, die 1806 erfolgte Absetzung des Kurfürsten und die Inthronisierung von Jérôme Bonaparte als Regent des neu geschaffenen Königreichs Westphalen hinterließen bei den Grimms Kränkungen, deren sie sich noch dreißig Jahre später erinnerten. Ihre vielfältigen historisch-kritischen Interessen für die Wurzeln und Quellen der deutschen Nation und ihrer Kultur speisten sich aus dieser Erschütterung." Eine ironische historische Pointe bestand jedoch darin, dass das, was die Brüder Grimm als urdeutsche Erzähltradition betrachteten, bisweilen durch französische Religionsflüchtlinge vermittelt worden war und teilweise auf das von Perrault überlieferte Repertoire zurückging. Darum eliminierten sie in der 2. Ausgabe ‚französische‘ Märchen wie den ‚Gestiefelten Kater‘ oder ‚Ritter Blaubart‘ (Roman Bucheli: Französische Flaschenpost. Die Brüder Grimm glaubten mit den Märchen deutsches Kulturgut zu heben und beförderten ahnungslos einen kleinen europäischen Grenzverkehr. In: *NZZ*, Nr. 172, 27. Juli 2013, S. 51).

alte kulturelle Zeugnisse der deutschen Nation zu sammeln. Dichter und Philosophen bekannten sich in dieser Zeit der Fremdherrschaft zur „deutschen Nation". Damit verbunden war der Wunsch, die deutsche Kleinstaaterei möge überwunden und auf der Basis der gemeinsamen Kultur, Sprache und Geschichte ein einiges, freies Deutschland geschaffen werden.[12] Dieser nationale Impuls manifestierte sich nicht nur auf der kulturellen Ebene, sondern auch auf der der Aktion. 1810 hatte der Berliner Schullehrer Friedrich Ludwig Jahn seine Schrift *Deutsches Volkstum* veröffentlicht und 1811 gründete er die Turnerbewegung. Das öffentliche Turnen war nationalpädagogisch und vormilitärisch gemeint und wurde von vaterländischen Reden und deutschpatriotischem Gesang umrahmt. Die Verbindung zu aggressiv nationalistischen franzosenfeindlichen Kunstprodukten wie etwa Kleists *Hermannsschlacht*[13] war eng.

Die Wogen der nationalen Begeisterung führten den Freikorps, der Landwehr und vor allem dem berühmten ‚Lützowschen Freikorps' Scharen von Freiwilligen aus ganz Deutschland zu; dieser Freikorps ließ sich bezeichnenderweise nicht auf den preußischen König, sondern ‚auf das Vaterland' vereidigen.[14] In der ‚Völkerschlacht von Leipzig' von 1813 fielen dann Teile der Rheinbundtruppen von Napoleon ab und folgten dem preußischen Beispiel. Die vereinigten Truppen von Preußen, Österreich und Russland hatten das Ende der napoleonischen Herrschaft in Europa besiegelt. Wenn dann am 18. Oktober 1814, so wie die Franzosen ein Jahr nach dem Bastillesturm ihren 14. Juli feierten, die Schlacht von Leipzig und der Sieg über Napoleon in einem großen Nationalfest als „Wiedergeburtsfeier der deutschen Nation" bejubelt wurden, dann traf diese Bezeichnung eigentlich nicht zu; denn es war ja der Sieg einer Koalition gewesen, der die Idee eines deutschen einigen Nationalstaates nicht zur Folge hatte.[15]

Die Freiheitskriege gegen das napoleonische Frankreich und insbesondere die Völkerschlacht von Leipzig wirkten als Katalysator für das erwachende deutsche nationale Selbstbewusstsein. Die nationale Bewegung definierte sich hier über einen Feind. Ähnlich wie sich die Eidgenossenschaft gegen das von Kaiser und Adel dominierte Alte Reich abgrenzte, oder das revolutionäre Frankreich gegen einen inneren Feind – das absolutistische Ancien Régime –,

---

12 Deutscher Bundestag (Hg.): *Fragen an die deutsche Geschichte. Ideen, Kräfte, Entscheidungen von 1800 bis zur Gegenwart.* Berlin: Deutscher Bundestag 1979, S. 69.

13 Siehe dazu auch Gesa von Essen: *Hermannsschlachten. Germanen- und Römerbilder in der Literatur des 18. und 19. Jahrhunderts.* Göttingen: Wallstein 1998, S. 145–194.

14 Ernst Schulin: Weltbürgertum und deutscher Volksgeist. Die romantische Nationalisierung im frühen neunzehnten Jahrhundert, S. 117.

15 Ebda., S. 117 f.

grenzte sich Deutschland gegen einen äußeren Feind ab: das napoleonische Frankreich. Deshalb ging in die sich nun abzeichnende deutsche Nation, wie Andreas Suter unterstreicht, „das explizite Selbstverständnis einer Gegenordnung zu Frankreich und damit auch zur Staatsbürgernation der Revolution"[16] ein.

Diese Gegenordnung wurde auf dem Wiener Kongress besiegelt. Das in den Befreiungskriegen erstrebte Ziel eines deutschen Nationalstaates wurde nicht verwirklicht. Weder Preußen noch Österreich waren bereit, die Vorherrschaft der anderen Macht zu akzeptieren. Und die süddeutschen Staaten wollten nicht auf ihre im Rheinbund erworbene Souveränität verzichten. Die deutschen Staaten konnten sich nur auf die Organisationsform des ‚Deutschen Bundes' einigen, ein loser Staatenbund ohne Oberhaupt. Die Bürger wurden wieder zu Untertanen unter der Autorität der Monarchen. Gegen dieses restaurative Regime des Deutschen Bundes artikulierten sich im sog. Vormärz – der Periode zwischen 1815 und 1848 – zahlreiche Reformbewegungen, die mit dem Nationalstaatsgedanken auch die politische und soziale Reform anvisierten: „einen Nationalstaat auf parlamentarischer Grundlage, der die zersplitterten Kräfte sammeln und die unzeitgemäßen politischen Ordnungen beseitigen soll"[17].

Der Nationalgedanke erhielt seinen Schub zunächst aus der Tradition der Befreiungskriege, die bei den Studenten, den Burschenschaften, die sich nun auf gesamtdeutscher Ebene organisierten, sehr lebendig war. Dies äußerte sich vor allem auf dem Wartburgfest vom 18. Oktober 1817, offiziell ein Gedenken der Reformation, aber auch der Völkerschlacht von Leipzig, das aber zum Oppositionsfest umfunktioniert wurde. Die bedeutendsten Vertreter der Reformbewegung stammten aus dem liberalen Lager, das eine Repräsentativverfassung im Rahmen eines freiheitlichen Nationalstaates verlangte.

Neben der politischen und der wirtschaftlichen Reformbewegung, für die nur der geeinte Nationalstaat möglicher Rahmen der Reformen sein konnte,

---

16 Andreas Suter: Nationalstaat und die ‚Tradition von Erfindung'. In: *Geschichte und Gesellschaft*, 25, 1999, S. 480–503, hier S. 503. In den Freiheitskriegen berief man sich auf den Topos der deutschen Freiheit, der seit Tacitus lebendig blieb. Im antinapoleonischen Widerstand wird indes, so betont Caspar Hirschi, „hinter dem Abwehr- und Vertreibungsaufruf ein antidemokratischer und antiegalitärer Tenor laut. Dieser besteht über die Reichsgründung hinaus in Konkurrenz zu liberalen und demokratischen Gegendiskursen. Je länger, desto mehr dient die deutsche Freiheit aber der Untermauerung eines nationalen Sonderwegs, der jenseits von Demokratie und Rechtsgleichheit verlaufe" (Caspar Hirschi: *Wettkampf der Nationen. Konstruktion einer deutschen Ehrgemeinschaft an der Wende vom Mittelalter zur Neuzeit*, S. 492 f.).
17 Deutscher Bundestag (Hg.): *Fragen an die deutsche Geschichte. Ideen, Kräfte, Entscheidungen von 1800 bis zur Gegenwart*, S. 82. Die folgenden Ausführungen orientieren sich an dieser Darstellung.

gab es auch eine kulturnationale Bewegung. In diesem Kontext betonte man vor allem die kulturelle Einheit Deutschlands. An Stelle des politischen Fortschrittsgedankens des Bürgertums trat hier eher eine idealisierte Vergangenheit, aus der man die Kraft für eine nationale Wiedergeburt schöpfen wollte. Von dieser Rückwendung zum Mittelalter zeugte auch das von allen Seiten begeistert begrüßte Projekt der Vollendung des Kölner Domes, das 1842 in Angriff genommen wurde.[18]

Das einigende Band der Sprache

Hervorgehoben wird vor allem auch die Sprache als einigendes Band. In einem damals berühmten Gedicht stellte Moritz Arndt die Frage: „Was ist des Deutschen Vaterland? / So nenne mir das große Land!". Die Antwort lautet bei ihm: „Soweit die deutsche Zunge klingt / Und Gott im Himmel Lieder singt."[19]

Die Gemeinsamkeit der Sprache ist dann auch der Richtwert des „Lieds der Deutschen" von Heinrich Hoffmann von Fallersleben aus dem Jahre 1841: „Von der Maas bis an die Memel, / Von der Etsch bis an den Belt, / Deutschland, Deutschland über alles, / Über alles in der Welt."[20] Dem Autor ging es darum, die nationale Einheit jenseits der regionalen Partikularismen zu besingen.[21] Erst später wurde die Formel in einem hegemonistischen Sinn re-interpretiert als Ausdruck von Deutschlands Herrschaftsanspruch über andere Völker. In den Augen von Helmut Berschin ist die dritte Strophe die eigentliche politische Aussage des Liedes: Für Hoffmann und die liberal-nationale Bewegung, der er nahestand, war die Einigung Deutschlands „kein Selbstzweck, sondern Mittel,

---

18 Siehe dazu Volker Sellin: „Die Vollendung des Kölner Doms war also sicherlich nicht als Symbol für deutsche Einheit gedacht, sondern als Symbol ‚partikulär-preußischer' Integration im Sinne (der) christlich-ständischen Staatsidee" (zitiert nach Ernst Schulin: Die romantische Nationalisierung im frühen neunzehnten Jahrhundert, S. 122).
19 Zitiert nach Hans-Martin Gauger: Die Französische Revolution, die Sprache und Deutschland. In: *NZZ*, 11./12. Mai 1991, S. 68.
20 Zitiert ebda.
21 Peter Wapnewski hebt hervor, dass es 1841 dem amtsenthobenen Professor der Germanistik Hoffmann von Fallersleben darum ging, die „Summe der emotionalen Wallungen, die den Kreis der vaterlandsuchenden Gesellen in jenen Tagen bewegt hatten", zum Ausdruck zu bringen. Den ‚Grenzstrom-Topos' führt Wapnewski auf Walther von der Vogelweide zurück: „Was man politisch, nämlich als hegemonialen Expansionsanspruch missdeutet hat, es ist doch als Poesie zu hören, als die romantische Verabsolutierung des patriotischen Gedenkens einer vaterlands-sehnsüchtigen Zeit" (Peter Wapnewski: Die Deutschen und ihr Lied. In: *Zeitmagazin*, 29. Dezember 1989, S. 29).

um eine verfassungsmäßige Ordnung zu schaffen, die Freiheit und Recht der Bürger sicherte".[22]

Mit den vier Flüssen hatte der Dichter die westliche und östliche, die südliche und nördliche Grenze des deutschen Sprachgebietes benannt. Gemeint ist etwas, so unterstreicht Hans- Martin Gauger, „was für jeden Franzosen, mutatis mutandis, selbstverständlich wäre: nicht zunächst Bayern, nicht Hessen oder Preußen oder Württemberg, sondern über allen diesen – und dem Sänger über alles andere gehend – Deutschland als *ein* Land, dessen Gebiet vorgegeben ist durch die gemeinsame, alle Stämme verbindende Sprache."[23]

Frankreich verfügte mit der Revolution über ein klares politisches Programm eines Rechtsstaates mit gleichberechtigten Bürgern. Die Grenzen des Territorialstaates waren ebenfalls klar. Die sprachliche Homogenisierung war bloß mehr eine politische Folge. Dieser Gedanke wurde in Deutschland, so Hans-Martin Gauger, gleichsam umgedreht: „Hier gab es ja schon die *eine* Sprache, aber dieser Sprache, dem großen Gebiet, in dem sie gesprochen wurde, entsprach kein Staat [...]. In Deutschland war zuerst eine Sprache, und daraus resultiert nun, unter dem Druck des Vorbilds der Revolution – die Forderung nach einem staatlichen Dach."[24]

Für das Streben nach einem einheitlichen Nationalstaat in Deutschland gab es sicher auch politische und wirtschaftliche Gründe. Die sprachlich-kulturelle Einheit stellt aber eine Art Fundament der erstrebten politischen Einheit dar. Die kulturalistisch fundierte Nationenidee wurde nach Dieter Gosewinkel vor allem von einer Bildungselite getragen, die einen ‚patriotischen Code' entwickelte, der über den lokalen und regionalen Bezug hinausging, ohne sich jedoch am Kosmopolitismus der Aufklärung zu orientieren. Die vorherrschende Kleinräumigkeit schränkte auch ihre Karrieremöglichkeiten stark ein, die innerhalb eines geeinten Nationalstaates sich besser entwickeln hätten können.[25]

---

22 Helmut Berschin: *Deutschland – ein Name im Wandel. Die deutsche Frage im Spiegel der Sprache*, S. 64.
23 Hans-Martin Gauger: Die Französische Revolution, die Sprache und Deutschland, S. 68.
24 Ebda.
25 Siehe dazu Dieter Gosewinkel: „La Restauration d'après 1815 consacra aux yeux de ces bourgeois [des talents] la fragmentation et le particularisme de l'Etat allemands. Cette perception fut renforcée par l'incapacité de l'Etat à leur offrir les carrières convenant à leur formation universitaire. L'élaboration d'un ‚Code romantique' de la nation leur permit de compenser et de dépasser les insuffisances venant de l'extérieur: il offrait une représentation transcendante, individualiste et esthétique de la nation. Cette représentation fondait pour eux une cohésion culturelle, réalisée par la langue allemande qui transcendait la fragmentation politique de l'Allemagne" (Dieter Gosewinkel: Allemagne-France: débat sur la nation. Les historiens allemands. In: *Commentaire*, 74, 1996, S. 320–326, hier S. 321).

Hoffmann von Fallersleben gehörte zusammen mit anderen radikalen Schriftstellern wie Börne, Freiligrath zur nationaldemokratischen Bewegung, die sich nicht so sehr an der Vergangenheit orientierte, sondern die Veränderung der bestehenden Verhältnisse ins Auge fasste: „Sie alle fordern einen demokratischen Volksstaat, kämpfen gegen Feudalismus und Klerikalismus, gegen Bürokratie und Monarchie, gegen die staatliche Unterdrückung der Presse-, Rede- und Gedankenfreiheit."[26] Einen nicht unwesentlichen Impuls erhielten diese Dichter von der Pariser Juli-Revolution von 1830, im Laufe derer das Bürgertum den reaktionären König gestürzt hatte. Von diesem Ereignis erhielt die nationale Volksbewegung, vor allem in Südwestdeutschland starken Auftrieb, was sich im Hambacher Fest im Jahre 1832 manifestierte, an dem annähernd 30.000 Menschen aus ganz Deutschland teilnahmen. Die Vertreter der liberalen Opposition, die die Veranstaltung initiiert hatten, riefen auf zum Kampf „für Abschüttelung innerer und äußerer Gewalt, für Erstrebung gesetzlicher Freiheit und deutscher Nationalwürde"[27].

Das Scheitern von 1848

Um die Mitte des 19. Jahrhunderts hatte sich in Deutschland eine starke Bewegung liberaler und demokratischer Oppositionsgruppen ausgebildet, deren Ziel die nationalstaatliche Einigung war. Einen wichtigen Schub bekam die Bewegung durch die Februarrevolution von 1848 in Paris. Nach den in der Folge ausgebrochenen Märzaufständen in Berlin und Wien versprachen die deutschen Fürsten Konzessionen. Entscheidend war aber, dass die Ende April gewählte Nationalversammlung am 18. Mai 1848 in der Frankfurter Paulskirche zusammentrat und sich gleich ihrer vornehmsten Aufgabe, dem Grundrechtsentwurf für die Deutschen widmete. Neben der Verfassung galt es auch eine zentrale Regierungsgewalt für den künftigen Nationalstaat zu schaffen. Die liberale Mehrheit maß der Sozial- und Rechtsreform innerhalb des zu schaffenden Nationalstaates große Bedeutung zu:

> Die Grundrechte sind Ausdruck des Bemühens, die ständisch gestufte Hierarchie der alten Sozialordnung und mit ihr die Privilegien des Adels und die Reste feudaler Verhältnisse zu beseitigen. Sie sollen abgelöst werden durch die gesetzliche Verankerung der Rechts-

---

26 Deutscher Bundestag (Hg.): *Fragen an die deutsche Geschichte. Ideen, Kräfte, Entscheidungen von 1800 bis zur Gegenwart*, S. 110.
27 Ebda., S. 115; siehe auch Ernst Schulin: Weltbürgertum und deutscher Volksgeist. Die romantische Nationalisierung im frühen neunzehnten Jahrhundert, S. 120.

und Chancengleichheit aller Staatsbürger nach dem Vorbild der amerikanischen und französischen Revolution.[28]

Die Französische Revolution hatte die Gleichheit der Staatsbürger schon realisiert; die Grenzen des Territorialstaates als Geltungsgebiet dieser Rechte standen auch fest. Deutschland musste beide Dimensionen, die die moderne Bürgernation ausmachen, noch in die Tat umsetzen. Besonders schwierig war die Frage des territorialen Umfangs des künftigen deutschen Nationalstaates. Bezeichnend war es, dass man hier zunächst auf kulturelle Kriterien und nicht auf politische zurückgriff. Das Deutsche Reich wurde durch die Deutschsprachigkeit und damit der Zugehörigkeit zur deutschen Kultur definiert. Die deutsche Nationalität hatte sich, wie Heinz Holeczek zu Recht hervorhebt „ohne räumliche Staatswerdung als Kulturnation im 18. Jahrhundert"[29] herausgebildet. So wurde schon auf dem ersten Germanistenkongress 1846 in Frankfurt von Jacob Grimm das Motto ausgegeben, welches auch für die 48er Revolution gelten wird: „,Ein Volk ist ein Inbegriff von Menschen, welche dieselbe Sprache reden.'"[30]

Bei der Definition der Frage des Staatsterritoriums spielte dann in der Tat die Sprache eine entscheidende Rolle. Das Paulskirchen-Parlament entschied sich im Oktober 48 für die sog. ‚großdeutsche' Lösung. Auch Österreich sollte zum künftigen Deutschen Reich gehören, allerdings nur Deutsch-Österreich, ohne die nicht-deutschen Landesteile. (Nur ein Drittel der 40 Millionen Untertanen in den habsburgischen Ländern war deutschsprachig.[31]). Österreich erklärte Ende November, es werde nur als Ganzes in das Deutsche Reich eintreten – oder gar nicht. Damit war die ‚kleindeutsche' territoriale Lösung unabdingbar. Die Nationalversammlung bot dem preußischen König Friedrich Wilhelm IV. die erbliche Kaiserwürde des kleindeutschen Nationalstaates an. Das entsprach aber nicht den traditionellen Legitimitätsvorstellungen. Demnach lag die Souveränität immer noch bei den Fürsten. Die Legitimität konnte nur auf dem einstimmigen Votum der Fürsten und nicht auf dem Prinzip der „Souveränität der Deutschen Nation" beruhen: „Damit fiel die Frage des Nationalreiches wieder auf das monarchische Prinzip der Territorialfürsten zurück – und die nationale Verfassungsbewegung wurde auf das Recht der Revolution zurückgeworfen, ohne dass es eine Möglichkeit gab, die Revolution wiederzu-

---

28 Ebda., S. 129.
29 Heinz Holeczek: Die gescheiterte Reichsgründung 1848/49. In: Bernd Martin (Hg.): *Deutschland in Europa. Ein historischer Rückblick*. München: dtv 1992, S. 126–151, hier S. 134.
30 Ebda.
31 Ebda., S. 144.

beleben."[32] Mit der Ablehnung der Kaiserwürde durch den preußischen König war das Projekt, einen Verfassungsstaat auf demokratischen Weg („von unten") durchzusetzen, gescheitert. Die grundrechtlichen Errungenschaften wurden in den deutschen Staaten mit Hilfe des wiedereingesetzten Deutschen Bundes rückgängig gemacht. Schon im Laufe des Jahres 1848 war die „nationale Argumentation vor der liberalen immer aggressiver in den Vordergrund [getreten], so dass sich schließlich die Gleichrangigkeit der Ziele Einheit und Freiheit aufzulösen drohte – und dann tatsächlich auflöste"[33]. Die nationale Frage wurde nun zu einer reinen Machtfrage zwischen dem wiedererstarkten Preußen und Österreich und begann sich von den sozialreformerischen Bestrebungen zu lösen.[34]

Das Plädoyer der Historiker für einen Nationalstaat unter der Ägide Preußens

Während die Intellektuellen des Vormärz sehr stark auf der Basis der sprachlich-kulturellen Einheit für den Nationalstaat plädierten, argumentierten nun vor allem Historiker mehr mit staatlich- politischen Kriterien zu Gunsten einer Mission Preußens hinsichtlich der Schaffung eines deutschen Nationalstaates. Die ‚kleindeutschen Geschichtsbaumeister' schrieben, so Ernst Schulin, „ohne Rekurs auf Volksgeist und germanische Ursprünge zukunftsgerichtete, auf die angestrebte nationale Einigung zielende politische Historie"[35]. Die Historiker Preußens und der preußischen Geschichte wie Droysen, Dahlmann und Duncker entwickelten eine sehr rege Aktivität auch als Parlamentarier und Publizisten.[36] In ihren Augen war es Preußens Pflicht für Deutschland, einen deutschen Nationalstaat zu schaffen. Droysen versuchte in den vielen Bänden seiner Geschichte der preußischen Politik nachzuweisen, dass Preußen schon immer, seit Jahrhunderten, auf eine solche Lösung hingearbeitet habe. Die preußischen Historiker konzipierten einen künftigen deutschen Nationalstaat gemäß einer „mittleren Linie"; er sollte nicht einfach feudal-restaurativ sein,

---

32 Ebda., S. 146.

33 Ebda., S. 147.

34 Deutscher Bundestag (Hg.): *Fragen an die deutsche Geschichte. Ideen, Kräfte, Entscheidungen von 1800 bis zur Gegenwart*, S. 131.

35 Ernst Schulin: Weltbürgertum und deutscher Volksgeist. Die romantische Nationalisierung im frühen neunzehnten Jahrhundert, S. 124.

36 Im Folgenden nach Dieter Gosewinkel: Allemagne-France: débat sur la nation. Les historiens allemands, S. 321 f.

aber auch nicht den als radikal eingestuften Zielsetzungen der 48er Revolution entsprechen. Preußen erschien ihnen als Modell eines modernen Staates. Die Vorstellung der ‚Kulturnation' war für die preußischen Historiker nicht mehr dominant. Der Staat sollte die Nation formen und nicht umgekehrt: „Ce n'est plus l'Etat qui devait donner à la nation préexistante et prépolitique une forme stable, mais c'est plutôt la nation qui apparaissait comme l'instrument de l'accomplissement de l'Etat devenu l'expression privilégié de l'identité collective."[37]

Droysen gab so die von Herder überkommene Konzeption einer sprachlichkulturellen Gemeinschaft als Basis der Nation auf. Die Definition der Grenzen des künftigen Deutschen Reiches sollte politischen Kriterien gehorchen. In seinen Überlegungen über die Machtpolitik des künftigen Staates betrachtete Droysen den politischen Willen als das Herz der Nation. Insofern übernahm er nach Gosewinkel die Vorstellung einer ‚Staatsnation', verstanden als politische Gemeinschaft von Bürgern.[38] Die künftige Nation sollte aber auch eine gewisse Homogenität aufweisen. Die preußische historische Schule begrüßte darum die Realisierung der nationalen Einheit unter der Ägide des protestantischen Preußen und unter Ausschluss des katholischen ‚Vielvölkerstaates' Österreich. Das Konzept der ‚Staatsnation' war primär; aber dieses Konzept forderte in ihren Augen auch eine gewissen kulturelle und konfessionelle Einheit. Die Ablehnung eines kulturellen Pluralismus öffnete den Weg zu ethnischen und letztlich auch rassistisch-antisemitischen Vorstellungen der Nation. So betrachtete der Historiker Heinrich von Treitschke das „Volksthum der Juden" nicht als integralen Bestandteil des deutschen Volkes.[39]

Die hier angesprochene Nationenkonzeption wurde in einem gewissen Sinne von Bismarck realisiert, der 1862 preußischer Ministerpräsident wurde. In Bezug auf die Heeresreform führte er mit aller Schärfe den Kampf gegen die liberale Mehrheit des preußischen Abgeordnetenhauses und sicherte so das Übergewicht der Krone über das Parlament. Bismarck wurde zum ausgesprochenen Verteidiger des monarchischen Obrigkeitsstaates. Trotz dieser innenpolitischen Konflikte gelangen ihm eine ganze Reihe aussenpolitischer Erfolge, die zu einem allmählichen Stimmungsumschwung in der Öffentlichkeit führten.[40] Im Konflikt um Schleswig-Holstein 1864, in dem sich alle nationalen

---

37 Ebda., S. 322.
38 Ebda.
39 Ebda., S. 322; zur peinlichen Debatte über die Gleichstellung der jüdischen Minderheit im Paulskirchen-Parlament siehe Heinz Holeczek: Die gescheiterte Reichsgründung 1848/49, S. 133 f.
40 Nach *Fragen an die deutsche Geschichte. Ideen, Kräfte, Entscheidungen von 1800 bis zur Gegenwart*, S. 204.

Kräfte engagierten, übernahm Preußen die Führung und zwang Österreich an seine Seite. 1866 spitzte sich die österreichisch-preußische Rivalität im Kampf um die Vormachtstellung in Deutschland zu und mündete in eine kriegerische Auseinandersetzung. Mit dem Sieg Preußens bei Königsgrätz war der Kampf um die Vormachtstellung endgültig zu seinen Gunsten entschieden und es triumphierte Bismarcks Konzept der „nationalen Einigung von oben" mit den Mitteln der Diplomatie und des Krieges.[41]

Mit den sukzessiven Annexionen beherrschte der preußische Militär- und Obrigkeitsstaat das Gebiet Deutschlands bis zum Main. Nach der Historikerin Katharina Weigand waren die Folgen des Krieges von 1866 dramatisch: der Deutsche Bund wurde 1867 für aufgelöst erklärt. Österreich schied aus Deutschland aus. Bismarck gründete den von Preußen dominierten Norddeutschen Bund. Deutschland bestand nun aus dem Norddeutschen Bund und den vier übriggebliebenen souveränen süddeutschen Staaten Hessen, Baden, Württemberg und Bayern.

> Die staatliche Souveränität dieser Staaten war indes mehr als gefährdet. Daran änderten auch die geheimen Schutz- und Trutzbündnisse, die Bismarck 1867 mit diesen vier süddeutschen Staaten abschloss, nichts. Ja, man muss es wahrscheinlich sogar umgekehrt sehen: Diese Bündnisse sicherten nicht nur die süddeutschen Staaten ab, besagte Bündnisse zwangen wiederum die süddeutschen Staaten, Preußen militärisch beizustehen, sollte es angegriffen werden.[42]

Preußen hatte so seine Einwohnerzahl verdoppelt auf 25 Millionen.[43] Durch diese expansive Machtpolitik sah sich das Frankreich Napoleon III. in seiner Vormachtstellung bedroht. Es widersetzte sich der Idee der deutschen Einigung, der Konstitution eines Deutschen Reiches, in der man eine Veränderung des Status quo sah, der sich seit 1815 in Europa etabliert hatte.[44]

---

41 Ebda., S. 207.

42 Katharina Weigand: Von den Befreiungskriegen bis zu den Schützengräben des Ersten Weltkrieges. Bayern in der Geschichte des 19. Jahrhunderts. In: *zur debatte*, 6, 2013, S. 29–33, hier S. 32.

43 Stéphane Audoin-Rouzeau: *1870. La France dans la guerre*. Paris: Armand Colin 1989, S. 28–37.

44 Siehe Thomas Nipperdey: *Deutsche Geschichte 1860–1918. Machtstaat vor Demokratie*. München: Beck 1992, S. 60–74.

Sprache und Nation: die deutsch-französische Debatte im Kontext der Annexion von Elsass und Lothringen[*]

Am 19. Juli 1870 erklärte Frankreich in der Tat Preußen den Krieg. Vorausgegangen waren die Auseinandersetzung um die spanische Thronfolgekandidatur sowie die berühmte ‚Emser Depesche'. Vorgesehen für die spanische Thronfolge war der Großherzog Leopold des katholischen Zweiges Hohenzollern-Sigmaringen, der dem Oberhaupt des Gesamthauses Hohenzollern, dem preußischen König Wilhelm I., unterstellt war. Dieser musste der Kandidatur zustimmen. Für Bismarck trat, so schreibt Hugo Ott, „neben die außenpolitisch-strategischen Überlegungen – Frankreich müsste sich durch einen hohenzollerschen König auf Spaniens Thron bedroht fühlen – und neben die Überlegungen der wirtschaftlichen Faktoren [...] vor allem die imperiale Dimension in den Vordergrund, da ein Bruder des Sigmaringer Thronanwärters bereits König von Rumänien war [...]"[1]. Frankreich und vor allem dessen neuer Außenminister, der duc de Gramont, befürchteten eine Umklammerung Frankreichs und hielten die Kandidatur für inakzeptabel, weil sie zu einem europäischen Ungleichgewicht zu Gunsten Preußens führe. Das war wohl eine Überschätzung, denn die Beziehungen zwischen den beiden Hohenzollern-Häuser waren vage. Leopold verzichtete schließlich auf die Kandidatur und der König von Preußen war damit einverstanden. Der französische Botschafter verlangte dann von Wilhelm I., der sich in Bad Ems auf Kur befand, dass er eine Garantie gebe, dass Hohenzollern in aller Zukunft auf die spanische Thronfolge verzichten werde. Dazu war der preußische König nicht bereit und er lehnte auch ein zweites Gespräch mit dem französischen Diplomaten ab. Bismarck verkürzte den Tatbestand in seiner Emser Depesche, die den Eindruck erweckte, der französische Diplomat sei brüsk abgewiesen worden. Er übergab die Depesche gleich der Presse; diese wurde in Paris mit Empörung aufgenommen. Die Depesche war aber auch in der Redaktion Bismarcks weit entfernt von einem auch nur diskutablen Kriegsgrund.[2]

Paris antwortete mit einer Überreaktion. Am 15. Juli bewilligte das Parlament Kriegskredite und am 19. Juli 1870 erklärte Frankreich Preußen den Krieg.

---

[*] Wir greifen hier Elemente des Beitrages ‚Langue et nation: le débat franco-allemand entre Renan, Fustel de Coulanges et David Friedrich Strauss et Mommsen en 1870/71' beim V. Kongress der Société des études romantiques et dix-neuvièmistes: ‚Le XIXe Siècle et ses langues' (Paris 24.–26. Januar 2011) auf (elektronisch veröffentlicht in: http://etudes-romantiques.ishlyon.cnrs.fr/langues.html [November 2013]).

[1] Hugo Ott: ‚Eisen und Blut' – Bismarcks Reichsgründung. In: Bernd Martin (Hg.): *Deutschland in Europa. Ein historischer Rückblick.* München: dtv 1992, S. 152–167, hier S. 165.

[2] Mündliche Mitteilung von Jürgen von Ungern-Sternberg (5. Juli 2013).

Der französische Historiker Audoin-Rouzeau ist überzeugt, dass Bismarck den Krieg nicht bewusst provozieren wollte, aber mit dem beleidigenden Ton der Depesche habe er versucht, die deutschen Länder des Nordens und des Südens über einen „gerechten Krieg" zu einen, da man ja in der Position des Angegriffenen sich befinden würde.[3] In der Tat solidarisierten sich die süddeutschen Staaten in einem Klima des patriotischen Enthusiasmus mit Preußen, mit dem sie, wie gesagt, über ein Militärbündnis verbunden waren. Der Krieg war so nicht mehr ein französisch-preußischer Krieg, wie die französische Regierung erhofft hatte, sondern ein deutsch-französischer Krieg.[4]

Wenn Bismarcks Kriegsziel zunächst einfach der Sieg über Frankreich war und damit auch die Schaffung der deutschen Einheit, so begann man nach dem Sieg von Sedan im September 1870 auch die Einbeziehung von Elsass und Lothringen in den entstehenden Nationalstaat zu fordern. Nur wenige Stimmen verwiesen darauf, dass die Elsässer und Lothringer nicht zu Deutschland wollten, und lehnten die Annexion ab, so etwa die liberaldemokratische *Frankfurter Zeitung* und viele Vertreter der politischen Arbeiterbewegung: „Die Abtrennung von Frankreich sei eine eklatante Verletzung des für die eigene Nation so oft proklamierten Selbstbestimmungsrechts."[5]

Legitimationsstrategien für die Annexion von Elsass und Lothringen

Wenn die Annexion von Elsass und Lothringen durch ethnische und sprachliche ‚Argumente' legitimiert wurde, so machten die Repräsentanten der Armee vor allem strategische Gründe geltend. Bismarck selber hätte sich mit der alleinigen Annexion des Elsasses begnügt; die ethnisch-sprachliche Argumentation stand bei ihm nicht im Vordergrund; er griff aber darauf zurück, um seine Position zu verstärken. Die Eroberung des ‚Reichslandes' durch die vereinten Streitkräfte von Nord- und Süddeutschland sollte die nationale Einigung besiegeln. Es gab drei ‚Legitimations'-Strategien für die Annexion von Elsass und Lothringen; zunächst eine militärischen Strategie (die Position der Armee), dann eine politischen Strategie des Machtwillens (die Position von Bismarck) und schließlich eine ethnisch-sprachliche Strategie (die Position der deutschen Nationalbewegung).[6] Die Intellektuellen bewegten sich vor allem auf der letzteren

---

3 Stéphane Audoin-Rouzeau: *1870. La France dans la guerre*, S. 31.
4 Thomas Nipperdey: *Deutsche Geschichte 1860–1918. Machtstaat vor Demokratie*, S. 61 f.
5 Deutscher Bundestag (Hg.): *Fragen an die deutsche Geschichte. Ideen, Kräfte, Entscheidungen von 1800 bis zur Gegenwart*, S. 215.
6 Siehe Thomas Nipperdey: *Deutsche Geschichte 1860–1918. Machtstaat vor Demokratie*, S. 70–74.

,Legitimations'-Linie. Man sprach in diesem Zusammenhang vom „Krieg der Professoren"[7].

Was die sprachliche Situation betrifft, so trifft zu, dass die Region östlich der Linie von Luxemburg bis Donon – das Elsass und ein Teil der Moselregion – seit dem Mittelalter deutschsprachig war und zum Heiligen Römischen Reich deutscher Nation gehörte. In einem sich lang hinziehenden Prozess gelangten Metz, Toul und Verdun zu Frankreich. Entscheidend war der Vertrag von Chambord vom 15. Januar 1552, durch den sich Heinrich II. das Reichsvikariat von einigen (dazu nicht befugten) protestantischen Reichsfürsten übertragen ließ, was zur anschließenden Besitznahme führte. Im strikten Rechtssinn gehörten diese Gebiete erst mit dem Westfälischen Frieden von 1648 zu Frankreich.[8] Das Elsass wurde 1659 und Straßburg 1683 von Frankreich erobert.[9] Der französische Historiker Fustel de Coulanges sprach in diesem Kontext von einer „pratique d'envahissement" von Louis XIV und Louvois, die von einem „instinct d'usurpation" und einem „fièvre d'agrandissement" inspiriert gewesen sei.[10]

1815 hatte Frankreich seine Ostgrenzen wahren können; aber während Jahrzehnten trauerten Politiker und Schriftsteller der 1801 erreichten Rheingrenze an Mittel- und Niederrhein nach und träumten von einer „plus grande France", für die der Rhein die „natürliche Grenze" darstellen würde.[11] Man erinnerte sich an die Ostgrenze der *Gallia*, wie sie Julius Caesar in seinem *Bellum Gallicum* umrissen hatte. Napoleon III. hatte nicht zufällig dieses Werk Cäsars kommentiert und er dachte auch daran, eine Biographie über Julius Caesar zu schreiben; zu diesem Unterfangen hatte er den deutsche Archäolo-

---

7 Wolfgang Haubrichs: Der Krieg der Professoren. Sprachhistorische und sprachpolitische Argumentation in der Auseinandersetzung um Elsass-Lothringen zwischen 1870 und 1918. In: Roland Marti (Hg.): *Sprachenpolitik in Grenzregionen/Politique linguistique dans les régions frontalières*. Saarbrücken: SDV 1996, S. 213–251.

8 Mündliche Mitteilung von Jürgen von Ungern-Sternberg (5. Juli 2013); siehe auch Christine Petry: *,Faire des sujets du roi'. Rechtspolitik in Metz, Toul und Verdun unter französischer Herrschaft (1552–1648)*. München: Oldenbourg 2006 (diesen Hinweis verdanke ich Jürgen von Ungern-Sternberg).

9 François Roth: *Alsace-Lorraine. Histoire d'un ,pays perdu'. De 1870 à nos jours*. Nancy: Editions Place Stanislas 2010, S. 10.

10 Fustel de Coulanges: La politique d'envahissement: Louvois et M. de Bismarck. In: *La Revue des deux mondes*, 91, 1. Januar 1871, S. 5–33, wieder abgedruckt in: ders.: *Questions contemporaines*. Paris: Hachette 1919, S. 48.

11 Siehe Christian Amalvi: „Le bon droit de la France", ou les prétentions françaises sur le Rhin, de l'époque romantique à la Grande Guerre. In: Joseph Jurt/Gerd Krumeich u. a. (Hg.): *Wandel von Recht und Rechtsbewusstsein in Frankreich und Deutschland*. Berlin: Berlin Verlag Arno Spitz GmbH 1999, S. 27–35.

gen Froehner ab 1863 als Sekretär und Übersetzer engagiert, der dann auch mit Flaubert über die archäologische Substanz seines Romans *Salammbô* polemisierte.[12]

In Deutschland hatte sich schon während den Befreiungskriegen gegen Napoleon bei Schriftstellern der Wunsch manifestiert, die deutschsprachigen Gebiete Frankreichs ,zurückzuholen'. Das wurde etwa 1840 im Memorandum des preußischen Hauptmanns Helmut von Moltke aktualisiert, der das alte ,Erbland' Elsass und Lothringen aus Sicherheitsgründen forderte. Seine Forderung blieb aber isoliert.[13] Man war sich bewusst, dass die Bewohner der beiden Provinzen seit der Französischen Revolution sich der französischen Nation zugehörig als Franzosen ,deutscher Zunge' fühlten. 1868 erschien jedoch in Stuttgart eine revisionistische Studie aus der Feder von Wolfgang Menzel unter dem Titel *Unsere Grenzen*, in der der Autor über eine historische Argumentation die alten Rechte der ,Deutschen' auf Elsass und Lothringen zu beweisen suchte und dabei der Sprachgrenze eine normative Funktion zuwies. Wenn das Buch eine gewisse Resonanz beim gebildeten Publikum fand, so musste der Autor zugestehen, dass es kaum eine öffentliche Debatte zu dieser Frage gab.[14]

Ein Jahr danach, 1869, veröffentlichte Richard Böckh, Beamter des Königlichen Statistischen Bureaus zu Berlin, sein einflussreiches Buch *Der Deutschen Volkszahl und Sprachgebiet in den europäischen Staaten*. Im Gefolge von Herder hebt er das Spezifische jeder Nation hervor und plädiert für das sog. ,Nationalitätenprinzip', d. h. das Recht, Mitglied der angestammten kulturellen Gemeinschaft zu bleiben, selbst, wenn man im Ausland lebt. Grundlage der Nationalität ist so zunächst die Gemeinschaft der Abstammung, was andere nach Friedrich Ludwig Jahn das „Volkstum" nennen.[15] Als einziges Kennzeichen der Nationalität figuriert die Sprache. „Mit seiner Forderung nach Anerkennung der Vielfalt von Nationalitäten in einem Staat, mit seiner Verknüpfung von Sprache und Nationalität steht Böckh", so stellt Wolfgang Haubrichs zu Recht

---

12 Siehe dazu Joseph Jurt: Literatur und Archäologie: Die *Salammbô*-Debatte. In: Brigitte Winklehner (Hg.): *Literatur und Wissenschaft. Begegnung und Integration*, Festschrift für Rudolf Baehr. Tübingen: Stauffenberg 1987, S. 101–117.

13 Nach Wolfgang Haubrichs: Der Krieg der Professoren. Sprachhistorische und sprachpolitische Argumentation in der Auseinandersetzung um Elsass-Lothringen zwischen 1870 und 1918, S. 215.

14 Ebda., S. 216.

15 Der Begriff des ,Volkstums', den Jahn 1810 lanciert hatte, stand in Opposition zum französischen Begriff der ,nation'. Er bezeichnete über den Begriff des ,Nationalitätenprinzips' eine kulturelle Zugehörigkeit im Gegensatz zur ,Staatsangehörigkeit', die eine politische Zuordnung zum Staat meint (Gérard Noiriel: Socio-histoire d'un concept. Les usages du mot ,nationalité' au XIXe siècle. In: *Genèses*, 20, 1995, S. 4–23, hier S. 7 f.).

fest, „in latentem Gegensatz zu dem an Institutionen und Staat geknüpften französischen Nationsbegriff [...] und zur jakobinischen egalitären und unitären Tradition [...]".[16]

Die Debatte zwischen David Friedrich Strauss und Renan

Nach dem Ausbruch des deutsch-französischen Krieges wurde in der deutschen Öffentlichkeit noch kaum von eventuellen Kriegszielen gesprochen. In der Presse fanden sich aber deutliche Hinweise auf das Nationalitätsprinzip. Die eigentliche Debatte – oder der Krieg – der Intellektuellen begann Ende Juli. Zwölf Tage nach dem Ausbruch des Krieges, genau am 30. Juli, richtete der bekannte französische Religionswissenschaftler Ernest Renan einen Brief an den deutschen evangelischen Theologen David Friedrich Strauss. Beide fühlten sich einander nahe wegen ihres Versuches einer Revision der Leben-Jesu-Forschung, die auf beiden Seiten von den dogmatischen Autoritäten mit wenig Begeisterung aufgenommen wurde.[17]

Renan bedankte sich in seinem privaten Brief vom 30. Juli bei Strauss zunächst für die Übersendung seines Buches über Voltaire und kam dann auf die Katastrophe des Kriegsausbruchs zu sprechen. Strauss antwortete ihm in einem offenen Brief am 12. August, der am 18. August in der *Augsburger Allgemeinen Zeitung* veröffentlicht wurde.[18] Renan publizierte den offenen Brief von Strauss in französischer Übersetzung am 18. September 1870 und am nächsten Tag seine Antwort, beides Mal im *Journal des Débats*. Ohne die Antwort von Renan zu übersetzen, veröffentlichte Strauss seine Antwort wieder in einem offenen Brief in der *Augsburger Allgemeinen Zeitung* am 2. Oktober 1870. Renan reagierte darauf erst mit einem offenen Brief, der nach dem Krieg, am 19. September 1871 erschien.

Die Tatsache, dass die Intellektuellen trotz der kriegerischen Ereignisse den Dialog aufrechterhalten wollten, war bemerkenswert. So teilte Strauss die Ansicht von Renan, wenn er es „als die Pflicht jedes Freundes von Wahrheit und Gerechtigkeit hinstell[t], neben vollständiger Erfüllung der nationalen

---

16 Wolfgang Haubrichs: Der Krieg der Professoren. Sprachhistorische und sprachpolitische Argumentation in der Auseinandersetzung um Elsass-Lothringen zwischen 1870 und 1918, S. 219.
17 Ebda., S. 224 f.
18 Siehe dazu Rolf-Bernhard Essig: *Der Offene Brief. Geschichte und Funktion einer publizistischen Form von Sokrates bis Günter Grass*. Würzburg: Königshausen & Neumann 2000, S. 167–170.

Pflichten, sich doch von dem parteiischen Patriotismus frei zu erhalten, der das Herz verengt und das Urteil fälscht.“[19]

In seinem ersten Brief vom 12. August 1870 bemerkt Strauss, dass Frankreich gewohnt sei, die erste Rolle in Europa zu spielen; das Land wolle seinen „europäischen Primat“ nicht aufgeben, der sich unter anderem auf die Strahlkraft seiner klassischen Literatur stütze. Aber Deutschland befinde sich nun auf gleicher Augenhöhe – wir finden hier die klassische Argumentation des Wettstreits der Nationen wieder: „An Bildung hat sich Deutschland [Frankreich] längst zum mindesten gleichgestellt; die Ebenbürtigkeit unserer Literatur wird von den Vertretern der französischen anerkannt.“[20] Strauss erwähnt dann die Schwäche Deutschlands, die nun in Richtung Einheit überwunden werde, die aber Napoleon III. zu hintertreiben trachte. Dieser habe die nationale Leidenschaft aufgepeitscht mit seinen Interventionen auf der Krim gegen Russland, in Italien gegen Österreich und dann auch in Mexiko, um die „Aufmerksamkeit von der sittlichen und politischen Verkommenheit im Innern nach außen abzulenken“[21]. Den Erfolg, „um den wir ringen“ – mit dem „wir“ versteht sich Strauss auch als Sprecher seines Landes – „ist einzig die Gleichberechtigung der europäischen Völker, ist die Sicherheit, dass fortan nicht mehr ein unruhiger Nachbar nach Belieben uns in den Arbeiten des Friedens stören und der Früchte unseres Fleißes berauben kann.“[22]

Erst in seinem zweiten offenen Brief, der am 2. Oktober 1870 veröffentlicht wird, also nach dem Sieg von Sedan, kommt Strauss auf die Frage von Elsass und Lothringen zu sprechen. Der Krieg habe, „wenn er einmal über die Notwehr hinaus ist, in der Regel den Zweck, dem Feind etwas abzugewinnen“[23]. Strauss legitimiert die Annexion von Elsass und Lothringen über eine recht abenteuerliche geo-politische Argumentation:

> Mit dem Winkel hier, der zwischen Basel und Luxemburg in das deutsche Gebiet einspringt, ist es ein für allemal nicht richtig. Man sieht gleich: das ist keine Grenze, die sich natürlich gemacht hat; hier ist einmal Gewalt geschehen. Hier hat der Nachbar sich ein

---

19 David Friedrich Strauss: *Krieg und Friede 1870. Zwei Briefe von David Friedrich Strauss an Ernst Renan und dessen Antwort.* Leipzig: Insel Verlag 1915, S. 5. Am Schluss seines offenen Briefes schreibt Strauss, er denke doch, „es sei nicht übel getan, wenn in dieser Krisis zwei Männer aus beiden Nationen, deren jeder in der seinigen unabhängig und dem politischen Parteitreiben fern steht, sich über die Ursachen und die Bedeutung des Kampfes freimütig und doch ohne Leidenschaft gegeneinander aussprechen“ (ebda., S. 17). Strauss lädt Renan ein, mit demselben Freimut seinen Standpunkt zu äußern.

20 Ebda., S. 13.

21 Ebda., S. 15.

22 Ebda., S. 16.

23 Ebda., S. 45.

Tor in unser Haus gebrochen: dieses Tor müssen wir ihm vermauern. Hier hat der Feind einen Fuß auf unser Land gesetzt: wir werden ihn veranlassen, diesen Fuß zurückzuziehen.[24]

Die ‚Argumentation' ist ausschließlich territorial, ohne jede Anspielung auf den Willen der Einwohner. Es geht darum „unser Land" zurückzuholen, das, vor langer Zeit, vom Nachbarn erobert wurde. Der Autor fügt noch ein militärisches Argument hinzu. Man werde die Festungen einnehmen, um das eigene Territorium zu verteidigen: „Die Festungen, die Frankreich bisher benutzt hat, um von ihnen aus in unser Land einzufallen, werden wir ihm wegnehmen, nicht um mittelst ihrer künftig das seinige anzugreifen, sondern das unsrige sicherzustellen."[25] Und Strauss fährt dann fort: „Jetzt müssten wir die größten Toren sein, wenn wir als die Sieger, was unser war und was zu unserer Sicherung nötig ist [...], nicht wieder an uns nehmen wollten."[26]

Strauss betont dann aber, die Tatsache, dass im Elsass und in Lothringen das Deutsche trotz allen französischen Bemühungen Muttersprache geblieben sei, sei nicht der Anlass gewesen, Anspruch auf diese Provinzen zu erheben, sondern eher die territoriale Sicherheit, nachdem Napoleon den Frieden gebrochen und die Absicht kundgegeben habe, die Rheinlande abermals an sich zu reißen. Er kommt dann indirekt auf das Nationalitätenprinzip zu sprechen, wenn er schreibt, sein Land werde es schon schaffen, „in diesen Landstrichen das alte, halb erstickte Deutschtum neu zu beleben"[27]. Er geht dann noch weiter, wenn er schreibt, es werde Deutschland auch gelingen, „selbst die wirklich französischen Landesteile, die wir mitzunehmen uns genötigt sehen möchten, uns freundlich zuzuwenden"[28].

In seinen Überlegungen dachte Renan über die Gründe der Niederlage Frankreichs und den Sieg Deutschlands nach. Diese Überlegungen mündeten in sein Buch *La réforme intellectuelle et morale*, das im November 1871 erscheinen wird. Aber er kommt in seiner Antwort vor allem auf die deutsche Argumentation zurück, die die Annexion von Elsass und Lothringen legitimieren soll. Schon in seinem Artikel „La Guerre entre la France et l'Allemagne", den er in der *Revue des deux Mondes* am 15. September 1870 veröffentlichte, erklärt er als großer Bewunderer der deutschen Kultur, er habe den Krieg zwischen Deutschland und Frankreich als größtes Unglück für unsere Zivilisation gehalten („J'ai toujours regardé la guerre entre la France et l'Allemagne comme le

---

24 Ebda., S. 48.
25 Ebda., S. 49.
26 Ebda.
27 Ebda., S. 50.
28 Ebda.

plus grand malheur qui pût arriver à la civilisation."[29]) Er anerkennt in diesem ersten Brief die Legitimität des Einheitswillens Deutschlands, selbst wenn er Preußen, das von engstirnigen Landjunkern („d'une orthodoxie étroite et pleine de préjugés"[30]) beherrscht werde, nicht besonders schätze. Frankreich habe einen großen Fehler gemacht, als es sich der inneren Entwicklung von Deutschland entgegenstellte („La France avait eu mille fois tort de paraître vouloir s'opposer aux évolutions intérieures de l'Allemagne"[31]); aber Deutschland würde einen ebenso großen Fehler begehen, wenn es die territoriale Integrität Frankreich nicht respektiere („l'Allemagne commettrait une faute non moins grave en voulant porter atteinte à l'intégrité de la France"[32]).

Renan widersetzt sich dem Nationalitätenprinzip, das kulturelle Homogenität als Fundament der Nation postuliert:

> Vos germanistes fougueux allèguent que l'Alsace est une terre germanique, injustement détachée de l'Empire allemand. Remarquez que les nationalités sont toutes des cotes mal taillées; si l'on se met à raisonner ainsi sur l'ethnographie de chaque canton, on ouvre la porte à des guerres sans fin. De belles provinces de langue française ne font pas partie de la France, et cela est très avantageux, même pour la France.[33]

Renan hält dafür, dass über die Präsenz der deutschen Kultur das Elsass eine Art Vermittlungsfunktion zwischen den beiden Ländern wahrnehme. Als neues Element führt er den Willen der Bewohner ein, die sich dem politischen Gemeinwesen Frankreichs zugehörig fühlten: „Il est incontestable que, si on soumettait la question au peuple alsacien, une immense majorité se prononcerait pour rester unie à la France. Est-il digne de l'Allemagne de s'attacher de force une province rebelle, irritée, devenue irréconciliable, surtout depuis la destruction de Strasbourg?"[34]

---

29 Ernest Renan: *Qu'est-ce qu'une nation? et autres essais politiques*, S. 80.
30 Ebda., S. 121.
31 Ebda., S. 125.
32 Ebda.
33 Ebda., S. 127.
34 Ebda. Man findet in der Schrift des Elsässers Édouard Schuré eine ähnliche Argumentation: „au point de vue de l'humanité et de la civilisation, il [l'argument] vaut tous les autres: c'est la volonté de tous les Alsaciens de rester Français." Dieser Wille beruht auf einem politischen, und nicht einem kulturellen Fundament, der Bürgeremanzipation durch die Französische Revolution: „Les Alsaciens prirent part à son émancipation politique, ils comprirent les Droits de l'homme, ils entrevirent un idéal nouveau." Andererseits sei das Elsass zu einem Ort der Begegnung der Kulturen geworden: „L'Alsace n'est plus une province allemande par l'ensemble de sa population. Elle représente la fusion de deux races, elle est la preuve vivante de l'alliance possible entre ces deux esprits si divers." (Edouard Schuré: *L'Alsace et les prétentions prussiennes. Réponse d'un alsacien aux allemands.* Genève: Librairie F. Richmont 1871, S. 43, zitiert bei Wolfgang Haubrichs: Der Krieg der Professoren. Sprachhistorische und sprach-

Das Nationalitätenprinzip, das von der Idee von ‚natürlichen' Gruppen ausgeht, die durch Rasse, Sprache und Geschichte determiniert seien, sei nun gar nicht geeignet, Kriege zu verhindern:

> La guerre sera sans fin si l'on n'admet des prescriptions pour les violences du passé. [...] L'Alsace est maintenant un pays germanique de langue et de race; mais, avant d'être envahie par la race germanique, l'Alsace était un pays celtique, ainsi qu'une partie de l'Allemagne du Sud. Nous ne concluons pas de là que l'Allemagne du Sud doive être française, mais qu'on ne vienne pas non plus soutenir que, par droit ancien, Metz et Luxembourg doivent être allemands.[35]

Das Nationalitätenprinzip braucht als Korrektiv das Prinzip der Staaten, die sich gegenseitig respektieren: „L'Europe est une confédération d'États réunis par l'idée commune de la civilisation."[36] Renan leugnet die Bedeutung der Tradition für die interne Konstituierung der nationalen Identität nicht: „L'individualité de chaque nation est constituée sans doute par la race, la langue, l'histoire, la religion [...]."[37] Die Identität der Nation wird aber auch bestimmt durch ein Element der Gegenwart, den Willen der Bewohner, in diesem Gemeinwesen zusammen zu leben: „quelque chose de beaucoup plus tangible, [...] le consentement actuel, [...] la volonté qu'ont les différentes provinces d'un État de vivre ensemble"[38].

Weil die deutschen Intellektuellen von Gruppen ausgehen, die sie als ‚natürliche' einstufen, bezeichnet sie Renan als ‚Naturalisten', die wie im Tierreich das Recht der stärkeren Rasse durchsetzen wollten und von der Stärke der germanischen Rasse das Recht ableiteten, die romanischen und slawischen Gruppen zu beherrschen:

> Des naturalistes allemands, qui ont la prétention d'appliquer leur science à la politique, soutiennent, avec une froideur qui voudrait avoir l'air d'être profonde, que la loi de la destruction des races et de la lutte pour la vie se retrouve dans l'histoire, que la race la

---

politische Argumentation in der Auseinandersetzung um Elsass-Lothringen zwischen 1870 und 1918, S. 231). Auch Michelet, der große Bewunderer Deutschlands, schreibt in seinem Werk *La France devant l'Europe* 1871, er bedaure, dass der alte Hass wieder aufgeflammt sei. Auch er ist überzeugt, dass das Elsass und vor allem Straßburg eine wichtige Vermittlungsfunktion zwischen den beiden Kulturen wahrnehmen (Jules Michelet: *La France devant l'Europe*. Florence: Successeurs Le Monnier 1871, S. 11, 14, 85).

35 Ernest Renan: *Qu'est-ce qu'une nation? et autres essais politiques*, S. 155.
36 Ebda., S. 156.
37 Ebda.
38 Ebda.

plus forte chasse nécessairement la plus faible, et que la race germanique, étant plus forte que la race latine et la race slave, est appelée à les vaincre et à se les subordonner.[39]

Diesen „matérialistes transcendants" hält Renan die Werte des Rechts, der Gerechtigkeit und der Moral entgegen – Werte der Menschheit, die im Tierreich keinen Sinn machen.[40]. Das Nationalitätenprinzip kann nichts regeln, weil es eben kein unwandelbares Prinzip ist. Viele Territorien wurden sukzessiv von unterschiedlichen Völkern bewohnt. Wo sollte man dann diese ‚Archäologie' anhalten? „Avec cette philosophie de l'histoire, il n'y aura de légitime dans le monde que le droit des orangs-outans, injustement dépossédés par la perfidie des civilisés."[41]

---

39 Ebda., S. 105. Es gab allerdings auch in Frankreich Studien, die sich auf das Kriterium der ‚Rasse' stützten. So vertrat Armand de Quatrefages die Idee einer „race prussienne", die wegen einem starken finnischen und slawischen Anteil sich von der germanischen ‚Rasse' unterscheide. Der berühmte Anthropologe Rudolf Virchow trat dieser These entschieden entgegen und unternahm auch Studien, um sie zu entkräften. Nach ihm konnte man eine nationale Identität nicht auf dem Argument der ‚Rasse' begründen: „la diversité des types raciaux interdit de fonder les identités nationales sur la race." Die Wissenschaftler in Deutschland und in Frankreich waren sich einig, dass man Nation und Rasse nicht in Verbindung bringen konnte: „Rejetant les théories qui hiérarchisent les races européennes ou qui prônent un retour à une pureté raciale originelle, les deux écoles, celle de Broca en France et celle de Virchow en Allemagne, entendent dissocier race et nationalité. [L'anthropologue français] Hovelacque l'affirme clairement dès 1873, c'est la volonté de ses membres qui fonde une nation et non pas une langue ou la race." Renan schrieb sich zunächst auch in das Rassen-Paradigma ein und vertrat die These einer Hierarchie der Rassen. 1859 schrieb er sogar: „l'idée de race reste la grande explication du passé." Die Rasse ist auch noch 1870 bei ihm eines der konstitutiven Elemente der nationalen Identität. „Son refus de la ‚politique des races' des Allemands", so schreibt Carole Reynaud-Paligot, „ne signifie pas une négation ou une critique de la notion de race mais un refus de fonder les nationalités sur cet unique critère" (Carole Reynaud-Paligot: *De l'identité nationale. Science, race et politique en Europe et aux Etats-Unis, XIXe–XXe siècle*, S. 121, 124, 129 f.). Zu Renans ambivalenter rassenkundlichen Sicht der Sprachen und Völker siehe auch Maurice Olender: *Die Sprachen des Paradieses. Religion, Rassentheorie und Textkultur*. Berlin: Kulturverlag Kadmos 2013, S. 87–127. Wenn Quatrefages behauptete, Preußen sei durch deutsche, finnische, slawische und französische Element geprägt und damit keine reine ‚Rasse', dann übernahm er damit auch die biologische Konzeption der deutschen Argumentation, der man entgegentreten wollte (siehe dazu Michael Werner: La nation revisitée en 1870–1871. Visions et redéfinitions de la nation en France pendant le conflit franco-allemand. In: *Revue germanique internationale*, 4, 1995, S. 131–201, hier S. 192).

40 Siehe ebda., S. 157: „Notre politique, c'est la politique du droit des nations; la vôtre, c'est la politique des races: nous croyons que la nôtre vaut mieux. La division trop accusée de l'humanité en races, outre qu'elle repose sur une erreur scientifique, très peu de pays possédant une race vraiment pure, ne peut mener qu'à des guerres d'extermination [...]."

41 Ebda., S. 155.

Zwischen dem ethnischen und kulturellen Prinzip der Tradition und dem (politischen) Prinzip der Zustimmung der Bürger schreibt Renan zweifellos die Priorität dem ersteren Prinzip zu:

> L'Alsace est allemande de langue et de race; mais elle ne désire pas faire partie de l'État allemand: cela tranche la question. On parle du droit de la France, du droit de l'Allemagne. Ces abstractions nous touchent beaucoup moins que le droit qu'ont les Alsaciens, êtres vivants en chair et en os, de n'obéir qu'à un pouvoir consenti par eux."[42]

Renan plädiert für ein neues Recht der Nationalitäten, das dasjenige der dynastischen Epochen ablöst, als Fürsten Provinzen wie Immobilien erwarben oder abgaben („Une cession de province n'était alors qu'une translation de biens immeubles d'un prince à un prince"[43]). Seit der Französischen Revolution ist das Bewusstsein der Völker erwacht und sie haben ihr Schicksal selber in die Hand genommen. Die Souveränität wurde vom Monarchen auf die Nation übertragen:

> Ne blâmez donc pas notre école libérale française de regarder comme une sorte de droit divin le droit qu'ont les populations de n'être pas transférées sans leur consentement. Pour ceux qui comme nous n'admettent plus le principe dynastique qui fait consister l'unité d'un État dans les droits personnels du souverain, il n'y a plus d'autre droit des gens que celui-là."[44]

Diese Definition der Nation durch den zweifachen Aspekt, einerseits die Traditionen, andererseits die Zustimmung der Bürger, findet sich wieder in Renans berühmtem Vortrag an der Sorbonne „Qu'est-ce qu'une nation?" vom 11. März 1882. Man findet hier fast denselben Wortlaut wie in den Briefen an Strauss:

> Une nation est une âme, un principe spirituel. Deux choses qui, à vrai dire, n'en font qu'une, constituent cette âme, ce principe spirituel. L'une est dans le passé, l'autre dans le présent. L'une est la possession en commun d'un riche legs de souvenirs; l'autre est le consentement actuel, le désir de vivre ensemble, la volonté de continuer à faire valoir l'héritage qu'on a reçu indivis."[45]

---

42 Ebda., S. 156.
43 Ebda., S. 154.
44 Ebda., S. 157.
45 Ebda., S. 54. Die Bedeutung dieser doppelten Dimension der Nation, die man zu Unrecht bloß auf das ‚Plebiszit eines jeden Tages' zurückführt, betonte auch Joël Roman: „[La] volonté de vivre ensemble ne saurait [...] en aucun cas être assimilé à une décision ponctuelle, analogue à un contrat de quelque nature que ce soit. La définition moderne et élective que nous propose Renan recèle ainsi un élément de recours à la tradition, une tradition héritée et non réfléchie, qui relève d'habitus constitués et non d'une délibération" (Joël Roman: Introduction. In: Ernest Renan: *Qu'est-ce qu'une nation? et autres essais politiques*, S. 5–35, hier S. 25).

Im selben Text greift Renan noch einmal diese Definition der Nation durch die zwei konstitutiven Elemente auf:

> Une nation est donc une grande solidarité, constituée par le sentiment des sacrifices qu'on a faits et de ceux qu'on est disposé à faire encore. Elle suppose un passé; elle se résume pourtant dans le présent par un fait tangible: le consentement, le désir clairement exprimé de continuer la vie commune. L'existence d'une nation est (pardonnez-moi cette métaphore) un plébiscite de tous les jours, comme l'existence de l'individu est une affirmation perpétuelle de vie.[46]

In diesem Vortrag betont Renan noch eindringlicher, dass die Rasse in Europa nirgends das Fundament einer Nation sein kann, weil es nun einmal gar keine ‚reine' Rassen gäbe:

> La considération ethnographique n'a donc été pour rien dans la constitution des nations modernes. La France est celtique, ibérique, germanique. L'Allemagne est germanique, celtique et slave [...]. La vérité est qu'il n'y a pas de race pure et que faire reposer la politique sur l'analyse ethnographique, c'est la faire porter sur une chimère.[47]

Die Antwort von Auguste Geffroy und Fustel de Coulanges an Theodor Mommsen

Anfang September 1870 erschien die Schrift des Nationalökonomen Adolf Wagner *Elsass und Lothringen und ihre Wiedergewinnung für Deutschland*, die mehrmals wieder aufgelegt wurde. In diesem Buch gewann der deutsch-französische Krieg „die Dimension eines ewigen Konfliktes der Völker und Kulturen"[48].

---

46 Ebda., S. 54 f. Nach Gérard Noiriel richtete sich die Hervorhebung der Bedeutung der Zustimmung der Bürger 1871 vor allem an die Deutschen, die Elsass und Lothringen gegen den Willen der dortigen Bürger annektieren wollten. Die Definition von 1882 richte sich mehr an die Franzosen. Man müsse über eine gewisse Tradition verfügen, um am ‚Plebiszit eines jeden Tages' teilnehmen zu können: „Les conservateurs privilégient les facteurs généalogiques et l'enracinement pour expliquer la permanence à travers le temps de la nationalité française, alors que les progressistes (et notamment les sociologues durkheimiens) considèrent que ce sont les institutions, avant tout l'École, qui assurent la transmission de la culture nationale d'une génération à l'autre" (Gérard Noiriel: Socio-histoire d'un concept. Les usages du mot ‚nationalité' au XIXe siècle, S. 20–24; siehe auch ders.: *A quoi sert l'identité nationale?* Marseille: Agone 2007, S. 20: „Pour Renan, les Français forment une nation consciente d'elle-même parce qu'ils ont des ancêtres communs. La fameuse ‚volonté de vivre ensemble' est donc réservée à ceux qui ont une même origine.").
47 Ernest Renan: *Qu'est-ce qu'une nation? et autres essais politiques*, S. 46.
48 Wolfgang Haubrichs: Der Krieg der Professoren. Sprachhistorische und sprachpolitische Argumentation in der Auseinandersetzung um Elsass-Lothringen zwischen 1870 und 1918, S. 225.

Im Septemberheft der *Preußischen Jahrbücher* publizierte dann der bekannte preußische Historiker Heinrich von Treitschke seine äußerst polemische Streitschrift ‚Was fordern wir von Frankreich?‘.[49]

Von ganz anderer Tragweite waren indes die drei offenen Briefe, die der berühmte Althistoriker Theodor Mommsen in zwei Mailänder Zeitungen veröffentlichte, einen ersten Brief am 10. August 1870 in der Zeitung *La Perseveranza* und einen zweiten am 20. August in *Il Secolo*. Die beiden Briefe wurden zusammen mit einem dritten mit dem Titel „La Pace" als Broschüre *Agli Italiani* herausgegeben.[50]

Der junge französische Historiker der Antike und des Mittelalters Fustel de Coulanges antwortete Mommsen mit einem offenen Brief vom 27. Oktober 1870 unter dem *Titel L'Alsace est-elle allemande ou française?*, der als Broschüre erschien.[51] Fustel de Coulanges war zunächst Professor an der Universität Straßburg gewesen und wurde im Februar 1870 an die Ecole Normale Supérieure gewählt; er war durch seine Studie *La cité antique* (1864) relativ bekannt geworden. In der *Revue des Deux Mondes* vom 1. November 1870 antwortete Auguste Geffroy seinerseits Punkt für Punkt dem „Manifeste prussien de M. Th. Mommsen à l'Italie".[52]

Zwischen Renan und Strauss hatte sich mitten im Krieg eine unmittelbarere Auseinandersetzung entwickelt. Theodor Mommsen, der berühmte deutsche Althistoriker, war zweifellos in Frankreich viel bekannter als Strauss.[53] Mommsen richtete indes sein Schreiben nicht an französische Kollegen, mit denen er in Kontakt stand, (er kannte unter anderen auch Renan); er wandte sich mit

---

49 Siehe dazu den Kommentar von Wolfgang Haubrichs, ebda., S. 226: „Beschämend ist es, mitanzusehen, wie sich die Wortgewalt eines begabten Schriftstellers in Maßlosigkeit und Geifer verwandelt."

50 Theodor Mommsen: *Agli Italiani*. Florenz 1870; die Broschüre scheint schon Ende August in Berlin verlegt worden zu sein.

51 Der Text findet sich in Fustel de Coulanges: *Questions contemporaines*, S. 89–102; siehe dazu auch François Hartog: *Le XIXᵉ siècle et l'Histoire. Le cas Fustel de Coulanges*. Paris: P.U.F. 1988, S. 44–53.

52 Auguste Geffroy: Un manifeste prussien. In: *La Revue des Deux Mondes*, Bd. 90, 1. November 1870, S. 122–137.

53 Siehe dazu vor allem Jürgen von Ungern-Sternberg: Theodor Mommsen und Frankreich. In: *Francia*, 33/3, 2004, S. 1–28; siehe ders.: „Mommsen hatte zahlreiche wissenschaftliche Verbindungen mit französischen Gelehrten, auch mit Kaiser Napoleon III. Seit dem Jahre 1860 war er Korrespondierendes Mitglied der Académie des Inscriptions et Belles-Lettres" (Jürgen von Ungern-Sternberg: Deutsche und französische Altertumswissenschaftler vor und während des Ersten Weltkrieges. In: Hinnerk Bruhns/Jean-Michel David u. a. [Hg.]: *Die späte römische Republik. La Fin de la République romaine. Un débat franco-allemand d'Histoire et d'Historiographie*. Rom: Ecole Française de Rome 1997, S. 45–78, hier S. 46).

zwei offenen Briefen an die Italiener, die zusammen mit einem dritten als Broschüre vertrieben wurden. Mommsen war sehr bekannt wegen seiner monumentalen *Römischen Geschichte* (1854–1856), die auch schnell ins Französische übersetzt worden war. Er gehörte eher einer liberalen politischen Tradition an, stand aber voll ein für den Kampf für die deutsche Einheit unter der Ägide Preußens,[54] hoffte aber, dass sich innerhalb des künftigen Deutschen Reiches liberale politische Strukturen durchsetzen würden. Man vermutet, dass die Regierung Preußens sich an ihn wandte, damit er sich an die Italiener wende, die er gut kannte und bei denen er ein großes persönliches wissenschaftliches Ansehen genoss, um ihnen klar zu machen, dass in diesem Krieg ihr Platz an der Seite Deutschlands sei.[55] Es hänge von den Italienern ab, so schrieb Mommsen, ob dieser schreckliche Krieg sich noch mehr ausweite und mit dem Kriegseintritt Italiens an der Seite von Frankreich zu einem noch schrecklicheren Krieg zwischen der lateinischen und der deutschen Rasse („la guerra fra la razza latina e la razza tedesca"[56]) führe.

Mommsen führt dann vor allem das moralische Argument der Perversion des aktuellen Frankreich vor, das von Abenteurern regiert werde, die die Welt der Halb-Welt unterordnen wolle.[57] Als Beispiel für diese Perversion, für den Verfall des einstigen Frankreich des Geistes führt er die gegenwärtige Literatur an, die ebenso schmutzig sei wie das Wasser der Seine und die die Herzen der Jugend verderbe und das Gift einer perfiden Verführung einbringe („quella letteratura lorda come le acque della Senna di Parigi che guasta i cuori della gioventù e introduce nella stessa istituzione delle classi agiate un veleno di perfida corruzione"[58]). Renan hatte schon von diesem ‚Argument' Mommsens Kenntnis genommen und antwortete darauf in seinem ersten Brief an Strauss: „Votre illustre Mommsen, dans une lettre qui nous a un peu attristés, comparait il y a quelques jours notre littérature aux eaux boueuses de la Seine [...]."[59] Renan stimmt zu, dass es in Frankreich wie anderswo auch eine schlechte Massenliteratur gebe; daneben existiere aber immer noch eine hohe Qualität: „une France fort distinguée, différente de la France du XVIIe et du XVIIIe siècle, de même race cependant: d'abord un groupe d'hommes de la plus haute valeur

---

54 Siehe Stefan Reberich: *Theodor Mommsen und Adolf Harnack. Wissenschaft und Politik im Berlin des ausgehenden 19. Jahrhunderts.* Berlin/New York: de Gruyter 1997, S. 333–346.
55 Siehe Lothar Wickert: *Theodor Mommsen.* Bd. IV: *Größe und Grenzen*, Frankfurt a. M.: Vittorio Klostermann 1980, S. 170–179.
56 Theodor Mommsen: *Agli Italiani*, S. 4.
57 Ebda.
58 Ebda., S. 6.
59 Ernest Renan: *Qu'est-ce qu'une nation? et autres essais politiques*, S. 125 f.

et du sérieux le plus accompli, puis une société exquise, charmante et sérieuse à la fois [...].“[60] Strauss gibt indes Mommsen recht: „Es kann nicht geleugnet werden: es ist während der letzten Jahrzehnte von Frankreich, in Form von Romanen und Theaterstücken insbesondere, ein solcher Giftstrom ausgeflossen, dass man dem deutschen Gelehrten [Mommsen], dessen Sie gedenken, sein zürnendes Wort nicht verargen darf.“[61] Die Deutschen hätten sich aber „durch willfährige Aufnahme zu Mitschuldigen der französischen Verderbnis gemacht“[62]. Das Verderben sei aber nicht nur in die Literatur eingedrungen, sondern noch tiefer als „wir Deutschen noch vor kurzem vermuteten“: „von dieser allgemeinen Fäulnis und Auflösung aller sittlichen Bande haben wir vor dem gegenwärtigen Kriege keine Vorstellung gehabt.“[63] Strauss und Mommsen teilen die Idee der moralischen Überlegenheit Deutschlands gegenüber dem aktuellen Frankreich.

Mommsen ,rechtfertigt‘ die Annexion von Elsass und Lothringen überdies durch kulturelle und ethnische ,Argumente‘.[64] Die beiden Gebiete seien deutsch von ihrer Kultur her und würden darum zu Recht Deutschland zustehen. Seit Jahrhunderten haben sich die Nachbarn Deutschlands, so Mommsen, auf dessen Kosten vergrößert. In Österreich, in Russland, in der Schweiz sowie in Frankreich lebten Millionen Deutsche. Wir haben sie jedoch nicht für uns beansprucht. Gegenüber Frankreich ist die Situation nun anders, weil unsere Forderung gegenüber diesem Land leichter zu realisieren ist. Was würden unsere Nachfahren sagen, wenn wir uns diese Gelegenheit entgehen lassen würden?[65]

Mommsen versucht die Zugehörigkeit von Elsass und Lothringen zur deutschen Nationalität auch durch sprachliche Argumente zu stützen. Im Elsass sei die Bevölkerung, abgesehen von einigen kleinen Tälern in den Vogesen, „die

---

60 Ebda., S. 126.

61 David Friedrich Strauss: *Krieg und Friede 1870. Zwei Briefe von David Friedrich Strauss an Ernst Renan und dessen Antwort*, S. 33.

62 Ebda., S. 34.

63 Ebda.

64 Mommsen hatte schon die Annexion von Schleswig-Holstein befürwortet. In seinen Augen gab es ,notwendige‘ Kriege, die nicht unbedingt ,gerechte‘ Kriege sein müssen, um ein Ziel zu erreichen, das im Einklang mit dem ,Sinn der Geschichte‘ steht. Hier meint er natürlich das Ziel der deutschen Einigung. Der Krieg gegen Frankreich rechtfertigte sich in seinen Augen aus demselben Grunde. Er hielt jedoch dafür, dass Deutschland nach diesem Krieg und der Gründung des Deutschen Reiches ,saturiert‘ sei (Ernst Baltrusch: Mommsen und der Imperialismus. In: Alexander Demandt/Andreas Goltz u. a. (Hg.): *Theodor Mommsen. Wissenschaft und Politik im 19. Jahrhundert*. Berlin/New York: de Gruyter 2005, S. 201–225, hier S. 204 f.).

65 Theodor Mommsen: *Agli Italiani*, S. 15.

der französischen Rasse angehörten", völlig deutsch.[66] Mommsen beruft sich auf die schon erwähnten Studien des Statistikers Böckh, nach denen nur ein Siebtel der deutschsprachigen Elsässer Französisch könne und die Hälfte von ihnen sprächen Französisch bloß zu Hause. Die Leute auf dem Land könnten nur Deutsch und die französischsprachigen Einwanderer würden sich dort germanisieren. Die deutsche Literatur sei sehr präsent, vor allem in der Gestalt von Volksliedern und Legenden, die auch ein Widerstandspotential gegenüber dem Einfluss von Paris darstellten.[67] Dasselbe gelte für Lothringen, das lange die deutsche Sprache als offizielle Sprache beibehielt und wo das Volk diese auch noch spreche. In den beiden Gebieten, die durch Sprache und Brauchtum deutsch seien, gebe es aber auch Elemente, die sich dem Deutschtum stark widersetzten, angezogen von der brillanten und oberflächlichen Kultur der Franzosen oder von der katholischen Kirche, die immer schon ein erklärter Feind Preußens gewesen sei.[68]

Mommsen kommt dann auf die neuen Grenzen zu sprechen. Wir wollen, so schreibt er, keine französischen oder französisierten Gebiete. Wir wollen nicht erobern, sondern nur das, was uns zusteht. Wir wollen nur das Unsrige, nicht mehr und nicht weniger („Vogliamo non la conquista, ma la rivendicazione, vogliamo il nostro, non più, non meno"). Das „Unsrige", das sind die Gebiete deutscher (kultureller) Nationalität. Aber Mommsen fährt dann fort, das Nationalitätenprinzip sei nicht für alle Details entscheidend. Andere, z. B. strategische Gesichtspunkte könnten auch noch in Betracht gezogen werden. Er erwähnt Metz, das einmal eine deutsche Stadt war und nun eine französische geworden sei, die aber mit ihren Garnisonen eine ständige Gefahr für Deutschland darstelle. Aber das sollten die künftigen Schiedsrichter entscheiden. Die Nation verlange ausdrücklich nur die beiden Provinzen, die durch Sprache und Brauchtum zu ihr gehörten.[69]

Auguste Geffroy, ein früherer Korrespondent Mommsens[70], antwortete als erster auf das „Manifeste prussien" von Mommsen mit einem Artikel in der *Revue des deux mondes*.[71] Zuerst äußert er seinen großen Respekt gegenüber dem deutschen Gelehrten:

> La voix d'un tel homme a tout droit à être écoutée. Quiconque s'intéresse de nos jours aux lettres anciennes rend hommage à l'infatigable ardeur, à la pénétration d'esprit, à la

---

66 Ebda., S. 17.
67 Ebda., S. 17 f.
68 Ebda., S. 19.
69 Ebda., S. 21.
70 Jürgen von Ungern-Sternberg: Theodor Mommsen und Frankreich, S. 12.
71 Auguste Geffroy: Un manifeste prussien. In: *La Revue des deux mondes*, 90, 1. November 1870.

science profonde, qui font de M. Mommsen un philologue, un épigraphiste, un juriste, un historien de premier ordre [...] Il a une grande position, et voici qu'il se donne en de si graves circonstances comme l'interprète des sentiments nationaux en Allemagne.[72]

Danach kommt Geffroy auf das Nationalitätenprinzip zu sprechen, das er als solches durchaus positiv sieht, wenn es jedem Volk seine nationale Unabhängigkeit garantiert, das aber problematisch wird, wenn es dazu dient, die Wiedereroberung fremder Territorien zu legitimieren:

> Est-ce la langue qui sera le signe indubitable de la nationalité? Que la France alors se voie adjuger la Belgique avec quatre ou cinq cantons de la Suisse. Est-ce la primitive communauté de berceau? Que l'Allemagne s'empare donc et de la Suisse allemande et de la Hollande, et qu'elle restitue les débris de la Pologne.[73]

Für Geffroy wie für Renan muss das Nationalitätenprinzip die bestehenden Rechte und das Selbstbestimmungsrecht der Völker respektieren: „Il est clair que la théorie des nationalités doit tenir un grand compte des droits créés ou modifiés par l'histoire, et que la principale règle de cette théorie doit être d'observer surtout, de respecter dans tous les cas les vœux des peuples."[74]

Geffroy bestreitet nicht, dass man in einem großen Teil des Elsasses und Lothringens Deutsch spricht und dass diese Gebiete über verschiedene mehr oder weniger enge feudale Bindungen zu Deutschland gehörten; diese Bindungen bedeuteten aber keineswegs eine Zugehörigkeit zum neuen deutschen Staat; entscheidend sei das Selbstbestimmungsrecht der Bevölkerung:

> Osera-t-on dire qu'elles n'étaient pas devenues toutes françaises, et que leurs vœux appelaient une délivrance? Si, après leur résistance héroïque contre l'invasion, la chose vous paraît encore incertaine, il y a un moyen très simple de vous en convaincre: faites voter l'Alsace et la Lorraine, faites voter Strasbourg; vous les occupez, et vous n'y craignez donc aucune pression de notre part. Posez-leur cette unique question: voulez-vous devenir allemandes ou rester françaises? Et si la majorité des suffrages est en votre faveur, nul n'aura plus le droit de blâmer ou de combattre vos annexions; la Lorraine et l'Alsace seront de plein droit provinces allemandes.[75]

Der Historiker Fustel de Coulanges wandte sich auch schon im Oktober 1870 in einem offenen Brief gegen die Annexionsforderungen von Mommsen. Er war

---

72 Ebda., S. 122. Siehe dazu Jürgen von Ungern-Sternberg: Theodor Mommsen und Frankreich, S. 12: „Hier [...] spricht eine Achtung vor dem Gegner, von der im Jahre 1914 fast nichts mehr zu spüren war [...]."
73 Ebda., S. 134.
74 Ebda., S. 135.
75 Ebda.

gegen den von Napoleon III. vom Zaun gerissenen Krieg gegen Preußen gewesen („nous ne pouvons rien y gagner"[76]). Wenn er auch nicht so wie Renan und Taine die Kultur Deutschlands bewundert hatte, so fühlte er sich doch vom Konflikt zwischen den beiden Nationen betroffen. Schon am 25. Oktober 1870 hatte der Direktor der *Revue des deux mondes* an Renan in Bezug auf die deutschen Intellektuellen, allen voran Mommsen, geschrieben, diese drängten zu einer Annexion von Teilen Frankreichs: „[...] Il n'y a plus d'illusion possible et ses savants, ses écrivains, Mommsen en tête, poussent avec fureur au démembrement de notre pays."[77]

Die Artikel von Mommsen „Agli Italiani" wurden in Frankreich in der Tat als grobes anti-französisches Manifest interpretiert, dem zunächst Auguste Geffroy Punkt für Punkt in dem Artikel, den wir eben erwähnt haben, antwortete. Fustel de Coulanges antwortet Mommsen seinerseits in einem offenen Brief mit dem Datum des 27. Oktober 1870 unter dem Titel „L'Alsace est-elle allemande ou française?" Er stellt zunächst fest, dass Mommsen Ende August noch vor Bismarck sich dazu geäußert hatte, die wahren Kriegsziele Preußens formuliert habe: „mettre la main sur l'Alsace et la Lorraine"[78].

Fustel de Coulanges setzt sich auch mit dem Kern der Argumentation, dem Nationalitätenprinzip auseinander, das der deutsche Gelehrte anders als ganz Europa sehe.[79] Das Nationalitätenprinzip erlaube es, sich von einer Fremdherrschaft zu befreien, aber nicht einen Teil einer anderen Nation sich einzuverleiben, nur weil sie derselben Rasse und derselben Sprache sei. Die Argumentation von Fustel de Coulanges unterscheidet sich hier überhaupt nicht von der Renans und Geoffroys: „Vous croyez avoir prouvé que l'Alsace est de nationalité allemande parce que sa population est de race germanique et parce que son langage est l'allemand. Mais je m'étonne qu'un historien comme vous affecte d'ignorer que ce n'est ni la race ni la langue qui fait la nationalité."[80]

Fustel de Coulanges unterstreicht ebenfalls, dass die ethnische und die sprachliche Homogenität nicht ein hinreichendes und notwendiges Fundament einer Nation darstellen: „Ce n'est pas la race: jetez en effet les yeux sur l'Europe et vous verrez bien que les peuples ne sont presque jamais constitués d'après leur origine primitive[81]." Und er belegt dann seine These über das Bei-

---

76 Brief an seinen Bruder vom 13. Juli 1870, zitiert bei François Hartog: *Le XIXe siècle et l'Histoire. Le cas Fustel de Coulanges*, S. 45.

77 Zitiert ebda., S. 50

78 Fustel de Coulanges: *Questions contemporaines*, S. 91.

79 Ebda., S. 92.

80 Ebda., S. 94 f.

81 Ebda., S. 95.

spiel der mehrsprachigen Schweiz, der man den Rang einer Nation nicht absprechen könne: „La langue n'est pas non plus le signe caractéristique de la nationalité. On parle cinq langues en France, et pourtant personne ne s'avise de douter de notre unité nationale. On parle trois langues en Suisse: la Suisse en est-elle moins une seule nation, et direz-vous qu'elle manque de patriotisme?"[82]

Wie für Renan und Geffroy ist es auch für Fustel de Coulanges die Zustimmung, der Wille der Bewohner, der das Fundament einer Nation ausmacht:

> Ce qui distingue les nations, ce n'est ni la race, ni la langue. Les hommes sentent dans leur cœur qu'ils sont un même peuple lorsqu'ils ont une communauté d'idées, d'intérêts, d'affections, de souvenirs et d'espérances. Voilà pourquoi les hommes veulent marcher ensemble, ensemble travailler, ensemble combattre, vivre et mourir les uns pour les autres. La patrie, c'est ce qu'on aime. Il se peut que l'Alsace soit allemande par la race et par le langage; mais par la nationalité et le sentiment de la patrie elle est française.[83]

Fustel de Coulanges weist auch Mommsens Argument der Geschichte zugunsten der Gegenwart zurück:

> Vous êtes, Monsieur, un historien éminent. Mais, quand nous parlons du présent, ne fixons pas trop les yeux sur l'histoire. La race, c'est de l'histoire, c'est du passé. La langue, c'est encore de l'histoire, c'est le reste et le signe d'un passé lointain. Ce qui est actuel et vivant, ce sont les volontés, les idées, les intérêts, les affections. L'histoire vous dit peut-être que l'Alsace est un pays allemand; mais le présent vous prouve qu'elle est un pays français. Il serait puéril de soutenir qu'elle doit retourner à l'Allemagne parce qu'elle en faisait partie il y a quelques siècles.[84]

In der großen Debatte rund um Elsass und Lothringen im Jahre 1870/71 standen sich zwei Konzeptionen der Nation gegenüber, die miteinander unvereinbar waren. Das Argument der Sprache und der Kultur spielte eine zentrale Rolle, um mit sog. ‚objektiven‘ Kriterien die Annexion der beiden Provinzen zu legitimieren. Das sprachlich-kulturelle und ethnische ‚Argument‘ erschien aber offensichtlich nicht ausreichend. Darum schob man andere ‚Argumente‘ nach: geschichtliche, sicherheitspolitische, militärische und moralische („nous va-

---

82 Ebda., S. 96.
83 Ebda.
84 Ebda., S. 100; siehe dazu auch Jürgen von Ungern-Sternberg: „Mommsen war es gar nicht in den Sinn gekommen, nach den Wünschen der Elsässer und Lothringer zu fragen, so durchschlagend schienen ihm Volkszugehörigkeit und Geschichte" (Jürgen von Ungern-Sternberg: Deutsche und französische Altertumswissenschaftler vor und während des Ersten Weltkrieges, S. 48).

lons mieux que le Français"[85]). Die Vielzahl der ‚Argumente' ist ein Beleg für die Schwäche der sprachlich-kulturellen Kriterien. Die französischen Intellektuellen beriefen sich auf ein Prinzip, das seit ein bis zwei Generationen formuliert worden war: das Prinzip des Selbstbestimmungsrechts der Betroffenen, das, selbst wenn es sich innerhalb der internationalen Gemeinschaft noch nicht durchgesetzt hatte, doch immer mehr Zustimmung fand.[86] Gegenüber diesem Prinzip war die Frage der Sprache zweitrangig.

---

85 Ein ‚Argument', das Edouard Schuré wahrnahm, zitiert bei Wolfgang Haubrichs: Der Krieg der Professoren. Sprachhistorische und sprachpolitische Argumentation in der Auseinandersetzung um Elsass-Lothringen zwischen 1870 und 1918, S. 232.

86 François Roth (*Alsace-Lorraine. Histoire d'un ‚pays perdu'. De 1870 à nos jours*, S. 12) unterstreicht, dass beispielsweise Napoleon III. 1860 ein Plebiszit durchführte, um die Zustimmung der Bevölkerung zur Zugehörigkeit von Nizza und Savoyen zu Frankreich bestätigen zu lassen. „En 1860, Napoléon III en avait tenu compte: à Nice et en Savoie, un plébiscite avait été organisé pour valider le traité de cession conclu entre la France et le Piémont-Sardaigne."

Frankreich nach 1870/71: die integrative Funktion der Nation und der Nationalliteratur

Die deutsch-französische Auseinandersetzung der Intellektuellen im Zusammenhang mit dem Krieg von 1870/71 stellt einen Höhepunkt hinsichtlich der Debatte zu Sprache, Literatur und Nation dar. Es ist kein Zufall, dass etwa die berühmte Definition der Nation, die wir Renan verdanken, auch heute immer wieder als gültige Aussage zitiert wird, heute selbst von deutschen Politikern.[1] Aber auch auf Fustel de Coulanges kommt man immer wieder zurück.

Elsass-Lothringen im Selbstverständnis der französischen Politik

Nach der Niederlage des Second Empire wird in Frankreich am 4. September 1870 die Dritte Republik ausgerufen. Die republikanische Staatsform etabliert sich nun auf Dauer – abgesehen von der vierjährigen Vichy-Periode. Die französische Gesellschaft emanzipiert sich gegenüber der Kirche und demokratisiert sich tiefgehend. Der Parlamentarismus, die obligatorische, kostenlose und laizistische Staatsschule setzt sich durch, ebenso eine im Prinzip allen zugängliche Presse, bessere Verkehrsbedingungen verdanken sich einem dichten Eisenbahnnetze; die Wehrpflicht gilt für alle Bürger.[2] Frankreich ist nun eine moderne Nation im Vollsinn des Wortes. Die Staatsnation respektiert nach innen die Gleichheit der Rechte und Pflichten seiner Bürger, die am politischen Geschehen partizipieren können. Nach außen achtet Frankreich die Rechte der anderen Nationen in Europa, nimmt aber an den kolonialen Eroberungen teil.

Frankreich war wegen der Annexion von Elsass und Lothringen seiner territorialen Integrität verlustig geworden; man empfand das als eigentliche Amputation. „Pensons-y toujours, n'en parlons jamais", dieses Wort von Gambetta aus dem Jahre 1872 galt fast ein halbes Jahrhundert als Losungswort in Frankreich in Bezug auf Elsass und Lothringen. Hinsichtlich der „verlorenen Provinzen" bildete sich ein eigentlicher Erinnerungskult aus. Dieser Kult fungierte, so schreibt Julia Schroda, „als einigendes Moment in einer entzweiten Republik, als wunder Punkt in den deutsch-französischen Beziehungen verweist er auf den äußeren Feind und die Notwendigkeit, Frankreich wieder zu Ruh und Ansehen zu verhelfen und in letzter Konsequenz dient er phasenweise dem

---

1 Siehe etwa Wolfgang Schäuble: Nationale Identität und innere Einheit Deutschlands. Vortrag vom 25. November 1994 auf Schloss Eichholz.
2 Jean-Marie Mayeur: *Les débuts de la IIIe République 1871–1898*. Paris: Seuil 1999, S. 7.

Schüren des Revanchegedankens"[3]. Dieselbe Autorin betont aber, dass in der Forschung heute zunehmend das Bild eines Landes revidiert werde, das beharrlich an die verlorenen Provinzen und an die militärische Revanche gedacht habe. Die große Mehrheit der Bevölkerung dachte nicht an eine kriegerische Rückgewinnung der Provinzen. Andreas Metzing hat anhand seiner Analyse der Gedenkfeiern an den 1870/71-Krieg festgestellt, dass der Tenor dieses Gedenkens in den ersten beiden Jahrzehnten eher nach innen gerichtet war im Sinne einer moralischen und politischen Regeneration des Landes; das änderte sich in den 1890er Jahren, als Frankreich in der Folge der Kolonialkriege und der Annäherung an Russland ein gesteigertes Selbstbewusstsein gegenüber Deutschland an den Tag legte. Die Erinnerung an 1870/71 diente nun in immer ausschließlicher Weise der Propagierung militärischer Werte als Demonstration prinzipieller Verteidigungsfähigkeit und Kampfbereitschaft.[4]

Wenn die Erinnerung an Elsass und Lothringen zeitweise bloß latent blieb, so war doch die Wunde von 1871 nicht vernarbt. Beim Ausbruch des Ersten Weltkrieges war ein Potential vorhanden, so Julia Schroda, „das nur aktiviert zu werden brauchte. Elsass-Lothringen war wieder in aller Munde, und es entstand der Eindruck, man erfülle die nach 1871 in verschiedener Form gegebenen Versprechen der Befreiung".[5] Die ‚Union sacrée' realisierte sich 1914 so schnell, weil sie auch über die Idee der Rückeroberung von Elsass-Lothringen legitimiert wurde.

Auf der Suche nach einer elsässisch-lothringischen Identität

Was die wichtigsten kulturpolitischen Tendenzen im Elsass selber betrifft, die in Zirkeln und Zeitschriften zum Ausdruck kamen, kann man nach Julia Schroda zwischen drei Optionen unterscheiden:
- Das Plädoyer für die elsässische Regionalkultur artikulierte sich in den beiden Ausprägungen des *Jeune Alsace* und des *Jüngsten Elsass*. Vor allem bei René Schickele kann man eine starke Anlehnung an den universalistischen Anspruch des französischen Kulturbewusstseins feststellen. Das 1898 ge-

---

3 Julia Schroda: *Nationaler Anspruch und regionale Identität im Reichsland Elsass-Lothringen im Spiegel des französisch-sprachigen Elsassromans (1871–1914)*. Bern/Berlin: Peter Lang 2008, S. 61.
4 Andreas Metzing: *Kriegsgedenken in Frankreich (1871–1914). Studien zur kollektiven Erinnerung an den Deutsch-Französischen Krieg von 1870/71*. Koblenz 2002, S. 243 f.
5 Julia Schroda: *Nationaler Anspruch und regionale Identität im Reichsland Elsass-Lothringen im Spiegel des französisch-sprachigen Elsassromans (1871–1914)*, S. 62.

gründete ‚Théâtre alsacien' fand ein lebendiges Echo in weiten Kreisen. Die neue Generation rund um die Zeitschrift *Der Stürmer* mit René Schickele, Otto Flake und Ernst Stadler widersetzte sich gleichzeitig dem rückwärtsgewandten Kult des ‚Souvenir français' wie Tendenzen der versuchten Germanisierung; der Dialekt wurde von ihnen als Ausdruck als Rückzug auf eine provinzielle heile Welt gesehen.

– Die Kreise um den *Souvenir français* pflegten sehr enge Beziehungen zur französischen Kultur. Die Zeitschrift *La Revue Alsacienne illustrée* hatte sich hier dem Kampf gegen die Germanisierung verschrieben. Mit dem *Musée alsacien* (1902) verfolgte man Bestrebungen, die zu analogen regionalistischen Initiativen in der Provence (um Mistral) in Verbindung standen.[6] Die zweisprachige *Revue alsacienne*, die 1889 gegründet und ab 1901 von Pierre Bucher geleitet wurde, bezog sich vor allem auf die Idee der ‚petite patrie', die von der ‚grande patrie' getrennt sei. „L'Allemand ne veux, Français ne puis, Alsacien suis", so lautete ein sehr verbreitetes Losungswort.

– Schließlich ist die Vereinigung *Alsabund* mit ihrer Zeitschrift *Erwinia* zu erwähnen, die für die deutsche Kultur Partei ergriff.

Hinsichtlich der Haltungen, die sich im französisch-sprachigen Elsass-Roman zwischen 1871 und 1914 manifestierten, kommt Julia Schroda zu folgendem Fazit:

Durch die unterschiedliche Betonung der regionalen oder der nationalen Identität wurden verschiedene Antworten auf die Frage nach den Pflichten eines „guten", d. h. Frankreich treuen Elsässers oder Lothringers gegeben. [...] Sowohl aus französischer als auch aus elsässischer bzw. lothringischer Perspektive ist das Zusammenspiel von regionaler und nationaler Identität entscheidend: manche Autoren [...] sehen die „verlorenen Brüder und Schwestern" im Idealfall in erster Linie als Franzosen, andere (z. B. Barrès in *Au service de l'Allemagne*, Jeanne Régamey in *Jeune Alsace*) interessiert ihre ‚elsässische' oder ‚lothringische' Identität weit stärker. Die elsässischen Stimmen vermitteln den Eindruck, dass sich die Elsässer und Lothringer, je länger die deutsche Herrschaft andauerte, immer stärker auf ihre regionale Identität beriefen, die französische Nation wurde zum fernen Ideal. Nicht immer wünschte man, um jeden Preis wieder Teil der französischen Dritten Republik zu werden. Das Elsass und Lothringen erschienen vielen Elsässern, Lothringern und auch Innerfranzosen in Bezug auf bestimmte Bereiche – wie z. B. das Festhalten an der Tradition oder der Religion – als das ‚bessere Frankreich'. Das Bekenntnis zum Frankreich der Dritten Republik hing stark davon ab, ob die Autoren republikanisch oder antirepublikanisch eingestellt waren und wie sie die Laizisierung in Frankreich beurteilten.[7]

Der Elsassroman belegt die Existenz einer regionalen Ebene unterhalb der nationalen. Es ist kein Zufall, dass diese regionale Literatur gerade in Elsass und

---

6 Ebda., S. 25–32.
7 Ebda., S. 608 f.

Lothringen entstanden ist. Die regionale Identität stellte in den Provinzen, die gegen ihrem Willen von einer fremden Nation annektiert worden waren, mit der sie wohl die kulturelle, aber nicht die politische Dimension teilten, eine Art Ersatz-Identität dar. Die regionale Dimension stand aber nicht im Gegensatz zur nationalen. Man sprach von der „petite patrie", die man als integralen Bestandteil der „grande patrie" betrachtete.

In dieser lokalen Literatur, die zum mittleren Bereich des literarischen Feldes zählt, wird eine regionale Kohärenz geschaffen, die sich vor allem durch die Opposition gegen den Feind, Deutschland, konstituiert. Dieser nationale Gegensatz überdeckt gleichzeitig einen sozialen Gegensatz. Der Rückzug in eine bäuerlich-dörfliche (französische) Welt artikuliert sich gleichzeitig als Reaktion gegen die radikalen Veränderungen der Moderne und einer Industrialisierung, die vor allem der deutschen Invasion zugeschrieben wird.[8]

Ein neuer Universalismus?

Dominant blieb natürlich nach wie vor in Frankreich die Nationalliteratur, die sich auch hier wie in andern europäischen Ländern am Anfang des 19. Jahrhunderts entwickelt hatte. Und trotzdem war die französische Nationalliteratur, wie Anne-Marie Thiesse schreibt, nicht zu einer Nationalliteratur wie alle andern geworden. Sie verdankte ihren – neuen – Vorrang der einmaligen Konzentration des literarischen Lebens in der Hauptstadt, Paris. Hier lebten die meisten Schriftsteller, hier spielte ein Großteil der Romane, hier befand sich die größte Zahl von Verlagshäusern.[9] Wenn die Literatur in Frankreich einen hohen Grad an Autonomie erworben hatte,[10] so übte sie doch dank der Ko-Präsenz der politischen und literarischen Elite in der Hauptstadt einen großen Einfluss auch auf das politische Leben aus und verfügte über einen sozialen Status wie kaum anderswo.[11] Paris war auch zu einem großen Attraktionspol für junge Schriftsteller und Künstler aus ganz Europa geworden.[12]

---

8 Ebda., S. 551–566; siehe auch Joseph Jurt: Le champ littéraire entre le national et le transnational. In: Gisèle Sapiro (Hg.): *L'Espace intellectuel en Europe. De la formation des Etats-nations à la mondialisation XIXe–XXIe siècle*. Paris: La Découverte 2009, S. 201–232, hier S. 212 f.

9 Anne-Marie Thiesse: Une littérature nationale universelle? Reconfiguration de la littérature française au XIXe siècle, S. 406–408.

10 Zu diesem Autonomisierungsprozess siehe Pierre Bourdieu: *Les règles de l'art. Genèse et structure du champ littéraire*. Paris: Seuil 1992, S. 75–248.

11 Dazu auch Joseph Jurt: *Frankreichs engagierte Intellektuelle. Von Zola bis Bourdieu*. Göttingen: Wallstein 2012, S. 11–30.

12 Siehe Dario Gamboni: Paris et l'internationalisme symboliste. In: Thomas Gaethgens (Hg.): *Künstlerischer Austausch. Artistic Exchange*. Berlin: Akademie Verlag 1993, S. 277–288.

Wenn Frankreich bei der Konstituierung einer eigenen Nationalliteratur den Vorbildern anderer Länder folgte, so sahen externe Schriftsteller im literarischen Feld Frankreichs ein Modell hinsichtlich seiner Autonomie und der Ausdrucksfreiheit, aber auch wegen der spezifischen Konsekrations- und Diffusionsinstanzen und des hohen Ansehens, das dort die Literatur und die Autoren genossen. Die ,nationalisierte' französische Literatur gewann so einen neuen Vorrang und manifestierte auch einen neuen Universalitätsanspruch: das relativ autonome und angesehene literarische Feld Frankreichs wurde zum Vorbild. Die ausländische Literatur (der russische Roman, das skandinavische Theater) wurde von der Avant-garde in Frankreich eingeführt, aber gemäß der Logik des eigenen Feldes rezipiert.[13]

Wenn der literarische Nationalismus im Kreis der neo-royalistischen Liga der Action française auf einer traditionalistischen Konzeption der französischen Literatur beruhte, die sie durch die fremden Einflüsse gefährdet sah,[14] so betrachteten andere, namentlich die Avant-garde, die französische Literatur gerade deswegen als universell, weil sie sich als fähig erweist, zahllose literarische Möglichkeiten zu integrieren: „Le XIXe siècle s'achève, selon un apparent paradoxe, à la fois par l'émergence d'un nationalisme littéraire français anticosmopolite et par la consécration de Paris, métonymie du champ culturel national, comme capitale internationale des lettres et des arts."[15]

Die wissenschaftliche Literaturbetrachtung, die partikularistische und universalistische Dimension der Nation

Die Frage nach dem Verhältnis zwischen Nation und Nationalliteratur wurde nun auch auf einer Meta-Ebene gestellt, auf der Ebene der wissenschaftlichen

---

13 Christophe Charle: Champ littéraire français et importations étrangères. De la vogue du roman russe à l'émergence d'un nationalisme littéraire (1880–1902). In: Michel Espagne/Michael Werner (Hg.), *Philologiques III*, S. 249–263; siehe auch Blaise Wilfert: Cosmopolis et l'homme invisible. Les importateurs de littérature étrangère en France, 1885–1914. In: *Actes de la recherche en sciences sociales*, 144, Sept. 2002, S. 33–46; siehe insbesondere S. 46: „Les traducteurs, les petites mains du débat intellectuel que furent les importateurs de littérature étrangère, furent en même temps, par position souvent et par stratégie parfois, des constructeurs de frontières nationales. Ils purent ainsi sortir de situations médiocres ou difficiles en devenant, pour les plus chanceux ou les plus talentueux, des spécialistes reconnus des esprits nationaux, au plus fort du durcissement culturel des antagonismes politiques internationaux. L'importation fut une modalité cruciale de la nationalisation de la vie intellectuelle."

14 Siehe dazu Michael Einfalt: ,Classicisme' und Nationalliteratur. In: ders./Joseph Jurt u. a. (Hg.): *Konstrukte nationaler Identität: Deutschland, Frankreich und Großbritannien (19. und 20. Jahrhundert)*. Würzburg: Ergon Verlag 2002, S. 59–74.

15 Anne-Marie Thiesse: Une littérature nationale universelle? Reconfiguration de la littérature française au XIXe siècle, S. 404.

Betrachtung der Literatur, über eine neue Disziplin, die sich jetzt auch in Frankreich entwickelte, die Philologie.[16] Die Philologie war in Deutschland im Kontext der Krise der Befreiungskriege entstanden. In Frankreich entwickelte sich die Romanische Philologie aus der Krise nach dem deutsch-französischen Krieg von 1870/71, die Claude Digeon in einem berühmten Buch von 1959 als „la crise allemande de la pensée française" bezeichnete. Er fasste die damals vorherrschende Stimmung so zusammen: „L'Allemagne a matériellement triomphé, croit-on, parce qu'elle était spirituellement mieux armée; en particulier ses universités, justement célèbres, ont réussi à lui donner, avec la gloire de l'esprit, la grandeur politique et militaire."[17] In der Tat gingen nun auserlesene junge französische Forscher nach Deutschland und stellten in ihren Berichten ihre Erfahrung dar.[18] Das französische Hochschulwesen wurde reorganisiert, wobei man sich auch an der deutschen Universität orientierte. Zahlreiche neue wissenschaftliche Zeitschriften entstanden nun in Frankreich, für die die deutsche wissenschaftliche Tradition zum Vorbild wurde.[19]

Gaston Paris, der eigentliche Begründer der Romanischen Philologie in Frankreich wies in seinem Vortrag über das *Chanson de Roland* im Dezember 1870 darauf hin, dass die Deutschen ihr Nationalgefühl dank der Arbeit ihrer Philologen wie Jacob Grimm und ihrer Dichter wiedergefunden hätten, was für die Franzosen hinsichtlich der Suche nach ihrer Tradition durchaus vorbildlich sein könnte:

> Il y a longtemps que les Allemands envisagent autrement les choses [le rapport des sujets à la tradition]: ils ont appuyé en partie la régénération de leur nationalité sur leur ancienne poésie. Jacob Grimm n'est pas seulement le plus grand philologue de l'Allemagne dans

---

16 Siehe dazu Joseph Jurt: Für eine vergleichende Sozialgeschichte der Literaturstudien. Romanistik in Deutschland, *études littéraires* in Frankreich. In: Markus Joch/Norbert Christian Wolf (Hg.): *Text und Feld. Bourdieu in der literaturwissenschaftlichen Praxis*. Tübingen: Niemeyer 2005, S. 311–322.

17 Claude Digeon: *La crise allemande de la pensée française*. Paris: P.U.F. 1959, S. 365.

18 Christophe Charle: Die französische Universität und das deutsche Modell nach 1870. In: Joseph Jurt/Rolf G. Renner: *Wahrnehmungsformen/Diskursformen: Deutschland und Frankreich*. Berlin: Berliner Wissenschaftsverlag 2004, S. 13–44.

19 Claude Digeon: *La crise allemande de la pensée française*, S. 370–379. Wenn ein Historiker wie Gabriel Monod in seinen Arbeiten versuchte, dem Konzept der deutschen Historiker nachzukommen, so kritisierten andere Historiker wie Seignobos die zu große Detailverliebtheit der deutschen Historiker wie das Fehlen einer synthetischen Sichtweise. In den achtziger Jahren waren die jungen französischen Forscher überzeugt, mit den deutschen Kollegen durchaus mithalten zu können. Der Historiker Camille Jullian schrieb so nach seinem Aufenthalt an einer deutschen Universität: „Nous n'avons rien à prendre, rien à envier à nos ennemis, sauf la patience et le sérieux qu'ils appliquent à tout ce qu'ils font" (zitiert ebda., S. 379).

ce domaine: il sera toujours cité comme un des véritables fondateurs de la nationalité allemande moderne. Il s'efforça de réveiller la conscience nationale assoupie par le sentiment, à la fois scientifique et passionné, de la solidarité du présent de l'Allemagne avec son passé.[20]

Die Gründerväter der Romanischen Philologie in Frankreich waren, wie gesagt, Gaston Paris und Paul Meyer. Auch sie riefen eine wissenschaftliche Zeitschrift ins Leben, die im Jahre 1872 unter dem Titel *Romania* nach dem Modell der deutschen Zeitschrift *Germania* entstand. Im Einleitungsartikel der Zeitschrift entwarf Gaston Paris ein eigentliches Programm, in dem auch Fragen der nationalen Identität eine nicht unwichtige Rolle spielten. Der Autor spricht zunächst von einer „nationalité romaine", die aus der sukzessiven Fusion mehrerer Ethnien entstanden sei, die der unorganisierten Masse germanischer Stämme entgegengesetzt wird.[21] Das römische Imperium wird als eine ‚organische' Nation vorgestellt, als ein ‚Vaterland', das die Identität der verschiedenen Völker, die es umfasste, sicherte. Gaston Paris betont die Fähigkeit der Gallo-Romanen, das germanische Element materiell und geistig zu absorbieren und er kommt dann zur Feststellung: „La civilisation de l'Europe est essentiellement fille de la civilisation romaine."[22] Die Romania habe zwei Typen von Eroberungen gemacht: militärische und sprachliche, während die Germanen in ihren Vormärschen nur militärische Sieger waren.

Eine Sprache ist für Gaston Paris nicht ein biologisches Faktum; sie zeichnet sich durch ihre soziale Funktion aus, die sich in eine historische Entwicklung einschreibt. Der Philologe fragt sich dabei, ob die Völker romanischer Sprache eine gemeinsame Identität aufweisen. Für ihn ist klar, dass die romanische Sprachfamilie nicht auf einer ethnischen Einheit beruht (die romanischen Sprachen wurden von Ligurern, Iberern, Kelten, Illyriern übernommen). Das Fundament ist vielmehr die griechisch-lateinische Kultur, die die germanischen Invasoren während der Völkerwanderung nicht aufnahmen, sondern zerstörten. Gaston Paris präsentiert das Mittelalter als die Zeit der Auseinandersetzung zwischen dem romanischen und dem germanischen Element, was zu unterschiedlichen Formen der Durchdringung geführt habe. Frankreich habe dabei am stärksten den germanischen Einfluss „erlitten". Die romanischen Völker bildeten indes eine stärkere innere Einheit als die Germanen und die Slawen, weil sie auf einem kulturellen Fundament beruhten.

Gaston Paris geht von einer Antithese zwischen den „nations-cultures" und den „nations-races" aus und stellt sich darum einem ethnisch begründe-

---

20 Zitiert bei Ursula Bähler: *Gaston Paris et la Philologie Romane.* Genève: Droz 2004, S. 438.
21 Wir folgen hier der Darstellung von Ursula Bähler (ebda., S. 439–456).
22 Zitiert ebda., S. 441.

ten Nationalitätenprinzip, von dem in der deutsch-französischen Debatte so oft die Rede war, entschieden entgegen:

> Le principe des nationalités fondées sur l'unité de race, trop facilement accepté même chez nous, n'a point eu jusqu'ici de fort heureuses conséquences. A ce principe qui ne repose que sur une base physiologique, s'oppose heureusement celui qui fonde l'existence et l'indépendance des peuples sur l'histoire, la communauté des intérêts et la participation à une même culture. Il oppose le libre choix et l'adhésion qui provient de la reconnaissance des mêmes principes à la fatalité de la race.[23]

Das ist genau die Konzeption der Nation, wie wir sie im zweiten Brief von Renan an Strauss gefunden haben. Gaston Paris betont ebenfalls die doppelte Dimension der gemeinsamen Identität der romanischsprachigen Nationen: „[...] Le lien qui unit entre elles les nations romanes est précisément, par sa nature, à la fois traditionnel et rationnel."[24] Mit andern Worten: diese Identität ist ein historisch sich entwickelndes Phänomen und nicht eine unwandelbare ‚Essenz'.

Die Mission der romanischen Nationen besteht darin, den Fortschritt einer gemeinsamen Zivilisation zu befördern. Die Aufgabe der Zeitschrift *Romania* fügt sich in diesen Kontext ein. Dabei ist das wissenschaftliche Fundament zentral (Gaston Paris stützt sich hier explizit auf das Ideal der Wissenschaftlichkeit der deutschen Philologen): „[...] C'est précisément au point de vue purement scientifique que le rapprochement perpétuel entre les langues et les littératures des diverses nations qui composent la Romania est le plus utile et le plus fructueux."[25]

Wenn Gaston Paris 1872 – nach dem deutsch-französischen Krieg – sehr stark die Antithese zwischen romanischer und germanischer Welt betont, so kommt er später – 1884 – stärker auf den nicht zu leugnenden germanischen Anteil der französischen Identität zurück: „Les Germains qui se sont établis en

---

23 Zitiert ebda., S. 444 f. Siehe dazu auch Ursula Bähler: De la volonté d'échapper au discours racial et des difficultés d'y parvenir: Le cas de Gaston Paris. In: Markus Messling/Ottmar Ette (Hg.): *Wort Macht Stamm. Rassismus und Determinismus in der Philologie (18./19. Jh.)*. München: Wilhelm Fink 2013, S. 345–361.

24 Ebda., S. 446.

25 Ebda., S. 448. Siehe dazu auch Ursula Bähler: Die Nationalproblematik der Romanischen Philologie in Frankreich. Elemente einer Systematisierung anhand des Beispiels von Gaston Paris. In: Etienne François (Hg.): *Marianne – Germania: les transferts culturels France-Allemagne et leur contexte européen 1789–1914*. Bd. I. Leipzig: Universitätsverlag 1998, S. 275–296, hier S. 285 f. Gaston Paris war immer bestrebt, die Methoden und die Objektbereiche der Wissenschaft auseinander zu halten. Der wissenschaftlichen historisch-philologischen Methode, wie sie von Grimm und Diez entwickelt wurde, kam nach Gaston Paris, ein universeller Status zu.

Gaule se sont intimement mêlés à l'ancienne population, et la nation française est le résultat de ce mélange. ‚L'esprit germanique dans une forme romane', c'est précisément ce qu'exprime si admirablement le mot ‚français' lui-même, avec son thème allemand et son suffixe latin.“[26] Die Geschichte Frankreichs bestehe jedoch darin, dass das germanische Element immer mehr romanisiert, d.h. ‚ausgestoßen' wurde: „On peut regarder la Renaissance et la Révolution comme les deux dernières phases de cette réaction, naturellement inconsciente, qui a expulsé de plus en plus de notre vie nationale, dans le fonds commun comme dans la forme, l'élément germanique.“[27]

In den Augen von Gaston Paris zeichnet sich die politische Dimension der Nation durch universelle Werte wie Wahrheit, Gerechtigkeit und Freiheit aus, die sie zu verteidigen hat. Wenn er persönlich sich für den auf der Basis von Fälschungen zu Unrecht verurteilten Alfred Dreyfus einsetzte, dann war dieses Engagement auch der universellen Wahrheitsethik des Wissenschaftlers geschuldet.[28] Schließlich war auch die freie Zustimmung der Bürger zur Nation für ihn ein universelles Element.

Für Gaston Paris gibt es aber auch, wie Ursula Bähler ausführt, eine partikularistische Dimension der Nation, die in drei Grundideen besteht: „l'existence objective de différents génies nationaux spécifiques et irréductibles“, „[un] rapport d'interdétermination exclusive et non moins objective de la nation et de la langue/littérature“, „la nécessité d'une conscience historique collective“.[29] Die Kultur als partikularistisches Element der Nation impliziert nach Gaston Paris die Zustimmung zu den sukzessiven Resultaten eines komplexen historischen Prozesses, im Laufe dessen sich die spezifische Kultur einer Nation im Kontakt mit externen Elementen ausgebildet hat. Wenn die nationale Identität über einen stabilen Identitätskern verfügt, so wandelt sie sich auch permanent im Laufe dieses Prozesses. Diese Konzeption steht diametral einer Vorstellung eines geschlossenen unwandelbaren kulturellen Erbes entgegen, das man ‚rein', d.h. von fremden Elementen frei halten soll.[30]

Für Gaston Paris bringt nicht nur die Sprache, sondern auch die Literatur etwas Wesentliches einer Nation zum Ausdruck.[31] In seinen Augen kann eine

---

26 Ebda., S. 450.

27 Ebda., S. 451.

28 Dazu ausführlich Ursula Bähler: *Gaston Paris dreyfusard. Le savant dans la cité.* Paris: CNRS Editions 1999.

29 Ursula Bähler: *Gaston Paris et la Philologie Romane*, S. 455.

30 Ebda.

31 Ursula Bähler: Universalisme universel ou universalisme particulariste? Penser la littérature nationale en France (1870–1918). In: Pascale Casanova (Hg.): *Des littératures combatives. L'internationale des nationalismes littéraires.* Paris: Editions Raisons d'agir 2011, S. 149–170, hier S. 150.

Nationalliteratur gar zur Realisierung der politischen Nation beitragen. Er führt hier Goethe an, der zunächst nicht an eine politische Nationenbildung Deutschlands glaubte und dann durch sein Werk trotzdem zur Bildung des nationalen Bewusstseins beigetragen habe:

> La nation s'est pourtant faite, et Goethe lui-même, tout cosmopolite qu'il était, a puissamment contribué à la fonder: il a donné à l'âme allemande une expression que nul avant lui n'avait su atteindre, et il a créé ainsi, avec les autres grands hommes de son siècle, entre tous ses compatriotes, ce lien intime et vivant qui unit mieux que toutes les chaînes et résiste à toutes les épées.[32]

Die Bedeutung der Nationalliteratur besteht aber für Gaston Paris, wie Ursula Bähler aufzeigt, nicht so sehr im Produktions- als im Rezeptionsaspekt. Er lehnt die These einer kollektiven Entstehung früher mittelalterlicher Texte ab. Eine Nationalliteratur ist für ihn transsozial; sie kann wohl von einer Elite geschaffen sein, sie wird zur Nationalliteratur, wenn sie von allen sozialen Schichten der Nation rezipiert wird; die Frage der ästhetischen Qualität der Texte ist bei der Rezeption sekundär. Entscheidend für die Ausbildung der französischen Nationalliteratur war so deren Fähigkeit, sich von Elementen, die von anderen Kulturen stammten, befruchten zu lassen: „A l'instar de la France elle-même, fusion à ses débuts d'éléments gallo-romains et germaniques (Francs), la littérature française [est] une littérature métissée dès le départ et le serait restée à ses heures de gloire."[33] Es geht für den Philologen dabei nicht bloß um eine Imitation, sondern um einen permanenten Austausch zwischen dem Eigenen und dem Fremden. Wie Goethe beschreibt er diesen Prozess über die ökonomische Metapher des intellektuellen ‚Freihandels'.

Die Nationalliteratur übersteigt dabei als Trägerin von Wertvorstellungen den nationalen Rahmen und tendiert ebenfalls in Richtung Universalität. Auch Gaston Paris sieht einen Wettbewerb zwischen den nationalen Literaturen in Europa. So habe Italien im 14. Jahrhundert Frankreich abgelöst und seit dem Ende des 18. Jahrhunderts und während des ganzen 19. Jahrhunderts habe Deutschland die literarische Szene beherrscht. Allein Frankreich habe während zwei Perioden in Europa literarisch dominiert.

Die Nationalliteratur steht nach dem Philologen im Dienste der sozialen Kohäsion der Nation zu einem bestimmten historischen Zeitpunkt, aber auch in der Langzeitperspektive. Darum ist es für ihn besonders wichtig, auch die mittelalterliche Literatur Frankreichs in das nationale Gedächtnis zu integrie-

---

32 Gaston Paris: ‚La Chanson de Roland' et la nationalité française [1870], zitiert ebda., S. 151.
33 Ebda., S. 155.

ren – die vornehmste Aufgabe seiner wissenschaftlichen Disziplin, der Romanischen Philologie.[34]

Diese offene universalistische Position wurde aber nicht von allen französischen Intellektuellen geteilt. Es gab auch, etwa im Lager der Action française, wie wir schon gesehen haben, eine nationalistische Einschätzung der eigenen Literatur. Ursula Bähler sieht diese Position schon beim Literaturkritiker Ferdinand Brunetière ausgeprägt.[35] Brunetière begreift die Nationalliteratur nicht so sehr als das Produkt eines langen historischen Prozesses, die eine nationale durch die Rezeption durch das gesamte Volk wurde, sondern er macht sie an der Sprache und der Literatur der Klassik fest, so wie sie am Hof von Louis XIV. entstanden ist. Während Gaston Paris die Geschichte der Nation und die der Nationalliteratur in einer Langzeitperspektive als Parallele betrachtet und sie schon in der Merowinger-Periode einsetzen lässt, sieht Brunetière diesen Parallelismus nicht und lässt die Nationalliteratur erst mit der Klassik beginnen. Brunetière hält gleichzeitig das Postulat der literarischen Form hoch und erhebt die klassische Ästhetik zur epochenübergreifenden Norm. Nur eine Literatur, die diesem Ideal entspricht, sei eine Literatur „vraiment littéraire" und „vraiment nationale".[36] Die Literatur des Mittelalters zählt da nicht dazu. Diese normative Sichtweise steht im Gegensatz zur historistischen Perspektive von Gaston Paris.

Entscheidend bei Brunetières Konzeption ist dabei, wie Ursula Bähler unterstreicht, die Beziehung zum Anderen. Für Brunetière besteht ein radikaler Gegensatz zwischen dem Eigenen und dem Fremden, zwischen dem Nationalen und dem Fremden.[37] Die wahre Nationalliteratur kennzeichne sich dadurch, dass sie all das aussondere, was nicht dem eigenen ‚Genie' entspreche. Der „génie français" wird dabei als eine unwandelbare Größe betrachtet. Gerade dadurch, dass die Nationalliteratur „wahrhaft französisch" sei, werde sie auch universell: „Si nos grands écrivains [du XVIIᵉ et du XVIIIᵉ siècle] sont alors compris et goûtés de tout le monde, c'est qu'ils s'adressent à tout le monde, ou, pour mieux dire encore, c'est qu'ils parlent à tout le monde des intérêts

---

34 Ebda., S. 157.

35 Wir folgen hier Ursula Bählers Analyse, ebda., S. 158–171; siehe dazu auch Wolfgang Asholt: Rassismus in der Literaturgeschichtsschreibung am Ende des 19. Jahrhunderts? Von Brunetière zu Lanson. In: Markus Messling/Ottmar Ette (Hg.): *Wort Macht Stamm. Rassismus und Determinismus in der Philologie (18./19. Jh.)*, S. 363–375.

36 Ursula Bähler: Universalisme universel ou universalisme particulariste? Penser la littérature nationale en France (1870–1918), S. 161.

37 Ursula Bähler sieht hier eine Homologie zwischen dem Status der fremden Literatur und der Mittelalterliteratur. Bei Brunetière gibt es eine interne Exklusion gegenüber der Mittelalter-Literatur und eine homologe externe gegenüber der ausländischen Literatur (ebda., S. 168).

de tout le monde."[38] Jede Nation schafft nach Brunetière eine ihr spezifische unwandelbare Nationalliteratur. Die europäische Zivilisation ist dann die Addition dieser fixen Nationalliteraturen. Der Universalismus von Brunetière ist darum, wie das Ursula Bähler sehr schön auf den Punkt bringt, ein „universalisme particulariste" im Gegensatz zum „universalisme universel" von Gaston Paris.[39]

Dieses geschlossene Konzept manifestiert sich auch in der Idee der Nation von Brunetière, so wie sie während der Dreyfus-Affäre zum Ausdruck kam. Wenn Gaston Paris sich an den universellen Werten der Gerechtigkeit und der Wahrheit orientierte,[40] die für ihn insbesondere für Frankreich zentral sind, berief sich Brunetière auf einen partikularistischen Patriotismus, der die Staatsraison über die universellen Werte stellte:[41] „Brunetière, par patriotisme également, défend le cas de la France du simple fait que c'est la France – ,*my country, right or wrong*' –, conférant ainsi, une fois n'est pas coutume, un statut universel à une valeur particulariste."[42]

Die Integration der ländlichen Welt in die Nation

Die Debatten über den Platz einer (als historisch gewachsene oder als unwandelbare, als offene oder geschlossene) betrachteten Literatur, verstanden als höchster Ausdruck der Nation, wurden vor allem von einer intellektuellen Elite geführt. Die tatsächliche Integration aller sozialen Schichten in die Nation war indes ein langwieriger Prozess.

Die Mehrheit der Franzosen lebte noch im letzten Jahrzehnt des 19. Jahrhunderts auf dem Lande. Sie waren vor allem verankert in ihrer unmittelbaren Region und hatten oft wenig Kontakte, die über ihren Kirchturm hinauswiesen. Ein nationales Bewusstsein, das Gefühl einer Zugehörigkeit zum größeren Ganzen, das wohl schon seit der Französischen Revolution theoretisch postuliert wurde, bildete sich, wie das Eugen Weber 1976 in seinem berühmten Buch mit dem signifikanten Titel *Peasants into Frenchmen* ausdrücklich aufgezeigt hat, erst jetzt aus.[43]

---

38 Ferdinand Brunetière: *Sur le caractère essentiel de la littérature française* [1892], zitiert ebda., S. 164.
39 Ebda, S. 165.
40 Siehe Ursula Bähler: *Gaston Paris dreyfusard. Le savant dans la cité.*
41 Siehe Joseph Jurt: *Frankreichs engagierte Intellektuelle. Von Zola bis Bourdieu*, S. 42–58.
42 Ursula Bähler: Universalisme universel ou universalisme particulariste? Penser la littérature nationale en France (1870–1918), S. 167.
43 Eugen Weber: *Peasants to Frenchmen. The Modernization of Rural France 1880–1914*. Stanford: Stanford University Press 1976; französische Fassung: *La fin des terroirs*. Paris: Fayard 1992.

Ein erstes Instrument war die interne Universalisierung der Nationalsprache. Wir erinnern uns, dass Abbé Grégoire 1794 dem ‚Comité d'instruction publique' die sprachliche Vereinheitlichung Frankreichs vorgeschlagen hatte, um die aktive Teilnahme der Bürger am politischen Leben zu ermöglichen, die sich über die Kommunikationssprache des Französischen vollzog. Dieses Postulat war aber auch in der zweiten Hälfte des 19. Jahrhunderts noch kaum umgesetzt. Nach einer Statistik von 1863 sprach ein Siebtel der Franzosen im Alltag nicht Französisch. Ab 1881 war mit Jules Ferry die Schulpflicht eingeführt worden und mit ihr die Pflicht des Unterrichts in der französischen Standardsprache. Die Dialekte und die Regionalsprachen lebten aber auf dem Land im Alltag durchaus weiter, selbst wenn sie durch die offizielle Schuldoktrin stark stigmatisiert wurden. Man kann wohl erst am Ende des 19. Jahrhunderts vom Französischen als der gemeinsamen Sprache aller sprechen, selbst wenn es manchmal bloß die Zweitsprache war.[44]

Der wichtigste Faktor bei der Durchsetzung der Nationalsprache war die Schulpflicht seit 1881. Die Einführung des obligatorischen, laizistischen und kostenlosen Volksschulunterrichtes war für die gemäßigten Republikaner an der Macht ein wichtiges Mittel gewesen, um die Herrschaft der ‚nouvelles couches' gegen die katholische Kirche und die noch aus dem Ancien Régime stammenden Kräfte zu konsolidieren. Dem damaligen Erziehungsminister Jules Ferry ging es darum, eine moderne, republikanische Schule zu schaffen, die auch die Mädchen förderte und für die die Lehrer in eigenen Lehrerseminaren (Ecoles Normales Supérieures) ausgebildet werden sollten.[45]

Mit der laizistischen Schule wurde nun in jedem Ort ein anderer Pol der Kirche entgegengesetzt; der Lehrer wurde zu einer neuen Autoritätsperson in der Gemeinde. Der Lehrer, der von den Notabeln nicht als einer der ihren anerkannt wurde, lebte als Beamter und Fremder auch in Distanz zu den Bauern. Von Charles Péguy „die schwarzen Husaren" der Republik genannt, hatten die Lehrer, inspiriert von einem Fortschrittspathos, statt des Religionsunterrichts eine patriotische Gesinnung zu vermitteln, die die Einheit von Jugend und Nation garantieren sollte.

---

44 Jacques Valette/Alfred Wahl: *Les Français et la France (1859–1899)*. Paris: SEDES 1986, S. 163 f.

45 Anne-Marie Thiesse weist darauf hin, dass schon Condorcet gefordert hatte, der Unterricht solle kostenlos und laizistisch sein. Das Postulat wurde aber erst durch Jules Ferry in die Tat umgesetzt. Ein eigenes Erziehungsministerium wurde erst 1828 eingerichtet. Die ‚Loi Guizot' von 1833 schrieb vor, jedes Département müsse ein Lehrerseminar und jede Gemeinde mit mehr als 500 Einwohnern eine Gemeindeschule einrichten. Die Schulpflicht betraf aber nur die Jungen; erst 1867 galt sie auch für die Mädchen (Anne-Marie Thiesse: *Faire les Français. Quelle identité nationale?*, S. 67–69).

„Du sollst Frankreich lieben, weil die Natur es schön und die Geschichte groß gemacht hat", hieß es auf dem Titelblatt des berühmten Schul-Geschichtsbuches von Ernest Lavisse.[46] Der Unterricht sollte vor allem auch dazu dienen, die Kenntnis der Nation zu vermitteln. Der Schulrhythmus prägte nun das Leben der Nation. Dabei ging man auch einen gewissen Kompromiss mit der Kirche ein. Die Schulwoche dauerte von Montagmorgen bis Samstagabend; sie wurde unterbrochen durch den schulfreien Donnerstag, an dem die Kirche ihren Religionsunterricht erteilen konnte. Die Nation war der Rahmen und das Ziel des Unterrichtes, von der Geschichte bis zur Moral, von der Botanik bis zu den Höflichkeitsregeln. Das war vor allem das Ziel des millionenfach verbreiteten Schulbuches *Le Tour de la France par deux enfants*.[47]

Die Frankreichkarten in den Schulbüchern und an der Wand des Schulzimmers vermittelten eine Wahrnehmung des Landes als Ganzes. „La France était d'abord une carte", stellt Mona Ozouf fest.

> Autour de ces cartes, de grandes images invitaient elles aussi au voyage. Au cours élémentaire, c'étaient les châteaux de la Loire, et l'année se passait à faire bouger les plumets, les pourpoints et les chausses des Valois autour de Chambord, de Cheverny, et plus encore de Chenonceaux, miracle de châteaux sur l'eau. Au cours moyen, première année, c'étaient les Alpes, l'aiguille du Midi, et le Ventoux que mon livre de lecture appelle le „pasteur des collines".[48]

Die Schulbücher und die Lehrer vertraten keineswegs einen militanten Laizismus, sondern nahmen auf die bestehenden Überzeugungen Rücksicht. Die Werte, die vermittelt wurden, waren alles andere als revolutionär: Ordnung, Eigentum, Vaterland, Gehorsam, Hygiene. Die Schulbücher entwarfen ein idyllisches Bild des Landlebens und sprachen kaum von der Stadt. Der Analphabetismus wurde jetzt indes systematisch zurückgedrängt. Die Zahl der Rekruten, die nicht schreiben konnten, fiel zwischen 1861 und 1872 von 21,5 % auf 16,1 %. Um 1900 konnte zwischen 95 und 96 % der Ehepartner ihre Ehe-Urkunde unterschreiben; bei den Rekruten waren bloß noch 5,1 % des Schreibens unkundig.

Neben der Schule trug aber auch der Militärdienst zur Ausbildung des Nationalgefühls bei. Ab 1889 war der Militärdienst für alle obligatorisch; man konnte sich nicht mehr so leicht freikaufen. Während drei Jahren lebten die Soldaten fern von ihrem Dorf in der Kaserne in beinahe städtischen Verhältnissen; viele kehrten dann nicht mehr aufs Land zurück und suchten sich Stellen

---

46 Ernest Lavisse: *Histoire de France. Cours élémentaire.* Paris: Armand Colin 1913.
47 Anne-Marie Thiesse: *Faire les Français. Quelle identité nationale?*, S. 60–65.
48 Mona Ozouf: *Composition française.* Paris: Gallimard 2009, zitiert ebda., S. 73 f.

bei der Post, der Bahn oder der Polizei. Die Integration in das Gesamt der Nation, die durch den Militärdienst intendiert war, führte so auch zu einer Veränderung der sozialen Aspirationen der Bauernsöhne, die gedient hatten. Die Armee trug somit zweifellos zur Homogenisierung der männlichen Bevölkerung und auch zur Durchsetzung des Standard-Französischen bei.[49]

Schließlich führten auch die besseren Verkehrsbedingungen zu einem vermehrten Austausch und damit auch zu verstärkter nationaler Kohäsion. Ein verbessertes Straßenwesen sollte zur Modernisierung und Demokratisierung des Landes beitragen. Wegweisend war hier die Loi Freycinet von 1881 gewesen. 1912 gab es 38.000 km Nationalstraßen und über eine halbe Millionen anderer Straßen, über die man nun auch mit schnelleren Verkehrsmitteln rollte. Eine ähnliche Rolle spielte der Ausbau des Eisenbahnnetzes. Zwischen 1876 und 1913 hatte sich die Kilometerzahl der Bahnverbindungen und der Reisenden mehr als verdoppelt.

Der Übergang von einem bloß lokal bestimmten zu einem nationalen Bewusstsein wurde auch durch die Ausbildung eines nationalen Marktes vor allem für Agrar- und Industrieprodukte gefördert. Symptomatisch war hier die Einführung einer national gültigen Zeit im Jahre 1896. Der Eisenbahnverkehr hatte die Einführung einer universellen Zeit erzwungen; aber lange Zeit existierte neben der synchronisierten Eisenbahnzeit eine lokale Zeit, die bisweilen bis zu einer halben Stunde abweichen konnte. Nicht nur Güteraustausch überstieg nun lokale Grenzen, sondern auch der Arbeitsmarkt. Die Arbeitskräfte der Pariser Industriebetriebe stammten um 1900 aus der Bretagne und dem Zentralmassiv, und in Lyon suchten Werktätige aus der Ardèche Arbeitsplätze.

Bei der Ausbildung eines nationalen Zusammengehörigkeitsgefühls spielt auch die Presse eine wichtige Rolle. Die Zeitungslektüre wird im völlig privaten Raum vollzogen, „aber jedem Leser ist bewusst, dass seine Zeremonie gleichzeitig von Tausenden (oder Millionen) anderer vollzogen wird, von deren Exis-

---

49 Siehe dazu auch wieder Anne-Marie Thiesse: „Le service militaire a été crédité d'une fonction de cohésion nationale, en rapprochant des jeunes gens d'origine sociale différentes [...]. Le service militaire a [...] participé à la prise de conscience nationale de la jeunesse masculine: les conscrits ont voyagé, ils ont appris à connaître des concitoyens d'autres régions, les paysans ont découvert le monde urbain, de nouvelles compétences techniques ont été diffusées" (Anne-Marie Thiesse: *Faire les Français. Quelle identité nationale?*, S. 148 f.). Das Bild der sozialen Kohäsion, die sich während den vier Jahren des Ersten Weltkrieges in den Schützengräben ausgebildet hat, wird im Lichte neuer Dokumente unlängst etwas infrage gestellt. Siehe dazu Nicolas Mariot: *Tous unis dans la tranchée? 1914–1918, les intellectuels rencontrent le peuple.* Paris: Seuil 2013. Der obligatorische Militärdienst wurde in Frankreich 1997 abgeschafft und ohne große Debatte durch ein Berufsheer ersetzt.

tenz er überzeugt ist, von deren Identität er jedoch keine Ahnung hat."[50] Dieser Vorgang erzeugt dabei, so Anderson, „jenes bemerkenswerte Vertrauen in eine anonyme Gemeinschaft, welches das untrügliche Kennzeichen von modernen Nationen ist."[51]

Bei der Entstehung einer nationalen Presse spielten die republikanischen Freiheiten, die zu Beginn der 1880er Jahre beschlossen wurden, eine zentrale Rolle. Wichtig waren zunächst die 1881 beschlossene Pressefreiheit sowie die Einführung der obligatorischen Schule. Dadurch wurde eine große potentielle Leserschaft geschaffen. Ziel der schulischen Ausbildung war der mündige Bürger, der sich selber informieren konnte und sollte. Das Pressewesen hat sich überdies nach 1870 intensiv entwickelt dank organisatorischer und technischer Fortschritte (Rotationsmaschine). 1895 zählte man in Paris 2.400 Zeitungen und Zeitschriften, darunter 41 politische Tageszeitungen mit etwa sechs Millionen Lesern.[52] Dank einer Presse mit nationaler Breitenwirkung hatte sich eine öffentliche Meinung ausgebildet und die Presse wurde so zur vierten Macht der Demokratie, ein zweischneidiges Schwert allerdings, das sowohl zur Verhetzung der Massen als auch zur Aufklärung beitragen konnte, wie das vor allem im Kontext der Dreyfus-Affäre offensichtlich wurde.

Die Schule, der Militärdienst, die neuen Verkehrswege, der Markt und die Presse trugen zur Verknüpfung der vorher stark in sich geschlossenen Landesteile bei und förderten ein nationales Bewusstsein auf breiter Ebene. In Zeiten der Krise bildete sich indes eine Art interne nationale Kohärenz aus durch die Konstruktion eines Feindes. So konnte man seit den 1880er Jahren in Frankreich verstärkte xenophobe Tendenzen feststellen, die sich gegen die immigrierten Arbeiter wandten, die man in den Zeiten der Krise für Arbeitslosigkeit und die Lohnsenkungen verantwortlich machte.[53] Ein weiterer Exklusionsmechanismus betraf die jüdische Bevölkerung, der sich zur Zeit der Dreyfus-Affäre massiv manifestierte. Es bleibt aber auch festzuhalten, dass mit dem tatkräftigen Engagement der Intellektuellen im Namen universeller Werte dem Antise-

---

50 Benedict Anderson: *Die Erfindung der Nation. Zur Karriere eines folgenreichen Konzepts*, S. 42f.; siehe dazu auch Joseph Jurt: Das Jahrhundert der Presse und der Literatur in Frankreich. In: *Internationales Archiv der Sozialgeschichte der Deutschen Literatur*, 38, 2, 2013, S. 255–280, hier S. 277f.
51 Ebda., S. 47.
52 Judith Lyon-Caen: Lecteurs et lectures: les usages de la presse au XIXe siècle. In: Dominique Kalifa/Philippe Régnier u. a. (Hg.): *La Civilisation du journal. Histoire culturelle et littéraire de la presse française au XIXe siècle*. Paris: Nouveau Monde éditions 2011, S. 23–60, hier S. 29f.
53 Jacques Valette/Alfred Wahl: *Les Français et la France (1859–1899)*, S. 178f.

mitismus entgegengetreten wurde und dass das antisemitisch orchestrierte Justizverbrechen nach einem zwölfjährigen Kampf aufgeklärt wurde.[54]

Wenn man den Prozess der Integration der ländlichen Bevölkerung in die Nation betrachtet, darf man nicht vergessen, dass sich das Phänomen der Verstädterung in Frankreich relativ langsam vollzog. Um 1901 lebten 40,9 % der Einwohner in ‚Städten', das heißt in Gemeinden mit mehr als 2.000 Einwohnern. Um 1800 hatten noch weniger als 20 % der Franzosen in ‚Städten' gewohnt. Die Verstädterung, die sich im Übrigen gegen Ende des Jahrhunderts verlangsamte, war nicht mit derjenigen der benachbarten Industrieländer zu vergleichen. In England lebte schon 1850 mehr als die Hälfte der Bevölkerung in Städten und in Deutschland seit 1890. 1901 gab es in Frankreich nur 16 Städte mit mehr als 100.000 Einwohnern, in Deutschland waren es schon 1890 26 Großstädte.[55] Die Entwicklung der Großstädte verdankte sich in Frankreich oft auch der Einwanderung aus Kleinstädten, aber auch der Einwanderung von Arbeitskräften aus dem benachbarten Ausland.

Frankreich war eines der ersten Länder, das diese Arbeitsmigration kannte, die sich auch wegen der demographischen Stagnation aufdrängte. Um 1891 machten die Arbeitsmigranten, die sich vor allem aus Italienern, Belgiern, Spaniern und Deutschen rekrutierten, schon mehr als eine Million aus (3 % der Bevölkerung); wenn die Zahl dann stabil blieb, dann lag das auch an dem sehr liberalen Einbürgerungsgesetz von 1889. Vorher galt in Frankreich das *ius sanguinis*. Man wurde Franzose durch Abstammung. Das führte dazu, dass die Situation der Söhne von Einwandern, die in Frankreich zur Welt kamen, komfortabler war als die der französischen Altersgenossen. Die Söhne von Ausländern mussten keinen Militärdienst leisten und waren darum früher auf dem Arbeitsmarkt präsent. Mit dem Gesetz vom 26. Juni 1889 wurde das *ius soli* eingeführt. Die in Frankreich von ausländischen Eltern geborenen Kinder wurden mit dem Erreichen der Mündigkeit Franzosen. Es blieb ihnen die Frist von einem Jahr, um diese Einbürgerung abzulehnen und die alte Staatsbürgerschaft zu behalten.[56] Mit diesem Einbürgerungsgesetz wird die Distanz zwischen den Einheimischen und den ‚Fremden' stärker markiert. Die Staatsbürgerschaft meint nun auch eine explizite Zugehörigkeit zum Staat (mit dem Wahlrecht und der Militärpflicht). Gérard Noiriel unterstreicht in diesem Zu-

---

54 Joseph Jurt: Agitation und Aufklärung – Die Bedeutung der öffentlichen Meinung, der publizistischen und schriftstellerischen Interventionen bei der Affäre Dreyfus. In: *Mainzer Komparatistische Hefte*, 3, 1979, S. 29–48; französische Version: L'Affaire Dreyfus: le rôle de l'opinion publique, de la presse et des écrivains. In: *Sens*, Nr. 4, April 1981, S. 75–89.

55 Jacques Valette/Alfred Wahl: *Les Français et la France (1859–1899)*, S. 30.

56 Anne-Marie Thiesse: *Faire les Français. Quelle identité nationale?*, S. 160 f.

sammenhang die Tatsache, dass es zwischen dem *ius sanguinis* und dem *ius soli* keinen qualitativen Unterschied gibt. Länder mit großen Auswandererquoten wie Deutschland und Italien bevorzugen das *ius sanguinis*, um so auch die ausgewanderten Landsleute zu ‚behalten'. In Frankreich gab es ab Ende des 19. Jahrhunderts kaum eine Auswanderungsbewegung wie in den meisten anderen europäischen Ländern. Auch um über mehr Soldaten zu verfügen, wollte man die Einwanderer über das *ius soli* einbürgern, was ebenso als wichtig erschien, weil Frankreich demographisch gegenüber Deutschland enorm ins Hintertreffen geraten war. Es handelte sich nicht so sehr um eine großzügige Politik im Sinne der Menschenrechts-Deklaration, sondern, wie Gérard Noiriel schreibt, um „une politique *annexionniste*, qui vise non pas un territoire mais une population."[57] Von diesem Kontext her ist es nicht sinnvoll, dem französischen *ius soli*, das ja erst 1889 zur Norm wurde und dies aus demographisch-militärischen Gründen, einen höheren moralischen Stellenwert zuzuschreiben als dem deutschen *ius sanguinis*.[58]

---

57 Gérard Noiriel: *A quoi sert l'identité nationale?*, S. 22.
58 Man hat immer wieder betont, dass im deutschen Selbstverständnis der Nation der ethnische Aspekt, sprich die Abstammung, neben den kulturellen Gemeinsamkeiten eine wichtige Rolle gespielt hat. Man hat darum die Tradition des deutschen *ius sanguinis* der französischen Tradition des *ius soli* entgegengesetzt. Das *ius sanguinis* war aber ein modernes Konzept, das man dem Territorialprinzip der absoluten Monarchie entgegensetzte; es sollte Personen, die außerhalb des Staatsterritoriums geboren wurden, erlauben, die Staatsangehörigkeit der Eltern (bzw. des Vaters) beizubehalten. Selbst wenn es bisweilen auch ethnisch interpretiert wurde, hatte dieses Prinzip nichts mit dem späteren Rassismus der Nationalsozialisten zu tun. Die Opposition der Staatsbürgerschaftskonzepte in Frankreich und Deutschland ist keineswegs so radikal, wie oft behauptet wird. Die meisten Franzosen sind heute Franzosen, weil ihre Eltern Franzosen waren. Auch bei in Frankreich geborenen Ausländern verlangt man als Voraussetzung der Zuerkennung der französischen Staatsbürgerschaft einen Aufenthalt im Land von mindestens fünf Jahren, d. h. man setzt voraus, dass zum Land durch diesen Aufenthalt eine persönliche Beziehung entstanden ist. Frankreich wendet so auch nicht ein systematisches *ius soli* an. Zweifellos ist die Einbürgerung in Frankreich leichter als in Deutschland, was auch auf einer optimistischen Sichtweise der Assimilationsfähigkeit des Landes beruht. Man geht nach dem Soziologen Matthias Bös davon aus, dass sich der ‚Fremde' schnell integrieren kann und muss (Matthias Bös: Ethnisierung des Rechts? Staatsbürgerschaft in Deutschland, Frankreich, Großbritannien und den USA. In: *Kölner Zeitschrift für Soziologie und Sozialpsychologie*, 45, 1993, S. 619–643; Joseph Jurt: Allemagne-France: débat sur la nation. Les Français vus d'Allemagne. In: *Commentaire*, 74, 1996, S. 335–339).

Das Deutsche Reich nach 1871: der unvollendete Nationalstaat

Die Debatten über den Zusammenhang von Literatur und nationaler Identität in Frankreich nach 1870/71 waren in einem gewissen Sinne auch inspiriert worden durch Beiträge der deutschen Philologen wie denjenigen der Gebrüder Grimm zur Bildung der deutschen Nationalbewegung. Paradoxerweise folgten rechte nationalistische Intellektuelle, die eine systematische Anti-Deutschland-Position einnahmen, ohne es zu bemerken, letztlich einem engen deutschen Nationenverständnis. „Le caractère même du nationalisme intégral défensif et pessimiste était davantage dans la tradition allemande que française [...] son insistance étroite sur la ‚seule France' était liée bien plutôt au nationalisme qu'elle dénonçait sous le nom de ‚germanisme'."[1] Auch das nationalistische Konzept der „terre et des morts" von Barrès verdankte sich in einem gewissen Sinne deutschen Denkansätzen.[2]

Ein national-monarchischer Obrigkeitsstaat

Das Ziel der deutschen Nationalbewegung war indes die Einigung, die Konstitution als Nationalstaat. Diese wurde mit der Gründung des Deutschen Reiches am 1. Januar 1871 vollzogen. Das Reich, vorgebildet in Struktur und Verfassung des Norddeutschen Bundes, war das Werk Bismarcks; es war völlig auf seine Figur zugeschnitten.[3] Der eigentliche Akt der Reichsgründung wurde am 18. Januar 1871 mit der Kaiserproklamation vor den deutschen Fürsten im Spiegelsaal von Versailles vollzogen – „ein preußisch-militärisches Schauspiel, eine Selbstdarstellung des Fürstenstaates".[4] Der 18. Januar war bewusst gewählt worden; es war der traditionelle Krönungstag der preußischen Könige.[5]

---

1 Stephen Wilson: La France et l'étranger. In: *Revue d'histoire moderne et contemporaine*, XXX, Juli/September 1972, S. 464–479, hier S. 474; siehe auch Joseph Jurt: Les intellectuels de droite et l'Allemagne entre les deux guerres. In: François Genton (Hg.): *1900–2000. Cent ans de regards français sur l'Allemagne*. Grenoble: CERAAC 2002 („Chroniques allemandes", nᵒ 9), S. 67–77.

2 Siehe dazu Wiebke Bendrath: *Ich, Region, Nation. Maurice Barrès im französischen Identitätsdiskurs seiner Zeit und seine Rezeption in Deutschland*. Tübingen: Niemeyer 2003 (mimesis, 41), S. 111–139.

3 Hugo Ott: ‚Eisen und Blut' – Bismarcks Reichsgründung, S. 165.

4 Deutscher Bundestag (Hg.): *Fragen an die deutsche Geschichte. Ideen, Kräfte, Entscheidungen von 1800 bis zur Gegenwart*, S. 216.

5 Hugo Ott: ‚Eisen und Blut' – Bismarcks Reichsgründung, S. 152.

Der König von Preußen war zum Kaiser proklamiert worden. Das neue Reich stand eindeutig unter der Ägide dieses Staates. Dass das neue Deutsche Reich im Spiegelsaal von Versailles – dem zentralen Ort eines Höhepunktes der französischen Geschichte – ausgerufen wurde, musste von den Franzosen als Provokation und Demütigung empfunden werden, die lange nachwirkte.

Die nationale Einigung war ein Ziel gewesen, das in Deutschland seit langem angestrebt worden war. Doch die Realisierung entsprach nicht den Hoffnungen der Revolutionäre von 1848/49, die die Einheit durch Freiheit zu schaffen trachteten. Der neue Staat beruhte nicht auf dem Prinzip der Volkssouveränität, auch nicht auf einem parlamentarischen Fundament, sondern verstand sich als „Regierung über den Parteien", für die schon bald den Begriff „Kanzlerdiktatur" aufkam. Regiert wurde der neue Staat durch Bismarck, der die Schlüsselpositionen als Kanzler und gleichzeitig als preußischer Ministerpräsident innehatte. Das Reich von 1871 war „ein national-monarchischer Obrigkeitsstaat".[6]

Dieser neue Staat realisierte auch nicht das demokratische Programm der modernen Nation mit dem Prinzip der Gleichheit der Bürger, die alle am politischen Geschehen partizipieren können. Wichtige Kreise der Gesellschaft wurden nicht in den neuen Staat integriert. So richtete sich der Kulturkampf gegen die Katholiken, die man als ultramontan und national wenig zuverlässig, ja als Reichfeinde einstufte: „Die Ausnahme- und Verbotsgesetze des Kulturkampfes zerstören den Glauben, dass die nationale Gemeinschaft zu einem friedlichen Ausgleich der Interessen und gegenseitiger Tolerierung führen werde."[7] Noch stärker wurde die innere Struktur des neuen Staates erschüttert durch den Kampf gegen die Sozialdemokraten. Allein wegen ihrer Überzeugung wurde eine Partei unter ein Sonderstrafrecht gestellt: „eine eklatante Verletzung des liberalen Rechtsdenkens".[8] Die Sozialistengesetze verhinderten die Integration der Arbeiterklasse in den neuen Nationalstaat.

In Frankreich hatte, so Kurt Sontheimer, die frühe Entwicklung zu einer Nation mit der Herausbildung eines souveränen Staates zu einer weitgehenden Identität von Staat und Nation geführt. Die Nation war durch den Staat geformt und zu ihrem Selbstbewusstsein gebracht worden. Die Nation war primär und der Staat vor allem ein Herrschaftsinstrument. Die Nation und nicht der Staat blieb der feste Bezugspunkt der Franzosen.

---

6 Deutscher Bundestag (Hg.): *Fragen an die deutsche Geschichte. Ideen, Kräfte, Entscheidungen von 1800 bis zur Gegenwart*, S. 217.

7 Ebda., S. 218; siehe auch Hugo Ott: ,Eisen und Blut' – Bismarcks Reichsgründung, S. 153.

8 Ebda.

Im Deutschen Reich kamen indes Staat und Nation nicht zur Deckung. Das Nationalbewusstsein nach 1871 konzentrierte sich in der ideologischen Nachfolge Hegels mehr auf den Staat und seine Idee als auf die Nation und schloss die sozialen und konfessionellen Gruppen der Katholiken und der Sozialdemokraten aus, die sich nicht mit dem wilhelminischen Obrigkeitsstaat identifizieren mochten.[9]

Zweifellos war nun das Deutsche Reich eine ,Staatsnation' im Vollsinn des Wortes geworden. Wenn man in Frankreich Deutschland lange als das Land Goethes, als das Land der Dichter und der Denker wahrgenommen hatte, so musste man nun feststellen, dass der neue Nationalstaat über starke staatliche Strukturen und eine schlagkräftige Armee verfügte. Der Historiker Fustel de Coulanges konstatierte nun, dass das Reich unter der Ägide Preußens zu einer Nation geworden war, die sich gerade durch eine starke Beziehung zum Staat auszeichne: „Le patriotisme consiste dans le respect de l'Etat, dans la confiance à son égard, et dans la disposition à lui sacrifier tout intérêt et même tout amour-propre."[10] Diese Identifikation mit dem Staat finde man jetzt gerade in Preußen und nicht in Frankreich, wo der Staat immer eine Partei bedeute, die nun gerade an der Macht sei.

Wenn Bismarck zunächst mit den Nationalliberalen kooperierte und mit ihrer Unterstützung das Reformprojekt der Zivilehe gegen den starken Widerstand der katholischen Seite durchsetzte, so löste er sich Ende der 1870er Jahre auch von den Liberalen und setzte nun eine Schutzzollpolitik und zahlreiche staatsinterventionistische Maßnahmen durch. Die Dissoziierung zwischen dem Staat und der Nation war noch größer geworden. Diese reaktionäre Entwicklung spiegelt sich in der Aussage eines konservativen Agrariers aus der preußischen Führungsschicht, die Bismarcks Kurs unterstützte: „Der Rechtsstaat hat sich überlebt. Wir werden zu dem sogenannten Patrimonial- und Patriarchalstaat zurückkehren müssen."[11]

Literarischer Nationalismus

Es ist uns hier nicht möglich zu untersuchen, inwiefern sich diese Tendenzen auch in der Literatur abzeichneten. Wir möchten bloß ein Beispiel des literari-

---

9 Kurt Sontheimer: Nation. In: Robert Picht/Vincent Hoffmann-Martinot u. a. (Hg.): *Fremde Freunde. Deutsche und Franzosen vor dem 21. Jahrhundert.* München/Zürich: Piper 1997, S. 141.
10 Zitiert bei Michael Werner: La nation revisitée en 1870–1871. Visions et redéfinitions de la nation en France pendant le conflit franco-allemand, hier S. 199.
11 Zitiert in Deutscher Bundestag (Hg.): *Fragen an die deutsche Geschichte. Ideen, Kräfte, Entscheidungen von 1800 bis zur Gegenwart*, S. 220.

schen Nationalismus erwähnen, das uns bei der Analyse der Zola-Rezeption in Deutschland begegnet ist: das von Julius Langbehn 1890 veröffentlichte Buch *Rembrandt als Erzieher*, das damals auf sehr große Resonanz stieß. Darin kommt ein reaktionärer Chauvinismus zum Ausdruck, wenn der Autor explizit den gallo-romanischen Einflüssen, der Demokratie und dem wissenschaftlichen Rationalismus den Krieg erklärt. Zola war für ihn der Repräsentant eines italienischen und keltischen [!] antideutschen Geistes, der nichts mit authentischen deutschen Schöpfungen Dürers, Goethes oder Mozarts zu tun habe. Der Meister des französischen Naturalismus verkörpere Gefühlskälte und Arroganz. Das Vaterland könne nur gerettet werden, wenn es gelinge, den oberflächlichen französischen Geist zu besiegen.[12] Eine ähnliche Einschätzung findet sich bei Max Nordau, der seit 1880 als Arzt und Pressekorrespondent in Paris tätig war. Er stuft Zola nach anfänglicher Begeisterung ab den 1890er Jahren als ‚degeneriert' ein – als ein Produkt des städtischen Lebens. In seinem 1892 veröffentlichten Werk *Entartung* vertrat er die Ansicht, die Liebes-, Eifersuchts- und Ehebruchszenen in den Werken von Zola und Ibsen seien nicht Ausdruck eines gesunden und vitalen Organismus. Die Präsenz von manischen oder kriminellen Personen im Romanuniversum von Zola wird nun nicht mehr über moralistische Kriterien abgelehnt, sondern aus bio-pathologischen, was ähnlich wie der aggressive Chauvinismus von Langbehn verhängnisvolle spätere Entwicklungen ankündigte.[13]

---

12 Reaktion abgedruckt in Manfred Brauneck/Christine Müller (Hg.): *Naturalismus. Manifeste und Dokumente zur deutschen Literatur 1880–1900*. Stuttgart: Metzler 1987; Joseph Jurt: La réception littéraire transnationale: Le cas de Zola en Allemagne. In: *Romanistische Zeitschrift für Literaturgeschichte*, 20, 1996, S. 343–364, hier S. 359.
13 Ebda., S. 359 f.

Vom Jahrhundert der Nationen zur Periode des Imperialismus

Man kann wohl sagen, dass die III. Republik in Frankreich die Vorstellung der modernen Nation in etwa verwirklich hat mit der Partizipation seiner Bürger am politischen Geschehen auf der Basis des Prinzips der Gleichheit. Frankreich verfügte über ein festes Staatsgebiet und respektierte die territoriale Integrität der anderen Nationen in Europa, betrachtete aber zu Recht die Annexion von Elsass und Lothringen als Verletzung der eigenen territorialen Integrität.

Aber gerade während der III. Republik beteiligte sich Frankreich ähnlich wie England sehr aktiv an der kolonialen Expansion außerhalb Europas, was nun gerade dem externen Prinzip der Nation, des Respekts der Integrität anderer Nationen, diametral widersprach. Die Vertreter der modernen Nation hatten zwar zur Zeit der Revolution bewusst auf das ‚Recht auf Eroberung' verzichtet und unterstrichen dadurch auch ihren Unterschied zur expansiven Adelsnation. Dieses Prinzip umging man nun, indem man erklärte, die Völker in den Kolonien seien zu ‚primitiv', um eigentliche Nationen bilden zu können. Ein Eigentumsrecht auf ihr Territorium wurde ihnen schlicht aberkannt.[1] Innerhalb der Kolonien wurde das Prinzip der Gleichheit vor dem Recht, das die Französische Revolution proklamiert hatte, nicht respektiert. Die Einheimischen waren nicht dem Code civil, sondern einem juristischen Sonderstatut unterstellt.[2]

In England etwa sollte, wie Raymund Schäffner ausführt, die Frontstellung gegen andere Länder von den sozialen Gegensätzen im Land selber ablenken und die Bevölkerung hinter dem Ziel der imperialen Mission zusammenschweißen. „Neue Rassentheorien, intensivierte Missionsbestrebungen und säkularhumanitäre Unternehmungen zur Zivilisierung der außereuropäischen Völker", so führt der Autor aus, „lieferten pseudowissenschaftliche, religiöse und moralisch-ethische Motive für die Verstärkung und Legitimierung der politischen und wirtschaftlichen Antriebskräfte der imperialen Expansion."[3] In den 1880er Jahren änderten sich die Methoden und Formen des Imperialismus, so dass man von einer neuen Stufe dieser historischen Entwicklung sprechen konnte; der Imperialismus wurde, wie Wolfgang J. Mommsen schrieb, zur „Signatur eines ganzen Zeitalters".[4] Die Durchdringung überseeischer Gebiete wurde nun zum Ausweis nationaler Größe. In der Folge entbrannte ein erbitterter Konkur-

---

1 Anne-Marie Thiesse: *Faire les Français. Quelle identité nationale?*, S. 47.
2 Siehe ebda., S. 171.
3 Raymund Schäffner: Imperialismus und Literatur im englischen Fin de siècle. In: Monika Fludernik/Ariane Huml (Hg.): *Fin de Siècle*. Trier: Wissenschaftlicher Verlag 2002, S. 323–348, hier S. 325.
4 Ebda., S. 325.

renzkampf der europäischen Mächte um koloniale Territorien und Einfluss-sphären in der außereuropäischen Welt. Ein wichtiges Datum war da die Be-setzung Ägyptens durch britische Truppen im Jahre 1882. In Uganda, Kenia, Rhodesien und im Sudan griff die englische Regierung zum Mittel der Präven-tivexpansion.[5]

„Une autre France aussi française"

In Frankreich drängte sich die Kolonialexpansion für eine ganze Reihe von Politikern als eine Art Kompensation für die schmähliche Niederlage von 1870/ 71 auf. Diese Idee wurde vor allem vom bekannten Nationalökonomen Paul Leroy-Beaulieu, dem Nachfolger von Michel Chevalier auf dem Lehrstuhl am Collège de France, in seinem Buch *De la colonisation chez les peuples modernes* (1874) zum Ausdruck gebracht, ein Buch, das seine nachhaltige Wirkung auf das französische Kolonialdenken ausübte. Für ihn war der Erwerb eines Kolo-nialreiches eine der wichtigsten Voraussetzungen, damit ein Land der Deka-denz entgeht und sich die ‚Virilität' seiner Gesellschaft erhält: die Kolonien sind in seinen Augen die beste Garantie für Wohlstand, Fortschritt und inneren Frieden im Mutterland.[6] Der kompensatorische Charakter der Kolonialexpansi-on nach der Niederlage von 1870 äußerte sich auch in der Tatsache, dass eine große Anzahl von Personen aus den annektierten Provinzen Elsass und Loth-ringen sich in Algerien niederließen. Der neue Bischof von Algier, Mgr. Lavige-rie, der vorher der Diözese von Nancy vorstand, begrüßte seine lothringischen Landsleute in Algerien mit folgenden bezeichnenden Worten: „Une autre Fran-ce aussi française que celle que vous perdez, est prête à vous accueillir et à vous aimer davantage, en proportion de vos malheurs."[7]

---

5 Ebda., S. 325 f.
6 Siehe dazu Gilbert Ziebura: Interne Faktoren des französischen Hochimperialismus 1871–1914. In: ders. (Hg.): *Wirtschaft und Gesellschaft in Frankreich seit 1789*. Köln: Kiepenheuer & Witsch 1975, S. 282–330, hier S. 289; siehe dazu auch Marcel Merle: „[...] la période de la guerre franco-allemande marque un tournant dans l'histoire de la colonisation: les réticences qui avaient freiné jusque-là le développement des conquêtes cessent brusquement sous la pression de la concurrence internationale; une véritable course de vitesse s'engage entre les grandes puissances pour le contrôle de l'espace, la mainmise sur les matières premières et la recherche de débouchés" (Marcel Merle: *L'anticolonialisme européen de Las Casas à Karl Marx*. Paris: Armand Colin 1960, S. 42).
7 Zitiert nach Raoul Girardet: *Le nationalisme français 1871–1914*. Paris: Armand Colin 1966, S. 93.

Die systematische Ausweitung des französischen Kolonialreiches war vor allem das Werk des Ministerpräsidenten Jules Ferry, der, wie gesagt, auch als Vater der obligatorischen, laizistischen Staatsschule in die Geschichte einging. Als Präsident des Ministerrates errichtete er 1881 das Protektorat über Tunesien und nahm zwischen 1883 und 1885 Annam und Tonkin in Vietnam in Besitz; er etablierte dann die französische Herrschaft über den Kongo und intervenierte aktiv auf Madagaskar.

Jules Ferry stützte sich auf die Thesen von Leroy-Beaulieu und vertrat wie dieser die Interessen der neuen Mittelklasse, die der Großbourgeoisie die Macht streitig gemacht hatte. Ferry entwickelte eine eigentliche Kolonialdoktrin, die die Übersee-Expansion durch ökonomische, politische und zivilisatorische Motive rechtfertigen sollte. Er erklärte zunächst, dass das europäische Wirtschaftssystem, das auf Konkurrenz und Expansion beruhte, den Export erforderte. Was durch den Protektionismus an Absatzmärkten in Europa verloren ging, sollte durch die koloniale Expansion kompensiert werden. Ferry rechtfertigte dann die koloniale Expansion durch die ‚zivilisatorische' Mission Frankreichs als Pflicht, was den Unterschied der französischen Kolonisation zur schlichten Eroberung der Spanier ausmache: „Il faut dire ouvertement que les races supérieures ont un devoir vis-à-vis des races inférieures [...] Je répète qu'il y a pour les races supérieures un droit, parce qu'il y a un devoir pour elles. Elles ont le devoir de civiliser les races inférieures."[8] Es handelt sich hier zweifellos um eine verquere ‚Argumentation'. Man kann Ferry vielleicht abnehmen, dass er ‚höhere' und ‚niedere' ‚Rassen' über den Bildungsstand, den es ja zu erhöhen gilt, definiert und nicht über ein biologisches Substrat.

Die ‚Zivilisierung' ist nun sicher nicht das eigentliche Ziel der Expansion, sondern bloß ein ideologischer Vorwand, der die Macht-Expansion rechtfertigen, ein Recht („un droit") konstruieren soll. Der Anspruch der Bildungsvermittlung wurde de facto auch nicht eingelöst. Man befürchtete, dass gebildete Einheimische den Herrschaftsanspruch der Kolonialherren infrage stellen könnten. Das Hauptgewicht wurde auf die Vermittlung der französischen Sprache gelegt, die einheimischen Dialekte wurden als ‚barbarisch' abgewertet. Die Einheimischen sollten auf manuelle und landwirtschaftliche Berufe vorbereitet werden. Die schulische Ausbildung in den Kolonien blieb weit hinter dem Stand im Mutterland zurück. In Algerien, das seit 1848 integraler Bestandteil Frankreichs war, überstieg die Einschulungsquote der „indigènes musulmans" am Ende der III. Republik nicht einmal 10 %.[9]

---

8 Zitiert ebda., S. 103.
9 Nach Anne-Marie Thiesse: *Faire les Français. Quelle identité nationale?*, S. 79–82.

Die Übersee-Expansion sollte schließlich – das war das politische Argument, das Ferry vorbrachte –, für Frankreich das Fundament für eine neue Großmachtstellung sein. Frankreich dürfe sich in diesem Bereich nicht durch andere Nationen überrunden lassen, dies umso mehr, da das Land auf maritime Stützpunkte angewiesen sei. Der Verzicht auf Kolonisierung, der Rückzug auf sich selbst, sei identisch mit dem Verzicht auf eine Großmachtstellung. Das war nun eine typisch imperialistische Argumentationsweise. Der Wettbewerb zwischen den Nationen hatte zweifellos das Verhältnis der Nationen seit der frühen Neuzeit bestimmt. Die Argumente beruhten aber zumeist auf den internen Qualitäten der einzelnen Länder, nun war es der Umfang der überseeischen Eroberungen, was eigentlich dem neuen Nationen-Konzept widersprach und vor allem auch dem Prinzip des Selbstbestimmungsrechts der Völker, auf das man in Bezug auf Elsass und Lothringen so intensiv gepocht hatte.

Die ökonomischen Argumente für die Kolonialexpansion erwiesen sich indes als wenig zutreffend. Das riesige Kolonialreich hatte keine entscheidende Bedeutung für die Wirtschaft des Mutterlandes, weder als Absatzmarkt noch als Rohstofflieferant.[10] Trotz des großen Aufwandes war der Ertrag in wirtschaftlicher Hinsicht außer in Algerien gering. 1914 wurden nur 12 % des französischen Handels mit den Kolonien abgewickelt, die lediglich 9 % der Auslandsinvestitionen aufnahmen.[11] Die einzigen, die daraus profitierten, waren eine kleine Gruppe von Kaufleuten, Reedern, Plantagenbesitzern und Kolonen. Der Besitz und die Verwaltung der Kolonien waren für den Staat ein Luxus und noch dazu ein teurer. Aber die Frage der Rentabilität wurde nicht einmal gestellt, weder von der Regierung, noch von der öffentlichen Meinung. Es ging letztlich um das nationale Prestige.

Es erstaunt nicht, das die Politik der Kolonialexpansion, die von der Regierung von Jules Ferry zwischen 1880 und 1900 ins Werk gesetzt wurde, sowohl von der radikalen Linken als auch von der konservativen Rechten infrage gestellt wurde. Die Argumente der Opposition waren politischer Natur: ein durch den Krieg geschwächtes Land werde durch das Kolonialunternehmen sowohl materiell wie militärisch noch mehr geschwächt. Die wichtige Verteidigung der Grenzen des Mutterlandes werde so vernachlässigt. Und überdies wecke die Kolonialexpansion die Animosität Englands. Es sei kein Zufall, wenn Bismarck der französischen Kolonialexpansion positiv gegenüberstehe. Wenn man sich in Afrika engagiere, dann bedeutete das in den Augen der Rechten, sich von der „blauen Linie der Vogesen" abzuwenden und sich von der Idee einer Revanche gegenüber Deutschland, das französische Provinzen annektiert habe,

---

10 Gilbert Ziebura: Interne Faktoren des französischen Hochimperialismus 1871–1914, S. 289.
11 Ebda., S. 317 f.

zu verabschieden. Mit ihrer Kolonialpolitik diene die Regierung, so die Rechte, nicht dem Interesse der Nation, sondern bloß dem einer Handvoll Handelsleute. In diesen Positionen kamen, wie Raoul Girardet betont, zwei Typen des Nationalismus zum Ausdruck, die im Gegensatz zueinander standen: ein Nationalismus, der auf überseeische Eroberungen setzte, der von Jules Ferry und Gambetta vertreten wurde, und ein Nationalismus, der sich auf Europa beschränkte, den Clemenceau mit einem berühmten Satz zum Ausdruck brachte: „Quant à moi, mon patriotisme est en France."[12]

Vom Afrika-Exotismus zum Kolonialroman

Die französische Kolonialexpansion fand auch ihren Ausdruck in der französischen Literatur.[13] Die Afrika-Romane des letzten Viertels des 19. Jahrhunderts schrieben sich vor allem in die Richtung des Exotismus ein. Man denke etwa an die Afrika-Episode in Maupassants *Bel Ami*, an die Werke von Vigné d'Octon und vor allem an den berühmten *Roman d'un spahi* (1881) von Pierre Loti, in dem sich der moderne Afrika-Mythos für lange Zeit kristallisierte. Das Bild von Afrika erscheint hier in negativen Farben als „terre de soleil et de mort". Die Sonnenhitze wird im Roman an zahllosen Stellen thematisiert. Es handelt sich immer um eine unerbittliche, tödliche Hitze, die Fieber und Erschlaffung hervorruft. Die Dynamik des Lebens erscheint wie still gestellt. Der Tod ist das zweite Leitmotiv des Romans, das durch die Beschreibung von Friedhöfen, Kadavern und Sterbeszenen suggeriert wird. Das afrikanische Land erscheint als eine Wüste von einschläfernder Monotonie. Dieses negative Bild Afrikas bei Loti ist nicht ein Einzelfall, es ist durchaus repräsentativ für die exotische Literatur dieser Periode. Léon Fanoudh-Siefer zeigte in einer Studie auf, wie sich im Roman von Loti mythologische Elemente, die sich vor ihm da und dort verstreut fanden, und die noch durch seine persönliche Erfahrung – Loti war 1873 im Senegal – genährt wurden, zu einem Afrika-Mythos verdichteten.[14] Als Element der Mythifizierung erweist sich auch die Generalisierung. Die raum-zeitlichen Grenzen der Romanhandlung verlieren sich in der Weite und der Tiefe. Afrika wird mit der negativen biblischen Bezeichnung „la terre de Cham" be-

---

12 Zitiert in Raoul Girardet: *Le nationalisme français 1871–1914*, S. 15.
13 Siehe dazu Joseph Jurt: Histoire coloniale et mythes littéraires. L'image de l'Afrique et des Africains dans la littérature française depuis 1870. In: *Genève-Afrique. Journal of the Swiss Society of African Studies*, XVII, 1979, S. 27–36.
14 Léon Fanoudh-Siefer: *Le mythe du nègre et de l'Afrique dans la littérature française*. Paris: Klincksieck 1968, S. 101.

legt, um so ein Verhängnis zu suggerieren, das auf dem Kontinent laste. Dessen verhängnisvolle Fatalität befalle auch die Weißen in der Kolonie. Die kosmische Poesie, in die die afrikanische Landschaft getaucht wird, verleiht dieser eine archaische Dimension vor aller Zeit. „Mais poésie n'est pas forcément vérité", schreibt Fanoudh-Siefer; „elle est essentiellement un mythe [...]. Précisément cette poésie de Loti a servi de véhicule à de nombreuses images d'Epinal qui ont marqué ses lecteurs et qui ont été transmises de génération en génération."[15]

Nach Jacques Leenhardt wurde die afrikanische Natur in so negativen Farben geschildert, um dadurch die Aktivität der weißen Kolonisten in einem noch heldenhafteren Licht erscheinen zu lassen:

> Les colons d'alors, le sentiment de leur supériorité et de leur mission fortement ancré au cœur, livrent en effet un combat rude contre une nature à laquelle ils ne sont point accoutumés, contre des forces qui, pour n'être pas organisées, leur demandent cependant un effort gigantesque. La littérature forge donc l'image d'une Afrique hostile, d'un soleil assassin, d'une forêt anthropophage, de cataclysmes naturels dévastateurs. Face à cette négativité pure, le colon se sent haussé par ses œuvres civilisatrices, le moindre défrichage prend des allures de victoire du bien sur le mal.[16]

Es wäre aber verfehlt, den exotischen Afrikaroman als bloßen Transmissionsriemen der offiziellen Kolonialdoktrin zu betrachten. Es gab auch einen pessimistischen Exotismus, der Ausdruck einer antikolonialistischen Haltung war.[17] So findet man in den Afrikaromanen von Vigné d'Octon eine offene Kritik der französischen Kolonialpolitik. Die Verbrechen, die Strafexpeditionen der Kolonialtruppen werden bei ihm nicht verschwiegen. Die Handelsinteressen, aber auch der physische und psychische Niedergang der Weißen in den Kolonien werden hervorgehoben.[18] Das war eigentlich auch, wenn auch implizit, der Fall bei Loti. Sein Held, der Spahi, der Kolonialsoldat, ist weit davon entfernt, ein triumphierender Kolonisator zu sein. Er empfindet sich eher im Exil. Fern von der Heimat geht er dem sicheren Tod entgegen. Diese Schilderung der fatalen Folgen der Existenz in den Kolonien geht einher mit einem negativen Bild der Afrikaner, die als ein Epiphänomen der zerstörerischen Na-

---

15 Ebda., S. 107.

16 Jacques Leenhardt: *Lecture politique du roman ‚La Jalousie' d'Alain Robbe-Grillet*. Paris: Les Editions de Minuit 1973, S. 171.

17 Siehe dazu etwa Martin Steins: *Das Bild des Schwarzen in der europäischen Kolonialliteratur*. Frankfurt a. M.: Thesen Verlag 1972, S. 29–31 und Charles-Robert Ageron: *L'anticolonialisme en France de 1871 à 1914*. Paris: P.U.F. 1973, S. 63 f.

18 Vigné d'Octons Vorwort zu *Les Crimes coloniaux de la Troisième République* [1911]. In: Nicole Priollaud (Hg.): *La France colonisatrice*. Paris: Liana Levi 1983, S. 238.

tur erscheinen. Dieses total negative Bild Afrikas wird letztlich bestimmt durch eine ästhetische europäische Tendenz, die der Décadence. Über den Filter der europäischen Morbidezza erscheint der schwarze Kontinent als eine Metapher des Todes und der tiefen Melancholie.

Man darf allerdings nicht vergessen, dass sich dieser pessimistische Exotismus vor allem in der Höhenkammliteratur fand. Daneben fand man in der populären Literatur und in sehr verbreiteten Zeitschriften wie *Le Tour du monde*, in der *Revue des deux mondes* und in *L'Illustration* sehr lebhafte Schilderungen der afrikanischen Entdeckungsreisen von Livingstone und Stanley als Ausdruck eines optimistisch-heroischen Exotismus, der die Heldentaten der Pioniere des Kolonialunternehmens in den leuchtendsten Farben darstellte.[19]

Doch zu Beginn des 20. Jahrhunderts wurde der pessimistische Exotismus, den man vor allem bei Autoren fand, die nur sehr kurz in Afrika gewesen waren, abgelöst von der Richtung, die sich nun offen ‚roman colonial‘ nannte. Dieser Perspektivenwandel verdankte sich auch einem Wandel des Kolonialbewusstseins und der politischen Konstellation in Frankreich. Nur mehr die Sozialisten kritisierten die Grausamkeiten der Kolonisation, ohne aber die Aufgabe der Kolonialterritorien zu verlangen. Sie setzten sich bloß für eine Humanisierung der Beziehung zu den Eingeborenen ein.[20] Diese Entwicklung der öffentlichen Meinung erklärt sich auch aus dem besseren Informationsstand der Bürger hinsichtlich der außer-europäischen Gebiete dank der Gründung zahlreicher geographischer Gesellschaften. Den Kolonial-Gebieten war überdies bei den Weltausstellungen von 1889 und 1900 ein breiter Platz eingeräumt worden.

Dank der Allianz mit Russland schien auch die äußere Bedrohung gebannt zu sein. Überdies war durch die ‚Entente cordiale‘ von 1904 der Kolonialkonflikt mit England beigelegt worden; gemäß diesem Vertrag wurde Ägypten der britischen Interessensphäre zugerechnet und Marokko der französischen, was die Animosität Deutschlands weckte. In diesem Kontext einte nun die Opposition gegen Deutschland die beiden Fraktionen des Nationalismus, den kontinentalen Nationalismus und den Imperialismus der kolonialen Expansion.[21]

Diese neue Geisteshaltung äußerte sich auf der literarischen Ebene im Manifest der Brüder Leblond „Après l'exotisme, le roman colonial", das die beiden

---

19 Die Kolonialdoktrin wurde in spezifischen Publikationen propagiert, etwa im *Bulletin du Comité de l'Afrique française*, das 1890 entstand, sowie in der *Quinzaine coloniale* der ‚Union coloniale française‘, die 1893 gegründet wurde.

20 Siehe R. Thomas: La politique socialiste et le problème colonial de 1905 à 1920. In: *Revue française d'Histoire d'outre-mer*, 1960, S. 213–245.

21 Siehe Xavier Yacono: *Histoire de la colonisation française*. Paris: P.U.F. 1973, S. 50.

1900 in der Zeitschrift *La Grande France* veröffentlichten. Das Manifest stand am Anfang einer eigentlichen literarischen Schule. Es ist bezeichnend, dass sich die Vertreter des Kolonialromans dem Fin de-siècle-Exotismus widersetzten, dem sie einen pessimistischen Ästhetizismus vorwarfen sowie einen morbiden Humanitarismus, der sich an Rousseau orientiere. In ihren Augen war die radikale Ungleichheit zwischen den Weißen und den Eingeborenen das eigentliche Grundprinzip des Kolonialismus.[22] Dieser Typus von ‚Literatur' stellte sich unmittelbar in den Dienst der Kolonialideologie: „A l'opposé des auteurs de la période précédente qui refusèrent d'intégrer le colonialisme à leur vision, les auteurs de la génération suivante ont interprété le monde à la mesure du colonialisme."[23]

Bezeichnend für diese neue Haltung ist ein Roman von Ernest Psichari, der selber in der Kolonialartillerie gedient hatte: *Terres de soleil et de sommeil* (1908); durch seinen Titel mag der Roman zunächst an Loti erinnern. Man kann indes in diesem Werk sehr gut den Übergang vom pessimistischen zum optimistischen Afrika-Mythos feststellen. Afrika erscheint zunächst als ein alter Kontinent, der vom Tod bedroht ist und der von erschlafften und dekadenten Völkern bewohnt wird. Der Autor zeichnet dann aber den Wandel der Sichtweise nach, die sich im Laufe seiner Afrika-Erfahrung aufgedrängt habe. Die Schwarzen erscheinen dann nicht mehr als ‚degeneriert', sondern als primitiv im guten Sinn des Wortes, als jugendlich und zukunftsoffen. An Stelle eines tödlichen und monotonen Landes findet Psichari nun „des villages heureux où les hommes sont sains et vigoureux"[24]. Die Werte der Jugend und der Einfachheit Afrikas – „pays vierge"[25] – werden dem dekadenten Intellektualismus Europas entgegengestellt. Dieses neue positive Afrikabild geht einher mit einer prokolonialen Haltung, die sich mit einem heroisch-militanten Nationalismus verbindet. Afrika erscheint nun als der Ort der Regeneration Frankreichs.

„L'Afrique est un des derniers refuges de l'énergie nationale"[26], schreibt Psichari – ein Gedanke, der auch dem Kolonialroman *Les morts qui parlent* von Eugène-Melchior de Voguë zugrunde liegt, in dem die schöpferische Aktivität eines Kolonialoffiziers der sterilen politischen Agitation der Metropole entgegengesetzt wird. Eine positive Würdigung des Kolonialunternehmens findet dann den vollendeten Ausdruck in einem späteren Werk von Psichari, *Le voyage du centu-*

---

22 Siehe Léon Fanoudh-Siefer: *Le mythe du nègre et de l'Afrique dans la littérature française*, S. 70 f.
23 Ebda., S. 73.
24 Ernest Psichari: *Terres de soleil et de sommeil*. Paris: Conard 1908, S. 191.
25 Ebda., S. 225.
26 Ebda., S. 225.

rion (1916), in dem die französische Kolonialexpansion in direkter Nachfolge der Kolonisierung Nordafrikas durch das Römische Imperium situiert wird – eine Idee, die der Schriftsteller Louis Bertrand noch intensiver verfolgen wird.

Das Deutsche Reich und die Kolonien

Das Frankreich der III. Republik hatte innenpolitisch wichtige Ziele des modernen Nationenverständnisses realisiert: mit der Beteiligung seiner Bürger am politischen Geschehen und mit der Integration der wichtigsten sozialen Schichten in die Nation. Mit seiner Kolonialexpansion widersprach das Land jedoch dem externen Idealtyp der Nation, indem die territoriale Integrität außereuropäischer Gebiete missachtet wurde; die Behandlung der als „niedrig" eingestuften Bevölkerung entsprach keineswegs dem Prinzip der Menschenrechte.

Das Deutsche Reich entsprach innenpolitisch nicht dem Ideal der Nation, weil es als Obrigkeitsstaat den Bürgern wenig Rechte einräumte und wichtige Teile der Bevölkerung aus der Staatsnation ausgrenzte. Außenpolitisch respektierte das Deutsche Reich die territoriale Integrität der anderen europäischen Staaten. Mit der Reichsgründung war indes in Mitteleuropa eine ökonomische und militärische Macht entstanden, die andere Großmächte als mögliche Bedrohung des europäischen Gleichgewichts betrachten konnten. Die Annexion von Elsass und Lothringen hatte zweifellos die Beziehungen zu Frankreich vergiftet. Bismarck versuchte sich in das europäische Gleichgewichtssystem durch die wiederholte Erklärung, Deutschland sei nun ,saturiert', einzuordnen. Deutschland gedachte, seine „freie Mittlerstellung" auszunutzen, indem es die Gegensätze der imperialistischen Großmächte in der Kolonialpolitik zu steuern versuchte. Die außenpolitische Konzeption der freiwilligen Begrenzung eines deutschen Führungsanspruchs wurde auf dem Berliner Kongress von 1878 in konkrete Politik umgesetzt. Im Konflikt zwischen England, Österreich-Ungarn und Russland hinsichtlich der Einflussbereiche auf dem Balkan operierte Deutschland als Vermittlerin, als „ehrlicher Makler"[27].

Nach der Reichsgründung 1871 spielte die Kolonialpolitik in Deutschland noch keine große Rolle. Sie wurde von Bismarck dem Ziel untergeordnet, Spannungen in Europa an die ,Peripherie' zu verlagern. Er lehnte zunächst territoriale Erwerbungen in Übersee ab, da er darin nur geringe wirtschaftliche Vorteile, aber ein erhebliches politisches Störungspotential sah. Der Deutsche Kolonialverein und die Gesellschaft für deutsche Kolonisation, die später

---

27 Deutscher Bundestag (Hg.): *Fragen an die deutsche Geschichte. Ideen, Kräfte, Entscheidungen von 1800 bis zur Gegenwart*, S. 251.

fusionierten, betrieben indes eine aktive Kolonialpropaganda. Bismarck gab, allerdings nur zögernd, ihrem Drängen nach. In den Jahren 1884/85 wurden Teile Südwestafrikas, Kamerun, Togo, einige Südseeinseln und ein Gebiet in Ostafrika deutsche Kolonien.[28]

Für Bismarck waren die Kolonien aber vor allem Verhandlungsmasse. In der Kongokonferenz 1884/85 in Berlin wurde Afrika zwischen den Großmächten aufgeteilt. Deutschland gab gewisse Ansprüche zugunsten von Frankreich auf und einigte sich mit England hinsichtlich der Abgrenzung der Interessensphären in Ostafrika.

Nach der Entlassung Bismarcks (1889) schlug Wilhelm II. einen expansiveren Kurs ein: „Weltpolitik als Aufgabe, Weltmacht als Ziel, Flotte als Instrument", lautete seine Devise.[29] Durch den Flottenbau wurde vor allem England stark verärgert. Im Wettlauf mit den anderen Kolonialmächten forderte Wilhelm II. für Deutschland einen „Platz an der Sonne", womit auch der Besitz an Kolonien gemeint war. Die Versuche, das deutsche Kolonialreich zu erweitern, waren aber in den 1890er Jahren nur von geringem Erfolg gekrönt. Wenn Deutschland zunächst noch als Dritter vom britisch-französischen Konflikt um den Sudan hätte profitieren können, so veränderte sich diese Situation entscheidend, als England und Frankreich 1904 mit der ‚Entente Cordiale' auch ihre Differenzen in der Kolonialpolitik endgültig bereinigten.

Mit seinem spektakulären Besuch in Tanger hatte dann Wilhelm II. im März 1905 die erste Marokkokrise ausgelöst; diese endete 1906 mit der Algeciras-Schlussakte, die die allgemeine Handelsfreiheit in Marokko festschrieb und die Deutschland ein Beobachtungsrecht in Marokko, Spanien und Frankreich aber die Hafenpolizei und die Gründung einer Staatsbank zugestand. Die 1904 vereinbarte ‚Entente cordiale' wurde dadurch noch gestärkt und das Deutsche Reich erschien im Kreis der Großmächte isoliert.[30] Nachdem Frankreich entgegen der Abmachungen der Algeciras-Akte 1911 mit seinen Truppen dem Sultan von Fès zu Hilfe kam, ließ Wilhelm II. im Juli 1911 das Kanonenboot *Panther* vor Agadir auffahren („Panther-Sprung" für die Deutschen, „coup d'Agadir" für die Franzosen). Ziel der Aktion war die Abtretung von Kolonialgebieten Frankreichs an das Deutsche Reich als Gegenleistung für die Akzeptanz der

---

28 Ebda.

29 Ebda.

30 Siehe dazu John C. G. Röhl: „Weit davon entfernt, das eigentliche Ziel der Spaltung der anglo-französischen Entente erreicht zu haben, hatte das kriegerische Auftreten des Kaiserreichs zu einem noch engeren Schulterschluss der beiden westeuropäischen Weltmächte geführt [...]. Das unruhige Kaiserreich war mit seiner herausfordernden und zugleich unkalkulierbaren Politik in die Sackgasse der Isolation geraten" (John C. G. Röhl: *Wilhelm II.* München: Beck 2013, S. 68).

französischen Herrschaft über Marokko. Großbritannien schlug sich auf die Seite Frankreichs, da beide ihre Einflusszonen in Afrika schon aufgeteilt hatten. Das isolierte Deutschland drohte immer offener mit Krieg.[31] Die Krise wurde im Marokko-Kongo-Vertrag vom 4. November 1911 beigelegt, in dem Deutschland auf Marokko verzichtete, das 1912 zu einem französischen Protektorat wurde, und dafür mit einem Teil der französischen Kolonien in Äquatorialafrika (Neukamerun) entschädigt wurde.[32] Die Kriegsdrohungen hatten die Angst vor Deutschland und vor der Gefahr eines Weltkrieges angefacht. In vielen Staaten protestierten die Bürger.[33]

Deutschland hatte mit seiner Kolonialpolitik wenig gewonnen. Wenn es zunächst durch die Erklärung, territorial ‚saturiert' zu sein, sich in das europäische Gleichgewichtssystem einfügte und mit der Respektierung der territorialen Integrität der anderen Länder auch dem idealtypischen Verständnis der Nation entsprach, so verlor es diese Vorteile durch die Beteiligung an der Kolonialexpansion: „Die markigen Reden des Kaisers und die Brutalität der ‚Expeditionscorps' und ‚Schutztruppen' bei der Niederschlagung von Aufständen in den Kolonien schade[ten] dem deutschen Ansehen in der Welt."[34]

Wenn Kaiser Wilhelm II. in Deutschland bejubelt wurde, wenn er behauptete, das Deutsche Reich sei ein ‚Weltreich' geworden, so waren nach den Autoren des Bandes *Fragen an die deutsche Geschichte* die tatsächlichen Erfolge gering:

> Der Preis, der für die Prestigepolitik gezahlt wird, ist die selbstverschuldete Isolierung Deutschlands und der Zusammenschluss der weltpolitischen Konkurrenten England, Frankreich und Russland. Das Misslingen der Weltpolitik führt schließlich zu einer blinden Flucht nach vorn: in die Katastrophe des Ersten Weltkrieges.[35]

---

31 Siehe dazu Ebda., S. 90–94.

32 Zu den Marokkokrisen siehe Jean-Claude Allain: *Agadir 1911. Une crise impérialiste en Europe pour la conquête du Maroc*. Paris: Publications de la Sorbonne 1976; Emily Oncken: *Panthersprung nach Agadir: die deutsche Politik während der zweiten Marokkokrise 1911*. Düsseldorf: Droste 1981.

33 Zur Haltung der SPD zur Kolonialexpansion und zur gegensätzlichen Einschätzung von Charles Andler und Jean Jaurès siehe Joseph Jurt: Die Debatte zwischen Charles Andler und Jean Jaurès über den Friedenswillen der deutschen Sozialdemokraten. In: *Krieg & Frieden 1912–2012. 100 Jahre Außerordentlicher Kongress ‚Gegen den Krieg' der Sozialistischen Internationale von 1912 in Basel und die Frage des Friedens heute*. Internationale Tagung in Basel 22.–24. November 2012.

34 Deutscher Bundestag (Hg.): *Fragen an die deutsche Geschichte. Ideen, Kräfte, Entscheidungen von 1800 bis zur Gegenwart*, S. 251. Zur deutschen Afrikawahrnehmung in der deutschsprachige Reiseliteratur siehe Sylvie Nantscha: *Interdisziplinarität – Kulturtransfer – Literatur. Afrika-Fremdwahrnehmung in ausgewählten deutschsprachigen Reisewerken von der Kolonialzeit bis zur Gegenwart*. Würzburg: Königshausen & Neumann 2009.

35 Ebda., S. 223.

Neue Dimensionen: der Internationalismus der Arbeiterbewegung, der partikularistische Nationalismus, der Universalismus des französischen Widerstandes

Die moderne Nation, wie sie im Kontext der Französischen Revolution konzipiert wurde als ein Gemeinwesen, das auf den universellen Werten der Rechtsgleichheit und der politischen Partizipation der Bürger beruht und seine Partikularität über ein spezifisches kulturelles Profil bestimmt und gleichzeitig auch die Souveränität der anderen Nationen respektiert, dieses Konzept bestimmte vor allem das 19. Jahrhundert und dies vor allem im Frankreich der III. Republik. Deutschland hatte 1871 zur staatlichen Einheit gefunden, ohne allerdings die universellen Werte der Rechtsgleichheit im Vollsinn zu realisieren.

Mit der Kolonialexpansion und der Konstitution der Kolonial-Imperien – England hatte das größte Kolonialreich konstituiert; Frankreich stand an zweiter Stelle[1] und Deutschland an vierter – stellten sich diese Staaten in Widerspruch zur idealtypischen Konzeption der Nation.

Eine transnationale Arbeiterbewegung

Daneben gab es auch andere Entwicklungen, die sich nicht mehr im vorgeben Raum der Nationalstaaten bewegten. Dies galt vor allem für die Organisation der Arbeiterbewegung.[2] Marx und Engels erklären im *Kommunistischen Manifest*, die Arbeiter hätten kein Vaterland. Sie müssten sich der Strukturen der Nation bedienen, um zur Macht zu gelangen. In ihren Augen ist die Nation bloß ein Stadium der politisch-sozialen Entwicklung, das der liberale Kapitalismus schon im Begriff ist zu verlassen und das mit der völligen Emanzipation der Arbeiterschaft total überwunden sein wird. Folgerichtig wurde 1864 in London die erste Internationale gegründet, die sich aber wegen der Repressionen nach dem Aufstand der ‚Commune de Paris' (1871) und inneren Spaltungen mehr oder weniger auflöste. 1889 wurde in Paris die *Internationale ouvrière*, die man auch die II. Internationale nannte, gegründet. Ihre Hymne wurde ein Gedicht des Communarden Eugène Pottier, das von Pierre Degeyter vertont wurde: die Internationale, die in zahllose Sprachen übersetzt wurde, die als Hymne der Arbeiter und der Revolutionsbewegungen zu einem Gegenprogramm zu den Nationalhymnen wurde.[3]

---

1 Siehe Bernard Droz: *La Fin des Colonies françaises*. Paris: Gallimard 2009, S. 18–20.
2 Wir folgen hier Anne-Marie Thiesse: *Faire les Français. Quelle identité nationale?*, S. 125 f.
3 Siehe dazu Heinz Thoma: Eugène Pottier: *L'Internationale*. In: ders./Hartmut Stenzel (Hg.): *Die französische Lyrik des 19. Jahrhunderts*. München: Fink 1987, S. 183–199.

Wenn die Linke und die Gewerkschaften heute oft vor allem im nationalen Rahmen denken und handeln, so war das zur Zeit der ‚ersten Globalisierung‘, wie Suzanne Berger schreibt, nicht der Fall:

> Avant 1914, la gauche européenne, et notamment sa composante marxiste, ne séparait pas les intérêts des travailleurs locaux de ceux des travailleurs étrangers. L'internationalisme impliquait alors une compréhension des solidarités qui les unissaient au-delà les frontières, ce qui se traduisait par un engagement politiquement en faveur des ‚prolétaires de tous les pays‘.[4]

Der Führer der französischen Sozialisten, Jean Jaurès, glaubte, die internationale Arbeiterbewegung könne auch Kriege zwischen den Nationalstaaten verhindern. Er hatte seit der Jahrhundertwende eine aktive Antikriegspolitik betrieben, engagierte sich für die Entspannung der deutsch-französischen Beziehungen sowie für die Abrüstung und für internationale Schiedsgerichte.[5] Er vertrat in einer Rede von 1912 die These, der Kapitalismus wolle den Krieg nicht, sei aber nicht fähig, diesen zu verhindern. Nur die Arbeiterbewegung könne durch den Generalstreik oder die Androhung eines revolutionären Aufstandes die Regierungen zu einer Friedenspolitik zwingen. Leider sollte er nicht Recht behalten. Die deutschen Sozialdemokraten hatten aber schon 1907 den Generalstreik als Mittel der Kriegsverhütung abgelehnt. In Frankreich hatten auch die Sozialisten gesehen, dass die Sozialgesetzgebung zunächst nur im Rahmen des Nationalstaates durchzusetzen war.[6]

Der Nationalismus der Staatsraison

Aber auch das Konzept der Nation, so wie es zur Zeit der Französischen Revolution entworfen und sich im Laufe des Jahrhunderts konkretisiert hatte, erfährt nun am Ende des Jahrhunderts eine Um-Interpretation. Ende der 1880er Jahre entsteht mit der Boulanger-Epidode der Nationalismus der Rechten. Die Nation wird von den neuen Nationalisten nicht mehr über die universellen Werte der

---

4 Suzanne Berger: *Notre première mondialisation*. Paris: Seuil 2003, S. 69.

5 Dieser intensive Friedenswille zeigte sich auch in der Rede an die Jugend, die Jaurès 1903 im Lycée von Albi hielt, wo er als Lehrer wirkte: „Maintenant la grande paix humaine est possible"; der Krieg sei ein „attentat monstrueux et une sorte de suicide collectif" (nach Gérard Lefort: Jean Jaurès une „pensée d'avenir". In: *Libération*, 20./21. August 2011).

6 Siehe dazu Anne-Marie Thiesse: *Faire les Français. Quelle identité nationale?*, S. 127: „La classe ouvrière, à la Belle Epoque, est en cours d'intégration dans la nation. La perspective internationaliste dont se réclament les institutions membres de la IIe Internationale coexiste avec des sentiments patriotiques."

Menschenrechte und der politischen Partizipation definiert, sondern bloß mehr über ein autoritäres Konzept der Staatsraison. „Ce nationalisme", so schreibt René Rémond, „transfère de gauche à droite tout un ensemble de notions, de sentiments et de valeurs jusqu'ici tenues pour l'apanage du radicalisme [...]. Le nationalisme apporte à la nouvelle droite un programme et lui dicte un comportement."[7] Diese neue Rechte unterscheidet sich von der traditionellen Rechten durch ihre autoritär militaristische, antiklerikale und antiparlamentarische Haltung. Das Parlament wird nicht als Ausdruck der politischen Partizipation gesehen, sondern als Forum des Streits, der eine entschiedene politische Aktion nur lähme.

Die Menschenrechte werden nicht als universeller Wert, sondern als Ausdruck des Individualismus betrachtet. Das wird besonders offensichtlich zur Zeit der Dreyfus-Affäre. Die politischen Stellungnahmen der Wissenschaftler, die man nun unter dem Begriff ‚intellectuels' subsumierte, waren in den Augen des Literaturkritikers Brunetière Ausdruck des Individualismus: „Jeder von uns hat nur Vertrauen in sich selbst, erhebt sich zum souveränen Richter über alles, lässt nicht zu, dass man die Meinung, die er sich gebildet hat, diskutiert."[8] Der Soziologe Durkheim antwortete in einem Aufsatz „L'individualisme et les intellectuels" in der *Revue bleue* vom 2. Juli 1899. In seinen Augen war der Individualismus eine der letzten Wertvorstellungen, die die Gesellschaft teilte und somit mehr als eine zufällige Vorstellung eines Einzelnen. Der Individualismus als einziges Wertesystem, das die moralische Einheit des Landes sichern könne, sei ein Wert moderner Gesellschaften und impliziere dergestalt eine auch universelle Dimension, die man nicht auf die Sonderinteressen einer Berufsgruppe zurückführen könne.

Der neue Nationalismus manifestierte sich vor allem in der Liga der Action française, die 1899 im Kontext der Dreyfus-Affäre entstand. In ihrem ersten Manifest artikulierte die Gruppe den Primat der Gesellschaft gegenüber dem Individuum und identifizierte die Gesellschaft mit der Nation. Alle Probleme, die Uneinigkeit erzeugten, sollten ausschließlich in Bezug auf die Nation gelöst werden, ein Prinzip, dem das aktuelle Regime überhaupt nicht entspreche. Der spätere Chef-Ideologe der Action française, Charles Maurras, hatte geschrieben, Schuld oder Unschuld von Dreyfus sei zweitrangig. Entscheidend sei es, die Armee zu verteidigen, die die eigentliche Garantin der nationalen Identität

---

7 René Rémond: *La Droite en France de 1815 à nos jours*. Paris: Aubier 1954, S. 150 f.

8 Ferdinand Brunetière: Après le procès. In: *La Revue des deux mondes*, 146, 1889, S. 420–446, hier S. 445; Übersetzung zitiert nach Andreas Franzmann: *Der Intellektuelle als Protagonist der Öffentlichkeit. Krise und Räsonnement in der Affäre Dreyfus*. Frankfurt a. M.: Humanities Online 2004, S. 425.

sei. Er verteidigte darum auch die Fälschung eines Dokuments durch den Obersten Henry, die zur Verurteilung von Dreyfus führte. Der Oberst habe das Dokument „im allgemeinen Interesse" gefälscht. Hier kommt schon eine hierarchische Konzeption der Gesellschaft zum Tragen: „D'où le mépris des principes fondamentaux de la justice, d'où l'hostilité à la philosophie des droits de l'homme et à ceux qui s'en réclament, d'oû le rejet du *ius soli* [...]."[9]

In den Augen der Action française hat Frankreich seine Leader-Position in Europa wegen seiner inneren Schwäche verloren, die durch die Französische Revolution und die demokratischen Institutionen verursacht worden sei. Das Land könne sein Größe nur wieder erobern, wenn es zur Monarchie zurückfinde. Maurras hatte es so verstanden, den Royalismus, der nicht mehr große Resonanz gefunden hatte, mit dem neuen Nationalismus zu verbinden. Für diesen ‚integralen Nationalismus' ist die Staatsräson das oberste Prinzip, das „mit allen Mitteln" durchzusetzen sei. Im Visier sind nicht nur die parlamentarischen Institutionen, sondern auch die sog. ‚inneren Feinde', die Frankreich unterminierten: Juden, Protestanten, Freimaurer, Migranten.[10] Dieses Konzept der Nation hatte nichts mehr zu tun mit demjenigen, das während der Französischen Revolution entstand, das auf dem Prinzip der Gleichheit und dem der Menschenrechte beruhte.

In den Augen von Ernst Nolte nahm die Action française den späteren Faschismus vorweg, war eine der Formen des Faschismus neben der italienischen Variante und dem deutschen Nationalsozialismus.[11] Zweifellos betonte die Bewegung von Maurras die Werte der Hierarchie und der Autorität; sie war antidemokratisch und verabsolutierte das nationale Interesse. Aber die rationalistische Doktrin der Action française, die auch viele Rechts-Intellektuelle anzog, unterschied sich vom faschistischen Anti-Intellektualismus. Maurras plädierte nicht so sehr für einen starken Staat als für die Freiheiten der Regionen innerhalb einer dezentralisierten Monarchie. Die Germanophobie ließ auch für Hitler keine Sympathien aufkommen, wohl aber für Mussolini. Die Action française, so bemerkt der Historiker Adolf Kimmel zu Recht,

> ist ihrer Ideologie und ihrer sozialen Zusammensetzung nach ein Kind des 19. Jahrhunderts, des bürgerlichen Zeitalters. Sie will die Monarchie Heinrich IV. restaurieren. Sie ist [...] eine ‚rückwärtsgewandte Utopie'. Der italienische Faschismus und der Nationalsozialismus sind Erscheinungen des 20. Jahrhunderts, des technizierten Massenzeitalters [...].

---

9 Bertrand Renouvin: Maurras, le fondateur. In: *Mil neuf cent. Revue d'histoire intellectuelle*, 11, 1993, S. 77–81, hier S. 81.

10 Siehe dazu Eugen Weber: *L'Action française*. Paris: Stock 1964.

11 Ernst Nolte: *Der Faschismus in seiner Epoche. Action française – Italienischer Faschismus – Nationalsozialismus*. München: Piper 1963, S. 59–190.

Maurras' Nationalismus, aus einem Dekadenzgefühl geboren, ist und bleibt defensiv und wird nicht imperialistisch wie bei Mussolini und Hitler.[12]

Mit andern Worten: der italienische Faschismus und der deutsche Nationalsozialismus entsprachen noch viel weniger dem Prinzip einer Nation, die auf den Kategorien der Gleichheit und der Menschenrechte und dem Respekt der territorialen Integrität anderer Nationen beruht. Der französische Historiker Victor Nguyen bemerkt, dass Italien und Deutschland, wegen der späten nationalen Einigung nicht auf eine solide nationale Tradition zurückblicken und sich auf sie stützen konnten; sie schufen darum Ersatzmythen, den *Stato totalitario* in Italien, den der arischen Herrenrasse in Deutschland. Der Nationalsozialismus zerstörte „die gewachsene Eigenart und Begrenztheit der deutschen Nation zugunsten einer ungeschichtlichen Rassensolidarität"[13]. Der französische Schriftsteller Georges Bernanos, der sich seit Juni 1940 für den Widerstand einsetzte, brachte in einer Artikelserie 1940 das Prinzip der weltweiten Auseinandersetzung treffend auf den Punkt: „Race contre nation"[14].

Das Prinzip der Nation stand im 19. Jahrhundert insbesondere in Frankreich im Vordergrund; es bestimmte auch das Streben nach nationaler Einheit in Deutschland und Italien. Dieses Prinzip wurde dann überlagert durch die imperialistische Kolonialexpansion, dann durch den Nationalismus Maurras'scher Prägung, durch Faschismus und Nationalsozialismus und selbstverständlich durch die internationalistische Ausrichtung des Kommunismus.

Das universalistische Nationenverständnis des französischen Widerstands

Aus diesem Grund klingt unsere Untersuchung mit dem Beginn des 20. Jahrhunderts aus. Es sei uns indes erlaubt, darauf hinzuweisen, wie die universalistische Komponente des französischen Nationenverständnisses im Widerstand während des Zweiten Weltkriegs zum Tragen kam.[15] Das Vichy-Regime hatte das Konzept einer universalistischen Mission Frankreichs aufgegeben und versuchte unter dem Schlagwort „Frankreich allein" bloß seine eigenen

---

12 Adolf Kimmel: *Der Aufstieg des Nationalsozialismus im Spiegel der französischen Presse 1930–1933*. Bonn: Bouvier 1969, S. 167 f.; siehe dazu auch Joseph Jurt: Les intellectuels de droite et l'Allemagne entre les deux guerres.

13 Ernst Nolte: *Die faschistischen Bewegungen*. München: dtv 1966, S. 187.

14 Georges Bernanos: *Le Chemin de la Croix-des-Ames*. Paris: Gallimard 1948, S. 13–21.

15 Siehe dazu auch Joseph Jurt: Die Mythisierung der Résistance in der französischen Nachkriegsgesellschaft. In: Bernd Martin (Hg.): *Der Zweite Weltkrieg und seine Folgen. Ereignisse – Auswirkungen – Reflexionen*. Freiburg: Rombach-Verlag 2006, S. 195–214.

Interessen zu verteidigen. Das Régime realisierte dabei die Vorstellungen der Action française. Dem widersetzten sich die Résistance und das Freie Frankreich de Gaulles. De Gaulle schrieb am 20. Mai 1940 an General Weygand, es könne zurzeit keinen Waffenstillstand in Ehre mit Deutschland geben.[16] Denn Frankreich war durch ein Abkommen mit England verbunden und ein Separat-Waffenstillstand mit dem Feind bedeutete den Bruch des gegebenen Wortes. Pétain war dazu im Namen einer ‚Realpolitik' bereit. De Gaulle aber rief von London aus zum Widerstand auf, weil Frankreich nur eine Schlacht, aber nicht den Krieg verloren habe. Da de Gaulle nur ganz wenige Soldaten hinter sich hatte, war diese Strategie äußerst riskant, langfristig gesehen aber prophetisch. Für de Gaulle, der auch Péguy gelesen hatte, war Frankreich nicht bloß ein Territorium, sondern ein Ensemble von Wertvorstellungen, zu denen die Freiheit und die Ehre, d. h. die Solidarität mit den Verbündeten, unabdingbar gehörten.

Die engagierten Intellektuellen im Umkreis von de Gaulle unterstrichen alle die universalistische Berufung Frankreichs. Der Völkerrechtler René Cassin hatte die Illegalität des Vichy-Regimes deklariert, das unter irregulären Bedingungen die Auflösung der republikanischen Staatsform beschlossen hatte, wozu ihm jede Berechtigung fehlte. Für Cassin war sein Land in den Augen der Völker aller Länder die Hüterin der Zivilisation geblieben. Auch in den Augen von Jacques Maritain kann die besondere Rolle, die andere Nationen Frankreich zuschreiben, nicht ausgelöscht werden. Die Größe Frankreichs ist eine Größe der Menschlichkeit.[17] Der eben erwähnte katholische Schriftsteller Georges Bernanos, der von seinem brasilianischen Exil aus seit 1940 zum Widerstand aufrief, schrieb in einem Artikel 1943, man müsse Gott dankbar sein, dass Frankreich trotz allem für so viele Menschen als Befreierin gelte. Vichy sei vorzuwerfen, dass es glauben lasse, Frankreich könne – wie ein kleiner Rentner, der nach einem Börsenkrach den Rest seines Vermögens in einer Lebensversicherung anlege, um ein ruhiges Alter zu erleben – sich nicht mehr um das kümmern, was es scheinbar nichts angehe: das Glück, die Ehre, die Würde der anderen Menschen.[18]

Das entspricht nun durchaus dem Denken von de Gaulle, so wie er es in seinem Gespräch mit Malraux zum Ausdruck brachte. Nach Malraux bestand die Stärke, die de Gaulle seinem Land wieder gegeben habe, gerade in dessen Schwäche: „Man hörte auf ihn, gegen die Kolosse, weil er niemanden bedrohen

---

16 Charles de Gaulle: *Mémoires de guerre*. Bd. I. Paris: Plon 1954, S. 269.
17 Henri Michel: *Les courants de pensée de la Résistance*. Paris: P.U.F. 1962, S. 73.
18 Georges Bernanos: *Essais et écrits de combat*. Bd. II. Paris: Gallimard 1995, S. 536.

konnte."[19] Das Nationalgefühl, das sich aus der Schwäche entwickelte, artikulierte sich als Unabhängigkeitswille gepaart mit dem Respekt der Unabhängigkeit der anderen. De Gaulle hatte nach Malraux nicht an ein „Frankreich *über alles*" gedacht; er war auch der Fürsprecher Afrikas und am Schluss Vietnams.[20] Die Idee der Nation impliziere in Frankreich immer eine universelle Dimension. „Frankreich war nur dann groß, wenn es groß für die Welt war" – ein Gedanke, dem de Gaulle unmittelbar zustimmte: „Es gibt einen Jahrhunderte alten Pakt zwischen der Größe Frankreichs und der Freiheit der anderen."[21]

In einem Rückblick auf die Grundlinien der Politik de Gaulles unterstrich sein ehemaliger Minister Léo Hamon, de Gaulle habe ehrgeizige Ziele verfolgt, sich aber trotzdem am Kriterium des Maßes orientiert; darum kritisierte er trotz aller Bewunderung Napoleon und noch viel mehr die Diktaturen, die durch ihre Übersteigerung ihre Völker in den Abgrund führten.[22] Die Anerkennung der Realitäten bedeute auch die Anerkennung der Rechte der anderen. Wenn man behaupte, de Gaulle sei ein Nationalist gewesen, dann sei das zutreffend; aber im Unterschied zu anderen Nationalisten anerkenne er das Recht der anderen auf ihre Nation. Wenn er die französische Kolonisation trotz aller Fehler als ein positives Faktum einstufte, so war er doch überzeugt, dass es diesem Ideal widersprechen würde, wenn man Kolonien die Unabhängigkeit vorenthielte. De Gaulle beendete in einem schmerzlichen Prozess den Algerienkrieg und entließ auch Anfang der 1960er Jahre die französischen Kolonien in die Unabhängigkeit. Die Anerkennung der Unabhängigkeit der anderen ist nach Léo Hamon nicht der einzige originelle Zug der Politik de Gaulles. Dazu komme überdies eine universelle moralische Rolle, die dem Land zugeschrieben wird. Frankreich müsse, so Hamon, im Dienste gewisser Ideen stehen, in erster Linie der der Freiheit. „Die Berufung Frankreichs ist es, der Sache des Menschen zu dienen, der Würde des Menschen. Das ist die Berufung Frankreichs seit 1789. Das traf immer zu, heute mehr denn je."[23]

---

19 André Malraux: *Les chênes qu'on abat...*. Paris: Gallimard 1971, S. 56: „On l'a écouté, contre les colosses, parce qu'il ne pouvait menacer personne."
20 Ebda., S. 55.
21 Ebda., S. 134: „Il y a un pacte vingt fois séculaire entre la grandeur de la France et la liberté des autres [...]."
22 Léo Hamon: De Gaulle et l'histoire. In: Elie Barnavi/Saul Friedländer (Hg.): *La politique étrangère du Général de Gaulle*. Paris: P. U. F. 1985, S. 21.
23 De Gaulle zitiert ebda.

Nach 1989: Die Renaissance des Nationalstaates und die europäische Integration[1]

„Nation wider Willen"?

Mit dem sog. Kalten Krieg, der schon kurz nach 1945 einsetzte, standen nicht mehr so sehr die Nationalstaaten, sondern die beiden Blöcke, das Sowjet-Imperium und der ‚Westen' im Vordergrund und damit auch die Zugehörigkeit der Länder zu einem der beiden Lager.[2] Mit dem historischen Ereignis des Mauerfalls 1989 implodierte das Sowjet-Imperium und Deutschland erlangte seine volle staatliche Souveränität. Nach der deutschen Vereinigung von 1990, die nach Etienne François keineswegs das Ergebnis eines einmütigen sehnlichen Wunsches noch das Resultat einer unwiderstehlichen nationalen Leidenschaft war, sondern eher die Konsequenz der steigenden Attraktivität des westlichen Lebensstils bei der Bevölkerung de DDR[3], war Deutschland nach den Worten des Münchner Historikers Christian Meier vielmehr eine „Nation wider Willen". Er schreibt:

> Es bedarf – nach der Teilung wie aufgrund der Einheit – auch noch der nationalen Integration. Denn endlich können wir hoffentlich die ganz normale Nation sein – wenn auch im Bewußtsein der Aufgaben, die sich dem geeinten Deutschland in der übrigen Welt stellen. Jedenfalls sollte klar geworden sein, daß wir nicht, nachdem wir ungewollt die verspätete Nation waren, nun aus freien Stücken die widerwillige Nation spielen sollen. Denn der Prozeß kann auch scheitern [...].[4]

Die skeptische Haltung gegenüber der Nation, die Meier hier beschwört, steht im Gegensatz zu den viel positiveren Einschätzungen, die das Konzept des Nationalstaates in Frankreich fand. Man kann hier beispielsweise auf die wichtigen Studien von Dominique Schnapper hinweisen: *La France de l'intégration. Sociologie de la nation en 1990*[5], und *La communauté des citoyens. Sur l'idée*

---

1 Wir übernehmen hier Elemente aus Joseph Jurt: Die Renaissance des Nationalstaats und die europäische Integration. In: Bernhard Kramann/Manfred Schmeling (Hg.): *Unheimliche Ähnlichkeiten. Gesellschaft und Identität in Frankreich und Deutschland. Etranges ressemblances. Société et identité en France et en Allemagne.* Opladen: Leske + Budrich 2002, S. 55–67.

2 Siehe dazu auch Joseph Jurt: La Suisse dans la Guerre froide. In: Anne-Marie Corbin: *Emigration et Guerre froide.* Le Mans: Université du Maine 2004, S. 33–41.

3 Etienne François: Le présent et le passé. In: *Le Débat*, Nr. 63, Jan./Febr. 1991, S. 143.

4 Christian Meier: *Die Nation, die keine sein will.* München: Hanser 1991, S. 85.

5 Dominique Schnapper: *La France de l'intégration. Sociologie de la nation en 1990.* Paris: Gallimard 1991.

moderne de la nation[6]. Dominique Schnapper betont vor allem die Tatsache, dass die moderne Demokratie sich in der Form der Nation entfaltet. Mit Raymond Aron unterstreicht sie, dass das Ziel der Nation die Beteiligung aller Bürger am Leben des Staates sei. Im Rahmen der Nation ersetzt die Politik das religiöse oder dynastische Prinzip. Die politische Gleichheit aller Bürger ist entscheidend und nicht der soziale Rang. Die Nation verfügt über die Souveränität, um die verschiedenen Schichten der Gesellschaft zu integrieren und sich als historisches Subjekt darzustellen. Die Gemeinschaft der Bürger legitimiert so das Handeln des Staates nach innen und nach außen.

Dominique Schnapper differenziert vor allem zwischen der politischen Nation und der historischen Gemeinschaft der Ethnie, die sich durch ihre kulturelle Besonderheit definiert. Die kulturelle Homogenität stelle aber niemals eine ausreichende Basis für die Konstituierung des Nationalstaates dar. Die Nation transzendiert über die Staatsbürgerschaft alle Besonderheiten biologischer, historischer, wirtschaftlicher, sozialer, religiöser oder kultureller Ordnung. Aus diesem Grund ist für Dominique Schnapper die Laizität ein Grundprinzip der Staatsnation. Auch Dominique Schnapper entgeht das schon mehrmals erwähnte Paradoxon der Nation nicht, wenn sie schreibt: „Il existe une contradiction essentielle entre le principe universel auquel se réfère la nation civique et l'action de chacune d'elles pour affirmer sa spécificité face aux autres, le plus souvent contre les autres."[7]

Eine neue Einschätzung des Nationalstaates

Seit der deutschen Einigung schien sich jedoch die Einstellung zum Nationalstaat in Deutschland zu wandeln. Der Soziologe Ralf Dahrendorf hatte schon 1990 in einem in der Zeitschrift *Merkur* veröffentlichten Artikel davor gewarnt, Nation und Nationalismus gleichzusetzen. Man dürfe nicht das Konzept des Nationalstaates als Rechtsstaat, der die Rechte der Individuen und der Minderheiten garantiere, mit dem einer homogenen Nation verwechseln, die heterogene Elemente nicht toleriere.[8] „Wer immerfort dem Nationalstaat das Totenglöcklein läutet," so schrieb er 1994, „zerstört damit ungewollt auch die Fundamente von Rechtsstaat und Demokratie, die einstweilen nur im Nationalstaat

---

6 Dominique Schnapper: *La communauté des citoyens. Sur l'idée moderne de la nation.* Paris: Gallimard 1994.

7 Ebda., S. 113.

8 Ralf Dahrendorf: Die Sache mit der Nation. In: *Merkur*, 10–11, Okt./Nov. 1990, S. 823–834.

sicher sind. Deutschland ist ein Nationalstaat und wird es auch in fünfzig und hundert Jahren sein."[9]

Seit der deutschen Einigung hatten sich vor allem auch die Größenordnungen verändert. Deutschland hat 1990 mit 30 % sowohl der Bevölkerung als auch des Bruttosozialproduktes der EU eine kritische Größe erreicht. „Mit der deutschen Vereinigung hat eine Machtverschiebung innerhalb Europas, aber auch selbstverständlich im deutsch-französischem Tandem zugunsten Deutschlands stattgefunden", schrieb damals Jacques-Pierre Gougeon.[10] Derselbe Autor fuhr dann fort, das wirtschaftliche Übergewicht Deutschland lasse sich kaum bestreiten: „Mit einem Bruttoinlandsprodukt (BIP) von 1928 Milliarden Euro gegenüber 1283 Milliarden in Frankreich hat Deutschland einen erheblichen Vorsprung. Der demographische Abstand ist auch nicht unbedeutend: 82 Millionen Einwohner gegenüber 58,6 Millionen in Frankreich."[11] Die französischen Ängste vor einem Ungleichgewicht zwischen Frankreich und Deutschland seien trotzdem nur zum Teil berechtigt. Der prozentuale Anteil des deutschen BIP innerhalb der EU habe sich seit 1972 kaum geändert. Zudem werde in Frankreich zu häufig verkannt, „daß Deutschland zwar die nationalen Interessen neu entdeckt, aber gleichzeitig unsicher ist und eine Identitätskrise erlebt"[12]. Das war nun keineswegs evident. Richtig ist, dass das Ungleichgewicht zwischen den beiden Nationen erkannt und 1991 durch den französischen Präsidenten und den deutschen Kanzler mit dem Vertrag von Maastricht beantwortet wurde: mit dem Konzept einer gemeinsamen Währung und demjenigen einer „Gemeinsamen Außen- und Sicherheitspolitik" (GASP), kurz: mit einer neuen Stufe der europäischen Integration.

Das entsprach einer Entwicklungslinie, die Deutschland geprägt hatte. Die Integration in Europa war ein Substitut für das kompromittierte Nationalbewusstsein gewesen. Die europäische Integration wurde für die Deutschen, so Michael Stürmer, mangels Anhänglichkeit an den gescheiterten Nationalstaat der Weg ins Gelobte Land. Sie können nicht genug bekommen an Integration.[13]

Dem nationalen Scheitern stand die europäische Vision gegenüber. Beides führte Deutschland mit sich selbst und seinen Nachbarn zusammen [...]. Heute erweist die rituel-

---

9 Ralf Dahrendorf: Die Zukunft des Nationalstaates. In: *Merkur*, 546–547, Sept./Okt. 1994, S. 776.

10 Jacques-Pierre Gougeon: Frankreichs neuer Selbstbehauptungswille. In: *Internationale Politik*, 53. Jahr, Nr. 9, Sept. 1998, S. 13–20, hier S. 14.

11 Ebda., S. 15.

12 Ebda.

13 Michael Stürmer: Europas Nationalstaaten sind aus krummem Holz. In: *NZZ*, Nr. 147, 28./29. Juni 1997, S. 50.

le und schon bei nichtigem Anlass unter den Deutschen konstatierte Abscheu vor natio-
nalstaatlichem Denken Unkenntnis der Tatsache, dass die meisten europäischen Nachbarn sich ohne Bedenken wohl befinden in eben jenem Zustand, der den Deutschen seit
50 Jahren beklagenswert erscheint, ja lebensgefährlich.[14]

„Es war und ist nationales Interesse der Deutschen, europäisch zu sein – und
atlantisch", schreibt Stürmer weiter, um dann zu fragen: „Was aber, wenn die
anderen Europäer mehr oder weniger im Nationalen verharren?"[15]

In der Tat stellt sich hier eine zentrale Frage. Gilt es nicht, seinen Frieden
zu machen mit der Idee des heterogenen Nationalstaates, um so mit den Nachbarn kompatible Denk- und Daseinsformen zu finden? Denn die Nationalstaaten scheinen auch am Ende des 20. Jahrhunderts und am Beginn des 21. Jahrhunderts sich keineswegs aufzulösen. Der Berliner Sozialhistoriker Hartmut
Kaelble zog aus seinen Forschungen den Schluss, dass die politischen Strukturen und Kulturen Westeuropas in der Langzeitperspektive „weit zählebiger und
schwerer integrierbar" sind als Wirtschaft und Gesellschaft.[16] Wenn die EU bei
der Bevölkerung eine meistenteils akzeptierte Tatsache ist und die nationale
Dimension nicht mehr als der letzte verstellbare Horizont des Denkens angese-
hen wird, schreibt auch Siegfried Schwarz, so nimmt dessen ungeachtet „der
Nationalstaat nicht nur in Großbritannien, Frankreich und den skandinavi-
schen Ländern, sondern auch und gerade in Deutschland – namentlich in
jüngster Zeit – wieder einen herausragenden Platz im Denken und Fühlen der
Menschen ein."[17] Eine ähnliche Entwicklung in Deutschland stellte auch Jacques-Pierre Gougeon fest: „A cela s'ajoute la résurgence en Allemagne d'une
réflexion légitime – sur l'Etat-nation. Être européen n'est plus systématique-
ment une vertu outre-Rhin. Le concept d'intérêt national réapparaît de telle
sorte que les Allemands peuvent de nouveau affirmer ce qui naguère n'était
pas dicible."[18]

Während man in Deutschland von der europäischen Vision zugunsten des
Nationalstaates etwas abrückte, schien man in Frankreich eher die Werte des
Nationalstaates durch die Supranationalität gefährdet zu sehen. Dominique
Schnapper fragte sich so, ob die Nation heute noch ihrer Funktion der Integra-
tion und der politischen Partizipation der Bürger nachkomme. Sie sieht die

---

14 Michael Stürmer: Deutschland und der Nationalstaat. In: *NZZ*, Nr. 158, 11. Juli 1997, S. 5.
15 Ebda.
16 Hartmut Kaelble: *Auf dem Weg zu einer europäischen Gesellschaft. Eine Sozialgeschichte
Westeuropas 1880–1980*. München: Beck 1987, S. 158 f.
17 Siegfried Schwarz: Aufbruch zu einem flexiblen Europa. In: *Deutschland-Archiv*, Nr. 1, 1995,
S. 964–972, hier S. 965.
18 *Le Monde*, 18. November 1997.

Nation als ideale Form der Demokratie und des Bürgersinns durch zwei Tendenzen gefährdet: einerseits von außen durch die Internationalisierung und den Transfer von Kompetenzen an supranationale Institutionen, andererseits von innen durch eine hedonistisch produktivistische Logik sowie durch die soziale Segmentierung. Europa als reine Gemeinschaft von Produzenten und Konsumenten, stelle ein Symptom des Niedergangs einer demokratischen Gesellschaft dar. Nach Michael Jeismann geht von Schnappers Analyse der modernen Nation wohl eine suggestive nostalgische Energie aus, der die Europäische Gemeinschaft wenig entgegenzusetzen habe. Wenn man die Nation als idealen Rahmen für die Wiederbelebung des Bürgersinns betrachte, dann dürfe man aber nicht vergessen, dass die Nation auch Nationalismus impliziere, die Verteidigung des nationalen Territoriums und den Kampf gegen die Feinde.[19]

Die Europäische Union als neues Identifikationsangebot?

Jeismann hat auf der historischen Ebene recht, nicht aber im Kontext der (partiellen) europäischen Integration, die ja nun gerade mit der Zielsetzung gegründet wurde, kriegerische Konflikte zwischen europäischen Nationalstaaten für immer auszuschließen. Jeismann fügte in seiner Kritik an den Thesen von Dominique Schnapper hinzu, die Nation zeichne sich nicht bloß durch eine politische Dimension, sondern auch durch eine ökonomische und soziale aus; sie impliziere die freie Zirkulation von Personen und Gütern, die Abschaffung von Binnenzöllen. Die Nationalstaaten hätten sich auch über einen Prozess des Transfers der regionalen Souveränität hin zur nationalen Souveränität gebildet, wie das nun auch in Europa geschehe.

Gegen diese Analogisierung zwischen nation-building und europäischer Einigung äußern sich in letzter Zeit nicht nur in Frankreich, sondern vermehrt auch in Deutschland Einwände. Gleichzeitig stellt sich hier auch die Frage nach dem Primat des Politischen oder des Ökonomischen. Die ökonomische und nun auch die währungspolitische Einigung in Europa sind zweifellos ein Erfolg. Dasselbe lässt sich indes keineswegs von der intendierten gemeinsamen Außen- und Sicherheitspolitik sagen.[20] Henry Kissinger hat über das Fehlen

---

19 Michael Jeismann: Die Selbstvergessenen. In: *F.A.Z.*, Nr. 278, 30. November 1994.

20 Jacques-Pierre Gougeon sieht hier allerdings schon eine gewisse Bewegung. Mit einem deutschen Sitz im UN-Sicherheitsrat würde die deutsch-französische Zusammenarbeit eine neue Dimension gewinnen. „Aus diesen Erwägungen lässt sich ableiten, dass Frankreich daran arbeiten wird, die europäische gemeinsame Außen- und Sicherheitspolitik (GASP) effizient zu gestalten. Der Amsterdamer Gipfel vom 15. Juni 1997 hat auf eine deutsch-französische Initiative hin in diesem Bereich einiges bewegt und erreicht, da jetzt gemeinsame Strategien gegen-

einer europäischen Telefonnummer geklagt, wenn es um außen- und sicherheitspolitische Fragen gehe. Das liegt auch daran, dass die Nationalstaaten nach wie vor ihre Prärogativen behaupten.

An der Vision von den ‚Vereinigten Staaten Europas' wird selbst von überzeugten Europäern nicht mehr festgehalten. Die EU ist wohl mehr als ein Bündnis von Nationalstaaten, schreibt Ralf Dahrendorf; sie ist aber nicht der Beginn der Schaffung eines neuen Superstaates Europa. „Europa, die Kopfgeburt, liegt irgendwo zwischen der organisierten Zusammenarbeit nationaler Regierungen und der gemeinsamen Vertretung des Ganzen [...]. Der Name ‚Europäische Union' führt eher in die Irre; europäischer Staatenverbund wäre genauer."[21] Siegfried Schwarz spricht von einem völlig neuen Organisationsmodell, das nun im Entstehen begriffen sei, ein „Europa der Nationalstaaten", ein „irreversibler Staatenverbund mit partiell supranationalen Strukturen" oder andersrum gewendet: eine „Konföderation nationalstaatlicher Völkerrechtssubjekte mit partiell eingeschränkten Souveränitätsrechten".[22] Andreas Ernst entwirft seinerseits das Szenario eines „Europas der vernetzten Vaterländer":

> Es zeichnet sich durch eine klare Kompetenzverteilung zwischen den Nationalstaaten und dem supranationalen Verband aus. In der Tendenz werden jene Politikbereiche europäisiert, die sinnvollerweise nicht mehr nationalstaatlich betrieben werden können (Umweltpolitik, Migrationspolitik, Sicherheitspolitik). Dabei würden eingespielte nationale Integrationsleistungen und Problemlösungsverfahren erhalten bleiben; gleichzeitig muss der intermediäre Bereich, müssen Medien, Parteien, Verbände und Gewerkschaften in die europäische Dimension wachsen. Das entstehende Gebilde ist weder ein unvollendeter Bundesstaat noch ein Staatenbund im Sinne des 19. Jahrhunderts, sondern ein europäisches Netzwerk verschiedener Rechtskreise, legitimiert durch die Europäisierung von politischer und medialer Öffentlichkeit.[23]

Hier handelt es sich aber noch vielfach um ein Postulat, um ein Zukunftsszenario. So kann keineswegs von einer gesamteuropäischen Öffentlichkeit, nicht einmal von einer Europäisierung der nationalen Öffentlichkeiten gesprochen werden, die die weitere Entwicklung der Union diskutieren würden. Man stellt vielmehr einen gegenläufigen Prozess fest. Die Medien ziehen sich seit 1989

über Ländern und Regionen zwar immer noch einstimmig zu beschließen sind, aber konkrete Maßnahmen per Mehrheitsbeschluss festzusetzen sind." Der Erfolg dieser Politik setzte eine Gleichberechtigung Frankreichs mit Deutschland voraus (Jacques-Pierre Gougeon: Frankreichs neuer Selbstbehauptungswille, S. 20).

21 Ralf Dahrendorf: Die Zukunft des Nationalstaates, S. 778.
22 Siegfried Schwarz: Aufbruch zu einem flexiblen Europa, S. 967.
23 Andreas Ernst: Wie die Schweiz, so Europa? Vielsprachigkeit, Öffentlichkeit und politische Integration. In: *NZZ*, Nr. 283, 5./6. Dezember 1998, S. 56.

immer mehr aus der internationalen Berichterstattung zurück, und bauen stattdessen die regionale Berichterstattung aus.[24]

Neben der Feststellung einer noch kaum existierenden europäischen Öffentlichkeit wird auch der Ruf nach parlamentarischer Legitimation stärker. Die Demokratiedefizite einer vor allem verwaltungsmäßig vorangetriebenen Integration dringen ins öffentliche Bewusstsein. Schließlich gibt Europa, so Dahrendorf, „dem scheinbaren Verschwinden von Grenzen und den burgunderroten Pässen zum Trotz, keinen Anlass zu einem Aufschwung der Gefühle. Europa schafft keine Ligaturen.“[25] Bei der Feststellung fehlender emotionaler Bindungen treffen sich der ehemalige Verfassungsrichter Böckenförde, der CDU-Politiker Schäuble[26] und Dominique Schnapper. So wies Böckenförde da-

---

24 Siehe dazu Hugo Bütler: Die Medien nach der Wende von 1989. Europäische Politik als publizistische Herausforderung. In: *NZZ*, Nr. 283, 5./6. Dezember 1998, S. 55. Die Region erscheint als neue lebenskräftige Einheit unterhalb der Ebenen des Nationalstaates zunehmend an Vitalität zu gewinnen. Das gilt selbstverständlich für föderalistisch organisierte Staaten wie die Bundesrepublik, selbst wenn die Bundesländer – auch aufgrund der Vorgaben des Bundesverfassungsgerichtes – immer mehr Kompetenzen an den Bund abtreten mussten. Aber in Frankreich setzte seit 1981 ein – behutsamer – Prozess der Regionalisierung ein. Selbst in England wurden Wales und Schottland im September 1997 eigene Regionalparlamente zugestanden. In der grenzüberschreitenden Zusammenarbeit der Regionen schlummert in der Tat ein noch keineswegs ausgeschöpftes Potential. So meinte etwa Jacques-Pierre Gougeon: „Les Allemands attachent beaucoup d'importance aux Eurorégions, à la coopération entre régions appartenant à divers pays européens voisins. La France se retrouve un peu démunie parce qu'elle fait une découverte sur une question qu'on aurait pu analyser plus tôt“ (*Le Monde*, 18. November 1997). Gegen die Kooperation von Regionen, die sich als Teil des Nationalstaates definieren, ist nichts einzuwenden. Problematisch ist aber die Definition der Region als eigenständige politische Einheit. So schreibt Andreas Ernst zu Recht hinsichtlich des Projekts eines ‚Europa der Regionen‘: „Es bezieht seine Attraktivität aus der Skepsis gegenüber der Problemlösungskapazität der Nationalstaaten und aus der Unwahrscheinlichkeit eines europäischen ‚Nationalgefühls‘. Der Europäisierungsprozess besteht dann in einer Schwächung der nationalstaatlichen Souveränität, die nach oben und nach unten, d. h. nach ‚Brüssel‘ und in die Regionen, verschoben wird. Was dieses Modell allerdings fahrlässig vernachlässigt, ist das Ethnisierungspotential, dem Konflikte unterschiedlichsten Typs durch ein solches Volks-Europa ausgesetzt sind“ (*NZZ*, 5./6. Dezember 1998, S. 56).

25 Ralf Dahrendorf: Die Zukunft des Nationalstaates, S. 778; siehe dazu auch Wolfgang Jäger/ Joseph Jurt u. a. (Hg.): *Demokratische Legitimation in Europa, in den Nationalstaaten, in den Regionen.* Eggingen: Edition Isele 2000.

26 „Europa, die Europäische Union bietet für die emotionale Bindewirkung des nationalen Zusammenhalts noch keinen ausreichenden Ersatz. Europa ist noch nicht in der Lage, ausreichend identitätsstiftend zu wirken, neben dem äußeren Zusammenhalt, mit dem wir schon beachtlich weit gekommen sind, auch den inneren Zusammenhalt seiner Völker ausreichend zu gewährleisten. So etwas wie ein europäisches Gemeinschaftsgefühl beginnt erst langsam die Orientierung am eigenen Nationalstaat abzulösen. Ein aktivierbares europäisches Bewußt-

rauf hin, dass es dem sich primär als Markt organisierenden Europa an dem unentbehrlichen „sense of belonging" fehle, um die kulturelle und politische Verankerung in eine nationale Identität zu ersetzen;

> dieses Europa bietet dafür auf absehbare Zeit zu wenig emotionale Identifikationsmöglichkeiten, und die unitarisierende normative Überregulierung der Brüsseler Bürokratie baut sie weiter ab. Europa kann absehbar nur als ein Europa der Völker und Nationen zusammenwachsen und sich organisieren, auf dieser Grundlage aber auch integrieren.[27]

Ganz ähnlich Dominique Schnapper:

> La communauté économique européenne a [...] créé une Europe des producteurs, des consommateurs et des marchands. Les autorités de Bruxelles interviennent essentiellement dans la vie économique et sociale [...]. La participation au même système économique et social ne suffit pas à unir les hommes. Les sociologues devraient être les derniers à oublier que l'homme social n'est pas seulement un *homo œconomicus*, qu'il vit aussi de ses passions, de ses valeurs et de sa volonté.[28]

Bei seiner ersten großen Rede, die Europa galt, bedauerte der deutsche Bundespräsident Gauck im Februar 2013 in Europa das Fehlen politischer Steuerung für das Experiment der Währungsunion; er beklagte vor allem „die Absenz eines Gründungsmythos, einer identitätsstiftenden europäischen Erzählung nach der Art von Entscheidungsschlachten, die manchmal Nationalstaaten eint".[29] Auch Otto Kallscheuer denkt, dass ein sozial und kulturell offener Begriff nationaler Zugehörigkeit gleichwohl mehr als die bloßen Verfahren demokratischer

---

sein ist dann noch nicht entstanden" (Wolfgang Schäuble, Nationale Identität und die innere Einheit Deutschlands, S. 10).

27 Ernst-Wolfgang Böckenförde: Die Nation. Identität in Differenz. In: *Universitas*, 50. Jg., Nr. 10, Oktober 1995, S. 974–991, hier S. 987. Siehe dazu auch Dieter Langewiesche: „Völlig fehlen noch die massenkommunikativen Verdichtungen, die seit den bahnbrechenden Studien von Karl W. Deutsch als gesellschaftliche Grundlage für die vielschichtigen Prozesse von ‚nation-building' intensiv erforscht worden sind. Und ebenso fehlt es an den emotionalen Bindungen, deren Bedeutung für die Entstehung von Nationen als ‚imagined communities' (Benedict Anderson) die neuere Forschung vorrangig untersucht. Ob in der Europäischen Gemeinschaft Gemeinschaftsgefühle, die den nationalen vergleichbar sind, entstehen können, erscheint zweifelhaft, bedenkt man, dass die großen Bevölkerungsteile, die keine der europäischen ‚Integrationssprachen' beherrschen, grundsätzlich ‚kommunikations- und partizipationsbeschränkt' bleiben. Deshalb rechnet Mr. Lepsius die Sicherung der kulturellen ‚Binnenautonomie' zu den wichtigen Funktionen, die auch künftig von den Nationalstaaten erfüllt werden müssen" (Dieter Langewiesche: Nation, Nationalismus, Nationalstaat, S. 191).

28 Dominique Schnapper: *La communauté des citoyens. Sur l'idée moderne de la nation*, S. 197 f.

29 Ulrich Schmid: An Europa muss man glauben. In: *NZZ*, Nr. 45, 23. Februar 2013, S. 7.

Selbstbestimmung einschließen muss, um politische Motivationskraft zu mobilisieren: „Geteilte demokratische Werte müssen die Gestalt von Geschichten, Erinnerungen, Ritualen und Symbolen annehmen."[30] Ähnlich auch wieder Dahrendorf, in dessen Augen der Stolz auf das Grundgesetz nicht ausreicht, um das Nationalbewusstsein zu begründen und der dann zu folgender Schlussfolgerung kommt:

> Auf absehbare Zeit wird der Nationalstaat der Rahmen individueller Rechte und die Aktionseinheit der internationalen Beziehungen bleiben. Das gilt auch in und für Europa [...]. Er ist auch der Raum, in dem Menschen Zugehörigkeitsgefühle empfinden können. Einstweilen haben wir noch nichts Besseres erfunden als den heterogenen Nationalstaat.[31]

Dahrendorf weist aber ebenso entschieden darauf hin, dass die größte Gefahr dem Nationalstaat von der Nation droht, von der homogenen Nation – der ethnischen Säuberung –, die Minderheiten entrechtet und Nachbarn attackiert.

Die Euro-Krise seit 2010 warf Fragen auf, die weit über die ökonomische Dimension hinausgehen. Es stellt sich vor allem die Frage, wie das angeschlagene Vertrauen in die Euro-Zone und letztlich in die Europäische Union als Ganzes wieder hergestellt werden kann. Die einen sehen das Heil in einer Vergemeinschaftung, an deren Ende ein europäischer Bundesstaat stände; die anderen verteidigen die EU als Staatenbund, dessen Macht nur eine von den Mitgliedern geliehene ist. Zweifellos ist heute die EU mehr als ein Staatenbund, aber keineswegs ein Bundesstaat. Nach Ulrich Speck entspricht der ökonomischen Logik des Föderalstaates keine politische Logik. In seinen Augen kann ein stabiles Europa „nur ein Europa der Nationen" sein; „am Nationalstaat findet die Integration ihre Grenze. Die historische Herausforderung an die europäische Politik ist daher, auf diesem Fundament etwas Neues zu begründen – Mechanismen zu entwickeln, die es ermöglichen, eine gemeinsame Währung auch ohne gemeinsamen Staat zu meistern." Sein Fazit: „Die Vereinigten Staaten von Europa bleiben eine Utopie."[32]

---

30 Otto Kallscheuer: Fragmente und Solidarität. Über Nation und Staatsbürgerschaft, S. 50. Siehe dazu auch Ralf Dahrendorf: Die Zukunft des Nationalstaates, S. 775: Zur „Kopfgeburt" des Verfassungspatriotismus „kommen noch andere Dinge dazu, die Flagge, die Hymne, ja der Glaube an die Einmaligkeit, sogar die Auserwähltheit der eigenen Nation, der doch in der Regel vor Überheblichkeit halt macht." Siehe zu den bestehenden Europasymbolen: Markus Göldner: *Politische Symbole der europäischen Integration*. Frankfurt a. M.: Peter Lang 1988; zu den Symbolen des vereinten Deutschland: Joseph Jurt: La nouvelle Allemagne: quels symboles? In: *Actes de la recherche en sciences sociales*, Nr. 98, Juni 1993, S. 45–58.
31 Ralf Dahrendorf: Die Zukunft des Nationalstaates, S. 778.
32 Ulrich Speck: Die Vereinigten Staaten von Europa bleiben eine Utopie. In: *NZZ*, Nr. 264, 12. November 2012, S. 15.

Jan Techau, der Direktor von Cernegie Europe, teilt diese Meinung nicht. Aber auch er betrachtet „die Vermählung der identitätsstiftenden Kraft der Nation mit den enormen Potentialen rationaler, regelbasierter, technokratischer Staatlichkeit" als „erfolgreichstes Projekt der Geschichte".[33] Er glaubt aber, dass die Herausforderungen der Gegenwart zur „Schaffung staatsähnlicher Entscheidungs- und Verwaltungsverfahren oberhalb der Ebene der Nation" führen werden. Die Europäer müssten sich in Zukunft Staat und Nation getrennt vorstellen können. Durch diese neue Ebene würden die bestehenden nationalen Identitäten nicht ausgelöscht, sondern überwölbt: „Wenn Europa seinen Reichtum und seine zivilisatorische Kraft erhalten will, dann hängt vieles davon ab, ob es Jahrhunderte nach der Erfindung des Nationalstaates die Lebensbedingungen auf seinem Kontinent entscheidend weiterentwickeln kann."[34]

In der Tat ist mit der EU etwas Neues entstanden, das kein Bundestaat ist und wohl auch nicht sein wird. Dahrendorf scheint in seinem Plädoyer für den Nationalstaat das Neue zu vergessen, das durch den partiellen Souveränitätsverzicht der europäischen Nationalstaaten entstanden ist: eine fragmentierte oder multiple Identität der europäischen Bürger, die gerade in ihrer Fragmentierung das Gegenteil eines homogenen Nationenverständnisses ist. Eine ethisch „dichtere" Kultur nationaler Solidarität zwischen Mitbürgern und eine transnationale Fragmentierung bestimmter Dimensionen des Bürgerstatus im europäischen „sozialen Raum" müssen sich, so die These von Otto Kallscheuer, nicht zwangsläufig ausschließen: „An die Stelle der homogenen politischen *nation une et indivisible* träte ein föderatives Bausteinsystem; es entstünde nicht aus einem Guss, sondern per Bastelei – auf der Basis von Versuch und Irrtum."[35]

Erstaunlich ist jedoch, dass gerade jetzt in der Zeit der Krise, wo zunehmend wichtige politische Entscheidungen auf der Ebene der EU-Kommission gefällt werden, sich in Europa populistische Europa-feindliche Bewegungen ausbilden und die Begeisterung für die Integration abnimmt. Auf der Ebene des Bewusstseins der Bürger scheint man sich an den Nationalstaat als einer bewährten Struktur zu halten. So schreibt Eric Guyer in einem Leitartikel: „Den

---

33 Jan Techau: Staat und Nation getrennt denken. In: *NZZ*, Nr. 264, 12. November 2012, S. 15.
34 Ebda.
35 Otto Kallscheuer: Fragment und Solidarität. Über Nation und Staatsbürgerschaft, S. 50; siehe dazu auch Joseph Jurt: Une issue au bilatéralisme exclusif. L'Europe comme projet culturel et politique. In: Otmar Seul/Bernd Zielinski u. a. (Hg.): *De la communication interculturelle dans les relations franco-allemandes: Institutions – Enseignement et formation professionnelle – Entreprises.* Bern: Peter Lang 2003, S. 119–132.

Kontinent teilen sich lauter Nationalstaaten, die stolz sind auf ihre Identität und diese bewahren möchten. Grenzen bedürfen des Schutzes, soll der Staat als Solidargemeinschaft in besonderer Weise zusammengehörender Menschen nicht seinen Sinn verlieren."[36]

Europa: welche kulturelle Identität?

Welche Rolle aber spielen Kultur, näher Literatur und Sprache, für die Identität Europas sowie für die Nationalstaaten Frankreich und Deutschlands heute? Zweifellos lässt sich Europa weder geomorphologisch noch ethnisch definieren. Zahlreiche Intellektuelle haben darum Europa durch die gemeinsame kulturelle Tradition bestimmt.[37] „Europa, das ist die Bibel und die Antike", so die lapidare Kurzformel von Karl Jaspers.[38] Für den Politologen Richard von Löwenthal machen römisches Staatsdenken und das Christentum das Fundament Europas aus.[39] Auf die christliche Tradition geht zweifellos auch die Ausbildung eines wertbetonten Verhältnisses zur Arbeit zurück. In den Augen von Cornelius Castoriadis ist nicht bloß das römische Staatsdenken für die europäische Kultur zentral, sondern gleichzeitig die griechisch-okzidentale Idee der kollektiven wie individuellen Freiheit, d. h. die Relativierung der Institution und damit auch die Einsicht, dass diese den *Nomos*, etwas vom Menschen Geschaffenes und nicht eine *Physis*, eine natürliche Ordnung repräsentieren.[40] Damit gehört gleichzeitig auch die Aufklärung, die Kritik der bestehenden Institutionen, zu dieser Tradition.

Es handelt sich so um eine plurielle Tradition. Alle Versuche, in Europa politische oder kulturelle Homogenität durchzusetzen, scheiterten. Europa war vor allem ein Kontinent des Austausches und der gegenseitigen Befruchtung. Die kulturelle Vielfalt ist so zweifellos das bestimmende der europäischen Identität.[41] Das Nebeneinander vielfältiger, unterschiedlicher Gemeinschaften

---

36 Eric Guyer: Etwas Besseres als der Tod. In: *NZZ*, Nr. 237, 12./13. Oktober 2013, S. 1.

37 Siehe dazu auch Joseph Jurt: Sprache und Kultur – Trennung oder Bindeglied zwischen den Völkern in Europa? In: *Civitas*, 48, 11, November 1993, S. 233–240.

38 Karl Jaspers: *Vom europäischen Geist*. München: Piper 1947.

39 Zitiert nach Werner Weidenfeld (Hg.): *Die Identität Europas*. Bonn: Bundeszentrale für Politische Bildung 1985, S. 43.

40 Cornelius Castoriadis: Freiheit als Demokratie und Freiheit als Philosophie. Europas unverwechselbarer Beitrag zur Emanzipation der Menschheit. In: Internationale Culturele Stichting (Hg.): *Kultur-Markt Europa*. Köln 1989, S. 48–59.

41 Siehe dazu Fritz Nies: Die europäische Dimension als Herausforderung für die kulturelle Bildung. In: *Engagement. Zeitschrift für Erziehung und Bildung*, 1, 1991, S. 27–39, hier S. 28 f.

rief nicht nur zur Auseinandersetzung auf, sondern ließ auch Techniken des Zusammenlebens entstehen. Cornelius Castoriadis sieht darin eine Eigenheit der europäischen Kultur. „Sie besteht in der Anerkenntnis, dass andere Kulturen nicht bizarr, heidnisch, diabolisch etc. sind, sondern ganz einfach anders, und dass sie *prima facie* alle die gleiche Würde besitzen."[42] Die Eroberungskriege, die Kolonialexpansionen der Europäer scheinen aber dem zu widersprechen. Darauf entgegnet Castoriadis:

> Aber nur auf dem Gebiet Europas wurden sie geistig kritisiert und wurde ihnen aus dem Innern der Länder politischer Widerstand entgegengesetzt. Es ist allein die europäische Kultur, die sich ausdrücklich und willentlich anderen Kulturen gegenüber öffnete, die versuchte, sie zu verstehen und sie wertzuschätzen.[43]

Wenn man diese Aussage in ihrer Absolutheit auch anzweifeln mag, so unterstreicht auch Tvetan Todorov bei den europäischen Eroberern das Bemühen, das Andere der anderen Kultur zu verstehen, selbst wenn man dabei an der eigenen Superiorität festhielt.[44]

Auch bezüglich der Sprachensituation existiert in Europa keine Homogenität. In Europa werden 64 unterschiedliche Sprachen gesprochen. Wenn sich im Bereich der industriellen Produktion und in dem der Währung deutliche Homogenisierungen abzeichnen, so ist das im sprachlichen Bereich keineswegs der Fall. Die sprachliche Vielfalt wird geradezu als Markenzeichen Europas betrachtet. Minderheiten können die Anerkennung ihrer Regionalsprachen als offizielles Kommunikationsmittel beanspruchen. So haben sich die Mitgliedstaaten des Europarates in den 1990er Jahren nach mehrjährigen Verhandlungen auf eine Sprachenkonvention geeinigt, die rund 50 Minderheitssprachen in Europa zu schützen. Frankreich hat diese Charta erst 1999 unterzeichnet. Der Verfassungsrat erklärte dies aber als nicht verfassungskonform und man begnügte sich damit, in der Verfassung im Juni 2008 die Regionalsprachen zum Erbe Frankreichs zu zählen.[45]

Hans Maier bestimmte die Sprachenvielfalt als das eigentliche Charakteristikum Europas:

> Soll die europäische Einigung in einen Zusammenschluss freier Staaten münden, so muss sie auf sprachlich-kulturellem Gebiet Leit- und Hegemoniesprachen vermeiden. Ihr Ziel

---

42 Cornelius Castoriadis: Freiheit als Demokratie und Freiheit als Philosophie. Europas unverwechselbarer Beitrag zur Emanzipation der Menschheit, S. 48.
43 Ebda.
44 Tvetan Todorov: *Die Eroberung Amerikas. Das Problem des Anderen*. Frankfurt a. M.: Suhrkamp 1985, S. 291.
45 Anne-Marie Thiesse: *Faire les Français. Quelle identité nationale?*, S. 110.

muss Sprachenvielfalt, nicht Spracheneinheit sein. Dies allein entspricht europäischen Traditionen der Individualität, der Verwirklichung im Einzelnen und Konkreten [...]. Die kulturelle Vielfalt ist die dauerhafteste Ressource Europas; sie muss sich in einer Sprachenvielfalt zeigen, die jede Sprachhegemonie vermeidet und deren Ziel ein Europa der Muttersprachen ist.[46]

Sprache und Literatur im heutigen Deutschland: welche identitäre Funktion?

Spielen Sprache und Literatur noch eine Rolle bei der Debatte über die nationale Identität Deutschlands heute? Hinsichtlich der Sprache kann das eindeutig verneint werden. Niemand behauptet heute in Deutschland, die Sprache sei ein spezifisches Charakteristikum des deutschen Nationalstaates. Jedermann ist sich bewusst, dass Deutsch auch die Sprache Österreichs und der Deutschschweiz ist. 2009 wurde die Idee artikuliert, Deutsch als Landessprache ins Grundgesetz aufzunehmen. Das kam dann aber nicht in den Koalitions-Vertrag. 2011 legten der Verein Deutsche Sprache (VDS) und der Verein für deutsche Kulturbeziehungen im Ausland (VDA) eine Petition mit rund 75.000 Unterzeichnern mit diesem Anliegen vor. Begründet wurde der Vorstoß mit dem „Beutungsschwund der deutschen Sprache". Der Vorstoß stieß aber beim Petitionsausschuss des Bundestages überwiegend auf Skepsis. Es handle sich hier um eine Selbstverständlichkeit, der man nicht Verfassungsrang einräumen müsse. Überdies sei Deutsch als Amtssprache schon in den Verwaltungsverfahrensgesetzen von Bund und Ländern festgehalten.[47]

Erscheint die Literatur als identitäres Merkmal der Bundesrepublik Deutschland? Die Frage stellte sich vor der deutschen Einigung. Man erinnert sich hier an die Debatte beim VII. Internationalen Germanisten-Kongress von 1985 in Göttingen, der unter anderem die Frage „Zwei deutsche Literaturen?" aufwarf. Während Jürgen Link schon 1978 eine kulturelle, ästhetische und selbst ideologische Konvergenz in einem großen Teil der Literatur in West- und Ostdeutschland feststellte, betonte Walter Hinck das Bestreben der offiziellen

---

46 Hans Maier: Europa. Kulturelle Bedeutung. In: *Staatslexikon*, Bd. 6. Freiburg: Herder 1992, S. 105; siehe dazu auch Wulf Oesterreicher: Mehrsprachigkeit als Bedingung geisteswissenschaftlicher Produktivität und die Aufgabe einer Hierarchisierung der europäischen Sprachen. In: *PhiN*, 3, 2004, S. 29–46 sowie Joseph Jurt: Globalisierung und sprachlich-kulturelle Vielfalt (unter anderem aufgezeigt am Beispiel der Schweiz). In: Georges Lüdi/Kurt Seelmann u. a. (Hg.): *Sprachenvielfalt und Kulturfrieden. Sprachenminderheit – Einsprachigkeit – Mehrsprachigkeit: Probleme und Chancen sprachlicher Vielfalt*. Fribourg: Academic Press/Stuttgart: Kohlhammer 2008, S. 201–223.
47 Nach www.bundestag.de (Stand: 31. Oktober 2011).

Kulturpolitik der DDR nach möglichst großer Abgrenzung.[48] Rémy Charbon („Zwei deutsche Literaturen. Überlegungen zu einer Kontroverse") unterstrich die gemeinsame Grundlage der drei deutschsprachigen Literaturen des „Westens", trotz regionaler Varianten. Die Literatur der DDR grenzte er aus diesem Raum aus, vor allem auch, weil ein großer Teil der Literatur der BRD, der Deutschschweiz und Österreichs in der DDR schlicht nicht greifbar war. Die westdeutschen Verlage verlegten ihrerseits nur in selektiver Weise literarische Werke der DDR. Die Literaturkritik bediene sich ebenfalls jeweils unterschiedlicher Kriterien, wenn sie die Literatur aus dem jeweils anderen Teil Deutschlands beurteile. Wenn es in den zwanzig Jahren nach 1960 Annäherungen in den stilistischen Verfahren gegeben habe, so habe diese formelle Konvergenz keine kulturelle Konvergenz bedeutet. In der DDR-Literatur habe sich gerade mit Hilfe ‚moderner' Schreibverfahren ein Netz von Anspielungen entwickelt, die für einen westdeutschen Leser schwer zu entschlüsseln gewesen seien. In den Augen von Charbon waren 1985 die Fäden der Tradition noch nicht total abgeschnitten, doch hätten sich die beiden Felder relativ autonom entwickelt.[49]

Heute aber meint der Begriff ‚deutsche Literatur' nicht eine Nationalliteratur, sondern schlicht die deutschsprachige Literatur.[50] Damit werden regionale Prägungen nicht infrage gestellt. Es gibt aber durchaus Forscher wie Verena Holler, die von einem eigenen literarischen Feld in Österreich sprechen.[51]

Sprache und Literatur in Frankreich: gibt es noch eine identitäre Funktion?

In Frankreich ist die Situation bezüglich der Sprache nicht identisch mit der Deutschlands. Seit 1992 hat der Status der französischen Sprache Verfassungs-

---

48 Walter Hinck: *Germanistik als Literaturkritik*. Frankfurt a. M.: Suhrkamp 1983, S. 291–315: Haben wir vier deutsche Literaturen oder *eine*? Plädoyer in einer Streitfrage. Siehe dazu auch Joseph Jurt: La littérature est-allemande, avant et après 1989. In: Mihaï Dinu Gheorghiu (Hg.): *Littératures et pouvoir symbolique*. Pitesti: Paralela Editura 2005, S. 76–86.

49 Rémy Charbon: Zwei deutsche Literaturen. Überlegungen zu einer Kontroverse. In: *Kontroversen, alte und neue*. Akten des VII. Internationalen Germanisten-Kongresses Göttingen 1985, Bd. 10. Tübingen: Niemeyer 1985, S. 84–88.

50 Siehe etwa Jaques Le Rider: ‚Nationalliteratur'. Ein Fantom in der Rumpelkammer der Literaturgeschichte. In: Corina Caduff/Reto Sorg (Hg.): *Nationale Literaturen heute – ein Fantom? Die Imagination und Tradition des Schweizerischen als Problem*. Zürich: Verlag Neue Zürcher Zeitung 2004, S. 85–101.

51 Verena Holler: *Felder der Literatur. Eine literatursoziologische Studie am Beispiel von Robert Menasse*. Frankfurt a. M.: Peter Lang 2003; siehe auch dies.: Positionen – Positionierungen – Zuschreibungen. Zu Robert Menasses literarischer Laufbahn im österreichischen und deut-

rang („Le français est la langue de la République"). Den Regionalsprachen wird ein solcher Status nicht zuerkannt. Die Beherrschung des Französischen wird als Zeichen der Integration gesehen. Den Ursprungssprachen der Einwanderer wird derselbe (abwertende) Rang wie früher den „Patois" zugeschrieben. Die Angst vor einem Kommunitarismus führt so nicht zu einer positiven Sicht einer mehrsprachigen Kompetenz.[52]

Wie in andern Ländern steht seit der Jahrhundertwende die Einwanderung im Zentrum der politischen Debatte der Öffentlichkeit. Was für Frankreich aber neu war, das ist die Verknüpfung der Frage der Einwanderung mit der der „identité nationale". Diese Verknüpfung praktizierte Sarkozy ganz bewusst während der Präsidentschaftkampagne von 2007.[53] Er instrumentalisierte in geschickter Weise das Konzept der nationalen Identität, das er mit Beispielen aus der Vergangenheit unterfütterte, für eine Strategie einer gelenkten Einwanderung. Die nationale Identität sieht er gleichzeitig gefährdet durch die ‚clandestins' und durch den Kommunitarismus. Die negativen Beispiele, die nicht mit der ‚nationalen Identität' vereinbar sind, beziehen sich ausschließlich auf Praktiken der islamischen Religion; es gab in seinen Reden keinen einzigen positiven Hinweis auf den Islam. Die Gefahr, die von den Einwandern ausgehe, wird immer auf ihre Herkunft zurückgeführt und nicht auf konkrete Fakten. Ein besonderes Gewicht wird auf die französische Sprache gelegt: „La place centrale accordée à la langue française s'explique par le fait qu'elle peut à la fois fournir des arguments supplémentaires pour entraver l'émigration et des exemples concrets pour montrer les efforts accomplis par le gouvernement en faveur de l'intégration."[54] Gérard Noiriel wirft zu Recht ein, es sei völlig arbiträr, die nationale Identität über die Sprache zu definieren und verweist dabei auf das Konzept von Renan.

Sarkozy beließ seine Ausführungen nicht bei Worten; wie er in der Kampagne angekündigt hatte, schuf er innerhalb seiner Regierung ein eigenes Ministerium der Immigration und der nationalen Identität („Ministère de l'Immigration et de l'Identité nationale"), eine Maßnahme, die von 88 % der Wähler des Front National gutgeheißen wurde, aber diejenigen, die in Sarkozys Visier standen, ausschloss: „L'exaltation de la fierté d'être français a eu pour contrepartie la stigmatisation de ceux qui se sont sentis directement visés par les

---

schen Feld. In: Markus Joch/York-Gothart Mix u. a. (Hg.): *Mediale Erregungen? Autonomie und Aufmerksamkeit im Literatur- und Kulturbetrieb der Gegenwart.* Tübingen: Niemeyer 2009, S. 169–187.

52 Anne-Marie Thiesse: *Faire les Français. Quelle identité nationale?*, S. 112 f.
53 Siehe dazu Gérard Noiriel: *A quoi sert ‚l'identité nationale'.*
54 Ebda., S. 98.

propos du candidat de l'UMP."[55] Nur 1 % der Wähler, die sich zum Islam bekannten, gab an, für Sarkozy gestimmt zu haben. Bei den Intellektuellen unterstützten Alain Finkielkraut und Max Gallo die Initiative von Sarkozy; wie er betonten beide, dass ihre Eltern Einwanderer waren; sie seien Beleg für eine „gelungene Integration" im Unterschied zu den „Problemen", die die heutige Einwanderung schaffe.[56] Simone Veil, die Sarkozy in seinem Wahlkampf unterstütze, war jedoch gar nicht für die Einrichtung eines Ministeriums der nationalen Identität.

Alain Finkielkraut verbindet in seinem neuesten Buch *L'identité malheureuse* im Oktober 2013 noch expliziter Immigration und nationale Identität. Er beklagt den Niedergang Frankreichs, seiner Schulen und seiner Kultur. Diese Identität wird nach ihm vor allem durch die Siedlungs-Immigration gefährdet. Das Land habe seine Homogenität verloren. Die Einheimischen würden nicht mehr die kulturelle Linie vorgeben. In der Nach-Hitler-Zeit habe man die Dämonen zu beschwören versucht durch eine romantische Verklärung des ‚Anderen'; der identitäre Stolz habe den ‚Anderen' gegolten, nur nicht dem eigenen Land. Der Alte Kontinent berufe sich auf den Kosmopolitismus, habe aber den Universalismus aufgegeben und achte nur mehr die Differenz. Die Einheimischen fühlten sich im eigenen Land als Fremde. Sie, die einmal die Norm vorgaben, fänden sich nun am Rand: „Pour la première fois dans l'histoire de l'immigration, l'accueilli refuse à l'accueillant, quelqu'il soit, la faculté d'incarner le pays d'accueil."[57] Schuld an allem seien die linken Adepten des Multikulturalismus. Finkielkraut überzeichnet die Situation in Frankreich gewaltig. Es zeigt sich auch, dass eine essentialistische, unhistorische Sicht des Konzeptes der nationalen Identität zu einem Instrument der Exklusion wird.

Finkielkraut beklagt als Phänomen des Niedergangs auch die zunehmende Verarmung der Sprache in Frankreich. Dazu trage wesentlich das Fernsehen bei: „Ce lieu où ceux qu'on appelle ‚people' bazardent l'héritage, résilient toute dette et parlent n'importe comment, en y mettant la même application que la classe cultivée d'hier mettait à s'exprimer dans une langue choisie."[58] Früher habe sich die französische Sprache noch an der Literatur orientiert: „La langue française, il y a peu, était encore nourrie par la littérature. Aujourd'hui, ce qui

---

55 Ebda., S. 113.
56 Ebda., S. 129 f.
57 Alain Finkielkraut: *L'Identité malheureuse*. Paris: Stock 2013, S. 115; siehe dazu auch die Rezension von Jean Birnbaum: Alain Finkielkraut joue avec le feu. In: *Le Monde*, 23. Oktober 2013.
58 Alain Finkielkraut: Français par la littérature. In: *La Vie*, 21. Januar 2010.

disparaît avec le bon usage, c'est jusqu'à la simple idée du bon usage."[59] Er, der schon mit einem Jahr naturalisiert wurde, habe die Antwort auf die Frage, was französisch sein bedeute, vor allem in der französischen Literatur gefunden: „Ce sont les écrivains qui m'ont permis de répondre à cette question. Ronsard, La Fontaine, Nerval, Verlaine, Aragon, Racine et Corneille, Montaigne et Pascal, Diderot, Marivaux, Balzac, Stendhal, Flaubert ou Proust ont pour moi plus d'importance que Robespierre ou Napoléon."[60] Auch in einem Vortrag in Polen unterstrich Finkielkraut, die französische Identität sei vor allem durch die Literatur geprägt: „[C]'est cette exception française qui aurait été, jusque dans un passé récent, la base d'une certaine fascination dans de nombreux pays."[61] Frankreich habe diese Rolle weitgehend verloren, einerseits wegen den neuen Medien, andererseits wegen der Vermischung mit anderen fremden kulturellen Elementen („le métissage") aufgrund der immer massiveren Einwanderung. Auf der Basis der Ideologie des „métissage" verzichte man auf die Verteidigung der Einmaligkeit des „legitimen" Modells, desjenigen einer literarischen Kultur.

Man hat Finkielkraut entgegnet, dass die Einwanderung in Frankreich seit den 1990er Jahren bei etwa 10 % der Bevölkerung stagniere. Finkielkraut verkennt auch völlig die sozialen Bedingungen. Aufgrund der sozialen Situation haben gar nicht alle Zugang zu einer literarischen Kultur.

Es ist keineswegs erstaunlich, wenn Finkielkraut bei den Autoren, die zu seinem literarischen Pantheon zählen, ausschließlich Schriftsteller Frankreichs erwähnt. In Frankreich ist französische Literatur noch sehr stark Nationalliteratur. Für die französischsprachige Literatur außerhalb Frankreichs gibt es einen eigenen Begriff: Literatur der Frankophonie. Die beiden Begriffe enthalten eine implizite Hierarchie. Alain Mabanckou schreibt so:

> Pendant longtemps, ingénu, j'ai rêvé de l'intégration de la littérature francophone dans la littérature française. Avec le temps, je me suis aperçu que je me trompais, la littérature francophone est un grand ensemble dont les tentacules enlacent plusieurs continents. [...] La littérature française apparaît comme une littérature nationale: à elle de savoir si elle veut ou non entrer dans ce vaste ensemble.[62]

---

59 ‚La France doit demeurer une nation littéraire', Gespräch mit Alain Finkielkraut. In: *Libération*, 28. Januar 2011.

60 Alain Finkielkraut: Français par la littérature.

61 Pierre-Henri Ortiz: Littérature vs. métissage: l'identité de la France selon A. Finkielkraut. Online: http://www.nonfiction.fr (Stand: 3. November 2013).

62 Zitiert in: Michel Le Bris/Jean Rouaud (Hg.): *Pour une littérature-monde*. Paris: Gallimard 2007, S. 23 f.

Eine besondere Rolle spielen in Frankreich die zahlreichen Schriftsteller, deren Muttersprache nicht Französisch ist, die aber sich dafür entscheiden, Französisch zu schreiben wie Samuel Beckett, Hector Bianciotti, François Cheng, Nancy Huston, Julia Kristeva, Milan Kundera, Andreï Makine, Jorge Semprún. Véronique Porra hat diesen Autoren eine umfangreiche Studie gewidmet.[63] Die Autorin stellt fest, dass bei der Rezeption in Frankreich nicht schlicht die Werke als solche wahrgenommen werden; diese werden immer über die biographische Komponente der nicht-französischen Herkunft bestimmt.[64] Auf der einen Seite heben die Medien diesen Aspekt hervor; auf der anderen Seite thematisieren die meisten Autoren selber ihre Position zwischen zwei Kulturen. Die Leser scheinen von ihnen zu erwarten, dass sie einerseits eine gewisse ‚Alterität‘, etwas Nicht-Französisches, in das französische literarische Feld einbringen und andererseits gewisse (implizite) ‚Regeln‘ beachten.

Zunächst sollen sie es mit den ‚Verfremdungseffekten‘ nicht übertreiben, nicht Elemente einführen, die nicht zu assimilieren wären. Der sprachliche ‚Exotismus‘ soll sich auf einige (übersetzte) Sprichwörter oder Begriffe, die Lokalkolorit suggerieren, beschränken. Es sollen aber keine Innovationen eingeführt werden, die man als Angriff auf die eigene Norm interpretieren könnte. Dann soll der ‚fremde‘ Autor offen bleiben („se laisser lire") für die jeweilige ästhetischen, politischen und ideologischen möglichen Interpretationen gemäß den aktuellen Bedürfnissen der Leserschaft. Schließlich soll der ‚fremde‘ Autor auch nicht das Bild, das die „nation littéraire" von sich selber entwirft, infrage stellen und sich in die kulturellen Bezugspunkte und Filiationen des ‚Gastlandes‘ einschreiben.

Was diesen letzteren Aspekt betrifft, so stellt *Le Testament français* (1995) des aus Russland stammenden Autors Andreï Makine nach Vérinque Porra einen evidenten Beleg dar („Il est peu d'ouvrages où l'on assiste à une reprise aussi systématique des mythes constitutifs de l'identité collective française"[65]). Die verschiedenen Erzählstränge münden im Roman alle in eine „vision mythique, fantastique et désirée de la France"[66]. Das ganze Arsenal der stereotypen Vorstellungen von Frankreich wird beschworen: die Aufführung von Corneilles *Cid* in der Comédie Française, Proust, die Gastronomie, die Froschschenkel, die Cafés, die Weine, der Kult der Liebe und natürlich die französische Sprache

---

63 Véronique Porra: *Langue française, langue d'adoption. Une littérature ‚invitée‘ entre création, stratégies et contraintes (1946–2000)*. Hildesheim/Zürich/New York: Georg Olms Verlag 2011.
64 Siehe dazu im Folgenden ebda., S. 263–270.
65 Ebda., S. 154.
66 Ebda.

(„Le mythe de la langue française parcourt l'intégralité de l'ouvrage."[67]): „La langue, cette mystérieuse matière, invisible et omniprésente, qui atteignait par son essence sonore chaque recoin de l'univers que nous étions en train d'explorer [...], elle palpitait en nous [...], portant en elle le fruit de toute une civilisation. Oui, cette greffe, le français."[68]

Die Autorin kommt in diesem Kontext auch auf Semprúns *L'Algarabie* (1996) zu sprechen, der darin auch französische Mythen thematisiert, den Mythos von Paris und denjenigen von Mai 68, dies aber nicht in naiver, sondern in ludischer Form macht. „Même s'il improvise une ‚autre Histoire' sur un mode ludique", meint Véronique Porra, „les événements de 1968 restent bel et bien présentés comme autant d'épisodes fondateurs de l'histoire de France ultérieure."[69]

Milan Kundera schrieb 1995 mit *La lenteur* seinen ersten Roman direkt auf Französisch. Er schreibt nun aber gerade gegen herrschende französische Mythen an. Er stellt in seinem Roman dar, wie der französische Anspruch auf die Universalität seiner Werte und der moralisierende Diskurs über die Menschenrechte sich als Formen der Selbststilisierung seiner Personen entpuppen: „Milan Kundera fait là précisément ce qu'il ne faut pas faire [...]."[70]

Den Mythos der französischen Sprache findet Véronique Porra bei einer Autorin thematisiert, die sich sonst eher durch ihren kritischen Anspruch auszeichnet: Julia Kristeva. In ihrem Aufsatz „Bulgarie, ma souffrance" von 1995 schreibt sie dem Französischen geradezu sakrale Eigenschaften zu: „nommer l'être me fait être: corps et âme, je vis en français."[71] In einem anderen Aufsatz macht sie sich, ohne mit der Wimper zu zucken, die alte Vorstellung der ‚clarté du français' zu eigen:

> La clarté logique du français, l'impeccable précision du vocabulaire, la netteté de la grammaire séduisent mon esprit de rigueur et impriment – non sans mal – une droiture à ma complicité avec la mer noire des passions [...] j'aime la frappe latine du concept, l'obligation de choisir pour tracer la chute classique de l'argument [...].[72]

Diese Position wird im Roman *Possessions* (1996) auch der imaginären Protagonistin zugeschrieben: „J'aime retrouver la France. Plus d'opacités, de drames,

---

67 Ebda., S. 155.
68 Andreï Makine: *Le Testament français*. Paris: Mercure de France 1995, S. 50, zitiert ebda., S. 156.
69 Véronique Porra: *Langue française, langue d'adoption. Une littérature ‚invitée' entre création, stratégies et contraintes (1946–2000)*, S. 160.
70 Ebda., S. 164.
71 Zitiert S. 165.
72 Zitiert ebda.

d'enigmes. L'évidence. Clarté de la langue et du ciel frais."[73] Die Erzählerin, die den Entschluss gefasst hat, das imaginäre Santa Barbara zu verlassen, optiert weder für Italien noch für Spanien („hautaine parce que déraisonable"), sondern für das rationale Frankreich. Die Typologie der Nationen, so stellt Véronique Porra zu Recht dar, erinnert an diejenige Rivarols. Die Analogie zwischen der harmonischen Natur und der Klarheit der Sprache fand sich schon bei Joachim du Bellay.[74]

Über die exotischen Elemente, die man vom fremden Autor erwartet, zählt dieser nicht zur eigentlichen französischen Nationalliteratur; aber da diese Thematisierung den Erwartungen des französischen Publikums entsprechen muss, entfernt er sich gleichzeitig von seiner Herkunftskultur. Véronique Porra spricht in diesem Kontext von „des littératures d'un *no-man's-land*".[75]

In ihrem Fazit stellt die Autorin fest, dass die ‚eingeladenen' Autoren zumeist ihr Eintrittsgeld mit einer Bestätigung der orthodoxen Selbstbilder der „nation littéraire" bezahlen und dann als Beleg eben dieser Mythen instrumentalisiert werden:

> Les auteurs allophones – rejoints alors par les auteurs francophones dans ces modes d'interprétation – restent en effet les faire-valoir de la langue française, continuent d'être interprétés comme des renforts et des témoins de l'Universalité de la langue française et de son rôle d'incarnation de la culture dans le monde [...]."[76]

Die Literatur der allophonen Autoren in französischer Sprache wurde bisweilen der Literatur der französischsprachigen Autoren der sog. Francophonie entgegengesetzt. So schrieb etwa Dominique Fernandez nach dem Erscheinen des Buches *Le Testament français* im *Nouvel Observateur* vom 26. Oktober 1995 „Voilà qui nous change heureusement des niaiseries qu'on nous fait gober au nom de la sacro-sainte francophonie."[77] Der abwertende Ton gegenüber der Literatur der Francophonie ist unüberhörbar. Die Zuordnung zur Literatur der Francophonie erscheint so immer als zweite Wahl.

Literaturwissenschaftler hatten schon in den 1990er Jahren moniert, das Konzept des literarischen Feldes beschränke sich zu sehr auf die Literatur Frankreichs und sie schlugen darum vor, dieses Konzept auf die Francophonie auszuweiten und für die frankophonen Literaturen mehr mit dem Begriff der

---

73 Zitiert ebda., S. 166.
74 Ebda., S. 165.
75 Ebda., S. 269.
76 Ebda., S. 261 f., S. 265: „Plutôt que libre, l'auteur étranger est toléré, voire éventuellement bienvenu quand l'orthodoxie de son discours flatte l'orgueil national."
77 Zitiert ebda., S. 250.

Unabhängigkeit gegenüber dem Zentrum als mit der Norm des Zentrums, der Autonomie, zu arbeiten.[78] Bei einer solchen Ausweitung dürfen jedoch die zugeschriebenen Hierarchisierungen zwischen der Literatur Frankreichs und der der ‚Francophonie' nicht vergessen werden.

Man versteht aber auch, dass die Autoren gerade wegen dieser Hierarchisierungen aus dem Ghetto der Francophonie ausbrechen wollten. Das war die Intention des Manifests „Pour une littérature-monde", das 16. März 2007 in *Le Monde* veröffentlicht wurde: „Fin de la francophonie. Et naissance d'une ‚littérature-monde' en français".[79] Noch im selben Jahr erschien ein Sammelband unter dem Titel *Pour une littérature-monde* mit zahlreichen Beiträgen von Schriftstellern aus frankophonen Ländern und auch aus Frankreich. Hier wurde für das Konzept einer Literatur auf Französisch plädiert, die nicht mehr über ein Territorium oder gar eine Nation bestimmt wird, die sich überall auf der Welt artikuliert.[80] Programmatisch formuliert das Jean Rouaud so:

> Et que désormais déliée de son pacte avec la nation, libérée de l'étreinte de la source-mère, devenue autonome, choisie, retournée à son chant premier, nourrie par d'autres aventures, n'ayant plus de comptes à régler avec la langue des anciens maîtres, elle avait de nouveau à proposer, vue d'Afrique, d'Asie ou des Caraïbes, de Chine ou d'Iran, d'Amérique du Nord ou du Vietnam, son interprétation du monde.[81]

In den Augen von Michel Le Bris ist das Konzept eines „génie de la langue", das mit demjenigen des „génie de la nation" verbunden ist, eine nationalistische Auffassung und in Bezug auf die Idee, dass dieser Genius auch in der Francophonie zum Ausdruck komme, eine kolonialistische. Damit müsse nun Schluss sein:

> Fin aussi d'une conception impérialiste de la langue. Ou bien en effet l'on postule un lien ‚charnel' entre la nation et la langue qui en exprimerait le génie singulier et dans ce cas, en toute rigueur, la francophonie s'avoue comme le dernier avatar du colonialisme, ou bien l'on délie le pacte langue-nation, de sorte que la langue, libérée devienne l'affaire de tous, en tous lieux.[82]

---

78 Denis Saint-Jacques: Vers une unification du champ littéraire de la francophonie. In: *Revue de l'Institut de Sociologie*, Juni 1991, S. 19–25; Paul Aron: Sur le concept d'autonomie. In: *Discours social/Social Discourse*, 7, 1995, S. 63–72; Joseph Jurt: Das Konzept des literarischen Feldes und die Internationalisierung der Literatur. In: Horst Turk/Brigitte Schulze u. a. (Hg.): *Kulturelle Grenzziehungen im Spiegel der Literaturen: Nationalismus, Regionalismus, Fundamentalismus.* Göttingen: Wallstein 1998, S. 84–103.
79 Pour une littérature-monde. In: *Le Monde*, 16. März 2007.
80 Michel Le Bris/Jean Rouaud (Hg.): *Pour une littérature-monde.*
81 Ebda., S. 21.
82 Ebda., S. 45 f.

Véronique Porra verkennt nicht die Widersprüche innerhalb des Postulates einer „littérature-monde" in französischer Sprache, aber sie anerkennt, dass hier eine Debatte lanciert wurde, die vor kurzem noch nicht möglich gewesen sei.[83] Anlässlich eines großen Kolloquiums an der Sorbonne zum Thema „La Nation nommée Roman" im Juni 2009 nahmen mehrere Beiträger Bezug auf das Manifest „Pour une littérature-monde", allerdings meist in kritischer Absicht.[84] In diesem von Komparatisten organisierten Kolloquium ging es auch darum, die nationalliterarische Perspektive zu transzendieren. Dabei bezog man sich auf Carlos Fuentes' Essay *Geografía de la novela* (1993). Die universelle Dimension wird nicht mehr in der (französischen) Sprache und ihren Werken „überall auf der Welt" gesehen, sondern in einer Gattung, die man totgesagt hatte: im Roman. Seit den 1960er Jahren, so Fuentes, habe sich eine neue Konzeption des Romans durchgesetzt, die nationale Grenzen übersteige, aber auch die künstliche Grenze zwischen Realismus und Imagination: „Par-delà leur nationalité, des romanciers du monde entier se retrouvent désormais ‚dans le territoire commun de l'imagination et de la parole' [Fuentes]."[85] Die beiden Herausgeberinnen vergleichen die transnationale Generation der Romanciers mit der ‚République des Lettres' der Renaissance und schreiben diesen die Intention zu, die nationalen Definitionen der Literatur ein für alle Mal zu überwinden:

> Dans la formule ‚la nation nommée Roman', le choix du terme *nation* signale justement la volonté provocatrice d'en finir avec les définitions nationales de la littérature (historiquement chevillées tout au long de l'histoire moderne aux différentes politiques nationales, à leurs luttes identitaires, à leurs longs procès de domination et d'exclusion) pour proclamer le partage, par toute une génération romanesque, disséminée à travers le monde, d'un même ‚territoire' commun – territoire de l'imagination verbale en quête de ‚ce qui attend d'être écrit'.[86]

Zu Recht wird der Begriff der „Nation nommée Roman" von Fuentes mit Pascale Casanovas Konzept der *République mondiale des lettres* in Verbindung ge-

---

83 Véronique Porra unterstreicht in diesem Zusammenhang „la difficulté à sortir du carcan qui bloque l'œuvre littéraire entre sa création et son indispensable institutionnalisation" (Véronique Porra: *Langue française, langue d'adoption. Une littérature ‚invitée' entre création, stratégies et contraintes (1946–2000)*, S. 270). Siehe auch dies.: Malaise dans la littérature-monde (en français): de la reprise des discours aux paradoxes de l'énonciation. In: *Recherches & Travaux*, 76, 2010, S. 109–129.

84 Siehe dazu etwa Michel Beniamino: Théorie postcoloniale, monde et francophilie. Penser la „nation nommée roman". In: Danielle Perrot-Corpet/Lise Gauvin (Hg.): *La Nation nommée Roman face aux histoires nationales*. Paris: Classiques Garnier 2011, S. 339–354.

85 Danielle Perrot-Corpet/Lise Gauvin: Introduction: Qu'est-ce que „la nation nommée roman"? In: dies. (Hg.): *La Nation nommée Roman face aux histoires nationales*, S. 9–42, hier S. 9.

86 Ebda., S. 12.

bracht, das die Literatursoziologin 1999 mit ihrem unter diesem Titel veröffentlichten Buch lanciert hatte.[87] Pascale Casanova legt vor allem die hierarchische Struktur des sich seit dem 16. Jahrhunderts sukzessive konstituierenden internationalen literarischen Raumes frei, ein Prozess der sich über eine komplexe Auseinandersetzung antagonistischer Tendenzen ausbildete zwischen Literaturen, die vor allem eine identitäre Funktion beanspruchen und solchen, die sich immer mehr als autonom verstehen:

> Ce processus permet à la littérature d'inventer ses problématiques et de se constituer *contre* la nation et le nationalisme, devenant ainsi un univers spécifique où les problématiques externes – historiques, politiques, nationales – ne sont présentes que réfractées, transformées, retraduites dans des termes et avec des instruments littéraires.[88]

Pascale Casanova unterstreicht aber gleichzeitig, dass man in den literarischen Zentren, wo schon ein großer Autonomiegrad erreicht ist, die Tendenz hat, Werke aus der Peripherie zu vereinnahmen und zu ,universalisieren', indem man sie völlig aus ihrem Entstehungskontext löst. In ihrem Beitrag zum genannten Band zeigt Pascale Casanova nun gerade auf, wie minoritäre Literaturen in ihrem jeweiligen nationalen Kontext zu situieren und zu verstehen sind, aber aus einer internationalen Perspektive: „Balayer d'un revers de main l'hypothèse d'une dépendance nationale de la littérature, au profit d'une foi dans l'autonomie absolue de la littérature, est encore une façon de perpétuer un rapport de pouvoir, c'est-à-dire un rapport de suplomb et de méconnaissance."[89]

* * *

Nach unserem Parcours durch die Geschichte Frankreichs und Deutschlands seit der frühen Neuzeit lässt sich feststellen, dass die politische Nation, die

---

87 Pascale Casanova: *La République mondiale des Lettres*; siehe dazu Joseph Jurt: L'espace littéraire international. A propos de *La République internationale des Lettres* de Pascale Casanova. In: *lendemains*, 24. Jg., 93, 1999, S. 63–69.

88 Ebda., S. 124.

89 Pascale Casanova: Des littératures combatives? Réflexions sur l'inégalité entre les littératures nationales. In: Danielle Perrot-Corpet/Lise Gauvin (Hg.): *La Nation nommée Roman face aux histoires nationales*, S. 281–294, hier S. 294. Pascale Casanova geht von derselben Perspektive in dem von ihr herausgegebenen Sammelband *Des littératures combatives* aus: „On défendra ici [...] un inter-nationalisme littéraire au sens de Mauss, qui suppose à la fois le prise en compte de la croyance nationaliste et son dépassement dans une conception relationnelle et universelle de la littérature mondiale" (Pascale Casanova [Hg.]: *Des littératures combatives. L'internationale des nationalismes littéraires*, S. 31).

tendenziell universalistisch ausgerichtet ist, immer wieder auf kulturelle Aspekte, namentlich die Sprache und die Literatur, rekurrierte, um so ihr partikuläres Profil zu konturieren. Die kulturellen Aspekte konnten entweder als Fundament oder als Attribut der Nation fungieren. Wenn man die kulturelle oder die ethnische Dimension zum Fundament erhob und deren Homogenität als Voraussetzung für das *nation-building* postulierte, war das immer fatal. Ebenso fatal war es, wenn die Nation nur durch ihr partikuläres politisches Eigeninteresse, durch die *raison d'Etat*, bestimmt wurde, ohne die Bindung an die (universellen) Menschenrechte und ohne Respekt der Minoritäten. Sprache und noch mehr die Literatur konnten sich aber auch vollständig von einer Bindung an eine Nation lösen, autonom werden und sich nur mehr in einem (transnationalen) literarischen oder sprachlichen Raum situieren, wobei nationale Zuschreibungen nicht ausgeschlossen waren. Es handelt sich dabei um keinen linearen Prozess; was vielmehr auffällt, ist die Ungleichzeitigkeit der Abläufe. Die jeweilige historische Situierung ist darum unabdingbar.

Diese Prozesse sind aber nur zu erhellen, wenn man sie gleichzeitig aus der Perspektive der politischen Geschichte, der Sprach- und der Literaturgeschichte betrachtet, was nicht immer ein einfaches Unterfangen ist. Die parallele Betrachtung dieses Prozesses in Deutschland und Frankreich verdankt sich nicht bloß dem Zufall. Frankreich war oft die Referenznation für Deutschland und *vice versa*. Das jeweilige Profil tritt durch die vergleichende Sicht klarer hervor.

Zweifellos konnten hier nie alle Aspekte einer spannenden Debatte beleuchtet werden. Weitere Studien werden andere Dimensionen aufdecken. Das ist das Schicksal, ja der Sinn der Arbeit der Wissenschaft, dem sie, nach Max Weber, in ganz spezifischen Sinne gegenüber anderen Kulturelementen unterworfen ist: „Jede wissenschaftliche ‚Erfüllung' bedeutet neue ‚Fragen' und *will* überboten werden [...]."[90]

---

[90] Max Weber: *Wissenschaft als Beruf*. München: Duncker und Humblot 1919, S. 14.

Bibliographie

Adler, Hans: Nation. Johann Gottfried Herders Umgang mit Konzept und Begriff. In: von Essen, Gesa/Turk, Horst (Hg.): *Unerledigte Geschichten. Der literarische Umgang mit Nationalität und Internationalität*. Göttingen: Wallstein 2000, S. 39–56.

Ageron, Charles-Robert: *L'anticolonialisme en France de 1871 à 1914*. Paris: P.U.F. 1973.

Aizpurua, Paul: Une politique de la langue. In: Frédéric II de Prusse: *De la littérature allemande, des défauts qu'on peut lui reprocher, quelles en sont les causes, et par quels moyens on peut les corriger* [1780]. Paris: Gallimard 1994.

Allain, Jean-Claude: *Agadir 1911. Une crise impérialiste en Europe pour la conquête du Maroc*. Paris: Publications de la Sorbonne 1976.

Amalvi, Christian: „Le bon droit de la France", ou les prétentions françaises sur le Rhin, de l'époque romantique à la Grande Guerre. In: Jurt, Joseph/Krumeich, Gerd u. a. (Hg.): *Wandel von Recht und Rechtsbewusstsein in Frankreich und Deutschland*. Berlin: Berlin Verlag Arno Spitz GmbH 1999, S. 27–35.

Anderson, Benedict: *Die Erfindung der Nation. Zur Karriere eines folgenreichen Konzepts*. Frankfurt a. M./New York: Campus 1996.

Aron, Paul: Sur le concept d'autonomie. In: *Discours social/Social Discourse*, 7, 1995, S. 63–72.

Asholt, Wolfgang: Rassismus in der Literaturgeschichtsschreibung am Ende des 19. Jahrhunderts? Von Brunetière zu Lanson. In: Messling, Markus/Ette, Ottmar (Hg.): *Wort Macht Stamm. Rassismus und Determinismus in der Philologie (18./19. Jh.)*. München: Wilhelm Fink 2013, S. 363–375.

Audoin-Rouzeau, Stéphane: *1870. La France dans la guerre*. Paris: Armand Colin 1989.

Avanza, Martina/Laferté, Gilles: Dépasser la ‚construction des identités'? Identification, image sociale, appartenance. In: *Genèses*, Nr. 61, Dezember 2005, S. 137–140.

Bachleitner, Norbert: ‚Übersetzungsfabriken'. Das deutsche Übersetzungswesen in der ersten Hälfte des 19. Jahrhunderts. In: *Internationales Archiv für Sozialgeschichte der deutschen Literatur*, 14, 1. Heft (1989), S. 1–49.

Bähler, Ursula: Die Nationalproblematik der Romanischen Philologie in Frankreich. Elemente einer Systematisierung anhand des Beispiels von Gaston Paris. In: François, Etienne (Hg.): *Marianne – Germania: les transferts culturels France-Allemagne et leur contexte européen 1789–1914*. Bd. I. Leipzig: Universitätsverlag 1998, S. 275–296.

Bähler, Ursula: *Gaston Paris dreyfusard. Le savant dans la cité*. Paris: CNRS Editions 1999.

Bähler, Ursula: *Gaston Paris et la Philologie Romane*. Genève: Droz 2004.

Bähler, Ursula: Universalisme universel ou universalisme particulariste? Penser la littérature nationale en France (1870–1918). In: Casanova, Pascale (Hg.): *Des littératures combatives. L'internationale des nationalismes littéraires*. Paris: Editions Raisons d'agir 2011, S. 149–170.

Bähler, Ursula: De la volonté d'échapper au discours racial et des difficultés d'y parvenir: Le cas de Gaston Paris. In: Messling, Markus/Ette, Ottmar (Hg.): *Wort Macht Stamm. Rassismus und Determinismus in der Philologie (18./19. Jh.)*. München: Wilhelm Fink 2013, S. 345–361.

Baltrusch, Ernst: Mommsen und der Imperialismus. In: Demandt, Alexander/Goltz, Andreas u. a. (Hg.): *Theodor Mommsen. Wissenschaft und Politik im 19. Jahrhundert*. Berlin/New York: de Gruyter 2005, S. 201–225.

Barner, Wilfried: Res publica litteraria und das Nationale. Zu Lessings europäischer Orientierung. In: ders./Reh, Albert M. (Hg.): *Nation und Gelehrtenrepublik. Lessing im europäischen Zusammenhang.* Detroit: Wayne State University Press; München: edition + kritik 1984, S. 69–90.

Barner, Wilfried: Patriotismus und Kosmopolitismus bei Lessing während des Siebenjährigen Krieges. In: Fink, Gonthier-Louis (Hg.): *Cosmopolitisme, Patriotisme et Xénophobie en Europe au Siècle des Lumières,* Strasbourg: Université des Sciences Humaines 1986, S. 187–198.

Belissa, Marc: *Fraternité universelle et intérêt national (1713–1795). Les cosmopolitismes du droit des gens.* Paris: Kimé 1998.

Bendrath, Wiebke: *Ich, Region, Nation. Maurice Barrès im französischen Identitätsdiskurs seiner Zeit und seine Rezeption in Deutschland.* Tübingen: Niemeyer 2003.

Beniamino, Michel: Théorie postcoloniale, monde et francophilie. Penser la „nation nommée roman". In: Perrot-Corpet, Danielle/Gauvin, Lise (Hg.): *La Nation nommée Roman face aux histoires nationales.* Paris: Classiques Garnier 2011, S. 339–354.

Berding, Helmut (Hg.): *Nationales Bewußtsein und kollektive Identität.* Frankfurt a. M.: Suhrkamp ²1996.

Berger, Suzanne: *Notre première mondialisation.* Paris: Seuil 2003.

Berman, Antoine: *L'épreuve de l'étranger. Culture et tradition dans l'Allemagne romantique.* Paris: Gallimard 1995.

Bernanos, Georges: *Le Chemin de la Croix-des-Ames.* Paris: Gallimard 1948.

Bernanos, Georges: *Essais et écrits de combat.* Bd. II. Paris: Gallimard 1995.

Berns, Jörg Jochen: Maximilian und Luther. Ihre Rolle im Entstehungsprozess einer deutschen National-Literatur. In: Garber, Klaus (Hg.): *Nation und Literatur im Europa der frühen Neuzeit.* Tübingen: Niemeyer 1989, S. 640–668.

Berschin, Helmut/Felixberger, Josef u. a.: *Französische Sprachgeschichte.* München: Max Hueber 1978.

Berschin, Helmut: *Deutschland – ein Name im Wandel. Die deutsche Frage im Spiegel der Sprache.* München: Olzog 1979.

Bertho, Catherine: L'invention de la Bretagne. Genèse sociale d'un stéréotype. In: *Actes de la recherche en sciences sociales,* November 1980, Nr. 35, S. 45–62.

Blank, Hugo: Weimar und Mailand. In: Hausmann, Frank-Rutger (Hg.): ‚*Italien in Germanien'. Deutsche Italien-Rezeption von 1750–1850.* Tübingen: Gunter Narr Verlag 1996, S. 405–428.

Blitz, Hans Martin: *Aus Liebe zum Vaterland. Die deutsche Nation im 18. Jahrhundert.* Hamburg: Hamburger Edition 2000.

Böckenförde, Ernst-Wolfgang: Die Nation. Identität in Differenz. In: *Universitas,* 50. Jg., Nr. 10, Oktober 1995, S. 974–991.

Bonaparte, Louis Napoléon: *Canal of Nicaragua or a project to connect the Antlantic and Pacific Oceans by means of a Canal.* London 1846.

Borchmeyer, Dieter: *Altes Recht* und Revolution – Schillers *Wilhelm Tell.* In: Wittkowski, Wolfgang (Hg.): *Friedrich Schiller. Kunst, Humanität und Politik in der späten Aufklärung.* Tübingen: Niemeyer 1982, S. 69–113.

Borchmeyer, Dieter: Goethe nach der italienischen Reise (1788–1794). Online: http://www.goethezeitportal.de/wissen/dichtung/schnellkurs-goethe/goethe-nach-der-italienischen-reise.html (Stand: 17. 1. 2013).

Bös, Matthias: Ethnisierung des Rechts? Staatsbürgerschaft in Deutschland, Frankreich, Großbritannien und den USA. In: *Kölner Zeitschrift für Soziologie und Sozialpsychologie,* 45, 1993, S. 619–643.

Bots, Hans/Waquet, Françoise (Hg.): *La République des lettres.* Paris: Belin-De Boeck 1997.

Bourdieu, Pierre: L'identité et la représentation. Eléments pour une réflexion critique sur l'idée de région. In: *Actes de la recherche en sciences sociales*, Nr. 35, November 1980, S. 63–72.

Bourdieu, Pierre: Le Nord et le Midi. Contribution à une analyse de l'effet Montesquieu. In: *Actes de la recherche en sciences sociales*, Nr. 35, November 1980, S. 21–26.

Bourdieu, Pierre: Deux impérialismes de l'universel. In: Fauré, Christine/Bishop, Tom (Hg.): *L'Amérique des Français*. Paris: Editions François Bourin 1992, S. 149–155.

Bourdieu, Pierre: *Les règles de l'art. Genèse et structure du champ littéraire*. Paris: Seuil 1992.

Bourdieu, Pierre: *Méditations pascaliennes*. Paris: Seuil 1997.

Bourdieu, Pierre: *Sur l'Etat. Cours au Collège de France (1989–1992)*. Paris: Raisons d'agir/ Seuil 2012.

Braudel, Fernand: *L'identité de la France*. Paris: Arthaud-Flammarion 1986.

Brauneck, Manfred/Müller, Christine (Hg.): *Naturalismus. Manifeste und Dokumente zur deutschen Literatur 1880–1900*. Stuttgart: Metzler 1987.

Brubaker, Rogers: Einwanderung und Nationalstaat in Frankreich und Deutschland. In: *Der Staat*, Nr. 28. 1989, S. 1–30.

Brubaker, Rogers: *Staats-Bürger: Deutschland und Frankreich im historischen Vergleich*. Hamburg: Junius 1994.

Brubaker, Rogers: Au-delà de ‚l'identité'. In: *Actes de la recherche en sciences sociales*, Nr. 139, 2001, S. 66–85.

Brunetière, Ferdinand: Après le procès. In: *La Revue des deux mondes*, 146, 1889, S. 420– 446.

Burke, Peter: *Ludwig XIV. Die Inszenierung des Sonnenkönigs*. Frankfurt a. M.: Fischer Taschenbuch Verlag 1995.

Cabanel, Patrick: *La question nationale au XIXe siècle*. Paris: La Découverte 1997.

Casanova, Pascale: *La République mondiale des Lettres*. Paris. Seuil 1999.

Casanova, Pascale: Des littératures combatives? Réflexions sur l'inégalité entre les littératures nationales. In: Perrot-Corpet, Danielle/Gauvin, Lise (Hg.): *La Nation nommée Roman face aux histoires nationales*. Paris: Classiques Garnier 2011, S. 281–294.

Casanova, Pascale (Hg.): *Des littératures combatives. L'internationale des nationalismes littéraires*. Paris: Editions Raisons d'agir 2011.

Castoriadis, Cornelius: Freiheit als Demokratie und Freiheit als Philosophie. Europas unverwechselbarer Beitrag zur Emanzipation der Menschheit. In: Internationale Culturele Stichting (Hg.): *Kultur-Markt Europa*. Köln: Volksblatt Verlag 1989, S. 48–59.

Charbon, Rémy: Zwei deutsche Literaturen. Überlegungen zu einer Kontroverse. In: *Kontroversen, alte und neue*. Akten des VII. Internationalen Germanisten-Kongresses Göttingen 1985, Bd. 10. Tübingen: Niemeyer 1985, S. 84–88.

Charle, Christophe: Champ littéraire français et importations étrangères. De la vogue du roman russe à l'émergence d'un nationalisme littéraire (1880–1902). In: Espagne, Michel/Werner, Michael (Hg.), *Philologiques III*, Paris: Editions de la Maison des Sciences de l'Homme 1994, S. 249–263.

Charle, Christophe: Die französische Universität und das deutsche Modell nach 1870. In: Jurt, Joseph/Renner, Rolf G.: *Wahrnehmungsformen/Diskursformen: Deutschland und Frankreich*. Berlin: Berliner Wissenschaftsverlag 2004, S. 13–44.

Chaussinand-Nogaret, Guy: *Le Citoyen des Lumières*. Bruxelles: Editions Complexe 1994.

Chevalier, Michel: L'Expédition du Mexique. In: *La Revue des deux mondes*, 1. April 1862, S. 879–918.

Christmann, Hans Helmut: Bemerkungen zum Génie de la langue. In: Barrera-Vidal, Alberto (Hg.): *Lebendige Romania*. FS für Hans-Wilhelm Klein. Göppingen: Kümmerle 1976. S. 65–79.

Cohen, Marcel: *Histoire d'une langue: Le Français*. Paris: Editions sociales ³1967.

Curtius, Ernst Robert: *Die französische Kultur*. Bern/München: Francke ²1975.

Dahrendorf, Ralf: Die Sache mit der Nation. In: *Merkur*, 10–11, Okt./Nov. 1990, S. 823–834.

Dahrendorf, Ralf: Die Zukunft des Nationalstaates. In: *Merkur*, 546–547, Sept./Okt. 1994, S. 751–761.

Dann, Otto: *Nation und Nationalismus in Deutschland 1770–1990*. München: Beck ³1996.

David, Jérôme: *Spectres de Goethe: les métamorphoses de la ‚littérature mondiale'*. Paris: Les Prairies ordinaires 2011.

Desfontaines, Pierre: *L'Esprit de l'Abbé Desfontaines ou Réflexions sur différents genres de science et de littérature, avec des jugements sur quelques ouvrages tant anciens que modernes*. London: Clement 1757.

Deutscher Bundestag (Hg.): *Fragen an die deutsche Geschichte. Ideen, Kräfte, Entscheidungen von 1800 bis zur Gegenwart*. Berlin: Deutscher Bundestag 1979.

Digeon, Claude: *La crise allemande de la pensée française*. Paris: P.U.F. 1959.

Drescher, Martina/Dion, Robert: Konversationsbücher als Instanzen des Kulturtransfers. In: Berger, Günter/Sick, Franziska (Hg.): *Französisch-deutscher Kulturtransfer im ‚Ancien Régime'*, Tübingen: Stauffenburg Verlag 2002, S. 187–207.

Du Bos, [Jean Baptiste]: *Réflexions critiques sur la poésie et sur la peinture* [1719]. Genève: Slatkine Reprints 1967.

Durkheim, Émile: De la définition des phénomènes religieux. In: *L'année sociologique*, 2, 1897–1898, S. 1–28.

Einfalt, Michael: ‚Classicisme' und Nationalliteratur. In: ders./Jurt, Joseph u. a. (Hg.): *Konstrukte nationaler Identität: Deutschland, Frankreich und Großbritannien (19. und 20. Jahrhundert)*. Würzburg: Ergon Verlag 2002, S. 59–74.

Elias, Norbert: *Über den Prozess der Zivilisation*. 1. Bd.: *Wandlungen des Verhaltens in den weltlichen Oberschichten des Abendlandes*. Frankfurt a. M.: Suhrkamp 1985.

Erikson, Erik H.: Identity and Life Cycle. In: *Psychological Issues*, I, 1, 1959, deutsch als *Identität und Lebenszyklus*. Frankfurt a. M.: Suhrkamp 2011.

Espagne, Michel/Werner, Michael: La construction d'une référence culturelle allemande en France. Genèse et histoire. In: *Annales ESC*, 4, 1987, S. 969–992.

Espagne, Michel/Werner, Michael /Lagier, Françoise u. a.: *Le maître d'allemand. Les premiers enseignants d'allemand (1830–1850)*. Paris: Editions de la Maison des sciences de l'Homme 1991.

Espagne, Michel: *Le Paradigme de l'étranger. Les chaires de littérature étrangère au XIXe siècle*. Paris: Cerf 1993.

Espagne, Michel: Identités nationales et rejet de l'autre. In: Corbin, Alain u. a. (Hg.): *L'Invention du XIXe siècle. Le XIXe siècle par lui-même (littérature, histoire, société)*. Paris: Klincksieck/Presses de la Sorbonne nouvelle 1999, S. 285–296.

Essen, Gesa von: *Hermannsschlachten. Germanen- und Römerbilder in der Literatur des 18. und 19. Jahrhunderts*. Göttingen: Wallstein 1998.

Essig, Rolf-Bernhard: *Der Offene Brief. Geschichte und Funktion einer publizistischen Form von Sokrates bis Günter Grass*. Würzburg: Königshausen & Neumann 2000.

Fanoudh-Siefer, Léon: *Le mythe du nègre et de l'Afrique dans la littérature française*. Paris: Klincksieck 1968.

Febvre, Lucien: *Das Gewissen des Historikers*. Hg. von Ulrich Raulff. Frankfurt a. M.: Fischer 1990.

Fehrenbach, Elisabeth: Der Einfluss des *Code Napoléon* auf das Rechtsbewusstsein in den Ländern des rheinischen Rechts. In: Jurt, Joseph/Krumeich, Gerd u. a. (Hg.): *Wandel von Recht und Rechtsbewusstsein in Frankreich und Deutschland*. Berlin: Berlin Verlag Arno Spitz GmbH 1999, S. 133–142.

Felixberger, Josef: Zum Image des Französischen. Ein Nachtrag zur *Französischen Sprachgeschichte*. In: Blaikner-Hohenwart, Gabriele u. a. (Hg.): *Ladinometria*. Festschrift für Hans Goebl. Universität Salzburg, Fachbereich Romanistik 2008, S. 123–140.

Fichte, Johann Gottlieb: *Reden an die deutsche Nation* [1808]. Hamburg: Meiner 1978.

Fink, Gonthier-Louis: La littérature allemande face à la Révolution Française (1789–1800). Littérature et politique, libertés et contraintes. In: Voss, Jürgen (Hg.): *Deutschland und die Französische Revolution*. München/Zürich: Artemis 1983, S. 249–300.

Fink, Gonthier-Louis: De Bouhours à Herder. La théorie française des climats et sa réception outre-Rhin. In: *Recherches germaniques*, XV, 1985, S. 3–62.

Fink, Gonthier-Louis: Francophilie et Francophobie chez Frédéric II de Prusse. In: ders. (Hg.): *Cosmopolitisme, Patriotisme et Xénophobie en Europe au Siècle des Lumières*. Strasbourg: Université des Sciences Humaines 1986, S. 115–131.

Fink, Gonthier-Louis: Prolégomènes à une histoire des stéréotypes nationaux franco-allemands. Stéréotypie et histoire. In: *Francia*, Band 30/2, 2003, S. 141–157.

Fink, Gonthier-Louis: Die Problematik der französischen nationalen Identität in der Zeit des Umbruchs zwischen Ancien Régime und Thermidor (1750–1794). In: ders./Klinger, Andreas (Hg.): *Identitäten. Erfahrungen und Fiktionen um 1800*. Bern/Frankfurt a. M.: Peter Lang 2004, S. 3–32.

Finkielkraut, Alain: Français par la littérature. In: *La Vie*, 21. Januar 2010.

Finkielkraut, Alain: ‚La France doit demeurer une nation littéraire‘, Gespräch mit Alain Finkielkraut. In: *Libération*, 28. Januar 2011.

Finkielkraut, Alain: *L'Identité malheureuse*. Paris: Stock 2013.

Flacke, Monika (Hg.): *Mythen der Nationen. Ein europäisches Panorama*. Berlin: Deutsches Historisches Museum 1998.

Flohr, Anne Katrin: *Feindbilder in der internationalen Politik: ihre Entstehung und ihre Funktion*. Münster/Hamburg: Lit-Verlag 1991.

Florack, Ruth (Hg.): *Nation als Stereotyp. Fremdwahrnehmung und Identität in deutscher und französischer Literatur*. Tübingen: Niemeyer 2000.

Florio-Hansen, Inez de: International English als Wissenschaftssprache. In: *Forschung & Lehre*, 4, April 2013, S. 292–293.

Formey, Jean Henry Samuel: *Histoire de l'Académie royale des sciences et des belles lettres depuis son origine jusqu'à présent*. Berlin: Haude et Spener 1750.

François, Etienne: Le présent et le passé. In: *Le Débat*, Nr. 63, Jan./Febr. 1991, S. 135–140.

François, Etienne u. a. (Hg.): *Nation und Emotion*. Göttingen: Vandenhoeck und Ruprecht 1995.

Frédéric II de Prusse: *De la littérature allemande, des défauts qu'on peut lui reprocher, quelles en sont les causes, et par quels moyens on peut les corriger* [1780]. Paris: Gallimard 1994.

Friedrich, Hugo: *Montaigne*. Tübingen/Basel: Francke ³1993.

Fulda, Daniel: Die Erschaffung der Nation als Literaturgesellschaft. Zu einer meist übergangenen Leistung des Publizisten Gottsched. In: *Denkströme. Journal der Sächsischen Akademie der Wissenschaften*, Nr. 4 (2010), S. 12–29.

Fumaroli, Marc: *Trois institutions littéraires*. Paris: Gallimard 1994.

Fustel de Coulanges, Numa Denis: La politique d'envahissement: Louvois et M. de Bismarck. In: *La Revue des deux mondes*, t. 91, 1. Januar 1871, S. 5–33, wieder abgedruckt in: ders.: *Questions contemporaines*. Paris: Hachette 1919.

Gamboni, Dario: Paris et l'internationalisme symboliste. In: Gaethgens, Thomas (Hg.), *Künstlerischer Austausch. Artistic Exchange*. Berlin: Akademie Verlag 1993, S. 277–288.

Gamboni, Dario: *The Destruction of Art. Iconoclasm and Vandalism since the French Revolution*. London: Reaktion Books 1997.

Garber, Klaus (Hg.): *Nation und Literatur im Europa der Frühen Neuzeit*. Tübingen: Niemeyer 1989.

Gauger, Hans-Martin: Das Spanische – eine leichte Sprache. In: Pöckl, Wolfgang (Hg.): *Europäische Mehrsprachigkeit*. Tübingen: Niemeyer 1981, S. 225–245.

Gaulle, Charles de: *Mémoires de guerre*. Bd. I. Paris: Plon 1954.

Geffroy, Auguste: Un manifeste prussien. In: *La Revue des Deux Mondes*, Bd. 90, 1. November 1870, S. 122–137.

Gellner, Ernest: *Thought and Change*. London: Weidenfeld and Nicolson 1964.

Giesen, Bernhard (Hg.): *Nationale und kulturelle Identität*, Frankfurt a. M.: Suhrkamp ³1996.

Girardet, Raoul: *Le nationalisme français 1871–1914*. Paris: Armand Colin 1966.

Giustiniani, Vito R.: Goethes Übersetzungen aus dem Italienischen. In: Hausmann, Frank-Rutger (Hg.): *,Italien in Germanien'. Deutsche Italien-Rezeption von 1750–1850*. Tübingen: Gunter Narr Verlag 1996, S. 275–299.

Goethe, Johann Wolfgang von: *Sämtliche Werke, Briefe und Gespräche*, Hg. von Friedmar Apel u. a. Frankfurt a. M.: Deutscher Klassiker Verlag 1987–1999.

Goffman, Erving: *Stigma: Über Techniken der Bewältigung beschädigter Identität*. Frankfurt a. M.: Suhrkamp 2012.

Goldenbaum, Ursula: Das Publikum als Garant der Freiheit der Gelehrtenrepublik gegen Maupertuis und Friedrich II. im Jahre 1752. In: Schneider, Ulrich Johannes (Hg.): *Kultur der Kommunikation. Die europäische Gelehrtenrepublik im Zeitalter von Leibniz und Lessing*. Wiesbaden: Harrassowitz 2005, S. 215–228.

Göldner, Markus: *Politische Symbole der europäischen Integration*. Frankfurt a. M.: Peter Lang 1988.

Gosewinkel, Dieter: Allemagne-France: débat sur la nation. Les historiens allemands. In: *Commentaire*, 74, 1996, S. 320–326.

Gougeon, Jacques-Pierre: Frankreichs neuer Selbstbehauptungswille. In: *Internationale Politik*, 53. Jahr, Nr. 9, Sept. 1998, S. 13–20.

Goulemot, Jean-Marie: Quand toute l'Europe parlait français. In: *L'Histoire*, Nr. 248, Nov. 2000, S. 46–49.

Grégoire, Henri, abbé: *De la traite et de l'esclavage des Noirs* [1815]. Paris: Arléa 2005.

Grewe, Astrid: Ossian und seine europäische Wirkung. In: Heitmann, Klaus (Hg.): *Europäische Romantik II*. Wiesbaden: Akademische Verlagsgesellschaft Athenaion 1982, S. 171–188.

Gschnitzer, Fritz/Koselleck, Reinhart u. a.: Volk, Nation, Nationalismus, Masse. In: *Geschichtliche Grundbegriffe*, Bd. 7. Stuttgart: Klett 1992, S. 141–431.

Gumbrecht, Hans Ulrich: Skizze einer Literaturgeschichte der französischen Revolution (Zusammenfassung). In: *Zeitschrift für Literaturwissenschaft und Linguistik*, 11, H. 41, 1981, S. 10–11.

Habermas, Jürgen: Moralentwicklung und Ich-Identität. In: ders.: *Zur Rekonstruktion des historischen Materialismus*. Frankfurt a. M.: Suhrkamp [1976] 2001, S. 63–91.

Habermas, Jürgen: Können komplexe Gesellschaften eine vernünftige Identität ausbilden? In: ders.: *Zur Rekonstruktion des historischen Materialismus*. Frankfurt a. M.: Suhrkamp [1976] 2001, S. 92–126.

Hamm, Heinz: *Goethe und die französische Zeitschrift 'Le Globe'. Eine Lektüre im Zeitalter der Weltliteratur*. Weimar: Böhlau 1998.

Hamon, Léo: De Gaulle et l'histoire. In: Barnavi, Elie/Friedländer, Saul (Hg.): *La politique étrangère du Général de Gaulle*. Paris: P. U. F. 1985. S. 15–31.

Hartog, François: *Le XIXe siècle et l'Histoire. Le cas Fustel de Coulanges*. Paris: P.U.F. 1988.

Haubrichs, Wolfgang: Der Krieg der Professoren. Sprachhistorische und sprachpolitische Argumentation in der Auseinandersetzung um Elsass-Lothringen zwischen 1870 und 1918. In: Marti, Roland (Hg.): *Sprachenpolitik in Grenzregionen / Politique linguistique dans les régions frontalières*. Saarbrücken: SDV 1996, S. 213–251.

Henrich, Dieter: „Identität" – Begriffe, Probleme, Grenzen. In: Marquard, Odo/Stierle, Karlheinz (Hg.): *Identität*. München: Fink 1979, S. 133–186.

Henry, Freeman G. (Hg.): *Le Grand Concours*. Amsterdam/New York: Rodopi 2005.

Herder, Johann Gottfried: *Vom Einfluss der Regierung auf die Wissenschaft und der Wissenschaft auf die Regierung*. Berlin: Georg Jakob Decker 1780.

Herder, Johann Gottfried: Über die neuere deutsche Literatur [1767]. In: ders.: *Sämtliche Werke*. Bd. 2 Hildesheim, Olms Verlag: 1967.

Herding, Klaus: *Im Zeichen der Aufklärung. Studien zur Moderne*. Frankfurt a. M.: Fischer 1989.

Héritier, Françoise: L'identité Samo. In: Levi-Strauss, Claude: *L'identité, séminaire interdisciplinaire*. Paris: P.U.F. 1977, S. 51–71.

Heuberger, Valeria/Suppan, Arnold u. a. (Hg.): *Das Bild vom Anderen: Identitäten, Mentalitäten, Mythen und Stereotypen in multiethnischen europäischen Regionen*. Frankfurt a. M. u. a.: Lang 1998.

Himmelsbach, Siegbert: *L'épopée ou la 'case vide'. La réflexion poétologique sur l'épopée nationale en France*. Tübingen: Niemeyer 1988.

Hinck, Walter: *Germanistik als Literaturkritik*. Frankfurt a. M.: Suhrkamp 1983.

Hirschi, Caspar: *Wettkampf der Nationen. Konstruktionen einer deutschen Ehrgemeinschaft an der Wende vom Mittelalter zur Neuzeit*. Göttingen: Wallstein 2005.

Hobsbawm, Eric: *Nationen und Nationalismus. Mythos und Realität seit 1780*. München: dtv 1992.

Hoffmann, Johannes: *Stereotypen, Vorurteile, Völkerbilder in Ost und West – in Wissenschaft und Unterricht: eine Bibliographie*. Wiesbaden: Harrassowitz 1986.

Hoffmann, Lutz: Die Konstitution des Volkes durch seine Feinde. In: *Jahrbuch für Antisemitismusforschung* 2 (1993), S. 13–37.

Holeczek, Heinz: Die gescheiterte Reichsgründung 1848/49. In: Martin, Bernd (Hg.): *Deutschland in Europa. Ein historischer Rückblick*. München: dtv 1992, S. 126–151.

Holler, Verena: *Felder der Literatur. Eine literatursoziologische Studie am Beispiel von Robert Menasse*. Frankfurt a. M.: Peter Lang 2003.

Holler, Verena: Positionen – Positionierungen – Zuschreibungen. Zu Robert Menasses literarischer Laufbahn im österreichischen und deutschen Feld. In: Joch, Markus/Mix, York-Gothart u. a. (Hg.): *Mediale Erregungen? Autonomie und Aufmerksamkeit im Literatur- und Kulturbetrieb der Gegenwart*. Tübingen: Niemeyer 2009, S. 169–187.

Izard, Michel: A propos de l'identité ethnique. In: Levi-Strauss, Claude: *L'identité, séminaire interdisciplinaire*. Paris: P.U.F. 1977, S. 305–311.

Jäger, Wolfgang/Jurt, Joseph u. a. (Hg.): *Demokratische Legitimation in Europa, in den Nationalstaaten, in den Regionen*. Eggingen: Edition Isele 2000.

Jahr, Christoph/Mai, Uwe u. a. (Hg.): *Feindbilder in der deutschen Geschichte*. Berlin: Metropol Verlag 1994.

Jaspers, Karl: *Vom europäischen Geist*. München: Piper 1947.

Jaspers, Karl: *Freiheit und Wiedervereinigung*. München: Piper 1960.

Jeanneney, Jean-Noël (Hg.): *Une idée fausse est un fait vrai. Les stéréotypes nationaux en Europe*. Paris: Odile Jacob 2000.

Jeismann, Michael: *Das Vaterland der Feinde. Studien zum nationalen Feindbegriff und Selbstverständnis in Deutschland und Frankreich 1792–1918*. Stuttgart: Klett 1992.

Jouhaud, Christian: Histoire et histoire littéraire: naissance de l'écrivain. In: *Annales ESC*, Juli–August 1988, S. 849–866.

Jouhaud, Christian: *Les pouvoirs de la littérature. Histoire d'un paradoxe*. Paris: Gallimard 2000.

Jurt, Joseph: Agitation und Aufklärung – Die Bedeutung der öffentlichen Meinung, der publizistischen und schriftstellerischen Interventionen bei der Affäre Dreyfus. In: *Mainzer Komparatistische Hefte*, 3, 1979, S. 29–48.

Jurt, Joseph: Histoire coloniale et mythes littéraires. L'image de l'Afrique et des Africains dans la littérature française depuis 1870. In: *Genève-Afrique. Journal of the Swiss Society of African Studies*, XVII, 1979, S. 27–36.

Jurt, Joseph: Entstehung und Entwicklung der LATEINamerika-Idee. In: *lendemains*, 7, 27, 1982, S. 17–26.

Jurt, Joseph: Literatur und Identitätsfindung in Lateinamerika: J. E. Rodó: „Ariel". In: *Romanistische Zeitschrift für Literaturgeschichte*, VII, 1/2, 1982, S. 68–95.

Jurt, Joseph: L'image de l'Espagne en France au siècle des Lumières. In: Fink, Gonthier-Louis (Hg.), *Cosmopolitisme, Patriotisme et Xénophobie en Europe au Siècle des Lumières*, Strasbourg: Université des Sciences Humaines 1986, S. 29–41.

Jurt, Joseph: Literatur und Archäologie: Die *Salammbô*-Debatte. In: Winklehner, Brigitte (Hg.): *Literatur und Wissenschaft. Begegnung und Integration*, Festschrift für Rudolf Baehr. Tübingen: Stauffenberg 1987, S. 101–117.

Jurt, Joseph: La nouvelle Allemagne: quels symboles? In: *Actes de la recherche en sciences sociales*, Nr. 98, Juni 1993, S. 45–58.

Jurt, Joseph: Sprache und Kultur – Trennung oder Bindeglied zwischen den Völkern in Europa? In: *Civitas*, 48, 11, November 1993, S. 233–240.

Jurt, Joseph: Allemagne-France: débat sur la nation. Les Français vus d'Allemagne. In: *Commentaire*, 74, 1996, S. 335–339.

Jurt, Joseph: La réception littéraire transnationale: Le cas de Zola en Allemagne. In: *Romanistische Zeitschrift für Literaturgeschichte*, 20, 1996, S. 343–364.

Jurt, Joseph: Identität. In: Picht, Robert/Hoffmann-Martinet, Vincent u. a. (Hg.): *Fremde Freunde. Deutsche und Franzosen vor dem 21. Jahrhundert*. München/Zürich: Piper 1997, S. 78–84.

Jurt, Joseph: Das Konzept des literarischen Feldes und die Internationalisierung der Literatur. In: Turk, Horst/Schulze, Brigitte u. a. (Hg.): *Kulturelle Grenzziehungen im Spiegel der Literaturen: Nationalismus, Regionalismus, Fundamentalismus*. Göttingen: Wallstein 1998, S. 84–103.

Jurt, Joseph: L'identité nationale: une fiction, une construction ou une réalité sociale? In: *Regards sociologiques*, Nr. 16, 1998, S. 37–50.

Jurt, Joseph: L'espace littéraire international. A propos de *La République internationale des Lettres* de Pascale Casanova. In: *lendemains*, 24. Jg. 93, 1999, S. 63–69.

Jurt, Joseph: Le couple franco-allemand. Naissance et histoire d'une métaphore. In: Götze, Karl Heinz/Vanoosthuyse, Michel (Hg.): *France-Allemagne. Passions croisées.* Aix-en-Provence: Cahiers d'études germaniques, 41, 2001/2, S. 51–62.

Jurt, Joseph: Die Renaissance des Nationalstaats und die europäische Integration. In: Kramann, Bernhard/Schmeling, Manfred (Hg.): *Unheimliche Ähnlichkeiten. Gesellschaft und Identität in Frankreich und Deutschland. Etranges ressemblances. Société et identité en France et en Allemagne.* Opladen: Leske + Budrich 2002, S. 55–67.

Jurt, Joseph: Les intellectuels de droite et l'Allemagne entre les deux guerres. In: Genton, François (Hg.): *1900–2000. Cent ans de regards français sur l'Allemagne.* Grenoble: CERAAC 2002 („Chroniques allemandes", nº 9), S. 67–77.

Jurt, Joseph: Rappresentazione simbolica dell'identità nazionale nella Francia rivoluzionaria. In: Prodi, Paolo/Reinhard, Wolfgang (Hg.): *Identità colletive tra Medioevo ed Età Moderna.* Bologna: CLUEB 2002, S. 217–230.

Jurt, Joseph: Autonomie der Literatur und sozialgeschichtliche Perspektive. In: Rehbein, Boike/Saalmann, Gernot u. a. (Hg.): *Pierre Bourdieus Theorie des Sozialen. Probleme und Perspektiven.* Konstanz: UVK 2003, S. 97–115.

Jurt, Joseph: Une issue au bilatéralisme exclusif. L'Europe comme projet culturel et politique. In: Seul, Otmar/Zielinski, Bernd u. a. (Hg.): *De la communication interculturelle dans les relations franco-allemandes: Institutions – Enseignement et formation professionnelle – Entreprises.* Bern: Peter Lang 2003, S. 119–132.

Jurt, Joseph: La Suisse dans la Guerre froide. In: Corbin, Anne-Marie: *Emigration et Guerre froide.* Le Mans: Université du Maine 2004, S. 33–41.

Jurt, Joseph: Die Allegorie der Freiheit in der französischen Tradition. In: Knabel, Klaudia/ Rieger, Dietmar u. a. (Hg.): *Nationale Mythen – kollektive Symbole. Funktionen, Konstruktionen und Medien der Erinnerung.* Göttingen: Vandenhoeck & Ruprecht 2005, S. 113–126.

Jurt, Joseph: Für eine vergleichende Sozialgeschichte der Literaturstudien. Romanistik in Deutschland, *études littéraires* in Frankreich. In: Joch, Markus/Wolf, Norbert Christian (Hg.): *Text und Feld. Bourdieu in der literaturwissenschaftlichen Praxis.* Tübingen: Niemeyer 2005, S. 311–322.

Jurt, Joseph: La littérature est-allemande, avant et après 1989. In: Gheorghiu, Mihaï Dinu (Hg.): *Littératures et pouvoir symbolique.* Pitesti: Paralela Editura 2005, S. 76–86.

Jurt, Joseph: Wilhelm Tell vor Schiller. In: *Pandaemonium germanicum* [São Paulo], 9, 2005, S. 23–46.

Jurt, Joseph: Die Geburt der modernen Nation aus dem Geist der Revolution. In: Lemaître, Alain J./Renner, Rolf G. (Hg.): *Les révolutions du monde moderne.* Berlin: Berliner Wissenschafts-Verlag 2006, S. 15–30.

Jurt, Joseph: Die Mythisierung der Résistance in der französischen Nachkriegsgesellschaft. In: Martin, Bernd (Hg.): *Der Zweite Weltkrieg und seine Folgen. Ereignisse – Auswirkungen – Reflexionen.* Freiburg: Rombach-Verlag 2006, S. 195–214.

Jurt, Joseph: Traduction et transfert culturel. In: Lombez, Christine/von Kulessa, Rotraud (Hg.): *De la traduction et des transferts culturels.* Paris: L'Harmattan 2007, S. 108–111.

Jurt, Joseph: Globalisierung und sprachlich-kulturelle Vielfalt (unter anderem aufgezeigt am Beispiel der Schweiz). In: Lüdi, Georges/Seelmann, Kurt u. a. (Hg.): *Sprachenvielfalt und Kulturfrieden. Sprachenminderheit – Einsprachigkeit – Mehrsprachigkeit: Probleme und*

Chancen sprachlicher Vielfalt. Fribourg: Academic Press/Stuttgart: Kohlhammer 2008, S. 201–223.

Jurt, Joseph: L'autobiographie de la nation. La constitution de l'identité narrative des Etats-nations. In: Keller, Thomas/Lüdi, Georges (Hg.): *Biographien und Staatlichkeit. Biographies et pratiques de l'état.* Berlin: BWV 2008, S. 11–29.

Jurt, Joseph: Die universalistisch-jakobinische Tradition der französischen Außenpolitik. In: Rill, Bernd (Hg.): *Frankreichs Außenpolitik.* München: Hanns Seidel Stiftung 2009, S. 7–19.

Jurt, Joseph: Le champ littéraire entre le national et le transnational. In: Sapiro, Gisèle (Hg.): *L'Espace intellectuel en Europe. De la formation des Etats-nations à la mondialisation XIXᵉ–XXIᵉ siècle.* Paris: La Découverte 2009, S. 201–232.

Jurt, Joseph: Sprache – universelles Kommunikationsinstrument oder Ausdruck des jeweiligen Kulturraumes? In: *Französisch heute,* 42. Jg. 1, 2011, S. 35–41.

Jurt, Joseph: Das Konzept der Weltliteratur – ein erster Entwurf eines internationalen literarischen Feldes? In: Bachleitner, Norbert/Hall, Murray G. (Hg.): *„Die Bienen fremder Literaturen". Der literarische Transfer zwischen Großbritannien, Frankreich und dem deutschsprachigen Raum im Zeitalter der Weltliteratur (1770–1850).* Wiesbaden: Harrassowitz 2012, S. 23–44.

Jurt, Joseph: Die Debatte zwischen Charles Andler und Jean Jaurès über den Friedenswillen der deutschen Sozialdemokraten. In: *Krieg & Frieden 1912–2012. 100 Jahre Außerordentlicher Kongress ‚Gegen den Krieg' der Sozialistischen Internationale von 1912 in Basel und die Frage des Friedens heute.* Internationale Tagung in Basel 22.–24. November 2012.

Jurt, Joseph: *Frankreichs engagierte Intellektuelle. Von Zola bis Bourdieu.* Göttingen: Wallstein 2012.

Jurt, Joseph: Vom Aufsatz und Buch zum Journal. Wandel der Publikationskulturen in unterschiedlichen Wissenschaftsdisziplinen. Das Beispiel der Geisteswissenschaften. In: *Bulletin des Franko-Romanisten-Verbandes,* 1/2012, S. 5–21.

Jurt, Joseph: Das Jahrhundert der Presse und der Literatur in Frankreich. In: *Internationales Archiv der Sozialgeschichte der Deutschen Literatur,* Band 38, Heft 2, 2013, S. 255–280.

Jurt, Joseph: Langue et nation: le débat franco-allemand entre Renan, Fustel de Coulanges et David Friedrich Strauss et Mommsen en 1870/71. V. Kongress der Société des études romantiques et dix-neuvièmistes: ‚Le XIXᵉ Siècle et ses langues' (Paris 24.–26. Januar 2011). Elektronisch veröffentlicht in: http://etudes-romantiques.ish-lyon.cnrs.fr/langues.html (November 2013).

Jurt, Joseph: Presse et littérature en France au XVIIᵉ et XVIIIᵉ siècle. In: *Romanistische Zeitschrift für Literaturgeschichte,* 1/2, 2013, S. 81–106.

Kaelble, Hartmut: *Auf dem Weg zu einer europäischen Gesellschaft. Eine Sozialgeschichte Westeuropas 1880–1980.* München: Beck 1987.

Kapp, Volker: Die Idealisierung der höfischen Welt im klassischen Drama. In: Brockmaier, Peter/Wetzel, Hermann H. (Hg.): *Französische Literatur in Einzeldarstellungen.* Bd. 1: *Von Rabelais bis Diderot.* Stuttgart: Metzler 1981, S. 115–175.

Kimmel, Adolf: *Der Aufstieg des Nationalsozialismus im Spiegel der französischen Presse 1930–1933.* Bonn: Bouvier 1969.

Knobloch, Hans-Jörg: Wilhelm Tell. Historisches Festspiel oder politisches Zeitstück? In: ders./Koopmann, Helmut (Hg.): *Schiller heute.* Tübingen: Stauffenburg Verlag 1996, S. 151–166.

Koch, Manfred: *Weimaraner Weltbewohner. Zur Genese von Goethes Begriff ‚Weltliteratur'*. Tübingen: Niemeyer 2002.

Kohl, Katrin: Die Berliner Akademie als Medium des Kulturtransfers im Kontext der europäischen Aufklärung. Online: http://www.perspectivia.net/content/publikationen/ friedrich300-colloquien/friedrich-kulturtransfer/kohl_akademie/ (Stand: 30. 4. 2013).

Köhler, Erich: *Ideal und Wirklichkeit in der höfischen Epik*. Tübingen: Niemeyer 1970.

Kortländer, Bernd: Übersetzen – ‚würdigstes Geschäft' oder ‚widerliches Unwesen'. Zur Geschichte des Übersetzens aus dem Französischen ins Deutsche in der 1. Hälfte des 19. Jahrhunderts. In: Forum Vormärz Forschung (Hg.): *Journalliteratur im Vormärz*. Bielefeld: Aisthesis Verlag 1996, S. 179–203.

Kortum, Hans: *Charles Perrault und Nicolas Boileau. Der Antike-Streit im Zeitalter der klassischen französischen Literatur*. Berlin: Rütten & Loenig 1966.

Kramer, Johannes: Französisch bei Hofe und auf den Höfen. Zur sozialen Schichtung der Französismen in der deutschen Sprache des 18. Jahrhunderts. In: Berger, Günter/Sick, Franziska (Hg.): *Französisch-deutscher Kulturtransfer im ‚Ancien Régime'*. Tübingen: Stauffenburg Verlag 2002, S. 209–218.

Krauss, Henning: Einleitung. In: ders. (Hg.): *Literatur der Französischen Revolution*. Stuttgart: Metzler 1988, S. VII–XXIX.

Krebs, Roland: La France jugée par Gottsched, ennemie héréditaire ou modèle culturel? In: Fink, Gonthier-Louis (Hg.): *Cosmopolitisme, Patriotisme et Xénophobie en Europe au Siècle des Lumières*. Strasbourg: Université des Sciences Humaines 1986, S. 159–173.

Krüger, Reinhard: Der Kampf der literarischen Moderne in Frankreich (1548–1554). Gattungssystem und historisch-soziale Signifikanz der sprach-künstlerischen Formen im Programm der Pléïade. In: Garber, Klaus (Hg.): *Nation und Literatur im Europa der Frühen Neuzeit*. Tübingen: Niemeyer 1989, S. 344–381.

Labhardt, Ricco: *Wilhelm Tell als Patriot und Revolutionär 1700–1800. Wandlungen der Tell-Tradition im Zeitalter des Absolutismus und der französischen Revolution*. Basel: Helbling & Lichtenhahn 1947.

Landrin, Xavier: La sémantique historique de la *Weltliteratur*: Genèse conceptuelle et usages savants. In: Boschetti, Anna (Hg.): *L'Espace culturel transnational*. Paris: Nouveau Monde Editions 2010, S. 73–134.

Langewiesche, Dieter: Nation, Nationalismus, Nationalstaat. Forschungsstand und Forschungsperspektiven. In: *Neue Politische Literatur* 40 (1995), S. 190–236.

Langewiesche, Dieter: Nation, nationale Bewegung, Nationalstaat: demokratische Hoffnung und Kriegsgefahr. In: Schweizerisches Landesmuseum (Hg.): *Die Erfindung der Schweiz 1848–1998. Bildentwürfe einer Nation*. Zürich: Chronos 1998. S. 47–57.

Langewiesche, Dieter: *Nation, Nationalismus, Nationalstaat in Deutschland und Europa*. München: Beck 2000.

Lavisse, Ernest: *Histoire de France. Cours élémentaire*. Paris: Armand Colin 1913.

Le Bras, Hervé: *Le Démon des origines. Démographie et Extrême Droite*. La Tour d'Aigues: Editions de l'Aube 1998.

Le Bris, Michel/Rouaud, Jean (Hg.): *Pour une littérature-monde*. Paris: Gallimard 2007.

Le Digol, Christophe: Du côté gauche et du côté droit à la Constituante. Retour sur les ‚origines' d'un clivage (1798–1791). In: Le Bohec, Jacques/Le Digol, Christophe (Hg.): *Gauche-droite. Genèse d'un clivage politique*. Paris: P.U.F. 2012, S. 21–38.

Le Rider, Jaques: ‚Nationalliteratur'. Ein Fantom in der Rumpelkammer der Literatur-geschichte. In: Caduff, Corina/Sorg, Reto (Hg.): *Nationale Literaturen heute – ein*

Fantom? Die Imagination und Tradition des Schweizerischen als Problem. Zürich: Verlag Neue Zürcher Zeitung 2004, S. 85–101.

Leenhardt, Jacques: *Lecture politique du roman ‚La Jalousie' d'Alain Robbe-Grillet.* Paris: Les Editions de Minuit 1973.

Levi-Strauss, Claude: *L'identité, séminaire interdisciplinaire.* Paris: P.U.F. 1977.

Levita, David J. de.: *Der Begriff der Identität.* Frankfurt a. M.: Suhrkamp 1971.

Lodge, R. Anthony: *French: From Dialect to Standard.* London/New York: Routledge 1993.

Loicq, Aline: Sociologie des Bonnes Lettres. Images de la sodalitas et réalité du patronage interne. In: *Regards sociologiques*, 17–18, 1999, S. 45–58.

Luhmann, Niklas: *Die Gesellschaft der Gesellschaft.* Frankfurt a. M.: Suhrkamp 1998.

Maier; Hans: Europa. Kulturelle Bedeutung. In: *Staatslexikon*, Bd. 6. Freiburg: Herder 1992, S. 104–105.

Makine, Andreï: *Le Testament français.* Paris: Mercure de France 1995.

Malraux, André: *Les chênes qu'on abat ….* Paris: Gallimard 1971.

Marchand, Jacqueline: Introduction. In: Voltaire: *Essai sur les mœurs et l'esprit des nations.* Paris: Editions sociales 1975, S. 7–61.

Mariot, Nicolas: *Tous unis dans la tranchée? 1914–1918, les intellectuels rencontrent le peuple.* Paris: Seuil 2013.

Marx, Karl/Engels, Friedrich: *Manifest der Kommunistischen Partei.* Hg. von Iring Fetscher. Frankfurt a. M.: Fischer 1966.

Mauss, Marcel: La nation. In: ders.: *Œuvres. 2: Représentations collectives et diversité des civilisations.* Paris: Les Editions de Minuit 1969, S. 573–625.

Mayeur, Jean-Marie: *Les débuts de la IIIᵉ République 1871–1898.* Paris: Seuil 1999.

Meier, Christian: Die politische Identität der Griechen. In: Marquard, Odo/Stierle, Karlheinz (Hg.): *Identität.* München: Fink 1979, S. 385–389.

Meier, Christian: *Die Nation, die keine sein will.* München: Hanser 1991.

Meier, Heinrich: Vorwort. In: Jean-Jacques Rousseau: *Diskurs über die Ungleichheit. Discours sur l'inégalité.* Paderborn: Schöningh 1990, S. XIX–XCII.

Meinecke, Friedrich: *Weltbürgertum und Nationalstaat.* München: Oldenbourg 1962.

Merian, Johann Bernhard: Sur l'universalité de la langue française. Précis de la dissertation allemande de Mr. Schwab qui a partagé le Prix de 1784. In: *Nouveaux Mémoires de l'Académie Royale des Sciences et Belles Lettres*, 1785, S. 371–399.

Merle, Marcel: *L'anticolonialisme européen de Las Casas à Karl Marx.* Paris: Armand Colin 1960.

Mertens, Dieter: Nation als Teilhabeverheißung: Reformation und Bauernkrieg. In: Langewiesche, Dieter/Schmidt, Georg (Hg.): *Föderative Nation. Deutschlandkonzepte von der Reformation bis zum Ersten Weltkrieg.* München: Oldenbourg 2000, S. 115–134.

Metzing, Andreas: *Kriegsgedenken in Frankreich (1871–1914). Studien zur kollektiven Erinnerung an den Deutsch-Französischen Krieg von 1870/71.* Dissertation Freiburg, Koblenz 2002

Michel, Henri: *Les courants de pensée de la Résistance.* Paris: P.U.F. 1962.

Michelet, Jules: *La France devant l'Europe.* Florence: Successeurs Le Monnier 1871.

Moes, Jean: Justus Moeser, patriote cosmopolite ou nationaliste xénophobe? In: Fink, Gonthier-Louis (Hg.): *Cosmopolitisme, Patriotisme et Xénophobie en Europe au Siècle des Lumières.* Strasbourg: Université des Sciences Humaines 1986, S. 213–225.

Mommsen, Theodor: *Agli Italiani.* Florenz 1870.

Montesquieu: *Lettres persanes.* Paris: Garnier 1964.

Müller-Kampel, Beatrix: *Hanswurst, Bernardon. Kasperl. Spaßtheater im 18. Jahrhundert.* Paderborn: Schöningh 2003.

Münkler, Herfried: Nation als politische Idee im frühneuzeitlichen Europa. In: Garber, Klaus (Hg.): *Nation und Literatur im Europa der Frühen Neuzeit.* Tübingen: Niemeyer 1989, S. 56–86.

Münkler, Herfried/Grünberger, Hans: Nationale Identität im Diskurs der Deutschen Humanisten. In: Berding, Helmut (Hg.): *Nationales Bewusstsein und kollektive Identität. Studien zur Entwicklung des kollektiven Bewusstseins in der Neuzeit.* Bd. 2. Frankfurt a. M.: Suhrkamp 1996, S. 211–248.

Münkler, Herfried: Nationale Identität und antirömischer Affekt bei den Deutschen. In: *zur debatte,* Nr. 7, 2011, S. 13–15.

Nantscha, Sylvie: *Interdisziplinarität – Kulturtransfer – Literatur. Afrika-Fremdwahrnehmung in ausgewählten deutschsprachigen Reisewerken von der Kolonialzeit bis zur Gegenwart.* Würzburg: Königshausen & Neumann 2009.

Nguyen, Eric: *Les nationalismes en Europe. Quête d'une identité ou tentation de repli?* Paris: Le Monde 1998.

Nies, Fritz: Die europäische Dimension als Herausforderung für die kulturelle Bildung. In: *Engagement. Zeitschrift für Erziehung und Bildung,* 1, 1991, S. 27–39.

Niethammer, Lutz: Konjunkturen und Konkurrenzen kollektiver Identität. Ideologie, Infrastruktur und Gedächtnis in der Zeitgeschichte. In: Werner, Matthias (Hg.): *Identität und Geschichte.* Weimar: Böhlau 1997, S. 175–203.

Nipperdey, Thomas: *Deutsche Geschichte 1860–1918. Machtstaat vor Demokratie.* München: Beck 1992.

Noiriel, Gérard: Socio-histoire d'un concept. Les usages du mot ‚nationalité' au XIXe siècle. In: *Genèses,* 20, 1995, S. 4–23.

Noiriel, Gérard: *A quoi sert l'identité nationale?* Marseille: Agone 2007.

Nolte, Ernst: *Der Faschismus in seiner Epoche. Action française – Italienischer Faschismus – Nationalsozialismus.* München: Piper 1963.

Nolte, Ernst: *Die faschistischen Bewegungen.* München: dtv 1966.

Nora, Pierre: De la République à la Nation. In: ders. (Hrsg): *Les lieux de Mémoire.* Bd. II: *La République.* Paris: Gallimard 1984.

Nora, Pierre: Nation. In: Furet, François/Ozouf, Mona (Hg.): *Dictionnaire critique de la Révolution française,* Bd. IV. Paris: Flammarion 1992, S. 339–358.

Oesterreich, Peter L.: *Fundamentalrhetorik. Untersuchungen zu Person und Rede in der Öffentlichkeit.* Hamburg: Meiner Verlag 1990.

Oesterreicher, Wulf: Mehrsprachigkeit als Bedingung geisteswissenschaftlicher Produktivität und die Aufgabe einer Hierarchisierung der europäischen Sprachen. In: *PhiN,* 3, 2004, S. 29–46.

Olender, Maurice: *Die Sprachen des Paradieses. Religion, Rassentheorie und Textkultur.* Hg. und mit einem Vorwort von Markus Messling. Berlin: Kulturverlag Kadmos 2013.

Oncken, Emily: *Panthersprung nach Agadir: die deutsche Politik während der zweiten Marokkokrise 1911.* Düsseldorf: Droste 1981.

Ortner-Buchberger, Claudia: ‚Quel plaisir je trouve à m'entretenir avec vous'. Zur Korrespondenz der Markgräfin Wilhelmine mit Voltaire und Friedrich dem Großen. In: Berger, Günter/Sick, Franziska (Hg.): *Französisch-deutscher Kulturtransfer im ‚Ancien Régime'.* Tübingen: Stauffenburg Verlag 2002, S. 219–239.

Ott, Hugo: ‚Eisen und Blut' – Bismarcks Reichsgründung. In: Martin, Bernd (Hg.): *Deutschland in Europa. Ein historischer Rückblick.* München: dtv 1992, S. 152–167.

Perrault, Charles: *Parallèle des Anciens et des Modernes en ce qui regarde les Arts et les Sciences*. [1688–1697]. Hg. von Hans-Robert Jauss. München: Eidos 1964.

Petry, Christine: *‚Faire des sujets du roi‘. Rechtspolitik in Metz, Toul und Verdun unter französischer Herrschaft (1552–1648)*. München: Oldenbourg 2006.

Phelan, J. L.: Pan-Latinism. French Intervention in Mexico (1861–1867) and the Genesis of the idea of Latin America. In: Ortega y Medina, Juan (Hg.): *Conciencia y autenticidad históricas*. Mexico 1968, S. 279–298.

Pirenne, Henri: *Mohammed und Karl der Große*. Frankfurt a. M.: Fischer 1963.

Pomeau, René: *L'Age classique III: 1680–1720*. Paris: Arthaud 1971.

Pomian, Krystof: ‚Francs et Gaulois‘. In: Nora, Pierre (Hg.): *Les lieux de mémoire*. Bd. II. Paris: Gallimard 1997, S. 2245–2300.

Porra, Véronique: Malaise dans la littérature-monde (en français): de la reprise des discours aux paradoxes de l'énonciation. In: *Recherches & Travaux*, 76, 2010, S. 109–129.

Porra, Véronique: *Langue française, langue d'adoption. Une littérature ‚invitée‘ entre création, stratégies et contraintes (1946–2000)*. Hildesheim/Zürich/New York: Georg Olms Verlag 2011.

Proust, Jacques: Sans-culotte malgré lui … contribution à la mythographie de Guillaume Tell. In: Pappas, John (Hg.): *Essays on Diderot and the Enlightenment in Honor of Otis Fellows*. Genève: Droz 1974, S. 268–285.

Psichari, Ernest: *Terres de soleil et de sommeil*. Paris: Conard 1908.

Reberich, Stefan: *Theodor Mommsen und Adolf Harnack. Wissenschaft und Politik im Berlin des ausgehenden 19. Jahrhunderts*. Berlin/New York: de Gruyter 1997.

Rémond, René: *La Droite en France de 1815 à nos jours*. Paris: Aubier 1954.

Renan, Ernest: *Qu'est-ce qu'une nation? et autres essais politiques*. Paris: Pocket 1992.

Renouvin, Bertrand: Maurras, le fondateur. In: *Mil neuf cent. Revue d'histoire intellectuelle*, 11, 1993, S. 77–81.

Revel, Jacques: Le fardeau de la mémoire. In: François, Etienne (Hg.): *Lieux de mémoire. Erinnerungsorte. D'un modèle français à un projet allemand*. Berlin: Centre Marc Bloch 1996, S. 55–67.

Reynaud-Paligot, Carole: *De l'identité nationale. Science, race et politique en Europe et aux Etats-Unis, XIXe–XXe siècle*. Paris: P.U.F. 2011.

Riedel, Manfred: Bürger, Staatsbürger, Bürgertum In: Brunner, Otto/Conze, Werner (Hg.): *Geschichtliche Grundbegriffe*. Bd. 1, Stuttgart: Klett 1972.

Riklin, Alois: *Emmanuel Joseph Sieyès und die Französische Revolution*. Bern: Stämpfli 2001.

Rivarol, Antoine: *Discours sur l'universalité de la langue française* [1784]. Paris: Belfond 1966.

Röhl, John C. G.: *Wilhelm II*. München: Beck 2013.

Roman, Joël: Introduction. In: Renan, Ernest: *Qu'est-ce qu'une nation? et autres essais politiques*. Paris: Pocket 1992, S. 5–35.

Rosanvallon, Pierre: *Le sacre du citoyen: histoire du suffrage universel en France*. Paris: Gallimard 1992.

Roth, François: *Alsace-Lorraine. Histoire d'un ‚pays perdu‘. De 1870 à nos jours*. Nancy: Editions Place Stanislas 2010.

Rousseau, Jean-Jacques: *Emile*. In: *Œuvres complètes*, t. IV. Paris: Gallimard 1980.

Rousseau, Jean-Jacques: *Du Contrat social*. In: *Œuvres complètes*, t. III. Paris: Gallimard 1985.

Rousseau, Jean-Jacques: *Diskurs über die Ungleichheit. Discours sur l'inégalité*. Hg. von Heinrich Meier. Paderborn: Schöningh 1990.

Saint-Jacques, Denis: Vers une unification du champ littéraire de la francophonie. In: *Revue de l'Institut de Sociologie*, Juni 1991, S. 19–25.

Schäffner, Raymund: Imperialismus und Literatur im englischen Fin de siècle. In: Fludernik, Monika/Huml, Ariane (Hg.): *Fin de Siècle*. Trier: Wissenschaftlicher Verlag 2002, S. 323–348.

Schäuble, Wolfgang: Nationale Identität und innere Einheit Deutschlands. Vortrag vom 25. November 1994 auf Schloss Eichholz.

Scherer, Jacques: *La dramaturgie classique en France*. Paris: Nizet 1959.

Schiller, Friedrich: *Werke und Briefe in zwölf Bänden*. Hg. von Otto Dann u. a. Frankfurt a. M.: Deutscher Klassiker Verlag 1988, Bd. 1.

Schlegel, Friedrich: *Geschichte der alten und neuen Literatur*. Hg. von Hans Eichner. Darmstadt: Wissenschafliche Buchgesellschaft 1961.

Schleicher, Regina/Wilske, Almut (Hg.): *Konzepte der Nation: Eingrenzung, Ausgrenzung, Entgrenzung*. Bonn: Romanistischer Verlag 2002.

Schlieben-Lange, Brigitte: Die Französische Revolution und die Sprache. In: *Zeitschrift für Literaturwissenschaft und Linguistik* 11, H. 41, 1981, S. 90–123.

Schlüter, Gisela: Die Institutionalisierung der europäischen Gelehrtenrepublik. *Projet pour l'établissement d'un Bureau Général de la République des Lettres* (1747). In: Berger, Günter/Sick, Franziska (Hg.): *Französisch-deutscher Kulturtransfer im ‚Ancien Régime'*, Tübingen: Stauffenburg Verlag 2002, S. 99–112.

Schmitt, Christian: *Nation* und *Sprache*: das Französische. In: Gardt, Andreas (Hg.): *Nation und Sprache. Die Diskussion ihres Verhältnisses in Geschichte und Gegenwart*. Berlin/New York: de Gruyter 2000, S. 673–745.

Schnapper, Dominique: *La France de l'intégration. Sociologie de la nation en 1990*. Paris: Gallimard 1991.

Schnapper, Dominique: *La communauté des citoyens. Sur l'idée moderne de la nation*. Paris: Gallimard 1994.

Schneider, Ulrich Johannes (Hg.): *Kultur der Kommunikation. Die europäische Gelehrtenrepublik im Zeitalter von Leibniz und Lessing*. Wiesbaden: Harrassowitz 2005.

Schroda, Julia: *Nationaler Anspruch und regionale Identität im Reichsland Elsass-Lothringen im Spiegel des französisch-sprachigen Elsassromans (1871–1914)*. Bern/Berlin: Peter Lang 2008.

Schulin, Ernst: Weltbürgertum und deutscher Volksgeist. Die romantische Nationalisierung im frühen neunzehnten Jahrhundert. In: Martin, Bernd (Hg.): *Deutschland in Europa. Ein historischer Rückblick*. München: dtv 1992, S. 105–125.

Schulze, Hagen: *Staat und Nation in der europäischen Geschichte*. München: Beck 1995.

Schwab, Johann Christoph: *Von den Ursachen der Allgemeinheit der Französischen Sprache und der wahrscheinlichen Dauer ihrer Herrschaft*. Tübingen: Jacob Friedrich Heerbrand 1785.

Schwarz, Siegfried: Aufbruch zu einem flexiblen Europa. In: *Deutschland-Archiv*, Nr. 1, 1995, S. 964–972

Seban, Jean-Loup: Les Beausobre et la vie intellectuelle de Berlin. In: Schneider, Ulrich Johannes (Hg.): *Kultur der Kommunikation. Die europäische Gelehrtenrepublik im Zeitalter von Leibniz und Lessing*. Wiesbaden: Harrassowitz 2005, S. 29–47.

Sebastian, Birte Carolin: *Von Weimar nach Paris. Die Goethe-Rezeption in der Zeitschrift ‚Le Globe'*. Köln/Weimar/Wien: Böhlau 2006.

Seibt, Gustav: *Goethe und Napoleon. Eine historische Begegnung*. München: Beck 2009.

Seyssel, Claude de: *La Monarchie de France*. Hg. und kommentiert von Renzo Ragghianti. Paris: Société des Textes Français Modernes 2012.

Sontheimer, Kurt: Nation. In: Picht, Robert/Hoffmann-Martinot, Vincent u. a. (Hg.): *Fremde Freunde. Deutsche und Franzosen vor dem 21. Jahrhundert*. München/Zürich: Piper 1997, S. 141–145.

Stahl, Henri Paul: Soi-même et les autres. In: Levi-Strauss, Claude: *L'identité, séminaire interdicsiplinaire*. Paris: P.U.F. 1977, S. 287–304.

Starobinski, Jean: *Le remède dans le mal. Critique et légitimation de l'artifice à l'âge des Lumières*. Paris: Gallimard 1989.

Steins, Martin: *Das Bild des Schwarzen in der europäischen Kolonialliteratur*. Frankfurt a. M.: Thesen Verlag 1972.

Stenzel, Hartmut: *Die französische 'Klassik'. Literarische Modernisierung und absolutistischer Staat*. Darmstadt: Wissenschaftliche Buchgesellschaft 1995.

Sternberger, Dolf: *Verfassungpatriotismus*. Hannover: Landeszentrale für politische Bildung 1982.

Storost, Jürgen J.: *Langue française – Langue universelle? Die Diskussion über die Universalität des Französischen an der Berliner Akademie der Wissenschaften. Zum Geltungsanspruch des Deutschen und Französischen im 18. Jahrhundert*. Bonn: Romanistischer Verlag 1994.

Strauss, David Friedrich: *Krieg und Friede 1870. Zwei Briefe von David Friedrich Strauss an Ernst Renan und dessen Antwort*. Leipzig: Insel Verlag 1915.

Suratteau, Jean-René: Cosmopolitisme et patriotisme au Siècle des Lumières. In: *Annales historiques de la Révolution française*, LV, 1983, S. 364–389.

Suter, Andreas: Nationalstaat und die 'Tradition von Erfindung'. In: *Geschichte und Gesellschaft*, 25, 1999, S. 480–503.

Thibaud, Paul: Sur la polyglossie européenne. In: Barret-Ducrocq, Françoise (Hg.): *Traduire l'Europe*. Paris: Payot 1992.

Thiesse, Anne-Marie: *La création des identités nationales*. Paris: Seuil 1999.

Thiesse, Anne-Marie: Une littérature nationale universelle? Reconfiguration de la littérature française au XIXe siècle. In: Einfalt, Michael/Erzgräber, Ursula u. a. (Hg.): *Intellektuelle Redlichkeit. Intégrité intellectuelle. Literatur – Sprache – Kultur*. Heidelberg: Winter 2005, S. 397–408.

Thiesse, Anne-Marie: La nation, une construction politique et culturelle. In: *savoir/agir*, Nr. 2, Dezember 2007, S. 11–20.

Thiesse, Anne-Marie: *Faire les Français. Quelle identité nationale?* Paris: Stock 2010.

Thoma, Heinz: Eugène Pottier: *L'Internationale*. In: ders./Stenzel, Hartmut (Hg.): *Die französische Lyrik des 19. Jahrhunderts*. München: Fink 1987, S. 183–199.

Thomas, R.: La politique socialiste et le problème colonial de 1905 à 1920. In: *Revue française d'Histoire d'outre-mer*, 1960, S. 213–245.

Todorov, Tvetan: *Die Eroberung Amerikas. Das Problem des Anderen*. Frankfurt a. M.: Suhrkamp 1985.

Trabant, Jürgen: Die Sprache der Freiheit und ihre Feinde. In: *Zeitschrift für Literaturwissenschaft und Linguistik*, 11, H. 41, 1981, S. 70–89.

Trabant, Jürgen: *Der gallische Herkules. Über Sprache und Politik in Frankreich und Deutschland*. Tübingen/Basel: A. Francke 2002.

Trabant, Jürgen: Die politische und kulturelle Bedeutung des Französischen. In: Kolboom, Ingo/Kotschi, Thomas u. a. (Hg.): *Handbuch Französisch. Sprache – Literatur – Kultur – Gesellschaft*. Berlin: Erich Schmidt Verlag ²2008, S. 133–141.

Ungern-Sternberg, Jürgen von: Deutsche und französische Altertumswissenschaftler vor und während des Ersten Weltkrieges. In: Bruhns, Hinnerk/David, Jean-Michel u. a. (Hg.): *Die späte römische Republik. La Fin de la République romaine. Un débat franco-allemand d'Histoire et d'Historiographie*. Rom: Ecole Française de Rome 1997, S. 45–78.

Ungern-Sternberg, Jürgen von: Theodor Mommsen und Frankreich. In: *Francia*, 33/3, 2004, S. 1–28

Valette, Jacques/Wahl, Alfred: *Les Français et la France (1859–1899)*. Paris: SEDES 1986.

Vaugelas, Claude Favre de: *Remarques sur la langue français* [1647]. Hg. von Jeanne Streicher. Genève: Slatkine Reprints 1970.

Viala, Alain: *Naissance de l'écrivain. Sociologie de la littérature à l'âge classique*. Paris: Les Editions de Minuit 1985.

Vigné d'Octon, Paul: Vorwort zu Les Crimes coloniaux de la Troisième République [1911]. In: Priollaud, Nicole (Hg.): *La France colonisatrice*. Paris: Liana Levi 1983, S. 238.

Vovelle, Michel: La Suisse et Genève dans la politique et l'opinion publique française à l'époque révolutionnaire. In: Simon, Christian (Hg.): *Blicke auf die Helvetik*. Basel: Schwabe 2000, S. 215–236.

Wahnich, Sophie: *L'impossible citoyen. L'étranger dans le discours de la Révolution française*. Paris: Albin Michel 1993.

Warnke, Martin: *Bildersturm. Die Zerstörung des Kunstwerks*. Frankfurt a. M.: Syndikat 1977.

Wartburg, Walther von: *Evolution et structure de la langue française*. Bern: Francke [8]1967.

Weber, Eugen: *L'Action française*. Paris: Stock 1964.

Weber, Eugen: *Peasants to Frenchmen. The Modernization of Rural France 1880–1914*. Stanford: Stanford University Press 1976; französische Fassung: *La fin des terroirs*. Paris: Fayard 1992.

Weber, Max: *Wissenschaft als Beruf*. München: Duncker und Humblot 1919.

Wehinger, Brunhilde: Geist und Macht. Zum Briefwechsel zwischen d'Alembert und Friedrich II. von Preußen. In: Berger, Günter/Sick, Franziska (Hg.): *Französisch-deutscher Kulturtransfer im ,Ancien Régime'*. Tübingen: Stauffenburg Verlag 2002, S. 241–261.

Weidenfeld, Wener (Hg.): *Die Identität Europas*. Bonn: Bundeszentrale für Politische Bildung 1985.

Weigand, Katharina: Von den Befreiungskriegen bis zu den Schützengräben des Ersten Weltkrieges. Bayern in der Geschichte des 19. Jahrhunderts. In: *zur debatte*, 6, 2013, S. 29–33.

Weinrich, Harald: *Wege der Sprachkultur*. Stuttgart: Deutsche Verlagsanstalt 1985.

Werner, Michael: La place relative du champ littéraire dans les cultures nationales. Quelques remarques à propos de l'exemple franco-allemand. In: Espagne, Michel/Werner, Michael (Hg.): *Philogogiques III*. Paris: Editions de la Maison des Sciences de l'Homme 1994, S. 15–30.

Werner, Michael: La nation revisitée en 1870–1871. Visions et redéfinitions de la nation en France pendant le conflit franco-allemand. In: *Revue germanique internationale*, 4, 1995, S. 131–201.

Werron, Tobias: Ist der ,Nationalstaat' ein Produkt oder ein Opfer ,der Globalisierung'? In: *Recherche – Zeitung für Wissenschaft* (online seit 22. 5. 2011) http://recherche-online.net/tobias-werron-nationalstaat.html (Stand: 18. 2. 2014).

Westenholz, Johann Friedrich von: *Dissertation Académique sur l'Usage de la Langue française en Allemagne proposée à l'examen des Savants dans l'Université de Jene*. Jena 1713.

Wickert, Lothar: *Theodor Mommsen.* Bd. IV: *Größe und Grenzen*, Frankfurt a. M.: Vittorio Klostermann 1980.

Wiedemann, Conrad: Deutsche Klassik und nationale Identität. Eine Revision der Sonderwegs-Frage. In: Vosskamp, Wilhelm (Hg.): *Klassik im Vergleich. Normativität und Historizität europäischer Klassiken.* Stuttgart: Metzler 1993, S. 541–569.

Wilfert, Blaise: Cosmopolis et l'homme invisible. Les importateurs de littérature étrangère en France, 1885–1914. In: *Actes de la recherche en sciences sociales*, 144, Sept. 2002, S. 33–46.

Wilson, Stephen: La France et l'étranger. In: *Revue d'histoire moderne et contemporaine*, XXX, Juli/September 1972, S. 464–479.

Windisch, Rudolf: Externe Geschichte des Französischen. In: Kolboom, Ingo/Kotschi, Thomas u. a. (Hg.): *Handbuch Französisch. Sprache – Literatur – Kultur – Gesellschaft.* Berlin: Erich Schmidt Verlag ²2008, S. 32–40.

Woesler, Winfried: Die Idee der deutschen Nationalliteratur in der zweiten Hälfte des 18. Jahrhunderts. In: Garber, Klaus (Hg.): *Nation und Literatur im Europa der Frühen Neuzeit.* Tübingen: Niemeyer 1989, S. 716–733.

Wolf, Norbert Christian: *Streitbare Ästhetik. Goethes kunst- und literaturtheoretische Schriften 1771–1789.* Tübingen: Niemeyer 2001.

Wolf, Norbert Christian: De la littérature nationale à la littérature mondiale: la trajectoire de Goethe. In: Jurt, Joseph (Hg.): *Champ littéraire et nation.* Freiburg: Frankreich-Zentrum 2007, S. 91–100.

Yacono, Xavier: *Histoire de la colonisation française.* Paris: P.U.F. 1973.

Ziebura, Gilbert: Interne Faktoren des französischen Hochimperialismus 1871–1914. In: ders. (Hg.): *Wirtschaft und Gesellschaft in Frankreich seit 1789.* Köln: Kiepenheuer & Witsch 1975, S. 282–330.

Zobel-Finger, Margrit: Konterrevolutionäre Literatur in Europa. In: Heitmann, Klaus (Hg.): *Europäische Romantik II.* Wiesbaden: Akademische Verlagsgesellschaft Athenaion 1982, S. 83–102.

Personenregister

www.ingramcontent.com/pod-product-compliance
Lightning Source LLC
Chambersburg PA
CBHW071351280326
41927CB00041B/2863